河北大学燕赵文化高等研究院

主　编～郭　健

执行主编～过常宝

燕赵文化研究

第七辑

YANZHAO CULTURE STUDIES

中国社会科学出版社

图书在版编目(CIP)数据

燕赵文化研究. 第 7 辑/郭健主编. —北京：中国社会科学出版社，2022.10

ISBN 978-7-5227-0900-0

Ⅰ.①燕… Ⅱ.①郭… Ⅲ.①文化史—河北—丛刊 Ⅳ.①K292.2-55

中国版本图书馆 CIP 数据核字(2022)第 178948 号

出 版 人	赵剑英
责任编辑	张　玥
责任校对	郝阳洋
责任印制	戴　宽

出　　版	中国社会科学出版社
社　　址	北京鼓楼西大街甲 158 号
邮　　编	100720
网　　址	http://www.csspw.cn
发 行 部	010-84083685
门 市 部	010-84029450
经　　销	新华书店及其他书店
印　　刷	北京君升印刷有限公司
装　　订	廊坊市广阳区广增装订厂
版　　次	2022 年 10 月第 1 版
印　　次	2022 年 10 月第 1 次印刷
开　　本	710×1000　1/16
印　　张	23.75
插　　页	2
字　　数	355 千字
定　　价	128.00 元

凡购买中国社会科学出版社图书，如有质量问题请与本社营销中心联系调换
电话：010-84083683
版权所有　侵权必究

燕赵文化研究编委会名单

主　编
　　郭　健

执行主编
　　过常宝

副主编
　　陈红军　万建中　陈双新

编辑部主任
　　宋少俊

编　委（按姓氏汉语拼音顺序排列）

陈引驰（复旦大学）	陈玉忠（河北大学）
成新轩（河北大学）	杜　浩（河北大学）
韩立新（河北大学）	胡保利（河北大学）
霍　巍（四川大学）	李金善（郑州大学）
李运富（郑州大学）	梁松涛（河北大学）
廖可斌（北京大学）	刘金柱（河北大学）
刘　勇（北京师范大学）	聂鸿音（中国社会科学院）
彭玉平（中山大学）	田建民（河北大学）
王长华（河北师范大学）	王晓龙（河北大学）
武　力（中国社会科学院）	肖红松（河北大学）
徐兴无（南京大学）	阎浩岗（河北大学）
张燕京（河北大学）	

目　录

区域文化研究

"京雄保"协同发展与文化建构 …………………… 刘　勇　汤　晶（3）
成就北京饮食文化的五个历史性态势
　　——主要基于民族与政治的视角 …………………… 万建中（17）
区域优秀传统文化创造性转化、创新性发展的路径选择：
　　以燕赵文化为例 …………… 张治江　庞庆明　陈佳鹏（32）
论河北文化的六种类型 ………………………… 王　刚　王　莹（47）

思想文化研究

汉代河间兴学与《毛诗》学派的形成 ……………… 王长华（61）
中山风俗文化研究的历史探源与现实思考
　　——兼论《史记》《汉书》叙事之失 ……………… 杨倩如（81）
从考古出土文物看蜀汉三国时期的文化交流 ………… 霍　巍（108）
清代教育家颜元实学教育理论的思想基础 ……… 吴洪成　张珍珍（133）
中国早期哲学中的南北差异 …………………………… 王开元（162）

文献文物研究

《说文解字》中的黄河文化 …………………… 李运富　任健行（179）
保定莲池公园所存西夏文"胜相经幢"考 …………… 聂鸿音（206）

点校本《皇宋通鉴长编纪事本末》(第1—26卷)指瑕 ……… 丁建军(222)

白朴年谱汇纂 ………………………………………… 都刘平(250)

方志金石文献的文化精神
　　——以明清至民国直隶方志为中心 ………… 张志勇　马吉兆(281)

文旅融合研究

京津冀生态文化旅游产业融合发展与空间
　　分异研究 ………………………… 成新轩　户艳领　石丽君(297)

非物质文化遗产的公法保护路径：从政府主导迈向
　　多元主体协同 ………………………………………… 李　芹(319)

文化体系和生活街区融合视域下的城市街区"微改造"策略：
　　以保定西大街"新颜值"建设为例 …… 杨秀丹　王　宁　任常青(339)

保定古莲花池文化资本研究
　　与调查报告 …… 贺秀明　王梓洁　赵心仪　李卓伦　陈语玚(355)

区域文化研究

"京雄保"协同发展与文化建构

刘 勇 汤 晶

摘 要： 以中心城市的引领形成多个城市的协同发展成为当下中国城市发展的新格局，与此相关，文化的发展也不得不回应这种新的历史化进程。在京津冀地区中，北京作为首都处于核心地位，雄安新区作为党和国家的"千年大计"处于至关重要的地位，保定作为首都"南大门"，有着天然的发展优势。"京雄保"三地的协同发展，是京津冀协同发展中的核心和示范，是京津冀协同发展系统工程中的有机体。在京津冀协同发展的格局下，对"京雄保"的区位条件进行历史的考察，梳理其文化资源和文化发展谱系，提取其共同的文化基因，凝练其文化建构的重要角度，揭示其作为京津冀文化协同的重点和典范的历史意义，将在文化认同方面助力其成为京津冀世界级城市群中高质量、高水平现代化协调发展示范区。

关键词： "京津冀"协同发展；"京雄保"；区位优势；文化资源；前景展望

---

* [基金项目] 2018年度国家社科基金重大项目"京津冀文脉谱系与'大京派'文学建构研究"（18ZDA281）。河北大学燕赵文化高等研究院重点研究项目"京津冀一体化视野下'京雄保'文化建构研究"（项目编号：2021Z06）。

** [作者简介] 刘勇，男，河北大学燕赵文化高等研究院特聘教授，教育部"长江学者"特聘教授，北京师范大学文学院教授、博士生导师，北京师范大学鲁迅研究中心主任，主要从事中国现当代文学与现当代文化研究；汤晶，北京师范大学文学院现代文学专业博士，北京师范大学鲁迅研究中心主任助理，河北大学燕赵文化高等研究院重点研究项目"京津冀一体化视野下'京雄保'文化建构研究"课题组成员。

现在一省、一地独大的发展态势在减弱、消退，而呈现出多地区融合发展的新态势。以往我们有长三角、珠三角，现在又有了粤港澳大湾区、横琴新区，还有南京文学都市圈，其中尤其是京津冀的一体化，包括雄安新区的建设已经成为党和国家的重要战略。以往那种局限于某个城市的文学，固定于某个区域的文学都将得到深刻的改变，文学的地域性将形成新的格局。较早发展起来的长三角、珠三角，仅仅因为它们的地缘优势吗？经济的发展与竞争归根到底还是文化的传承与较量。其中珠三角是发挥了岭南文化的作用；长三角则受到无所不在的上海文化影响，不少学者也注意到江南文化对长三角深刻的浸染。当下，京津冀一体化全面展开，教育一体化、生态一体化、医疗一体化，更重要的是要文化认同、文化互渗、文化协同发展。

大战略，需要有大格局、大思路。京津冀协同发展，是习近平总书记亲自部署、亲自推动的国家战略，国务院已成立京津冀协同发展领导小组，该小组办公室设在国家发展改革委，足以体现京津冀协同发展的特殊地位。京津冀要想协同发展，根本在于文化上要达到认同。一个经济政策、政治制度的实施可能几年就能取得成效，但文化上的磨合和认同却需要几十年、甚至上百年的时间。协同发展，文化先行。京津冀三地文脉的疏通、文学资源的整合、文化身份认同的建设是一盘错综复杂、历史纵横的大棋，在三地文脉的梳理方面，对"京雄保"三地文化资源的整合与建设，可以成为京津冀文脉整合的先行和抓手，对进一步探讨在京津冀协同发展战略下新时代大京派文学的建构和发展起到促进作用。

一 "京雄保"协同发展的区位优势

京津冀，人口超过1亿人，土地面积超过21万平方千米，三地彼此相连，协同发展意义重大。2013年5月，习近平总书记在天津调研时提出，要谱写新时期社会主义现代化的京津"双城记"。同年8月，习近平总书记在北戴河主持研究河北发展问题时，又提出要推动京津冀协同发展。2014年2月，习近平总书记在北京主持召开座谈会，明确指出实现京津冀协同发展是一个重大国家战略，广袤的京津冀大地开启了大变革、大发展、大跨越的历史性一步。2014年，习近平总书记就曾指出："京津冀地缘相接、人缘相亲，地域一体、文化一脉，历史渊源深厚、交往半径相宜，完全能够相互融合、协同发展。"① 京津冀协同发展作为国家战略，是要探索优化国家发展区域布局、优化社会生产力空间结构、形成新的经济发展方式之路。经济学家于光远认为，未来国际竞争的主体既不是国家，也不是企业，而是具有多种功能的大城市群或者大城市圈。京津冀协同发展是国家高质量区域经济发展的整体性布局，在京津冀的发展大圈中，北京、雄安新区、保定所构成的核心三角区域，更是要打造成京津冀世界级城市群中的示范和典型。"京雄保"一体化发展对于展现中国经济发展区域空间布局优化的巨大潜能和美好前景有重大意义。"京雄保"协同发展不但具有重大的战略意义，而且极具理论价值。

北京作为首都，处于"京雄保"协同发展的核心位置，在政治、经济和文化方面将起到全面的引领作用。对于北京而言，历史和现实的区位优势已经毋庸置疑，作为世界级城市，北京要解决发展难题，必须跳出北京，纳入京津冀和环渤海经济区的战略空间加以考量，以打通发展的大动脉，更有力地彰显和发挥北京的优势，更广泛地激活北京要素资源，从而加强区域经济发展的领头作用与核心地位。

雄安新区作为"千年大计、国家大事"，处于"京雄保"协同发展最突出的定位高点上。2014年，京津冀协同发展上升为国家战略。2017年雄安新区作为"千年大计、国家大事"设立。"80年代看深圳，90年代看浦东"，如今，我们可以将展望的目光放在雄安新区。习近平总书记曾指出："雄安新区将是我们留给子孙后代的历史遗产，必须坚持'世界眼光、国际标准、中国特色、高点定位'理念，努力打造贯彻新发展理念的创新发展示范区。"② 雄安新区从设立方式、根本定位到战略目标与以

---

① 中共中央文献研究室编：《习近平关于社会主义经济建设论述摘编》，中央文献出版社2017年版，第247页。
② 王浦劬等：《新时代的政治与治政研究》，人民出版社2019年版，第280页。

往任何一个新区的建设都不同，这是一个全新的、具有历史意义的顶级新区，因此，雄安新区一经宣布设立，就引发了国内外的强烈关注。雄安新区绝不是建设一个简单的经济发展特区，而是要开辟一种全新的建设模式和发展理念。习近平总书记曾指出："建设雄安新区要有一种'功成不必在我'的精神境界。"① 可见，雄安新区建设目标之高、决心之强在中国历史上都是罕见的。雄安新区最大的发展机遇就在于高配置的政策条件和历史定位，因此，在坚持世界眼光、国际标准、中国特色、高点定位方面有着得天独厚的优势；能够融入生态优先、绿色发展，人民中心的最新、最优的发展理念；在保护弘扬中华优秀传统文化、延续历史文脉等方面要走在创新发展示范的前列。

河北保定紧邻北京、环抱雄安，区位优势突出，保定是"京雄保"一体化发展的先行区和环京津核心功能区的发展排头兵，也是承接北京非首都功能疏解的"第二战略支点"。西起太行、北抵京城、环抱雄安、东临津门，冀中平原上的保定，是一座有2300年历史的文化名城，至今也是河北省人口第一大市。保定拥有深厚的历史底蕴。在明代，京津冀地区属于京师管辖，当时称为北直隶，领9府、2直隶州、17属州、116县。保定即为明代京师所领8府之一。明清时期，保定拱卫帝都的军事意义日益凸显。清康熙八年（1669），保定开始以直隶省省会的身份出现在历史舞台上。清雍正二年（1724）直至清末，保定一直是直隶省省会，承担着直隶省的行政管理、征收赋税和司法审判等职能，是北京重要的政治军事辅助城市。如今，保定成为"首都南大门"、京津冀地区重要节点城市，"'十四五'时期，国家重大战略和国家大事深入实施，为保定市带来了'京津冀协同发展战略带来的承接疏解机遇、雄安新区大规模建设带来的辐射带动机遇、北京大兴国际机场新引擎带来的临空经济和开放发展机遇、京津冀世界级城市群建设带来的创新发展和城市经济发

---

① 《奋进新时代　建设雄安城——以习近平同志为核心的党中央谋划指导〈河北雄安新区规划纲要〉编制纪实》，《人民日报》2018年4月27日第1版。

展机遇'四大机遇。"① 围绕构建"京雄保"一体化发展格局，在用好"京雄牌"，打好"协同牌"方面有着京津冀地区其他城市无可比拟的优势条件。有着数千年历史底蕴的文化名城保定，将着力打造一个京津冀世界级城市群中的现代化品质生活之城。而在保定市品质之城的顶层设计和主体战略中，其主导和核心就是紧紧扭住疏解北京非首都功能的"牛鼻子"，打造疏解北京非首都功能的"第二战略支点"，既要高水平承接北京非首都功能疏解，也要高标准对接雄安新区，与雄安新区协同联动。

"京雄保"三地各具独特的区位优势，在京津冀协同发展中处于示范地位，三地进一步深度融合，一体联动、共建共享的新格局正在加速形成。

二 "京雄保"协同发展的历史底蕴与文化资源

"京雄保"作为京津冀协同发展中的核心与示范区域，在京津冀文脉梳理与文化协同发展上，更应起到典范的作用。"京雄保"地区历史文化悠久，拥有丰富而深厚的历史文化资源，一方面依托在长期的历史发展中京津冀地区共享的燕赵文化；另一方面着力凸显三地的红色文化资源，结合新的历史机遇和条件，构筑新的"京雄保"文化有机体，打造京津冀文化协同发展的奠基性和示范性文化圈。

"京雄保"文学协同扎根于京津冀的历史文化圈层中，拥有得天独厚的历史文化资源。历史文化资源是人类在漫长的社会活动中流传下来的文明成果，有着丰富的历史信息和历史材料，蕴含着深厚的历史内涵，能够体现当地的精神风貌和价值取向，在社会发展中具有不可替代的作用，京津冀具有深厚而独特的历史文化底蕴。"京雄保"三地自古以来就唇齿相依，互融共通。三地共处华北平原北部，北靠燕山山脉，南接华北平原。北宋文人范镇在《幽州赋》中写道："是邦之地，左环沧海，右拥太行，北枕居庸，南襟河济。"② 古时幽州自先秦时期既已存在，大致

---

① 《保定市国民经济和社会发展第十四个五年规划和二〇三五年远景目标纲要》。
② 中国古都学会编:《中国古都研究》（总第34辑），陕西师范大学出版社2018年版，第55页。

是河北北部至辽宁一带,"京雄保"三地皆在其核心地带,无论是先秦时期的燕文化,隋唐时期的幽州文化,还是元、明、清时期的京畿文化,以至于当下的京津冀协同发展下建构的大京派文化,"京雄保"三地从古至今都共享着共同的文化根脉。在漫长的历史发展中,京津冀还形成了各自的文化个性和特色。北京长期作为政治和文化中心,在以"皇城文化"为核心的发展方向下,气韵宏阔、底蕴深厚;天津则依托运河港口塑造了"漕运文化";河北在长期的皇城辐射下,形成了"直隶文化"。三地逐渐形成了不同的文化氛围,虽然各自独立,但相互依恃,彼此之间构成了你中有我、我中有你的地缘关系:天津"漕运文化"的发展离不开北京作为首都的丰富需求;河北"直隶文化"的底色更是源于北京长期的首都地位;而北京"皇城文化"的养成同样离不开津、冀二地的支持。"京雄保"作为"京津冀"大文化圈中的核心圈,在把握"京津冀"大文化圈的历史脉流与现实特色的基础上,拥有可供借鉴与依托的充分的文化资源,京津冀三地的文化是建构"京雄保"文化圈的重要依托和必不可少的支撑。

从根本上讲,"京雄保"的文化资源根植于京津冀三地同根同源的燕赵文化,燕赵文化的根底滋养了"京雄保"文化的历史底蕴。这三地身处相似的文化环境,传承相同的文化理念,先天地享有三地共通的文化基因,密切的地缘关系凝聚了"京雄保"的文脉根底。从夏商周至春秋战国时期,燕赵地区的文化不断突破单一化、封闭化,到秦朝建立,燕赵地区在政治、经济、社会、文化等方面融合中不断孕育着较为统一的"燕赵文化"。并且随着历史的发展,燕赵文化不断发展与裂变、融合与更新,整体上呈现出鲜明的包容性、丰富性和创造性。

燕赵文化留下的历史基因是"京雄保"文化建构的重要历史依托。燕赵文化主要具有以下三种特征:勇武慷慨的英雄气概;明德体大的心胸格局;变革进取的奋斗精神,其精神内涵可供当下文化发展借鉴与共享。首先,燕赵文化具有勇武慷慨的英雄气概。燕赵大地自古以来战争不断,西汉时期,汉朝与匈奴的多次交锋就发生在这里,楚汉之际的巨鹿之战、韩信破赵、太平天国的北伐、义和团运动,还有豫让复仇、荆轲刺秦都发生在燕赵大地,使这个地方形成了尚武的风气和慷慨悲歌的文化性格。司马迁最先给燕赵大地冠以"悲歌慷慨"的概括。《史记·货殖列传》对燕赵大地经济特征和文化风貌有这样的记述:"种、代,石北也,地边胡,数被寇。人民矜懻忮,好气,任侠为奸,不事农商。然迫近北夷,师旅亟往,中国委输时有奇羡。"① "慷慨悲歌燕赵文化特质可概括为四个主要基本要素:在价值理想上,它表现为一种知恩图报、舍生取义的高尚追求;在人格表征上,它表现为大处着眼、凛然难犯的豪迈气概;在行为心理上,它表现为一种情为恩使、命缘义轻的情感触动;在价值践行上,它表现为一种一往无前、不惜付出生命的坚毅执着。具体而言,可用义、气、情、力四字加以概括。"② 南朝梁刘勰称建安时期邺下文人集团的作品"慷慨以任气"(《文心雕龙·明诗》);韩愈赞颂"燕赵古称多感慨悲歌之士"(《送董邵南游河北序》);钱起诗:"燕赵悲歌士,相逢剧孟家"(《逢侠者》);韦应物诗:"礼乐儒家子,英豪燕赵风"[《送崔押衙相州(顷任内黄令)》];黄宗羲言:"彼知性者则吴楚之色泽,中原之风骨,燕赵之悲歌慷慨"(《马雪航诗序》)。文学与历史共同见证了燕赵文化的崇高风骨。漫长的历史中形成的勇武任侠、慷慨悲歌的传统、顶天立地的英雄气概,成为燕赵文化的一个显著标志,也成为燕赵人血脉里的文化基因。

其次,同样由于地理位置和历史上的战火,游牧民族与汉族的交流与融合也发生在燕赵大地,文化的深入融合赋予了燕赵大地崇尚德义、顾全大局的整体意识和处事精神。蔺相如完璧归赵、廉颇负荆请罪的"将相和"的故事在民间广为流传,经历了两千多年的历史风雨,至今依旧为美谈。在现代文学中,老舍写北京,以鲜活生动的京腔、京韵描绘了北京的风俗意趣,孙犁写白洋淀、滹沱河、冀中平原的乡村生活,深深植根于河北农村的厚土之中,无论是北京文学还是河北文学,它们既

---

① 司马迁:《史记》(第10部),岳麓书社1988年版,第2264页。
② 周振国、向回:《燕赵慷慨悲歌基本内涵及历史传承》,《河北学刊》2014年第6期。

各有风味，又在根本追求上一脉相通，那种对传统的依恋，对外来文化的包容，共同汇聚在京津冀的文学风味之中。

再次，燕赵大地还孕育了勤劳淳朴、励精图治的精神品格。燕赵文化中自有变革进取、自强不息的历史血脉。燕赵地区西部山高水深，遍地荆棘，古时又战乱频繁，农耕环境恶劣，生活在这里的人艰难维生。春秋战国时期，赵武灵王励精图治，倡导变革图存，采取了许多进步的改革措施，把赵国推向强国地位；燕昭王广招天下英才，改革内政，与百姓同甘苦的作为被载入史册。对于燕赵地区的人们来说，则是个人与家庭的紧密团结，讲究乡谊和睦，不断增强凝聚力以获得共生和共同发展。魏晋南北朝时期，《南史》记载："北土重同姓，并谓之骨肉，有远来相投者，莫不竭力营赡。若有一人不至者，以为不义，不为乡邑所容。"[1] 燕赵文化的精神谱系，是漫长历史中人们普遍崇尚的一种社会风尚和精神追求，成为燕赵地区得以兴盛的思想基础。深入挖掘以燕赵文化为特色的"京雄保"文化一体化发展的资源和特色，并结合新的历史机遇和条件，构筑新的"京雄保"文化有机体，是"京津冀"文化协同发展的奠基性工作。

至近现代历史，京津冀三地创造了深厚的红色文化传统，给燕赵大地注入了红色基因，留下了丰富的革命遗产，成为"京雄保"文化协同的又一重要文化资源。在中国近现代革命历程中，京津冀地区有着重要的历史地位：北京是新文化运动的活动中心，也是中国共产党诞生的重要阵地，是马克思主义传入中国的首要地区，从"一二·九"运动、留法勤工俭学运动到平津战役，京津冀地区见证和参与了整个中国革命的进程，地位不可替代，成果灿烂丰厚。革命时期遗留下的文化资源：革命纪念地、历史文物、文献档案、革命故事、革命精神等是当下文化协同的红色血脉。1986年，保定市被国务院列为中国历史文化名城，保定不仅有各朝各代的遗址文化，例如世界文化保护遗产清西陵、全国保存

---

[1] （唐）李延寿：《南史》（卷25），中华书局1999年版，第443页。

最完好的直隶总督署、中国十大名园之一的古莲花池等；还拥有六项国家非物质文化遗产。保定更是革命圣地，是北方革命运动的重要城市，近代先进思潮在此风起云涌，拥有丰富的红色文化。抗日战争时期，第一个敌后抗日根据地晋察冀抗日根据地在保定创建，冀中平原上的白洋淀是抗日战争斗争中广为人知的地方，特别是水上神兵雁翎队打击日寇侵略者的历史，彰显了白洋淀人民坚贞不屈、前赴后继、舍生忘死的爱国精神；还有狼牙山五壮士跳崖处、冉庄地道战遗址等都是具有历史价值的爱国主义教育基地。同样，雄安新区不仅历史悠久，底蕴深厚，也拥有众多文化遗产。红色文化与爱国主义精神是"京雄保"文化协同发展的宝贵财富，更是中华民族优秀传统文化的重要组成部分，是中华民族源远流长的民族精神的典型代表。传承革命文化、弘扬革命精神、开展革命教育、开发红色文化产业、建构共享的文化记忆，对于社会政治、经济发展、文化教育等诸多方面具有独一无二的价值。

三 "京雄保"文化建构的现实意义与前景展望

从历史入手，着眼未来，"京雄保"文化建构作为具有示范意义和典范价值的文化建设体系，在京津冀全面协同发展中发挥着示范性的作用。从历史来看，厚重的燕赵文化品格深深地融入"京雄保"三地的文化之中；而近现代以来，五四精神、抗战精神、赶考精神又凝聚起新的精神气质；时至当下，大京派文学的建构又将为"京雄保"的协同发展提供强大的精神动力和资源支撑。"京雄保"文化建构对于京津冀地区文化资源的整合，例如长城文化带、大运河文化带、非物质文化遗产组群、皇家文化遗产群落、红色文化脉络等文化圈和文化带进入更加广泛的文化接受圈层有重要的现实意义。

"京雄保"大首都文化圈对"京津冀一体化"的文化建构具有突出的价值。如今"京雄保"一体化战略的推行已经有四年多的时间，三地的协同发展出现了新气象，取得了许多重大成果，这无疑为"京雄保"文化协同发展提供了优厚的保障和新的机遇。目前，"京雄保"三地已经初步构建起铁路、公路、机场、港口互联互通的立体化交通网络。三地区域之间的联系更加密切，尤其是产业迁移及产业融合带动了各种生产要素加快流通，"京雄保"三地的社会交往日益密切，各类人员的流动也日趋频繁。创新的发展新模式正促进教育文化资源产业的整合、环境保护与生态建设的跨区域部署。"京雄保"三地的职能分工不断明确和清晰，产业、就业及首都人口的转移，激发了雄安新区与保定的发展活力。随着京津冀一体化在国家决策层面上的稳步推进，"京雄保"的文化空间也在加快重新勾连与榫合的步伐。

北京作为"京雄保"协同发展的核心，将在文化协同网络中发挥中枢的作用。北京作为世界闻名古都，拥有3000多年的建城史，800多年的建都史，形成了大气、方正、雍容、正义、厚德、包容的精神血脉与正统、昂扬的文脉主旋律。2014年2月，习近平总书记考察北京的城市建设时指出："要本着对历史负责、对人民负责的精神，传承历史文脉。"[①] 文脉是一个城市通过其风俗、风貌、风格所传达的文化特质、文化传统，反映的是城市建设者、管理者特别是一代代生存在这里的人民所共有的生活态度、价值趣味和审美追求。准确把握文脉的内涵、研究文脉的传承方式，对于北京这座历史文化名城而言具有极其重要的意义。作为享誉世界的历史文化名城，北京最大的特点是具有丰厚的历史与文化，而且历史与文化的发展不断延伸出新的时代内涵，时至今日仍然充满魅力，呈现活态文化的特点。北京的文脉犹如一汪活水，投射在历史、现在与未来中，辐射到京津冀整个区域。

"雄安新区"作为"京津冀"协同发展中的顶层设计，将打造成"京津冀"顶级文化的新区。雄安新区自设立之日起便一直是万众瞩目的焦点，这不仅因为雄安新区是继深圳特区和上海浦东新区之后又一个具有全国意义的新区，更因为雄安新区作为北京非首都功能疏解集中承载地，是京津冀世界级城市群的重要一极，是"千年大计"。因此，面对这

---

① 《保护好中华民族精神生生不息的根脉——习近平总书记关于加强历史文化遗产保护重要论述综述》，《人民日报》2022年3月20日第1版。

样一个顶级的、崭新的、具有历史性意义的新区,如何做好顶层设计尤其是顶层文化设计显得尤为重要。顶层文化设计并不是文化设施的建立、文化产业的发展、文化资源的聚拢等单方面问题,而是说雄安新区所有的建设、所有的设计、所有的环节都应该浸润着一种顶层的文化理念。"无文化传承,无雄安未来"正是体现了新区大力发展文化事业的决心。雄安新区的设立无疑给"京雄保"文化协同创造了全新的平台。寻迹历史文脉,是雄安文化建设的第一步,构建档案系统和博物馆体系;推进雄安新区文物保护工作;发掘文化资源、优化文化产业配置。在深厚的传统文化与历史文脉中,雄安新区正在开启一段崭新的文化创建之旅。雄安新区的建设目标是面向世界的国际化一流新区,这不仅意味要引进国际一流的技术、人才、资金、创意、管理经验,更重要的是要用一种国际的视野打造世界城市建设的典范。京味文化、津门文化、河北文化各有气象、汇聚而立,作为北京、天津、河北交会点的雄安,应该着重打通京津冀三地之间的文脉,实现不同文化间的多元共生,让各项文化资源在一个和谐的环境下互通。

以保定"白洋淀"为纽带,扩大和推进河北文化的全面发展,使之成为"京雄保"中的文化一极,为京津冀文学协同打下坚实的冀文化基础。白洋淀文化底蕴深厚、意境独特,形成了白洋淀特色文化系列,尤其是形成于20世纪50年代、以孙犁为代表的荷花淀派最为突出。这个现代小说流派的代表还有刘绍棠、从维熙等作家,他们以农村日常生活为题材,创作表现冀中农村水乡人民抗日斗争的故事,格调清新,语言明快,具有诗情画意之美和华北乡土的清新气息,具有很强的地域性和感染力。其中,孙犁是白洋淀文学流派中重要的精神内核,孙犁的去世被学界视为一个文学时代的结束。与同时代的很多作家相比,孙犁是"土"的,同时代的西南联大、海归派、北大帮、清华帮、南开帮,都与他无关,他没有那些引人注目、富有情趣的奇闻逸事,也进不了所谓名人学者的视野。但这"土味"并不是一种闭塞的俗气,孙犁不止一次地说过,他很喜欢普希金、梅里美、果戈理、契诃夫、高尔基等外国文学大师的作品,"我喜欢他们作品里那股浪漫气息,诗一样的调子,和对美的追求"①,在这些外国文学大师的作品中,孙犁看到了热烈的感情和境界,而这种追求恰恰符合孙犁的气质与品位。白洋淀要感谢孙犁,是他使白洋淀闻名于世;而孙犁也是白洋淀孕育的,孙犁的创作风格是在白洋淀中产生的。白洋淀很少招摇,也没有多少美名,不像西湖、太湖、昆明湖,你只有走进白洋淀,进到它的深处,才能领略到一些它的风情。孙犁的作品也给我们这样一种感觉。孙犁的"土味"是一种平淡自然的流淌,是一种扎根民间的淳朴踏实。孙犁曾说过:"我最早接触的,是民间形式:河北梆子、各种地方戏、大鼓书。"孙犁始终扎根农村,塑造了很多农村妇女形象,勇敢、坚毅,默默地支持丈夫为抗战做出贡献与牺牲,如水生嫂、吴召儿、春儿、妞儿、九儿等,这些青年女性虽然没有受过高等文化教育,但是有着大自然的灵气与传统的美德。有一篇文章提到孙犁"是一面迎风也不招展的旗帜"②,这个评价令人震撼,它高度概括了孙犁为人为文的风格和本质。正因为这种从不凑热闹、淡泊名利的性格,构成了孙犁这个人,形成了他的本性,然后才有他的思考、他的视角、他的作品、他那含蓄内在的节制美与分寸感,总之,才有了他追求的极致和他追求到了的极致。孙犁的一切都是平平淡淡的,正如他的文字,"决不枝蔓""虽多风趣而不落轻佻"。这正是孙犁达到的高境界、高品位,绝不是谁都能够做得到的。这也是孙犁的文学世界给"京雄保"文学协同留下的文学活水和精神宝藏。

不仅孙犁,其影响下的刘绍棠、从维熙、韩映山、房树民等"荷花淀派"的创作,也成为中国当代文学的一道亮丽风景。20世纪70年代末出现的白洋淀诗群,是中国当代文学中的重要文化现象。白洋淀是当年知青下放点之一,地处河北,离北京较近,在白洋淀知青点中产生了许多知青诗人,例如多多、根子、芒克、林莽、方含、宋海泉等,他们自发地组织民间诗歌文学活动,逐渐形成了白洋淀诗群。白洋淀不仅是自

---

① 孙犁:《孙犁选集·理论》,陕西师范大学出版社2003年版,第53页。
② 滕云:《我所理解的报人——孙犁》,《中华读书报》2002年7月17日。

然地理上的水域，更是文化资源的活水，是"京雄保"文化协同、文化认同重要的文学艺术纽带。

雄安作为一个新区，拥有京津冀文化发展的新的契机；保定作为河北历史文化名城，可提供资源丰厚的历史文化；两个地方对于河北文化的整合发展要起到带头的作用。在京津冀文化资源中，河北在燕赵文化、长城文化带、白洋淀文化圈等资源上，处于京津冀三地中领先地位。根据国家文物局对各省市长城资源比例进行的调查，其中河北占18.89%，北京占5.38%，天津占0.63%，河北省境内留有明代和明以前的燕、赵、中山、秦、汉、北齐、金等长城4000多千米，仅明代长城就有2000多千米。如何建设好长城文化带是当下京津冀文化发展，特别是河北文化振兴和建构中值得挖掘的重要部分。

就历史资源来讲，"京雄保"文化建构的前景是广阔的；就现实情景来说，"京雄保"的文化建构又是充满挑战的。三地之间文化的差异和不平衡、文化人力资源的不均衡、文化发展机制和体制上的障碍等都是现实存在的问题。完善文化政策、盘活文化资源、打造文化品牌，更重要的是建构文化认同，对于"京雄保"和京津冀文化发展更具长远意义。

"京津冀"协同发展作为区域协同发展的重点和示范，要在高质量协同发展模式上发挥带动作用，成为引领全国高质量发展的重要动力源，成为未来城市群创新发展的主要策源地。无论是处在全国协同发展核心地位的"京津冀"，还是处于京津冀重要地位的"京雄保"，都是国家具有前瞻性的重大战略，随着京津冀文化协同政策的进一步推进，"京雄保"三地既要厘清现状，又要看到发展的前景，明确各自的优势，找到连接文化基因的相似点，在区域文化共同体框架下实现新的立体化拓展、交互式发展。

我们今天谈国家战略，尤其要将文化放在需要充分考量的地位。文化考量是否到位，决定着社会经济发展战略能否走得远、走得长。当今世界思想文化交流频繁，在各种价值观的交锋和博弈中，没有统一的精神价值"内核"，就难以形成强大的发展"合力"。一个国家的发展战略想要成功实施，想要得到切实有效的发展，背后一定要有人性的考虑和文化的考量。文化不是经济发展的直接手段，文化也许不会对经济发展产生立竿见影的作用和效果，但它是经济发展不可或缺的精神基础。文化是潜移默化、深入血脉的一种素养，它长期浸润在我们的生活中，无形地形成我们的素质。是否能在国家战略中注入文化的考量和人性的关怀，体现的是一个国家的能力，更是一个国家的眼光！

成就北京饮食文化的五个历史性态势*
——主要基于民族与政治的视角

万建中**

摘　要：北京地区的地理特征十分明显，首先是兼具平原、高原、山区、半山区等地貌环境，位于农牧渔猎等多种经济形态的交汇地带；其次是处于农耕与游牧文化的接合部，即我国两种基本生产和文化形态的过渡区域。滋生于这一生存环境中的饮食资源必然是多样化的，北京饮食文化也一直保持多元并呈的风味品性。然而，物产资源和环境特点并不是左右北京饮食文化演进态势的关键因素。北京特有的历史时空状况，诸如居民民族身份构成、社会地位及其消费主义的城市定位共同铸就了其饮食文化多元一体的格局。

关键词：北京；饮食文化；民族、政治中心；多元

任何一个区域的饮食资源都不可能完全依赖输入，立足本土物产是饮食文化发展的基本态势。北京饮食文化受自然环境的影响极大，尤其在先秦时期。西北一带崇山峻岭环抱，东南一带众水横流，土地宜牧宜稼，与河北、山西等地区大致相同。史载京津"东枕辽海，沃野数千里。关山以外，直抵盛京。气势庞厚，文武之丰镐不是过也。天津襟带河海，

---

* [项目基金] 河北大学燕赵文化高等研究院2021年重点研究项目"大运河（河北段）非物质文化遗产生存样态与传承机制研究"（项目编号：2021Z02）的阶段成果；北京市社会科学基金重大项目"北京饮食文化发展史"（编号：15ZDA37）结项成果的一部分。

** 万建中（1961—　），男，河北大学燕赵文化高等研究院特聘教授，北京师范大学文学院教授、博士生导师，主要从事民间文学理论和中国民俗史研究。

运道咽喉，转东南之粟以实天庾。……畿南皆平野沃壤桑麻榆柳，百昌繁殖。"① 燕山南，地势一马平川，坦坦荡荡，直通中原，以汉族为主，属农耕经济，呈现汉民族农业文化生态。而燕山北，地处高原、山岭或荒漠，草原绵延，风吹草低见牛羊；茂密的森林滋养了狩猎民族；历史上先后有多个不同的少数民族在这里兴衰存亡，游牧或打猎是他们的生存方式，从而创造了北方少数民族共同的牧猎文化。可以说，北京地处中原汉民族及其传统的农耕经济和农业文化，与北方各少数民族及其传统的畜牧经济和牧猎文化的接合部。② 因此，北京饮食文化从初始阶段就带有农耕与游牧结合的特质，这一特质在以后的演进过程中又不断得到强化和丰富。正如后人所言："都人食品，以麦为主，杂粮次之。葱蒜辛膻，流俗所嗜；肴馔豪奢，矜尚珍异。应时之物，品类繁多。挽近南北风味，东西馐膳，纷然杂陈。其视辽食貔狸，金嗜犬血，固判若霄壤，即元之舌羹，明之棋炒，亦渺成陈迹。"③

北京位于多种经济形态的交汇地带，兼具农牧渔猎的经济生产方式，多元并蓄的饮食文化传统由此生发并得以延续。然而，与其说地理环境形塑了北京饮食的基本面貌，不如说为北京饮食文化的后续发展提供了良好条件。南北东西迥异的生态造成了北京饮食风味丰富而又驳杂，但这种饮食文化特质得以进一步强化则需要借助外部力量。其实，在全国许多地区，饮食资源并非出自单一的生产形态，其饮食同样禀赋兼容并呈的文化品性。这种品性是与生俱来的，在长期演进过程中也是自在和自为的，显示出鲜明的本土固有特色。而北京饮食却越来越溢出了原本由地理环境规定的状况，同样是多元，却在外在政治势力和文化资本的助推下不断获得更新。

影响一个地区饮食文化形象塑造的要素是多方面的，可以内在和外在加以区别。饮食主体、饮食对象、饮食方式、饮食结构、饮食源流等属于

---

① （清）于敏中等编纂：《日下旧闻考》卷五，北京古籍出版社 2001 年版，第 87 页。
② 参见尹钧科《北京郊区村落发展史》，北京大学出版社 2001 年版。
③ 吴廷燮等：《北京市志稿（礼俗志）》，北京燕山出版社 1998 年版，第 188 页。

内在要素，可以纳入谁在饮食、饮食内容和如何饮食三个追问框架。外在的则相对复杂，政治、经济、生态、社会等都有涉及。就全国大部分地区而言，其饮食文化的历史与现实都可以在三个追问框架中加以考量，主流风味完全受制于内在要素。相对而言，这一框架却难以涵盖北京饮食文化的发展走向。北京饮食形象和品质之所以十分鲜明，主要得益于外在要素。

饮食文化不是孤立存在的，必然受到地缘政治和经济发展的影响。其他城市和地区饮食文化的发展大多取决于当地特有的物产资源和气候环境，俗谓"靠山吃山，靠水吃水"，而对于北京而言，本地的物产资源和环境特点并不是左右饮食文化演进的关键因素。北京特有的历史时空状况，诸如居民民族身份构成、区位优势、政治地位及其消费主义共同铸就了饮食文化的辉煌。基于饮食文化的视角，可以在宏观和微观层面梳理北京历史文化所呈现的五个历史性态势。这五个方面是北京饮食文化可持续发展的基因，也一并绘制出北京饮食文化发展的整体图式。

当然，饮食与内在和外在关联的情形并不能全面呈现出来，但对此应该有清醒的认识，即每一朝代占主体性的饮食文化现象背后都存在前期、中期及末期的明显差异，并非是一成不变的。这正是北京饮食文化发展过程的常态，只不过这一常态被五个历史性发展态势掩盖了而已。

一 多元文化的饮食生态

讨论北京文化，富有差异性的经济生态一直备受关注。的确，地方经济形态决定了当地的饮食结构和风味取向。辽、金、元及清朝确立了北京地区以农为本的国策，并采取相应措施推动农业生产。自密云盆地东北端点至拒马河出山口之间的山前平原地区形成了农业经济带，历经辽、金、元、明、清至民国时期基本未发生变化。同时，在山区与半山区的河谷阶地上种植农作物，更多的是在山地与丘陵开辟了林区和牧区，但收成相对微薄。[1] 南北郊区饮食资源的供给存在着明显差异，表现为南

---

[1] 参见韩光辉《北京历史人口地理》，北京大学出版社1996年版。

耕北牧的基本经济生态，配以果业和狩猎。这种差异是由生产环境决定的，具有相对的稳定性。郊区的饮食生态大多自给自足，其饮食结构和水平延续的惯性比较强烈，不易发生结构性颠覆。朝代的更迭对郊区尤其是远郊区饮食的影响并不明显，"一方水土养一方人"以及就地取材的饮食模式一直起到主导作用。而城里人的饮食来源并不依赖于郊区，郊区与城里的饮食大相径庭。因而考察北京饮食文化的着眼点在城里，北京城里的饮食风貌伴随主政民族的不同而发生相应的变化，也构成了北京饮食文化演进的主要脉络。

郊区和城里构成了最基本的二元饮食生态，相对而言，郊区饮食主要受内在因素的影响，城里则不然。不过，生存环境的差异导致饮食文化的多元，这只是直观或表层的认识维度。环境决定论的思维逻辑似乎比较合理，但缺乏深度。其实，真正促使北京饮食文化多样性的并非饮食资源环境，而是饮食文化本身。

北京地区不是主体文化凝聚、壮大的核心地带，而在多种文化形态中每一种形态都处于前沿地带，不同文化在这里短暂停留、碰撞，致使北京文化蕴含多种民族、不同地域的文化元素。元代邱处机西行途中，"北度野狐岭，登高南望俯视，太行诸山晴岚可爱；北顾，但寒烟衰草中原之风，自此隔绝矣"[1]，所谓"中原之风"当是指以华北平原为地理基础的风物或以农耕为经济基础的风俗的统称，[2] 而向上北行的风光是，"出得胜口，抵扼胡岭由岭而上，则东北行，始见毳幕毡车，逐水草畜牧而已，非复中原之风土也。"[3] 当时，元大都处于两种不同经济形态的交汇处，也是连接南北交通的中心地带。其他朝代大抵如是。

在相当长的历史阶段，难以寻觅到处于稳固地位的土著文化，或者说区域文化的主脉长期变得不可捕捉。这种状况在新石器时期就充分显

---

[1] （元）李志常：《长春真人西游记》，党宝海译注，河北人民出版社2001年版，第27页。
[2] 参见丁超《元代大都地区的农牧矛盾与两都巡幸制度》，《清华大学学报》（哲学社会科学版）2011年第2期。
[3] （元）张德辉：《纪行》，载（元）王恽《玉堂嘉话》（卷8），《四部丛刊》初编本，第8页。

示了出来。有学者依据饮食器具典型类型总结出区域文化的板块：中国大概有这么几个大的文化谱系，从新石器时代看，第一个是黄河流域的以旱地农业为基础发展起来的一个文化谱系，这个文化谱系如果从考古学上找一个代表性的器物，最为突出的当然是鬲。早期的鬲相对集中的地带，把它叫作鬲文化分布区。第二个文化区是以长江流域为主，包括山东和山东以南的一些地方，以水稻农业为经济基础，代表器物是鼎，构成鼎文化分布区。第三个文化区大体上在东北，是以狩猎采集经济为主的，代表性器物是筒形罐，可称为罐文化区。第四个文化区形成得稍晚，即内蒙古及以西地区，主要是牧业经济。四块文化区，一方面是鼎鬲文化合流，形成一股强大的饮食文化势力，向北扩张。另一方面，罐文化系统向南发展，北京地区就是这四种饮食经济相遇的交叉地带。北方游牧、狩猎与南方农业相接触，北京也是重要基地之一。[①] 这种主体饮食文化形态不甚突出的状况，在一定程度上消解了本地饮食与外来饮食的间隙，为外来饮食文化进入北京敞开了大门。

一般而言，饮食受制于当地的自然环境，生存环境决定了一个地方的饮食向度。故而饮食文化与居住文化一样，具有相对的稳定性。北京自古以来就呈现出以农业为主，兼有畜牧渔猎多种生产的混合经济形态，这决定了北京人饮食结构的基本特点，就是以农作物为主，以畜牧渔猎物为辅。主食以面食为主，米食为辅；副食中肉类所占比重较南方为重，尤以羊肉为主。[②] 但北京饮食文化的发展走向不是主要取决于生存环境或者说自身的生产方式，而是外来民族对饮食文化的强劲介入。与其他都城相比，北京饮食文化所表现出的独特魅力，在于少数民族饮食与中原汉民族饮食的融合，这种融合不是一蹴而就的，而是几乎伴随着所有的朝代，融合与嬗变相辅相成、形影不离，这在全国所有城市的饮食格局中是独一无二的。

---

① 参见严文明《闭幕式致辞》，载《北京建城 3040 年暨燕文明国际学术讨论会会议专辑》，北京燕山出版社 1997 年版。
② 参见刘宁波《历史上北京人的饮食文化》，《北京社会科学》1999 年第 2 期。

二　全国政治中心的饮食地位

文化形态的边缘使得北京具有了地缘政治的优势。轮番的政权更迭铸就了北京文化秉承包容的品格。在辽、金、元、明、清五代的千余年间，北京是几十位封建皇帝生活起居和处理国家军政要务的地方，也是这五个朝代的朝廷所在地。在秦汉时期即已开始实行"实京师"政策，就是大量内聚迁移人口于京城和京畿地区，"以分田里，以令贡赋，以造器用，以制禄食，以起田役，以作军旅"[①]。在北京尚未具有政治中心地位期间，北京人口被迫大量外迁，财富外流。而北京一旦成为首都包括陪都，更多的人口便有组织地内聚汇集，以满足政治中心建设之需要。人口的聚集必然助长饮食消费主义，而作为全国政治中心，相当一部分政治话语的传播也是在餐桌上展开的，人口与政治一并促进了北京饮食行业和饮食消费的兴盛。

"实京师"政策的实施是全方位的，包括饮食资源在内。譬如，明代中期，北京"百货充溢，宝藏丰盈"，"四方之货，不产于燕，而毕聚于燕"[②]。大凡北京政治中心确立的时期，饮食文化总体上比较繁荣，这在很大程度上得益于"实京师"政策为之提供了必要的物质基础。

普天之下莫非王土。政治中心地位使北京饮食能够具有兼容四面八方而融会贯通的发展优势，多民族聚居促使北京饮食文化呈现出多元复杂的风味特色。由于地处与华北平原、东北平原和内蒙古高原三大地区相通的特殊地理区位，在历史上，北京一直扮演着中原农耕民族与北方游牧狩猎民族饮食文化交流融合的重要枢纽角色。而中央集权又为北京饮食文化的繁荣提供了得天独厚的条件，各地贡品极大地开拓了北京饮食的资源。北京饮食文化属于北方饮食文化圈，保持了北方饮食的基本特色，而运河则将南方的饮食文化源源不断地输入北京，使北京饮食文

[①] （魏）徐干：《中论·民数》，载《钦定古今图书集成经济汇编·食货典》第18卷《户口部总论》。

[②] （明）张翰：《松窗梦语》卷4"百工记"，第18页。

化在粗犷、大气的基础上又增添了细腻和精致的一面。一方面，北京在被确定为都城以后的历史阶段，其饮食的地域性便遭遇挑战，发生急剧的分化；另一方面，都城作为王朝的一个辖区，自身的饮食地域惯性是不会消亡的，在大量移民的后裔成为土著以后，他们的饮食习俗就完全融于本地的习惯，在入境随俗的同时也在改变着本地的饮食习俗建构，因此，都城饮食的地域惯性本身也具有兼容变化的特点。总之，北京作为首善之区为其饮食文化的发展注入了其他都市无可比拟的优越性，在充分吸纳各种风味的基础上，北京饮食形成了自己风格多样、内外结合、品位高端、底蕴丰厚、气象万千的显著特色。

北京作为全国政治中心，其饮食必然带有宫廷风味。元、明、清三代，以今北京为首都历时600多年，大一统的中国，稀世珍宝都须进贡皇上及后宫。某种东西只要成为贡品，就身价倍增，得到褒扬。封建统治阶级在饮食上十分讲究，也有条件追求佳味和释放饮食方面的创造力、想象力。天南地北的山珍海味，水产如燕窝、鱼翅、鲍鱼、干贝、海参、蛤蜊；陆产如猴头、银耳、竹荪；飞禽有鹌鹑、斑鸠、雉鸡、野鸭；走兽有野猫、野兔，以及时鲜果品，源源不断上贡皇宫。各地身怀绝技的名厨云集北京，四方菜肴精品招之即来，使宫中的菜肴形成了独特的格局与风味，也就是人们常说的带有传奇色彩的宫廷菜。另外，辽金以降，随着都城地位的确立，大量文人名士在此聚集，频繁而有深度的饮食文化活动迅速提升了北京饮食文化的层次。

当然，也正是这种大一统的集权力量，才能把天南海北最佳、最美的特产荟萃到帝王的餐桌上来，否则虽各有各的特色，却难以互相交融，构成如此丰富多彩的宴席，因此北京菜的形成，主要得益于这种一统性的政治环境。北京作为全国政治、经济、文化的中心，历时数百年，充分吸收了国内外饮食文化的营养。同时为了满足历代统治阶级奢侈的饮食欲望，集中了全国烹饪技术的精华，代表了那个历史时代饮食烹饪的最高水平。在这样的历史背景下，北京饮食文化高度发达，烹饪技艺源远流长。

三 多民族聚居区的饮食身份

1982 年第三次全国人口普查，北京地区有 54 个少数民族，人口数量为 32.2 万。1985 年，北京又增加了普米族，这样，国家认定的民族成分北京都有，成为我国唯一的民族成分最齐全的地区。① 居住在北京的 55 个少数民族或多或少都秉承了本民族的饮食习惯，并在生活中将民族的饮食文化与当地融合。

在北京历史上，大部分时间为北方诸多少数民族所统治。"从先秦至魏晋南北朝的山戎、匈奴、乌桓、鲜卑，到隋唐五代时的突厥、奚族、靺鞨，再到辽代的契丹、金朝的女真以及后来的蒙古、满洲，都曾在这个地区往来奔突乃至建邦立国。"② "正是这些少数族人的崛兴与不断南进，促进了中原政治中心的东移，更早的才有了长安让位于北京的政治局面的出现。从女真人建立金朝甚至更早的时候开始，北京就不是一个纯粹由汉族人居住的城市。"③ 汉、契丹、女真、蒙古、满等多个民族是北京历史文化的创造者。"北京处于华北大平原的最北端，是中原的北方门户。历史上，中原地区的汉族与北方少数民族之间的矛盾斗争，北京则是民族斗争频繁的地区，以明长城为例，它呈东西走向穿过今日北京辖属的平谷、密云、怀柔、延庆、昌平及门头沟等六个县区，绵延 1258 公里，成为北京地区古代民族斗争的历史见证。汉族和少数民族经常在这一地区接触，久而久之形成民族杂居的局面绝非偶然。"④ 由于历史和地理的原因，北京是汉民族和北方渔猎、游牧民族交往融合的中心地之一。当然，融合伴随抗争、博弈，并非一帆风顺，民族间政治权力的争夺难以有消停的时候。不过，总体的趋势是少数民族在逐渐汉化。北京的汉族，相当一部分由少数民族转化而成。

---

① 参见天然《北京少数民族的渊源及目前的状况》，《中国民族》1992 年第 1 期。
② 孙冬虎、吴文涛、高福美：《古都北京人地关系变迁》，中国社会科学出版社 2018 年版，第 39 页。
③ 刘小萌：《清代北京旗人社会》，中国社会科学出版社 2008 年版，第 628 页。
④ 李淑兰：《北京历史上的民族杂居与民族融合》，《中央民族大学学报》1995 年第 3 期。

北京居民演变的基本态势是少数民族的不断进入与汉民族的不断壮大。在辽金元明清和民国时期，北京人口在政治主导下，以内聚和离散迁移为主要形态，大大超越了自然增减的程度。"辽代宫卫户及渤海人的迁入，使南京城市和周围地区出现了一批契丹人、奚人、室韦人和渤海人等。金代将猛安谋克户①迁入中都地区，使中都城市和京畿地区出现了占有一定比重的女真人，并增加了一部分契丹人、渤海人、奚人等。元代，蒙古人及回族人、阿速人、色目人、唐奴人、维吾尔人等则较多地迁入了大都地区。明代汉族政权统治下的北京，其他少数民族人口则相对大大减少了。除汉人外有蒙古人、回族人、朝鲜人等。清代除满族、蒙古族、汉族户口外，还包括新满洲（鄂温克及达斡尔）人、俄罗斯人、藏族人、回族人、越南人等。民国时期来自全国各地的人口族属更为复杂。"②北方各兄弟民族源源不断地成批落户北京，成为北京永久性居民。就职业而言，军人、工匠、官员、商人、僧道方士、艺人、流民等进入北京居多。有学者简要总结了自先秦以来迁入民众的情况："第一次，是燕都的召公奭后裔迁入蓟城，并定都于此。第二次，是唐代中央政府把东北地区的大量少数民族的民众迁徙到幽州来定居。第三次，是辽朝在得到燕京之后派出一批契丹民众到这里定居。第四次，是金海陵王迁都之后，把大量金上京的女真族民众迁徙到金中都定居。第五次，是元世祖营建大都城前后，有大批蒙古及色目等少数民族民众移居到这里来。第六次，是明成祖定都北京前后，将各地一大批富庶民众迁居到这里来。第七次，则是清军入关，定都北京，使八旗子弟占住内城。"③这七次还是集中大肆迁入的时间，其他时间仍陆陆续续有"胡人"进入。然而，胡族大批进入并没有强化胡族，而是在新的胡族入住的同时，以前的胡族大概已实现了汉化，汉族反而就这样壮大起来了。但落实到具体朝代，情况可能又有所不同。

---

① 金代兼领女真兵士家口与民户的军事编制单位，初期以三百户为一"谋克"、十"谋克"为一"猛安"，后来减少到二十五人为一"谋克"、四"谋克"为一"猛安"。
② 韩光辉：《北京历史人口地理》，北京大学出版社1996年版，第290—291页。
③ 张艳丽主编：《北京城市生活史》，人民出版社2016年版，第9页。

当然，北京各民族不是杂乱而居，除少数散居外，绝大部分都是民族聚居。如此，在北京这座城市自然形成了民族特色鲜明的诸多饮食文化圈，这种民族饮食文化圈共存的现象在其他城市罕见。这还只是一个方面，毕竟多民族共处同一个城市，民族饮食之间的相互影响实属必然，饮食的"胡化"与"汉化"交错展开，几乎贯穿所有的朝代。在元朝，汉族和蒙古族都在不断吸纳对方的特色食品。居于今吐鲁番地区畏兀儿人的茶饭"搠罗脱因"和"葡萄酒"；回族人的食品"秃秃麻食"（手撇面）和"舍儿别"（果子露）；居于今阿尔泰山一带的瓦剌人的食品"脑瓦剌"；辽代遗传下来的契丹族食品"炒汤"，以及奶酪和奶油等均传入汉族地区。而汉族南北各地的烧鸭子、芙蓉鸡和饺子、包子、面条、馒头等食点，也为蒙古等兄弟民族所喜食。

清代定都北京后，由于满汉杂处，相互间的饮食文化无形中进行了交流。特别是满族的达官显贵，在与汉族官员的相互交往中，吸收了汉族菜肴的制作方法和宴饮程序，并加以改造，逐渐形成了"满汉全席"。清末民初，满汉全席中又汇入了蒙古族、回族、藏族风味的菜点食品，使之又获得了"五族共和宴"和"联盟宴"的称号。"满汉全席"作为传统饮食文化的集大成者，只能产生于北京。因为北京饮食所体现的民族身份是最深刻、最充分、最全面的。

四　汇集南北风味的饮食品性

北京是中国封建社会后期的首都，作为封建帝王和朝廷所在地，北京与全国各地构成了绝对服从的供求关系，北京得到全国的经济和物质供给。在中央集权制的封建社会里，"普天之下，莫非王土"，一套完整而严密的封建制度席卷大江南北，将各种生活资源源源不断地运抵都城。"元明清三朝京师的存在'一切仰仗东南'，'漕运不至则京城大饥'。京师经济是建立在'聚敛贡京阙'的国策之上。"[①] 黄仲文甚至咏

---

① 方彪：《试论北京传统文化的特征》，《北京联合大学学报》2002 年第 1 期。

叹道:"天生地产,鬼宝神爱,人造物化,山奇海怪,不求而自至,不集而自萃。"① 政治中心使得北京饮食文化超越了地域局限,拥有吸纳和辐射全国乃至世界的"美食之都"的地位。

具体而言,在确立了国都地位、城市人口急剧膨胀之后,京畿旱作农业不可能满足城市粮食和其他食品消费的大量需求,必然伴随有大量外地粮食和副食品的输入,这是封建时代京畿农业发展和粮食生产低水平决定的,是解决北京城市饮食基本供需矛盾的必然首要选择。② 当然,输入的不仅是粮食,而是蕴含各地风味的饮食文化,使北京饮食真正具有首都的品格。这方面最具代表性和说服力的莫过于"烤鸭"。北京的"焖炉烤鸭"技术乃传承于宋代"入炉羊罨""爊炕鹅鸭"等焖炉技术无疑。而"焖炉"烤制技艺从北宋的"入炉羊罨"到南宋的"爊炕鹅鸭",再到明代北京的"焖炉烤鸭",可以说是经历了由北到南、再由南到北这样一个历时性演进与交流。因此说,现在北京便宜坊的"焖炉烤鸭"是中华民族饮食文化渗透、南北融合的结晶。③

南方饮食风味之所以能够入驻北京,在很大程度上依赖于水运。京杭大运河和漕运是北京的生命线,为北京饮食文化发展创造了一个极为重要的条件。④ 为了解决运输上的困难,金朝和元朝政府都开凿过从都城通往通州的运河(元代称通惠河)。在明代成化年间,有明一代文臣之宗丘浚对大运河予以高度评价:"运东南粟以实京师,在汉、唐、宋皆然。然汉、唐都关中,宋都汴梁,所漕之河,皆因天地自然之势,中间虽或少假人力,然非若会通一河,前代所未有,而元人始创为之,非有所因也。"⑤ 通惠河通航后,从水路运输,每年仅节省雇车费一项即达六万缗,

---

① (元)黄仲文:《大都赋》,载(明)沈榜《宛署杂记》第 17 卷,北京古籍出版社 1982 年版,第 189 页。
② 参见韩光辉《北京历史人口地理》,北京大学出版社 1996 年版。
③ 参见赵建民《北京"焖炉烤鸭"与汉代"貊炙"之历史渊源》,《扬州大学烹饪学报》2013 年第 1 期。
④ 参见尹钧科《认识古都北京历史文化特点必须把握住四个基本点》,载《中国古都研究》(第十三辑),1995 年。
⑤ (明)陈邦瞻:《元史纪事本末》卷 12《漕运》,中华书局 1979 年版,第 91 页。

漕运粮食大为方便。闸河为金中都的漕运发挥了数十年作用，保证了大都居民饮食生活的正常进行，也为后世元、明通惠河的开凿做好了必要的前期准备，对推动京城饮食生活的发展具有深远的历史意义。

当金代和元代的运河通畅之时，城里的粮食价格就比较平稳，而一旦这条运河的运输功能出现障碍，都城的粮食价格就会暴涨，直接给居民的饮食生活带来不利影响。① 明代，"京师百司庶府，卫士编氓，仰哺于漕粮"②。清代，同样通过运河和漕运，南方尤其是苏杭一带的饮食风味沿着水系汇集到北京。从漕运到开凿和实施可以看出，首都的政治地位足以让北京从饮食困境中摆脱出来，不仅如此，还一直延续了对美食品位的追求。

需要指出的是，北京饮食文化南北融合并非主动所致，而是被动成就的。为了使积淀下来的历史文化保存，不至于外流，历代都构筑了厚实的围墙。"北京的城墙之多，恐怕在世界上也是首屈一指的。明初建的北京城有三重城墙，最里面一层是宫城，叫紫禁城，第二重是皇城，第三重是周长 20 公里（km）京城。"③ 在对已有文化实施保守政策的同时，却不排斥外来文化。似乎城墙只限制从内到外，由外及里则是毫无阻碍的。这是一种值得玩味的文化交流现象。譬如，北京集中了各地的会馆，京都会馆却罕见走出北京。京菜在其他城市几乎没有生根落地的，枝繁叶茂的更是闻所未闻。

五　饮食消费者不断累积的格局

任何朝代的建立，都有新的身份的消费者落户北京，随着时代的演进，土著人种越来越难以纯正。相应地，饮食消费者的口味也就越来越不那么单一，而呈现为不断差异化的过程。这种累积的脉络可以展开粗线条的梳理。

---

① 参见张艳丽主编《北京城市生活史》，人民出版社 2016 年版。
② （清）孙承泽：《天府广记》卷 14《仓场》，北京古籍出版社 1982 年版，第 170 页。
③ 顾军：《北京文化特征小议》，《北京联合大学学报》2001 年第 1 期。

汉唐以前，北京就是一座军事重镇，用其"以蕃王室"。这种生存环境和城市定位形成了粗粮粗食、大块吃肉、大碗喝酒的豪放大气的饮食风格。在作为辽朝陪都南京城时，与北宋政权的军事对抗的状态没有结束，南京城（又称燕京城）仍保持军事重镇的地位，饮食格局没有发生根本性的变化。

当然，军事行动的最终目的也是饮食。通过战争，获取更多的人口劳动力资源，因为这些人口既是饮食的消费者，更是饮食的生产者。"唐末与五代至辽初，契丹与幽州地区的关系，左右着区域人口的增减。在以农业为主要经济支柱的传统社会，人口尤其是成年丁壮，是推动经济发展的最关键的生产力因素。在后晋割让幽蓟十六州之前，契丹入塞侵扰的目的之一就是掳掠汉地人口，押送到本国境内从事农业、手工业生产。"[①] 饮食是族民生存下来的基本活动，当饮食不能满足人口不断扩大的需求时，战争便成为最有效、最快捷的掠夺手段。只不过这种状态下的饮食已顾不上美味的追求，只是为了保证身体所需的基本营养而已。

从金代开始，北京城的政治功能凸显出来，军事地位减弱。北京人口政治主导下的变化以内聚和离散迁移为主要形态，大大超越了自然增减的程度。"自汉唐以后，在北京地区生活的民众开始出现较大的迁移活动，或是迁入，或是移出，对风俗习惯的发展变化产生了越来越大的影响，使得自然环境的影响随之而逐渐减弱。"[②] 就饮食文化而言，人文因素所产生的作用愈来愈明显，南北风味融合化程度和品位的要求越来越高。人口流动是促使北京饮食文化演进、发展的重要因素，辽金元时期，契丹、女真、蒙古等少数民族纷纷定居北京，据学者研究，辽代内迁于南京地区的契丹等民族人口，大约 2 万户，共计 10 万余口。金代内迁于中都地区的女真等族人口，累计约 4 万户，30 万口。辽代宫卫户及渤海人的迁入，使南京城市和周围地区出现了一批契丹人、奚人、室韦人和

[①] 孙冬虎、吴文涛、高福美：《古都北京人地关系变迁》，中国社会科学出版社2018年版，第19页。

[②] 李宝臣主编：《北京风俗史》，人民出版社2008年版，第5页。

渤海人等。金代将猛安谋克户迁入中都地区，使中都城市和京畿地区出现了占有一定比重的女真人，并增加了一部分契丹人、渤海人、奚人等。元代仅从世祖至元元年（1264）至十八年（1281）间，迁入大都的各类人口，即达16万户左右。蒙古人及回族人、阿速人、色目人、唐奴人、维吾尔人等纷纷迁入了大都地区。这些民族在政治上占据了统治地位，于是，西北饮食风味随之涌入北京，饮食胡风愈演愈烈。明代的北京由汉人掌控，全国各地尤其是江南的汉人不断迁徙而至，江南饮食文化大量渗入，开启了北京饮食文化全方位南北交融的新局面。清代满族入主中原，八旗子弟云集北京，满族饮食风味成为时尚。"鸦片战争"爆发，改变了以往闭关锁国的状况，伴随西方列强的进入，西方文化包括西方饮食"登陆"北京，吃西餐成为有身份和地位的象征。纵观北京饮食文化的历史进程，"融合"是一条发展的主线，而作为饮食文化主体之不同族群的不断迁入，主导了北京饮食文化变化的趋势。

这种急剧变动的人口状况直接左右了北京饮食文化的生存和发展取向。一方面导致北京饮食结构具有极大的不确定性，其稳定性受到严重挑战。因为食品和饮食习惯的输入都带有强制和不可抗拒性。而文献所记录和关注的恰恰是饮食文化比较确定性的部分，或者说是发挥了主体作用的那些饮食文化现象。另一方面改变了北京饮食自然演化的轨辙，使得北京饮食在相当程度上偏离了自行进展的道路。可以说，北京饮食文化的变迁是主要依靠外力来推动的，这与其具有军事重镇和政治中心的地位形成直接的互动。譬如，北京地区原本以农业生产为主，畜牧业生产的规模并不大。元朝建立后，众多蒙古贵族进驻中原，带来了大批的马、驼等牲畜，皆放牧于大都地区。元朝政府曾颁布法令，命都城四周的百姓，分别负担饲养之责，① 甚至放弃农耕生产方式。这种强行改变经济形态的做法必然动摇传统的饮食结构，肉食的比重骤然增加。因此，北京饮食文化发展史与战争、朝代更迭和人口迁移唇齿相依，饮食文化

---

① 参见（元）苏天爵《滋溪文稿》卷17 "和洽墓碑铭"："初，朝廷岁命卫士以驼马分饲民家，及闻民被扰，始命郡县筑驼圈、作马厩，官吏董之，庶几编民不至受害。"

并不拥有自身完全独立的自主的发展空间。

　　以上的生态、地位、身份、品性和格局五个方面组成了北京饮食文化的完整图式，也是这一图式得以绘制的关键性要素，又是北京饮食文化的显著特征及与其他城市、地区的不同之处。造就北京饮食文化如此局面既取决于其自然和历史人文环境，更是政治融合和民族发展双重作用的结果。政治地位不断上升及民族频繁融合直接影响北京饮食文化的走向态势，而饮食文化所依赖的本土资源则成为间接性的要素。倘若一定要从环境论剖析北京饮食文化，那便陷入无从展开的境地，或者只能重复不断言说了的话语。其实，全国许多地方都处于多种经济形态交汇区域，其饮食文化的丰富与多元主要由地理位置所决定。探寻北京饮食文化形成的基本要素，竟然可以忽略生存的客观环境及辖区内的本土饮食资源，可以将区位优势排斥在关键性要素之外，这在其他城市和地区是不可想象的，也是绝对行不通的。

区域优秀传统文化创造性转化、创新性发展的路径选择:以燕赵文化为例[*]

张治江　庞庆明　陈佳鹏[**]

摘　要:传承与发展区域优秀传统文化是中华优秀传统文化创造性转化与创新性发展的重要路径。区域优秀传统文化的文化创造性转化与创新性发展需要富有整体性与学理性的发展路径,即发展方向、发展规律、发展方法和发展途径的辩证统一。新时代推进燕赵文化创新发展,应坚持"民族文化、科学文化、大众文化"相统一的发展方向,"生产方式、生活方式、思维方式"相统一的发展规律,"不忘本来、吸收外来、面向未来"相统一的发展方法,"文化事业、文化产业、文化人才"相统一的发展途径。

关键词:中华优秀传统文化;燕赵文化;创造性转化;创新性发展;区域优秀传统文化

中华文化的传承与建设命题,贯穿中华民族近代以来救亡图存、革

---

[*] [基金项目]河北大学燕赵文化高等研究院2020年研究项目"燕赵文化与中国精神研究"(2020D38);河北大学红色文化专项"李大钊中华民族复兴思想及其现代价值研究"(2021HHW009)。

[**] [作者简介]张治江(1980—),河北大学马克思主义学院副教授、河北大学燕赵文化高等研究院研究员,历史学博士,主要研究方向:马克思主义中国化研究;庞庆明(1981—),法学博士,兰州财经大学中国特色社会主义理论体系研究中心副主任、副教授,主要研究方向:马克思主义中国化研究;陈佳鹏(1997—),河北大学马克思主义学院硕士研究生,主要研究方向:中国近现代史基本问题研究。

命建设、改革发展的始终。中华优秀传统文化创造性转化和创新性发展是一个跨时代、跨学科的实践与理论命题。2013年以来，学术界对于中华优秀传统文化"创造性转化和创新性发展"（以下简称"两创"）的研究涉及概念界定、理论定位、困境与挑战、原则与路径、目的与意义等方面，并取得长足进展。但目前存在的问题很多，其中，"两创"的探索及可行性路径研究大多泛泛而论，罕见建设性意见。

一 传承与发展区域优秀传统文化是中华优秀传统文化"两创"的重要路径

2013年12月，习近平总书记首次明确提出："努力实现中华传统美德的创造性转化、创新性发展。"[①] 党的十九大报告明确要求："推动中华优秀传统文化创造性转化、创新性发展。"[②] 这标志着"中华优秀传统文化创造性转化和创新性发展思想"正式写入中国共产党的权威文献，成为当代中国马克思主义的创新性思想成果之一。这为传承与发展传统文化提供了理论性指导与实践性指南。

推动中华优秀传统文化"两创"，要立足当代社会实践、坚持发展需要导向、回应人民普遍关切，结合新的时代条件进行补充、拓展与完善，古为今用，守正创新，以人民群众喜闻乐见、富有趣味与时代气息的表现形式，充分展现中华优秀传统文化的时代价值与独特魅力。其中，传承与发展区域优秀传统文化是中华优秀传统文化"两创"的重要路径。

在漫长的历史演进中，各种不同地域文化和民族文化融汇而成中华文化。不同地域文化都是中华文化的组成部分。区域优秀传统文化与中华优秀传统文化不能简单地以部分与整体框架来解释，而应看到其多元与统一的关系，可看作"流"与"源"，各区域优秀传统文化之间存在同源关系。中华民族创造了诸多具有区域特色、反映区域风貌、以区域命

---

① 中共中央文献研究室编：《习近平关于社会主义文化建设论述摘编》，中央文献出版社2017年版，第138页。
② 《决胜全面建成小康社会 夺取新时代中国特色社会主义伟大胜利——在中国共产党第十九次全国代表大会上的报告》，《求是》2017年第21期。

名的典型文化，如齐鲁文化、荆楚文化、燕赵文化等。这些区域优秀传统文化同时具备中华优秀传统文化中所具有的华夏大地广袤胸怀与仁义礼智信千年品质等特点，所以，发展好区域优秀传统文化是传承和弘扬中华优秀传统文化的重要路径。

区域优秀传统文化乃至中华优秀传统文化的"两创"需要富有整体性与学理性的发展路径，即发展方向、发展规律、发展方法和发展途径的辩证统一。只有在马克思主义历史文化观的指导下，通过研究和践行区域优秀传统文化创新性发展的方向、规律、方法和途径，才能养成由社会经验积累、知识发展与精神提升所构成的大众生活方式，繁荣发展地域文化，共筑美好精神家园，增强民众对祖国历史和民族文化的自豪感及其对中国特色社会主义道路的认同感。

燕赵文化研究发起于20世纪80年代中后期，进入21世纪之后，燕赵文化在研究平台、学科合作、研究成果、研究氛围等方面呈现一派新气象。[1] 总体来看，燕赵文化研究主要集中在燕赵文化表现形式、本质特征、历史演变、传播路径、外宣策略等方面，而对其创新发展路径亦有涉及，但缺乏整体性和学理性。

新时代背景下，在燕赵大地上保存下来的贯穿农业文明时代、工业时代和信息时代的这一历史文化遗产，其创新性发展是应对人民日益增长的美好生活需要同不平衡不充分的发展之间的矛盾这一新的社会主要矛盾的必然选择，是建设创新型国家的战略需要，是推进文化体制改革的内在要求，是参与全球文化交流，弘扬中华文化特色的重大举措，因而具有强烈的时代感和使命感。

二 坚持"民族文化、科学文化、大众文化"相统一的发展方向

燕赵文化的创新性发展建立在人民主体性与历史必然性之间的深刻联系之上。在以人民为中心的中国特色社会主义文化价值观指导下创新

---

[1] 参见刘建军、鲍玉仓《三十年来燕赵文化研究的主要进展与思考》，《河北大学学报》（哲学社会科学版）2008年第6期。

发展燕赵文化，一方面应以民族伟大复兴和大众需求满足为落脚点；另一方面应在尊重燕赵历史文化事实基础上，深入挖掘燕赵文化精神的科学内涵。

（一）区域优秀传统文化的"两创"必须放在中华文化发展的框架之内

文化一旦生成就具有保存传统的直接价值。否则，文化传统就不可能形成，文化凝聚力及国际影响力就无从谈起。为此，将燕赵文化创新发展放在中华文化的发展框架之下，才能真正继承传统，继往开来。民族文化资源既包括散落民间的河北梆子、吴桥杂技、武强年画、蔚县剪纸、乐亭皮影及衡水内画等本区域文化资源，又涉及政治、军事、天文、伦理等领域的各地文化资源。燕赵文化应在多样化的文化格局中，在与其他地域文化进行对话交流和碰撞融合中，在与中国的国际形象及具有世界影响的中华文化相结合中，对民族文化资源进行创新性开发，以凸显自身内涵及特色，激发潜在生命力，形成具有地域风格和气魄并被国际所认可的文化品牌。为此，既要创制"慷慨悲歌""尚质求实""和合大同"等代表性、典型性燕赵文化符号，又要创建燕赵文化资源整体功能大于局部之和的协同发展机制，还要创新有利于增强文化自信心及国际影响力的燕赵文化价值观。

（二）在推进燕赵文化创新发展中，既要传承区域特色，又要创新方式，推陈出新

一方面，要以实事求是的态度推进燕赵文化科学化。特别是对出现在燕赵大地上的历史人物和历史事件，如推进"胡服骑射"的赵武灵王，击败齐国的燕昭王，提出"望、闻、问、切"四诊法的神医扁鹊，征服百越的赵佗，读书三载而"不窥园"的汉人董仲舒，寒窗苦读十年而不出的隋人刘炫，成就《水经注》的北魏郦道元，整修河渠80余条、研发天文仪器近20种的元人郭守敬，积极推进"洋务运动"的近代张之洞，以及1963年的洪水和1976年的大地震，一定要科学考证，秉笔直书。

另一方面，要运用包括 VR、数字电影、App 在内的数字技术对燕赵文化进行数字化开发，以丰富燕赵文化的科学内涵，立体、直观地传播燕赵文化。如利用现代技术手段对"红色太行、壮美长城、诚义燕赵、神韵京畿、弄潮渤海"五大文化品牌的科学内涵进行深入挖掘。此外，在国际文化传播交流中，海外燕赵文化中心等相关机构应加强对优秀学术成果和系列文化精品翻译的科学性，注重对外宣项目的科学运作。

（三）民族文化和科学文化最终要转化为大众文化

这是以燕赵文化为重要组成的中华优秀文化生命力和先进性之所在。大众文化包括三层含义：一是文化的形成具有大众性，即它是基于大众日常生活经验自下而上所体现出来的、活生生的主动性和创造性。由于现代科技发展使地域性文化被压缩在一个平面性、暂时性的时空当中，从而使大众文化内含一种新文化生产方式，并对人们的生产生活及当代中国文化发展格局产生了深刻影响。二是文化传播的大众性。创意策划及现代传媒手段为科学文化向大众文化转化提供了可操作的现实性。实践经验也证明，文化产品经文化制作人策划及权威传媒推广，可迅速占领文化市场。三是文化消费的大众性。中国特色社会主义文化建设的根本目的在于最大限度地满足人民群众日益增长的文化生活需要。面向大众生产文化、传播文化、消费文化，当然也构成了燕赵文化大众维度的应有之义。

三 坚持"生产方式、生活方式、思维方式"相统一的发展规律

燕赵文化创新发展必然面临生产方式、生活方式、思维方式三者关系的处理。在推进燕赵文化创新性发展中，一方面要认识到生产方式决定生活方式和思维方式，另一方面也要注重生活方式和思维方式等文化资源的内外部整合。在处理三者关系中，既要反对文化资源本源论，也要反对地理环境决定论，还要反对社会生活整体决定论。

(一) 生产方式决定生活方式和思维方式

马克思主义认为,物质资料生产活动是文化发展特别是创造性思维产生的动力源泉。人们在进行创造性思维的过程中,必须参与实践并在实践中检验思维成果的正确性。[1] 燕赵文化作为一种地域性的生活方式和思维方式,是由物质生产方式所决定。作为一种受客观规律制约的自觉活动,燕赵文化创新性发展必须自觉根植于中国特色社会主义的生产实践之中。离开鲜活生动的生产实践,文化领域的"自主""求异""跳跃"就会变成"主观多样"。如此,不仅燕赵文化建设中的新情况、新问题及其创新性发展的本质及规律将无从把握,而且创造符合中国实际和人民需要的文化产品的燕赵文化建设实践更无从推进。只有以新物质生产方式运用为前提,以深入挖掘燕赵文化精髓为主线,对河北梆子、燕赵成语故事等传统文化进行继承及创造性转化和融合,才能形成适应新时代社会需求和群众喜闻乐见的文化创意产品。

有观点认为,文化创新需要寻根问祖,需要得到当地文化信息资源提供的有力支撑和智力支持。否则,文化创新就是空中楼阁,成为无源之水、无本之木,无以为继。[2] 这一观点将文化资源而非生产实践作为文化创新的源泉,有失偏颇。占有和整合文化资源是创新燕赵文化的重要方面,但不是根本环节。如果将其作为"根本"或"源泉",燕赵文化最终就只能在一堆堆"国故"里面打圈圈,既不鲜活,也不实用。

(二) 注重生活方式和思维方式等文化资源开发的系统性

作为中华文化重要组成及河北文化独特名片的燕赵文化,实质上是一种生存方式、一种生命价值观[3],并代表了区域文化、中华文化和世界

---

[1] 参见高立伟《论中国特色社会主义文化建设方法论自觉》,《马克思主义研究》2012 年第 7 期。
[2] 参见任民锋《科技 + 文化创新推动燕赵文化信息资源开发和文化繁荣的对策》,《内蒙古科技与经济》2018 年第 21 期。
[3] 参见张京华《作为一种生命价值观的燕赵文化精神》,《河北学刊》2014 年第 6 期。

文化三层成就。换言之，作为长城文化、中原农耕文化、黄河文化等几种文化的集合体，燕赵文化既代表了一种区域性的独特文化成就，又为中华文化传统提供了一种独特见证，还为传统的人类居住地及建筑艺术的发展提供了杰出范例。各地一般只关注本区域特色文化的创新与开发，较少进行文化资源整合和文化协同发展机制构建，同时中央层面也缺乏区域文化协同发展机制。这就要求相关各级部门将燕赵生活方式和思维方式等文化资源进行内外部整合，将燕赵文化本身作为一个系统来发展，处理好文化系统内部及其与其他文化系统之间的关系。譬如，河北省政府可通过开展"数字图书馆""数字博物馆"等教育资源数字化计划，整合燕赵文化现有资源，以强化燕赵文化对京津冀一体化、中华民族伟大复兴和人类命运共同体构建三大层面的推进意义。中央政府亦应将燕赵文化发展置入大文化系统中，作为一项宏观文化工程进行长期的、总体的、有机的规划，以达到区域文化协调发展的根本目的。

有观点认为，地理环境决定了各民族物质生产生活方式差异及其思维方式差异。这一观点的实质是地理环境决定论。地理环境是文化差异（包括生活方式、价值观念和思维方式差异）形成的重要影响因素而非决定因素。决定文化差异的决定因素是物质资料生产方式。这是因为，地理环境如离开与人的"结合"而仅作为单一因素，那么它就只能是孤立的社会存在。事实上，文化总是由人所创造的文化，地理环境不可能创造出文化，更不可能决定任何民族、任何地区的物质生产方式和文化生产方式。人们只有以物质资料生产方式（从某种意义上看，这一生产方式也就是人与地理环境相结合的方式）为基础，才能生产和再生产出各类文化产品。物质生产方式的性质和变化决定文化生产方式的性质和变化。物质生产方式不同，文化生产方式也不同。

英国新左派则在批判机械的经济决定论即经济还原主义基础上提出了文化唯物主义的观点。他们认为，机械的经济决定论将上层建筑解释为经济基础的反映和表现，从而无法回答社会实践经验中的种种问题。打破由此所造成的种种理论僵局，就需要注重当下现实的重要生活经验，从而揭示出历史发展的实际过程。因为我们只有在经验中才能把握到社会的总体性，也就是作为一种整体生活方式的文化性。开掘历史过程的文化维度是推进马克思主义历史学的必要和充分的条件。① 以"文化唯物主义"来扩展"辩证唯物主义"既有框架的尝试，具有一定的理论价值。然而，如果只是看到社会生活的整体性而抹去社会生活内部结构的不平衡性，很容易得出片面的甚至是错误的"创新性"结论。整体的社会生活包括物质生活、精神生活、政治生活和社会生活。一定的文化既是一定社会的经济和政治的反映，又反作用于一定社会的经济和政治，为经济和政治的发展提供精神动力。整体生活方式的文化性归根到底也是由整体生活方式的物质性所决定。马克思主义并不排斥历史过程的文化维度，并将其作为历史发展的实际过程，但将其上升到历史研究的充要条件地位上，往往陷入文化经验主义的泥潭。

四 坚持"不忘本来，吸收外来，面向未来"相统一的发展方法

中华优秀传统文化是区域文化创新发展的根脉，区域文化创新发展的过程同时也是中华文化创造性再生的过程；面向未来则是区域文化创新发展的历史向度。在推进燕赵文化创新发展问题上，应坚持"不忘本来，吸收外来，面向未来"相统一的发展方法。正如有学者所指出的，从民族现代化发展的根本利益出发，融合东西文化精华，观测未来发展轨道，培育新的"赞天地之化育，与天地参"的精神。②

（一）为民族谋复兴、为人民谋幸福是创新和发展燕赵文化的初心和使命

东亚人种发源于距今约 200 万年前的张家口阳原县泥河湾；炎帝、黄帝、蚩尤在涿鹿合符开启距今已有 5000 多年历史的中华文明；中共中央在西柏坡指挥三大战役，召开党的七届二中全会，从这里进京开创建国

---

① 参见欧阳谦《马克思主义与文化研究》，《教学与研究》2009 年第 12 期。
② 参见刘翠《文化现代化转型的基本原则》，《学术交流》2003 年第 6 期。

大业，故而有"东方人类、中华文明、新中国从河北走来"之说。改革开放以来，燕赵文化又逐步形成了红色太行的革命文化、壮美长城的和合文化、诚义燕赵的根脉文化、神韵京畿的直隶文化以及弄潮渤海的开放文化。从古代的慷慨悲歌、好气任侠，到抗战时期的英勇不屈、舍身报国，到改革开放时期的踏实苦干和甘于奉献，燕赵文化以其舍生取义、艰苦奋斗的精神绵延不断，成为河北人民日用而不知的精神营养，同时也是河北历史发展的精神源泉。① 李保国和塞罕坝建设者就是以实际行动自觉接受着燕赵文化滋养、塑造燕赵文化精神的一个典型案例。黑格尔说："传统并不仅仅是一个管家婆，只是把它接受过来的忠实地保存着，然后毫不改变地保持着并传给后代。'它也'不是一尊不动的石像，而是生命洋溢的，有如一道洪流，离开它的源头愈远，它就膨胀得愈大。"② 这可以说就是对"不忘本来"的一个生动注解。

这里的"不忘本来"有两层含义：一是扬弃中国历史上遗留下来的燕赵文化，并对其守正精神赋予新时代内涵，使之实现创造性转化和创新性发展；而对其不合时代要求的内容，则要大胆抛弃。二是以燕赵文化为精神纽带团结一切积极力量，让老百姓都能过上小康生活。比如，很多企业家、实业家对自己或先辈生活过的燕赵地区念念不忘。燕赵地区可以以地缘为纽带进行招商引资，将燕赵文化与当地秀丽的自然风光、生态环境、鲜明的地域特色、民风民俗有机结合。通过对区域内相关资源进行有效整合和优化，形成规模效应，从而更好地满足消费者的多样化需求，同时吸引农村大量剩余劳动力就地就近就业，以增加居民收入和地方财政收入。

（二）文化发展不仅是一个积淀和传播的过程，更是一个借鉴和吸收的过程

燕赵文化既强调对传统的承继性发展，也强调以吸收外来先进文化

---

① 参见池志勇等《燕赵文化的传承与创新研究》，《媒介研究》2018年第6期。
② ［德］黑格尔：《哲学史讲演录》第1卷，贺麟、王太庆译，商务印书馆1959年版，第8页。

助我发展、为我所用，即坚持文化传承与文化兼收的"齐头并进"。唯有把握传承之本源，汲取外来之精华，才能响应时代之呼唤，做到守正之创新。因为"成功的现代化是一个双向运动过程，传统因素与现代因素相反相成。失败或不太成功的现代化则是一个单向运动过程，现代因素简单地摧毁传统因素，或被传统因素摧毁"[①]。

"吸收外来"首先意味着不同区域文化之间的交流、碰撞与融合。譬如，燕赵文化作为一种中原农耕文化，与"崇尚自然、践行开放、恪守信义"的草原游牧文化具有天然的互补性。这两种不同形态文化之间的交流、碰撞与融合，同时也是北方民族与周边民族文化交流、交往与交融的一个缩影。在燕赵文化创新发展过程中，不仅要充分开发和利用区域内的现存文化资源和文化市场，有效解决其地域分布不均衡、影响程度不均衡，以及开发速度不均衡等各类问题，而且还要形成文化流动的跨区域体制机制，发挥好区域文化的集散功能和辐射功能，促进各文化要素有机衔接，进而形成一种新的文化生产力，为提高区域间经济社会发展的综合效益创造客观基础。

"吸收外来"还意味着海纳百川、博采众长、兼容并包、集思广益。不同民族、国家和地区的文化传统和文化样式各具特色，丰富多彩，这不仅体现了世界文明的多样性，而且也是全人类共同的宝贵财富。为了提升文化品位，培育各具特色的文化品牌，世界各国都在充分挖掘、开发和利用当地历史文化资源，实现文化可持续发展。燕赵地区一定要加强文化交流与对话，在比较中取长补短、求同存异，大力增进各国人民友好交往，稳健促进人类文明的发展和繁荣。只有在大力培育一批本土化的燕赵文化发展成果的同时，将其与其他国家和地区的文化资源联结起来，跨国界深入挖掘燕赵文化资源，拓展沟通渠道，从技术、信息、人才、金融等方面展开全面协作，才能形成适应全球化背景下的人民日益增长的美好生活需要的新文化，才能利用品牌效应扩大燕赵文化在国

---

① 罗荣渠：《现代化新论——世界与中国的现代化进程》，北京大学出版社1993年版，第377页。

外的竞争力和影响力。当然,"吸收"以批判性为前提,"开放"要以自主性为基础。全盘否定或自我封闭的态度,都是错误的、有害的。

(三) 在传承燕赵文化中准确把握其未来发展趋势

把握燕赵文化未来发展趋势,也就是创新出能够"面向未来"的新燕赵文化。"面向未来"包括面向区域一体化、面向第二个百年目标下的青年一代两个层面。

面向区域一体化的燕赵文化创新发展,指的是通过搭乘共享经济发展快车,摆脱文化产品供给的时空约束,实现文化资源配置的长尾效应和规模效应。作为一种基于所有权和使用权分离并运用技术手段来提升闲置资源提高效率的共享经济范式,因其具有平台化、高效化、开放性和分布式特征,故而成为区域一体化进程中以共享为目的的文化资源配置模式。这一模式的优点就在于,开放、普惠、高效的技术秉性使得文化共享跨越了传统文化产品供给的时间和空间约束,使服务长尾客户成为一种边际效益递增或者边际成本递减的文化经济模式。在燕赵文化区域一体化过程中,通过合理利用信息依托和新的信用机制,实现文化产品供给与需求的基本匹配,可降低交易成本,实现长尾效应和规模效应。

面向第二个百年目标下的青年一代的燕赵文化创新发展,指的是新燕赵文化对于"本世纪中叶建成富强民主文明和谐的社会主义现代化国家"所提供的价值观引领及精神支撑,以及依托重大先进典型帮助青少年在实现中国梦的伟大实践中所创造的精彩人生价值。习近平总书记在北京大学师生座谈会上讲道:"现在在高校学习的大学生都是 20 岁左右,到 2020 年全面建成小康社会时,很多人还不到 30 岁;到本世纪中叶基本实现现代化时,很多人还不到 60 岁。也就是说,实现'两个一百年'奋斗目标,你们和千千万万青年将全过程参与。有信念、有梦想、有奋斗、有奉献的人生,才是有意义的人生。当代青年建功立业的舞台空前广阔、梦想成真的前景空前光明,希望大家努力在实现中国梦的伟大实践中创造自己的精彩人生。"① 作为"两个一百年"奋斗目标实现的参与者，当代青年一代在艰苦奋斗、无私奉献的燕赵文化精神熏陶下，能够有效践行社会主义核心价值观，进而为其过一种有意义的人生，插上自由翱翔的精神翅膀。

五 坚持"文化事业、文化产业、文化人才"相统一的发展途径

目前，燕赵文化产业中具备燕赵文化精神的文化精品数量少，强势品牌较匮乏，给人以燕赵文化缺乏明显特色的直观感受。② 改变这一局面，需要文化事业、文化产业与文化人才"三驾马车"协同用力。文化事业是由政府推动的以获取社会效益为主的文化发展方式；文化产业则是由市场来驱动的以获取经济效益为主的文化发展方式。文化事业为文化产业规划了明确的发展方向，文化产业为文化事业提供了充分的经济基础。只有文化事业和文化产业"双轮驱动""比翼齐飞"，才能在文化领域顺利实现"充满活力、富有效率、科学现代"的发展目标。而不论是文化事业还是文化产业，又都需要文化人才的支撑。文化事业、文化产业与文化人才三者相互依存、辩证统一。

（一）燕赵文化创新性发展要遵循文化事业所特有的规律

2003年以来，我国政府不断推进文化体制改革，如转企改制及宏观体制改革，按行政区划及行政级次配置文化资源，大大促进了文化生产方式变革。然而，政府的责任是确保公共服务被提供，而非提供公共服务。换言之，政府的责任不是直接或扶持相关国企为社会提供公共文化服务，而是鼓励各类型文化企业，如何为公众提供物美价廉的文化公共产品。政府职责就集中体现在购买服务及依法管理文化内容，服务和保障文化产业各环节正常运行，激发文化产业创造力，满足其多样化需求。

---

① 《习近平谈治国理政》（第一卷），外文出版社2018年版，第175页。
② 参见李燕凌等《文化自信视角下的燕赵文化产业发展研究》，《产业与科技论坛》2019年第5期。

燕赵文化的创新性发展，同样面临政府、企业和公民的关系问题特别是政府职能转变问题。只有在区域文化创新发展中破解上述难题，才能继续有效推进新时代文化体制改革。

政府部门将燕赵文化创新性发展作为一项文化事业来推进，既要注重价值规律在文化生产中的作用，并发挥文化载体对物质生产的巨大反作用，同时又要注重文化生产作为精神生产所特有的社会价值规律及其意识形态规律。文化的社会价值是作为客体的文化产品和文化内容对社会主体需要的满足或适合与否及其程度大小，其是在一定的实践关系和认识关系中形成的客体对于主体的意义规定性，并具有相对稳定性及强烈的主体性和主观性。文化生产的特殊性规定其社会价值评判标准的特殊性。文化生产要受社会价值规律特别是意识形态规律的深刻作用。燕赵文化以服务大众为其社会价值，并由政府部门制定其社会价值评判标准，特别是强化文化生产的意识形态标准。当然，地方政府部门也要看到内容浩繁的文化产品中所存在的相当数量的具有非意识形态属性的文化产品。它们与社会生产力直接相连，不具有阶级属性。评判此类文化产品价值，须代之以超越阶级的社会价值标准。否则，文化生产本身则难以为继。

（二）燕赵文化产业发展要遵循价值规律

燕赵文化产业发展问题主要体现为区域发展不平衡且结构不合理，同时不乏"劣币驱逐良币"的现象。这既与燕赵文化产业化发展不平衡、不充分有关，也与燕赵文化产业化边界不清有关。

一方面，供求机制、价格机制和竞争机制都将渗透到燕赵文化产品生产过程中并进一步影响其生产效率及消费者的行为选择。特别是随着现代科技的迅猛发展，文化传播方式大为丰富，产融趋势明显，而且文化产品的生产与消费也逐渐走向一体化。这就要求文化类企业生产出更多的内容充分、精雕细琢的燕赵文化产品，并改进同类文化产品的生产条件，提高生产效率。此外，真正的创新是价值创新，即通过重构产业价值链让每一个个体和群体都能因此受益；而智造平台集合订单、设计、生产、供应，能够让产业价值链上的个体和群体都能够实现价值。商品价值形成和实现的固有规律如被忽视或人为破坏，燕赵文化产品生产将出现供求扭曲、质量下降等问题，正常的文化产业生产秩序就会受到极大的干扰和破坏。

另一方面，文化产业背后又受到"文化"这只"看不见的手"的调节。市场固然是一只"看不见的手"，文化也是只"看不见的手"。特别是在知识经济时代，文化元素在文化产业发展中起到加速器作用。区域文化产业的资本无限度扩张，也是一种市场原教旨主义文化的无限度扩张，必将使文化自身的社会价值受到不同程度的贬损。这就要求政府部门利用燕赵文化体系所固有的开放、多元、协调等特点，整合利用多种要素和资源配置机制，稳步盘活存量、快速提升效率、大力增进服务，挖掘燕赵文化资源中的融合因子，统筹协调燕赵文化产业发展重大决策创新及燕赵文化惠民工程，以防止区域文化发展的失衡、无序和精神污染。

(三) 燕赵文化的创新性发展离不开文化人才的支撑

在科技文化成果转化率低且缺乏独立知识产权和独立研发能力的情况下，一些文化企业只能为市场提供原创不足、质量不高的文化产品，其生产也只是处于以提供初级产品为主的产业链、价值链底端。鉴于人才在燕赵文化发展中所占据的重要地位，故应加大高校专业人才培养、在职培训和优秀人才引入力度，使之在创意策划、运营管理、创造性开发等环节发挥相应作用。细言之，不论是燕赵文化事业还是燕赵文化产业，都需要政府部门、高校和相关企业充分积累和平衡开发人力资本。通过开发既有技能又有品格的高级人力资本，释放创新红利和人才红利，同时加大知识产权保护，带动燕赵文化产业集聚效应和裂变效应的有效发挥。

当然，在燕赵文化创新性发展中，不可动摇的底线原则是坚持马克思主义的指导地位。正如邓小平同志所言："我们要向资本主义发达国家学习先进的科学、技术、经营管理方法以及其他一切对我们有益的知识和文化，闭关自守、故步自封是愚蠢的。但是，属于文化领域的东西，一定要用马克思主义对它们的思想内容和表现方法进行分析、鉴别和批判。"[1] 当然，"一元主导"并不排斥"包容多样"。事实上，只有在"包容多样"中才能优化"一元主导"。坚持马克思主义在燕赵文化建设中的指导地位，也是其获得创新性发展的根本原则；而创新和发展燕赵文化又是巩固和优化马克思主义一元主导的必要条件。

---

[1] 《邓小平文选》第3卷，人民出版社1993年版，第44页。

论河北文化的六种类型*

王 刚 王 莹**

摘 要：河北省是全国唯一兼有高原、山地、丘陵、平原、湖泊和海滨的省份，是旅游资源大省，而在丰富的自然景观背后，也不乏悠悠历史古迹。作为华夏文明的重要发祥地之一，河北省拥有长城、大运河、清东陵、清西陵、避暑山庄等五项世界文化遗产和六个国家级历史文化名城，可谓是文化资源数量众多、内涵极为丰富。本文根据河北文化的历史沿革和特征，将其划分为：寻根文化、燕赵文化、京畿文化、革命文化、长城和运河文化、渤海开放文化六种类型。文章从被誉为"人类东方故乡"的泥河湾遗址群开始，探寻寻根文化；从"燕文化"与"赵文化"的相争和相融中，探索燕赵文化；从京津冀一体化的角度，探讨京畿文化；从中国革命历史进程中河北革命文化的地位与作用角度，梳理革命文化；从物态文化、制度文化、意识形态文化等方面，整理河北的长城和运河文化；从环渤海圈到"草原丝路"的经济带建设中，探讨渤海开放文化。本文以这六个维度为支点，通过对河北历史文化的讨论，厘清

---

* ［基金项目］本文系河北大学燕赵文化高等研究院研究项目"当代河北音乐作品体裁研究"（项目编号：2020D32；项目类型：重点项目）的阶段成果。

** ［作者简介］王刚（1978— ），男，河北大学燕赵文化高等研究院、河北大学艺术学院副教授，硕士生导师，主要从事河北音乐研究与河北文化研究；王莹（1977— ），女，河北大学燕赵文化高等研究院、河北大学艺术学院副教授，硕士生导师，主要从事河北音乐研究与河北文化研究。

河北文化的内在结构，谋求河北文化传播的新视角，提升河北文化的知名度和影响力。

关键词：河北文化；六种类型

"文化"一词，在《现代汉语词典》中有三种解释：一是指人类在社会历史发展过程中所创造的物质财富和精神财富的总和，特指精神财富，如文学、艺术、教育、科学等。二是考古学用语，指同一个历史时期的不依分布地点为转移的遗迹、遗物的综合体。同样的工具、用具，同样的制造技术等，是同一种文化的特征，如仰韶文化、龙山文化。三是指运用文字的能力及一般知识：学习文化，文化水平。[1] 本书中对河北文化的阐述主要基于第一和第二种解释。

河北，历史悠久，文明荟萃，拥有承德、保定、正定、邯郸、山海关、蔚县6座国家级历史文化名城，以及宣化、涿州、定州、赵县、邢台、大名等多座省级历史文化名城。截至2019年年末，河北省全国重点文物保护单位有288处，著名的文物古迹有避暑山庄、直隶总督署、隆兴寺、赵王城遗址、山海关、蔚州古城等。纵观河北历史，本文根据河北文化的历史沿革和特征，将其划分为：寻根文化、燕赵文化、京畿文化、革命文化、长城和运河文化、渤海开放文化六种类型。前四种类型按该文化在河北历史上出现的时间顺序和文化影响力划分，后两种类型按文化地理空间分布的格局划分。

一 寻根文化

"寻根"，有寻找根源、追究根底的含义，还可特指寻宗问祖。如人们根据现存文献和口头传承的文学作品来探究宗族或民族的文化发展历程，追溯、寻找宗族或民族的起源。在现代社会生活中，寻根已然成为一项国际性的活动，特别是在华人思想意识中最为重要。宗族和民族寻

---

[1] 参见中国社会科学院语言研究所词典编辑室编《现代汉语词典》，商务印书馆1978年版，第1204页。

根与其文化历史研究是有分别的，寻根带有浓重的民间色彩，可以只是通过民间习俗、节日庆典、宗族聚会、寻根游等多种形式开展，不具有学术研究的严谨规范性。但在西方，寻根主要是依据科学研究进行的，如人类学、考古学、民族学等方式。[①] 寻根，对于海外华人华侨有着与众不同的意义。每年清明时节，世界各地的海外华人都会齐聚河北涿鹿中华三祖堂，寻根问祖，慎终追远。本文将这一文化现象概括为寻根文化，旨在说明寻根文化在河北文化中的主体地位，以及河北文化在中华文化形成中的重要作用。

河北阳原县境内的桑干河区域坐落着泥河湾遗址群。它被誉为"人类东方故乡"，是世界上最早的人类发源地之一。这里出土了数万件古人类化石、动物化石和各种石器，几乎完整地记录了旧石器时代至新石器时代发展演变的全过程。泥河湾遗址群是京津冀历史文化的源头，它的发现，将亚洲文化的起源推进至距今200万年以前。北京中华世纪坛，262米长的青铜甬道记载了中华民族上下求索的漫漫历程。其中，青铜甬道的第一阶镌刻着泥河湾遗址群的小长梁遗址。

河北境内的旧石器人类遗址，还包括距今50万年的周口店"北京猿人"遗址、距今30万年的太行山井陉东元村遗址。这些旧石器人类遗址记录了早期人类在燕山、太行山的活动轨迹。进入新石器时代，古人类逐渐走出大山，来到太行山东麓和燕山山前的冲积扇地区滨河而居。这里气候温暖，土地肥沃，适宜人类聚集和繁衍。在这一区域，考古工作者先后发现徐水南庄头遗址、安新县留村新石器遗址、容城县上坡遗址以及商晚期房屋遗址等。这些文化遗址的出土，不但向人们展示了太行山东麓和古易水流域人类种粟、烧陶、驯养动物的生产、生活场景，也昭示出原始粟作农业向农耕文明演变的历史过程。由渔猎至农耕、从穴居树栖到建房比邻居住，河北境内的先民走出大山，定居平原，构筑起中国北方典型的人类文化脉络，奠定了中华文明的发端。

---

① 参考寻根360百科：https://baike.so.com/doc/3371545-3549555.html。

在中华文明故事的历史长河中，最具有代表性的远古先贤都曾在河北留下足迹。至今河北广袤的大地上还存有：青县的盘古庙、新乐的伏羲台、涉县的娲皇宫等历史遗迹。这些建筑承载了开天地、创八卦、辨人伦、炼石补天的神话传说，为中华文明的起源找到心灵寄托。

位于北京和张家口交界的涿鹿地区是华夏文明的发祥地。从"三祖两战"到"合符釜山"，五千年的中华文明从这里起源。《史记·五帝本纪》记载了炎、黄二帝的阪泉之战，蚩尤与炎黄部落的涿鹿之战，最终黄帝被推举为部落联盟的首领，在今徐水合符釜山[①]，龙成为各个部落统一的图腾或符契[②]。在我国"合符"，其实是一项由来已久的会盟信物制度。它通常用刻有文字的木、竹、玉石等材料制成凭证，以此为结盟之信物。"在合符文明中，最鲜明地表现出中国传统的集体主义精神。对祖先的崇拜，对家庭乃至社会的责任感，是中华民族最重要的文化心态的组成部分。"[③]

根据《尚书》《史记》等典籍记载和考古发现，黄帝、颛顼、帝喾、尧、舜五位上古时期的帝王，除舜以外，其他四位都长期生活在河北大地。黄帝建都涿鹿，颛顼最初封国在保定高阳，帝喾建都亳邑（亦称庆都邑，今唐县北高昌村），尧出生在顺平伊祁山，最初的都城在唐县。

河北是商民族的发祥地。中国从商朝开始有了文字记载。据考古发现，商族起源河北中南部，新乐商代遗址曾出土标有"女戎"族徽的青铜器，而商族的祖先契，是有娀氏女简狄之子。

河北省临漳县漳河边有一座六朝古都，名曰邺。它曾是中国北部曹魏、后赵、冉魏、前燕、东魏与北齐六个朝代或政权的都城。邺城的建城史可追溯至春秋齐桓公时期。公元前439年，魏文侯封邺城为魏国的陪

---

① 参见徐水釜山文化研究会《黄帝合符釜山，开启中华文明五千年新纪元——徐水釜山文化研究会考察釜山实录》，《保定日报》2015年11月2日第A04版。
② 参见黄业盛《破解证实龙凤的起源和龙凤文化的起源——解读"黄帝合符釜山龙凤印玺"》，中国56民族文化网，http://www.56china.com/2013/0416/79957.html。
③ 河北省历史文化研究发展促进会编：《燕赵文化论粹》，河北人民出版社2007年版，第13页。

都。战国时期，邺城令西门豹投巫治河，治理有方，传为美谈。东汉末年，诸侯割据。曹操打败袁绍后，占据邺城，建金虎台、铜雀台、冰井台。三曹七子在这里成就了中国文学史上的"建安风骨"。此后，400年间，这个城市盛极一时，曾是北中国政治、经济、文化的中心，直到公元580年北周大象二年杨坚放火焚烧城池，邺城才逐渐衰落。"朝代的频繁更迭及文化的交融，造就了邺城地区文化构成元素的多元化。"①

二 燕赵文化

河北，战国时期分属燕、赵、中山、魏、齐等诸侯国，其中燕赵影响最大，故有"燕赵"之美称。燕赵，不但有其历史学含义，也是一个地域概念。因而，宏观层面，"燕赵文化主要是指以河北地域为依托，历史上人与自然及由人们之间相互关系而形成的特定的生活结构体系，即河北大地上形成的物质文化、制度文化、思想观念、生活方式的总称"。②微观层面，燕赵文化特指历史学意义上，在战国时期的燕国、赵国区域内形成的一种区域文化。本文论述的燕赵文化取其微观层面含义。由于行政区划的历史变迁，战国时期燕国、赵国的疆域与今河北省略有不同。燕昭王时，燕国以今北京地区为中心，占领河北省的北部、内蒙古的南部、山西省的东北部、山东省西北部以及辽宁省西南部地区。燕文化，内容上以忧患意识和正义感、责任感为主；表现形式上宽广跌宕、对比鲜明；风格上兼收并蓄，以"刚""直"见长；精神气质上表现为慷慨悲歌。赵国，起于三家分晋，后迁都河北，定都邯郸。赵武灵王时，胡服骑射，开疆拓土。赵国鼎盛时期疆域包括今河北省中部和西南部、山西省的中部和北部、陕西省的东北部、山东省西部、河南省的北部以及内蒙古的部分地区。赵文化是华夏文化和戎狄文化相互交融的产物。"华夏文化是一种农耕文化，是以农业为基础的，而戎狄文化是一种草原的游牧型文化，这两种完全不同的文化互相冲突的结果，就形成这样一个独

---

① 罗佳琳：《邺城乐事择考》，硕士学位论文，中国音乐学院，2020年，第2页。
② 刘蕊编著：《燕赵文化》，吉林文史出版社2010年版，第2页。

特的、有两重性格的赵文化,所以它是一种能够互相包容的、能够融汇的文化。"① 开放、进取、包容、融合是赵文化精神之所在。

燕赵地区自古是农耕民族和游牧民族对峙和交融的前哨。战争和移民推动了燕赵文化的发展和民族融合,同时,也强化了勇武任侠、开拓变革的燕赵精神。燕赵文化的地域性,离不开区域物质环境和社会结构的交互作用。燕国,山高水寒,土地贫瘠,气候恶劣,政治经济的落后生成出哀伤自怨、悲壮刚烈的苦寒文化。地理上,燕地与北方游牧民族接壤。频繁的战争和大量移民,使燕地成为民族融合的主要地区。铁马金戈,烽火狼烟,战争环境造就了燕人刚强冷峻的性格和大无畏的人生观。士为知己者死,一剑抵挡百万兵的侠士奇峰,是燕地卑微弱小的苦寒文化在局促、压抑的社会矛盾下激化的结果。慷慨悲歌、好气任侠、正道直行、质朴务实、自强不息是燕文化的精神内涵。赵国在地理上,有"四战之国"的称谓,齐、秦、燕、魏、韩、卫、中山、林胡、东胡、楼烦等国家和少数部族环绕四周,国际关系复杂,民族融合程度高。因无险可守而变革图强,是赵氏政权顺应时代和社会需求的不二选择。胡服骑射,让赵国军事力量强盛,疆域的扩大为赵国增强国力奠定基础。赵文化中有强烈的开拓进取意识、包容精神、雄健尚武、重义尚气、尚商、求实利的层面,这些精神内涵孕育出赵国政治、经济、军事、文化、艺术的繁荣昌盛,形成一种豪迈、自信、张扬、开放的文化特征。"尽管燕文化与赵文化各自有不同的特点,但由于共同的经济特点——旱地农业耕作,相近的地域环境——靠近胡人,经常受到侵扰,师旅屡兴,相同的经济基础——小农经济,加之燕赵区域内民众交往的增多,越来越使两种文化交融在一起,共同构成了燕赵文化。其最突出的特质是慷慨悲歌、好气任侠。"②

---

① 赵聪惠主编:《赵文化论丛》,河北人民出版社 2006 年版,第 2 页。
② 刘福泉、王新玲、王慧霞等:《河北题材影视史》,中国文史出版社 2014 年版,第 15 页。

三 京畿文化

"京畿，是指国都及其附近的地方。"① 元、明、清时期，北京成为全国政治、文化中心，京津冀地区被称为"腹里"和"京畿"。就整体而言，京津冀两市一省地缘相接、人缘相亲，地域一体、文化渊源一脉相承。辽代以前，这一区域体现着共同的燕赵文化底色。入辽后，北京作为辽的陪都建立。女真族建立的金政权，更是将都城迁到北京。至元、明、清三代，北京一直占据着统一的中央集权国家的中心位置。特别是明清以来，京畿地区的政治、经济、文化联系日趋紧密。北京、天津、保定三城鼎足而立，互为掎角之势。以保定为中心的直隶地区为北京提供安全保障，输送经济作物和劳动力。因漕运而生的天津则成为北京联通全国乃至海外的重要贸易港口。北京的皇城文化辐射京畿，深刻影响了京畿地区的文化发展，形成了荟萃全国文化精髓的京畿文化。这种文化从影响力上看，包容性极强，具有浓厚的政治性和典雅性等特征。京畿地区历史文化遗存丰厚，较为著名的有元大都遗址、明十三陵、清西陵、清东陵、直隶总督署、承德避暑山庄等。这些建筑和历史遗迹承载着京畿文化的历史内涵，讲述着封建王朝盛极而衰的传奇故事。由于靠近全国政治文化中心，京畿地区的"戏剧艺术及早期市民意识发达"。② 著名的元曲作家有关汉卿、白朴、王实甫等，元大都（今北京）、真定（今正定）都是当时元曲活动中心。明清时期，京畿地区迎来第二次戏剧艺术高峰，随着南戏北上和山陕梆子的东进，京畿地区形成众多的地方戏曲、说唱艺术形式。这些新的剧种、曲种进入北京城后，兼收并蓄、吐故纳新，逐渐奠定京派艺术的表演风格。至今为止，学术理论界对京畿文化的研究方兴

---

① 中国社会科学院语言研究所词典编辑室编：《现代汉语词典》，商务印书馆1978年版，第594页。

② 李振纲：《燕赵文化的历史传承和精神特质》，载《燕赵文化论粹》，河北人民出版社2007年版，第25页。

未艾。① 特别是2017年河北雄安新区设立以后,京畿文化的研究从文化层面走向京津冀一体化政策层面,其深度和广度达到前所未有之高度。

四 革命文化

革命文化,形成于革命战争年代。它以马列主义毛泽东思想为指导,是中国共产党领导下的中国人民在争取国家独立、民族解放的历史进程中创造的一种先进文化。五四运动的爆发,标志着无产阶级作为革命政党登上历史舞台,自此以表现无产阶级领导下的新民主主义革命题材的革命文化正式诞生。中华人民共和国成立后,国家的革命文化建设适时地顺应了由战争环境向和平环境、由农村工作向城市工作的战略性转变,革命文化的内涵增加了社会主义建设时期和改革开放以来的科技领域革命以及党的制度、方针、政策革命等新内容。革命文化诞生一百多年来,其表现内容、表现手段和表现形式日新月异,"在不同时期,革命文化呈现出自身的革命价值和政治价值,随着时代的进一步发展还体现为教育价值和经济价值"。② 它的精神内涵逐步涵盖革命战争年代、社会主义建设时期、改革开放以来的三个历史阶段,形成以"红船精神""大庆精神""解放思想、改革创新"为核心的新时代文化。

"河北省是著名的革命老区,有133个老区县,5000万老区人口"。③ 它不仅见证了我党由觉醒走向成熟,也见证了中国革命由挫败走向成功。在这片革命的热土上,涌现出李大钊、戎冠秀、董存瑞、狼牙山五壮士、王二小、马本斋、白求恩、柯棣华、解秀梅、李保国等时代英雄。他们的光辉事迹,成为河北各个时期革命文化的重要组成部分,孕育出彪炳

---

① 参见赵世瑜《京畿文化:"大北京"建设的历史文化基础》,《北京师范大学学报》(社会科学版)2004年第1期;参见谭晓玲《试论京畿文化与京津冀历史文化展》,《博物院》2017年第1期;参见许振东、张学军《京畿文化的学术视域与多维建构——兼论京津冀三地区域文化研究》,《临沂大学学报》2020年第2期。

② 邓显超、李敏:《革命文化百年演进的历程与特点》,《天水行政学院学报》2021年第2期。

③ 刘艳冬:《红色文化助推河北革命老区乡村振兴的措施》,《乡村科技》2021年第2期。

史册的李大钊精神、五壮士精神、白求恩精神、抗美援朝精神、太行山新愚公精神等。新中国从这里走来,河北的西柏坡是我党领导的"解放全中国的最后一个农村指挥所"。这里诞生了"两个务必""赶考精神"等一系列决定中国革命前途和命运的决策,被誉为继"井冈山"和"延安"之后的又一中国革命圣地。河北拥有丰富的革命文化资源,是中国革命文化的发源地之一。党的创立、土地革命、抗日战争、解放战争、新中国的建设都与河北关系密切。这里曾建立全国第一个农村党支部和第一批党的组织,在中国共产党的领导下河北人民与反动派和侵略者进行了殊死搏斗。抗日战争时期,河北还诞生了晋察冀抗日根据地,它是我党在敌后创建的第一个模范抗日根据地。河北境内的革命文化既有物质层面的,如战争和会议遗址、纪念馆、烈士陵园、英雄故居和遗物等[1],也有精神层面的,如革命歌曲、戏剧、文学和影视作品、战术战法等[2]。

五　长城和运河文化

河北境内长城横卧燕山,运河纵贯南北。长城和运河不但是河北地理空间的坐标,而且是最具代表河北文化内涵的世界文化遗产。河北的长城和运河文化是指围绕河北境内长城和运河的修造以及使用所展现的物质财富和精神财富的总和。它不仅包括长城和运河作为物质实体客观存在的物态文化,而且也包括历史上河北地区因长城和运河的修造而形成的制度文化,例如社会法律制度、政治制度、经济制度以及人类社会各种关系的总和,并涉及农耕文化、游牧文化、塞外文化、中原文化、江南文化中不同生产方式和生活方式的冲突与融合;还包括围绕河北地区的长城作战、运河漕运而形成的军事思想和经济思想,凭借长城防御

---

[1] 留法勤工俭学运动纪念馆、喜峰口长城抗战遗址、抗日军政大学陈列馆、开滦国家矿山公园、唐山地震遗址纪念公园、八路军一二九师纪念馆、华北军区烈士陵园、晋冀鲁豫革命纪念园、李大钊故居纪念馆、董存瑞烈士陵园等。

[2] 革命歌曲《没有共产党就没有新中国》《团结就是力量》《歌唱二小放牛郎》、歌剧《白毛女》《野火春风斗古城》、话剧《冲破黎明前的黑暗》《游击队长》、小说《小兵张嘎》《烈火金刚》《荷花淀》、电影《新英雄儿女传》《红旗谱》《白求恩大夫》《狼牙山五壮士》《地道战》等。

和运河南粮北运协调民族矛盾,加强统一的多民族国家政治思想的意识形态文化等。这一层面还包括以长城和运河为题材创作的大量文艺作品,神话和民间传说,人们的思维方式、情感追求、价值取向、民族性格和文化精神等。

万里长城,东起鸭绿江畔,西达天山山麓。它地跨辽宁、河北、天津、北京、内蒙古、山西、陕西、宁夏、甘肃、新疆等省、市和自治区。其中,河北境内的长城建筑类型最多、质量最好、造型也最美。这是因为"古代河北地处中国文明的中心区,北部为古代游牧民族活动区域,经济形态以畜牧为主;中南部属农耕区,有着发达的传统农业文明"。① 这里不但是中原农耕政权的政治经济中心,而且也是北方游牧民族南下抢掠的必经之地。元、明、清三朝定都北京,河北成为环京地区防御的首善之地。为了保障政权的长治久安,历代统治者在山岭之上修筑长城抵御外来侵略者。"河北境内的古代长城有战国长城、秦代长城、汉长城、北魏长城、北齐长城、唐代长城、金代长城及明代长城。"② 它们分布在"省内北部、中部、西部和南部的广大区域,东起渤海之滨,顺燕山而西,横跨冀北山地、坝上草原,又向南纵贯太行山脊,经过秦皇岛、唐山、承德、张家口、保定、廊坊、石家庄、邢台、邯郸等9市54个县区。其中金代以前修筑的约3000公里,现地表遗存约1200公里;明代长城约2000公里"。③ 这些长城有的是石砌,有的是土石混砌,还有的是黄土或沙土夯筑。其中,建筑质量最高、造型最美的当数明代长城。西起古北口,东至望京楼的金山岭长城,是河北明代长城的精华所在,素有"万里长城,金山独秀"的美誉。这段全长10.5千米的长城,共设有5处隘口,67座敌楼,3座烽燧。它建筑结构复杂,依山势、水势设置关隘要塞。长城之上一般50—100米建敌楼一座,巨石建造的墙体高5—8米。楼体既有砖木结构的,也有砖石结构的,形式有单层、双层、平顶、

---

① 李建丽、李文龙:《河北长城概况》,《文物春秋》2006年第5期。
② 李建丽、李文龙:《河北长城概况》,《文物春秋》2006年第5期。
③ 李建丽、李文龙:《河北长城概况》,《文物春秋》2006年第5期。

船篷顶、穹庐顶、八角藻井顶、四角钻天顶等，可谓形式多样，各具特色。金山岭长城的军事防御体系设有垛墙、障墙、炮台、战台、瞭望台、射孔、雷石孔、支墙、围战墙、挡马墙等，可谓攻守兼备、固若金汤。

河北省的东南部大运河纵贯南北，连接京津。这条运河北起涿郡（今北京），南至余杭（今杭州），全长约1794千米，地跨北京、天津两市及河北、山东、江苏、浙江四省，连接海河、黄河、淮河、长江、钱塘江五大水系。京杭大运河始建于春秋时期，历经隋、元、明、清等多个朝代的扩建，已经成为世界上里程最长、工程最大、最为古老的运河之一。大运河的开凿对中国南方和北方地区的经济、文化、政治的交流产生了积极作用。两千多年来，运河沿岸商贾云集、会馆林立。经济的繁荣促进了文化的发展，孕育出一座座水乡古镇、历史名城，为我国的经济发展、社会进步、国家统一、文化繁荣做出了历史贡献。"大运河河北段涉及京杭大运河及隋唐大运河，包含北运河、南运河、卫运河、卫河及永济渠遗址，以及白洋淀与大运河连通部分，大运河河北段河道总长约530余千米，流经河北省的廊坊、沧州、衡水、邢台、邯郸及雄安新区五市一区的21个县（区、市）。"[1] 作为京杭大运河的重要节点，河北段大运河上接京津、下启鲁豫，具有北方特色。

六 渤海开放文化

渤海，是西太平洋的一部分。它位于山东半岛和辽东半岛之间。"'渤海'这个名词最早出现在《汉书·高帝纪》中，言：'夫齐……北有勃海之利。'其勃海即渤海。又称'渤澥'，汉代司马相如的《初学记》卷六载：'按东海之别有渤澥，故东海共称渤海，又通谓之沧海。'"所谓东海即现在的黄海。至于将辽东半岛南端老铁山角到胶东半岛北端，包括辽宁、河北、山东和天津之间的内海定为渤海，则是近世的事。现在的环渤海地区是在1985年提出的环渤海圈基础上的空间位置，即从地

---

[1] 河北新闻网：https://www.163.com/dy/article/G7GUIP630514TTN3.html，河北省大运河构建起"1+6+1"省级规划体系。

理和行政区划上是指环绕着渤海内海的全部以及黄海的部分沿岸地区，从狭义上讲包括了行政区划的北京、天津两个直辖市和河北、辽宁、山东三个省，如果从广义上看还包括山西和内蒙古部分地区。"[1] 河北地处环渤海地区的中心，有秦皇岛港、京唐港、黄骅港三大港口，487千米的海岸线上坐落着秦皇岛、唐山、沧州三颗沿海明珠。这里的人们早在两千多年以前就乘船出海。公元前215年，秦始皇东巡，遣徐福发数千童男童女入海求仙。春秋战国时期，燕国和赵国以货易货，同朝鲜和日本交换农产品。汉唐的丝织品、宋元的瓷器都经海路销往东南亚和欧洲。明清以来，张库大道贸易的兴盛，促进了张家口与乌兰巴托两座城市的繁荣，成为国内外具有重要政治、经济、文化影响力的"草原丝路"。至近代，从洋务运动到新文化运动，从土地革命到解放战争，从社会主义新中国建设到改革开放市场经济体制建立，河北都以其积极、开放、进取的姿态投入社会改革的历史进程。乡村经济全面开放，城市经济繁荣发展，国企改革稳步前行，民营经济朝气蓬勃，海洋渔业、盐业、港口、石油贸易、旅游资源整合发展。河北以科技创新为先导、高端产业集群为依托，持续推进临港经济带建设，一个开放、文明、繁荣的海洋强省正在崛起。

---

[1] 张利民、周俊旗、许檀等：《近代环渤海地区经济与社会研究》，天津社会科学院出版社2003年版，第1—2页。

思想文化研究

汉代河间兴学与《毛诗》学派的形成*

王长华**

摘　要：汉景帝第三子刘德，于公元前155年受封河间国，史称河间献王。刘德及其河间儒学在中国学术史上影响巨大，其中重要成果就是培育《毛诗》成型，以及对日后大行其道的《毛诗》学发轫做出的贡献。《毛诗》虽未能进入西汉最高统治者视野，但其对先秦儒家的政治理念与礼仪制度阐释和继承，对先秦解《诗》成果的吸收和采纳，影响深远。到东汉末年，郑玄《毛诗传笺》融会今古文、以礼释诗、引谶纬入《诗》等，既是自觉继承《毛传》的结果，又是对汉代政治文化需求的自觉维护和呼应，更是对《毛诗》参与塑造汉代文化精神的新呈现。由《毛传》面世经四百年到《郑笺》统一学林，《毛诗》学派遂宣告形成。

关键词：河间国；《毛传》；《郑笺》；《毛诗》学派

一

河间之名始见于战国时期，《战国策·赵策三》曾说及，赵"右常山，左河间，北有代"。西汉建立以后，高祖刘邦为消除异姓王威胁，曾

---

* 本文为河北省教育厅"中国畿辅学研究中心"年度经费支持项目的成果之一。
** ［作者简介］王长华（1956—　），男，河北大学燕赵文化高等研究院特聘教授，河北师范大学教授，博士生导师，主要从事先秦两汉文学、燕赵文学与文化研究。

逐渐以同姓王取而代之，同时有意调整同姓王国的辖区边界，尽可能使其犬牙交错，形成互相牵涉乃至牵制，以便达到共同拱卫中央之目的，名谓"磐石之宗"。河间郡便是汉王朝在获得初步稳定后，于高祖六年（前201）所置，治所乐城（今河北献县）。

文帝即位后的次年（前178），中央实施推恩政策，由于赵幽王刘友被吕后幽禁而死，似乎是为了感情上的某种补偿，于是朝廷立刘友长子刘遂为赵王。但朝廷又从赵国辟出的一小部分土地，新建了另一个诸侯国——河间国。《汉书·地理志》中载有河间国的户口和辖区："故赵，文帝二年别为国。莽曰朔定。户四万五千四十三，口十八万七千六百六十二。县四：乐成，虖池别水首受虖池河，东至东光入虖池河。莽曰陆信。候井，武隧，莽曰桓隧。弓高。虖池别河首受虖池河，东至平舒入海。莽曰乐成。"[①] 乐成即今献县，弓高即今阜城县，候井即今东光县，武隧即今武强县。并以刘遂之弟刘辟疆为河间文王，都乐成。由此，河间郡一变而为诸侯国，这就是后人所说的改河间郡为河间国。

初设国的河间区域很小，虽名为诸侯国，但和齐、赵、代、梁、燕、淮阳、淮南等诸侯完全无法相提并论。首任河间国王刘辟疆在位仅十三年而薨（前166），其子哀王刘福嗣位，更于一年后薨（前165）。而刘福无子，因此河间国被废除。随后，汉文帝将原来的河间国地收归朝廷，将其区域分置为河间、广川、勃海三郡。

九年之后，至汉景帝前元二年（前155），朝廷复将河间郡置河间国，封皇三子刘德为河间王。此次所置河间国的地域已不仅限于汉文帝二年时的乐城等区区四城，而是比原来扩大了许多。据《嘉靖河间府志》载，此时河间国的封地包括成平（今泊头市北）、武垣（今河间市西南）、高阳（今高阳县东）等共"十一城，户九万三千七百五十四，口六十三万四千四百二十一"。很显然，即使扩大之后的河间国，其土地面积跟广漠的汉王朝相比，仍然只是个很小的区域，是西汉时期一个很小的封国。

[①] （汉）班固：《汉书》，中华书局1962年版，第1634页。

河间献王刘德，为汉景帝刘启之第三子，生于前164年，卒于前129年，受封是在父皇汉文帝刘启任上，去世则在新皇帝异母弟孝武帝任上，为王26年。就在这短短的35岁人生，26年为王生涯中，刘德在几乎没有任何文献积累基础的情况下，在一片近乎无文的王朝偏地，做起了中国历史上堪称里程碑的文化建设事业。河间献王"好儒学，被服造次，必于儒者。山东诸儒多从之游"。刘德在位期间，雅好儒术，搜求民间古书，征聘儒士，立《毛诗》《左氏春秋》博士，形成了远近闻名的河间儒学中心，对汉代儒学发展起到了极为重要的作用，也为中国学术发展创造了一个世所罕见的文化奇迹。这是我们今天仍然需要研究、纪念河间国和河间献王刘德的重要原因。

史称刘德"有雅材""修学好古，实事求是"。刘德在其封地河间国广收佚书，修礼兴乐。据《西京杂记》载：河间王德筑日华宫。置客馆二十余区以待学士。自奉养不逾宾客。刘德专门修建了规模宏大的日华宫，以招揽四方学士，而且让宾客享受与自己一样的生活待遇。因此，齐、鲁、燕、赵之地的学者儒生，纷纷汇集于此。《汉书·河间献王传》曾记载当日河间国的兴学盛况：

> 河间献王德以孝景前二年立，修学好古，实事求是。从民得善书，必为好写与之，留其真，加金帛赐以招之。繇是四方道术之人不远千里，或有先祖旧书，多奉以奏献王者，故得书多，与汉朝等。是时，淮南王安亦好书，所招致率多浮辩。献王所得书皆古文先秦旧书，《周官》《尚书》《礼》《礼记》《孟子》《老子》之属，皆经传说记，七十子之徒所论。其学举六艺，立《毛氏诗》《左氏春秋》博士。修礼乐，被服儒术，造次必于儒者。山东诸儒多从而游。[1]

可见河间献王刘德是花费了巨大的精力和财力，对《诗》《书》《礼》

---

[1] （汉）班固：《汉书》，中华书局1962年版，第2410页。

《春秋》以及《孟子》《老子》等先秦儒家经典进行搜集、整理、保存和传播。其搜集先秦旧典之多，足以与当时的朝廷藏书相匹敌。在秦火之后文化凋敝的汉代初年，这项工作成果的珍贵程度可想而知。除此之外，刘德还对部分先秦典籍做了相当深入的研究，并有新的研究成果问世。《汉书·艺文志》载：

  武帝时，河间献王好儒，与毛生等共采《周官》及诸子言乐事者，以作《乐记》，献八佾之舞，与制氏不相远。①

  河间献王之所以醉心这些儒家古籍古学的搜集整理及研究，是因为他一开始就对礼乐教化于社会调整和治理的重要作用抱有充分的认识。《汉书·礼乐志》曰："河间献王有雅材，亦以为治道非礼乐不成，因献所集《雅乐》。"② 这种在诸侯国中率先大兴儒术，高举六艺，以兴学相号召的举措，对当时的天下学士，尤其是对相邻的山东众儒无疑产生了极大的吸引力。孔子以降，尤其是秦汉以来，从焚书坑儒到重黄老刑名，儒家和儒学经历了血腥的摧残和长期的冷落与压抑。河间献王首次以官方名义兴倡纯正的儒学，使得硕学大儒皆以献王为知己，各方学士风云际会，纷至沓来，于是"天下俊雄众儒皆归之"，颇具影响的河间儒学中心在河间蔚然形成。

  河间献王之所以能够在一个小小的偏远封国有如此作为，最终在一定范围内将儒学发扬光大，是有内外双重原因的。钱穆先生曾言："儒学则抱残守缺，尤盛于北方之农村。三时耕作，一时诵习，三年而习一艺，三十而通六经。称《诗》《书》，法先王，进可以淑世，退亦可以淑身。先秦百家言，惟儒最为源远流长，亦其学术之本身，固已异于其他诸家矣。然汉廷虽有博士之官，儒术固掩抑不扬。而河间一国，独先尊崇之。此固献王之贤，亦缘儒术之在北方民间，固已先有根基，声光已露，故

---

① （汉）班固：《汉书》，中华书局 1962 年版，第 1712 页。
② （汉）班固：《汉书》，中华书局 1962 年版，第 1043 页。

献王亦注意及之耳。"① 河间国正位于中国北方，且为齐鲁、燕赵交会之地，有良好的民间儒学基础。关键是作为封国之君的刘德，具有卓越的见识和心志，居高位以倡导儒学。宋代司马光曾评价他"且夫观其人之所好，足以知其心，王公贵人不好侈靡而喜书者，固鲜矣。不好浮辩之书而乐正道，知之明、信之笃、守之纯而行之勤者，百无一二焉"②。

在如此空前的学术盛况之下，游学河间的学者络绎不绝，与河间献王共襄兴学盛举，河间献王遂在国中设立《毛诗》《左传》博士，毛公、贯公皆曾做河间献王博士。《汉书·儒林列传》载：

> 毛公，赵人也。治《诗》，为河间王博士。
>
> 汉兴，北平侯张苍及梁太傅贾谊、京兆尹张敞、太中大夫刘公子皆修《春秋左氏传》。谊为《左氏传》训故，授赵人贯公，为河间献王博士。③

还有贯公之子贯长卿，治《左传》和《毛诗》，其《毛诗》亦受授于毛公。另外还有王定，《汉书·艺文志》："武帝时河间献王……以作《乐记》……其内史丞王定传之，以授常山王禹。"④ 另外，卫绾曾为献王太傅，其本人也为坚定的儒学倡导者。《春秋繁露·五行篇》还载有河间献王向董仲舒问《孝经》事，可见大儒董仲舒与河间献王也有较为密切的交往。

河间学术中心的兴起与繁荣，有赖于河间献王刘德的远见卓识与勤勉努力。然而河间学术中心的盛大其最终并未导致献王在政治上取得他预想的辉煌结果。非但如此，反倒因此而引起了汉武帝刘彻的不满乃至猜忌。《史记·五宗世家》裴骃《集解》引《汉名臣奏》杜业云：

---

① 钱穆：《秦汉史》，生活·读书·新知三联书店2004年版，第78页。
② （宋）司马光：《司马文正公传家集·河间献王赞》，商务印书馆1937年版，第825页。
③ （汉）班固：《汉书》，中华书局1962年版，第3614页。
④ （汉）班固：《汉书》，中华书局1962年版，第1712页。

河间献王，经术通明，积德累行，天下俊雄众儒皆归之。孝武帝时，献王朝，被服造次必于仁义。问以五策，献王辄对无穷。孝武帝艴然难之，谓献王曰："汤以七十里，文王百里，王其勉之。"王知其意。①

如果刘德仅仅是以个人好恶而热爱儒学理应没有问题，如果仅仅在河间国小范围内兴学似乎也不会有太大的问题，实际上他不仅身体力行，而且还不假思索地以善良之初衷懵懂地建议已身为皇帝的异母弟刘彻采纳自己的主张用以治国，这对汉武帝来讲无疑是让自己心生复杂情愫的逆鳞之举。从历史记载来看，由此初衷而得到如此结果，刘德好像完全没有预想到，所以书生意气的刘德在遭受汉武帝"难之"之后，"归即纵酒听乐，因以终"。河间献王一死，云集河间的儒者随后也相继分散，盛极一时的河间学术中心也随之而消散无形了。从之后的长时段事件发生乃至陆续产生的未来结果看，刘德因个人"好儒"而导致在权力范围内倡儒兴学似乎是"其兴也勃，其亡也忽"，但文化和政治的不同就表现在这里，在河间献王的领导和倡导下，在景、武之世的二十六年间，天下俊雄大儒几乎尽集河间，而河间通过搜遗典、修礼乐、开馆阁、建三雍、兴庠序等活动，不仅形成了热烈的氛围，而且无形中造就和培养了一大批儒学人才，这颗学术种子在日后的中国学术史上必将产生难以预测的影响。

二

河间献王所推行的一系列尊儒重儒政策，使得当时小小的河间国一时间汇集了大量儒生，"山东诸儒多从而游"，其中不乏对儒家经典研究颇深的大学者，大毛公毛亨即为其中之一。《毛诗》在河间国得立，《毛诗》也因大小毛公而得名。

---

① （汉）司马迁：《史记》，中华书局1959年版，第2094页。

《毛诗》在河间国的兴起是有一个过程的。查《毛诗》之名，其始见于《汉书·艺文志》："《毛诗》二十九卷。《毛诗诂训传》三十卷。"班固又叙其渊源云：

> 孔子纯取周诗，上采殷，下取鲁，凡三百五篇，遭秦而全者，以其讽诵，不独在竹帛故也。汉兴，鲁申公为《诗》训故，而齐辕固、燕韩生皆为之传。或取《春秋》，采杂说，咸非其本义。与不得已，鲁最为近之。三家皆列于学官。又有毛公之学，自谓子夏所传，而河间献王好之，未得立。①

关于河间献王刘德立小毛公毛苌为博士的时间，有学者认为至早不会早于景帝中元年间（前149—前143），即景帝中后期。到东汉末年的郑玄手上，对此就有了更为详细的说明。郑氏《诗谱》云："毛公为《诗诂训》，传于家，以授赵人小毛公，小毛公为河间献王博士。"② 由这条记载可见，《毛诗诂训传》的作者是大毛公，即毛亨。小毛公毛苌是《毛诗诂训传》的继承者和传授者。有关大小毛公更多更为具体的情况，以及在大小毛公之前有关《毛诗》的传授源流，则在更晚的相关著述中才得以出现。三国吴陆玑《毛诗草木鸟兽虫鱼疏》云："孔子删《诗》授卜商，商为之序，以授鲁人曾申，申授魏人李克，克授鲁人孟仲子，仲子授根牟子，根牟子授赵人荀卿，荀卿授鲁国毛亨，亨作《诂训传》以授赵国毛苌。时人谓亨为大毛公，苌为小毛公。"③ 而另一种说法首见于唐陆德明《经典释文·序录》引徐整之说："子夏授高行子，高行子授薛仓子，薛仓子授帛妙子，帛妙子授河间人大毛公，毛公为《诗诂训传》于家，以授赵人小毛公，小毛公为河间献王博士，以不在汉朝，故不列于

---

① （汉）班固：《汉书》，中华书局1962年版，第1043页。
② （唐）孔颖达：《毛诗正义》引，广东书局乾隆四年校勘，同治十年重刊本《十三经注疏》。
③ 丁晏：《毛诗草木鸟兽虫鱼疏校正》，上海古籍出版社2002年版，第457页。

学。"① 这些记载除提到《毛诗》与河间献王的关系外,对《毛诗》传播者以及与汉代中央政府的关系也仅有简单提及,即"毛公为《诗诂训传》于家,以授赵人小毛公,小毛公为河间献王博士,以不在汉朝,故不列于学"。很显然,因为大小毛公传《诗》前期完全是在民间,自打获得献王刘德重视后,其传播也依然未见超出河间国范围,因此未能进入西汉最高统治者的视野实属正常。特别是毛亨著《诗诂训传》是在自己家里进行的。私家著述在汉代的微妙和尴尬以及危险,我们从汉代史家著书的周折历史中不难见其一斑。而《毛诗》从它产生的那一天起就是以民间"私学"的面目出现的。(关于大小毛公二人之间关系,史无明文。此前学界讨论者不少,或认为二人虽均为毛姓,并无血缘关系;或以为二人为叔侄。)

在传播手段极其简单、传播方式极其有限的汉初,一个产生并流传于民间的《诗》学派别,如果企图造成一定的政治影响和社会影响,无疑需要一个很长的时间过程。而等到它真的形成了足够广泛的社会影响力,引起王朝中央的关注,这个过程就会更长。所以《毛诗》在相当长的时间内未被汉王朝中央政府所注意,更未对西汉王朝的大一统文化建设和意识形态建设提供有效的知识资源和思想支持,实在是再正常不过的事情。

但是随着《毛诗》在河间民间影响力的逐渐扩大,其"历史化""政教化"的解诗特点首先得到了"修学好古"且不乏政治理想的河间献王的重视和喜爱。献王在河间国立《毛诗》学博士,使《毛诗》尽管未获在王朝中央得立学官,但在河间献王的支持和庇护下,也还是得以在政治的边缘处初步扎下了营寨,稳住了阵脚,从而也因此保存下了日后发展的星星火种,避免了像"阜诗"那样迅速消失而导致几近彻底失传的历史命运。

三

自打有了鲁人大毛公为《诗诂训传》于其家的作为,这才使《毛诗

---

① (唐)陆德明:《经典释文》,上海古籍出版社 2013 年版,第 37—38 页。

诂训传》成为迄今最早最完整的古文《诗》学代表作。关于"诂训传"三字的含义，前代学者多有述及，马瑞辰《毛诗传笺通释》"毛诗诂训传名义考"条曰：

> 盖诂训本为故言，由今通古皆曰诂训，亦曰训诂。而单词则为诂，重语则为训，诂第就其字之义旨而证明之，训则兼其言之比兴而训导之，此诂与训之辨也。毛公传《诗》多古文，其释《诗》实兼诂、训、传三体，故名其书为《诂训传》。……训诂不可以该传，而传可以统训诂，故标其总目为《诂训传》，而分篇则但言《传》而已。①

春秋中期以前，《诗经》尚未定篇成书，尚处于创作、使用、教授、解释多位一体的生成过程中，注诗解诗是附带于传授和使用中的，因此对诗篇的注解会比较零散、比较随意，也没有形成让后人寻绎得出的有机系统。自《诗三百》编订成书之后，解诗之事则逐渐向系统化和专门化方向发展。我们从上博简《孔子诗论》中似可窥见这方面的一些信息。不过略感遗憾的是，《孔子诗论》只对部分诗篇大意进行了概括性说明，而并未展现出《毛诗诂训传》那样系统地对全书全篇诗句具体疏解的成体系的诗解。直到汉代《毛传》的出现，完整说解《诗经》的阐释系统才真正产生。

《毛传》的体系化解诗，是与作者有意识地将《毛传》作为教化教材和作为构建意识形态工具之初衷分不开的。因此，这种释解《诗三百》的系统化，首先表现在对先秦《诗》学思想理论的大面积保留，尤其表现在对先秦儒家的政治理念与礼乐制度阐释的保留方面。《论语》中孔子对《诗经》的评议和评价被《毛传》大量吸收和继承，其中诸如"兴、观、群、怨"说，"思无邪"说，以及"不学《诗》，无以言"等诗教思想和理论，

---

① （清）马瑞辰撰，陈金生点校：《毛诗传笺通释》，中华书局1989年版，第5页。

在《毛传》解诗的价值取向上被全面吸纳。如《毛传》释《秦风·无衣》为"天下有道,则礼乐征伐自天子出"①,释《大雅·抑》时说:"靡哲不愚,国有道则知,国无道则愚。"② 很明显是来自《论语·季氏》的"天下有道,则礼乐征伐,自天子出;天下无道,则礼乐征伐,自诸侯出"③,以及《论语·公冶长》的"宁武子邦有道则知,邦无道则愚"。④ 这样的吸收性注释实际上显示出《毛传》对儒家王道政治理念的有意强调,并不仅仅单纯是对传统儒家思想的继承,更重要的是,它也同时包含了为配合新政治形势需要的带有倾向性的整合。当然,《毛传》作者最为服膺的是孔子和孔子学说。此外,《毛传》对孟子的"仁政"思想也十分青睐。如《毛传》解说《齐风·卢令》"卢令令,其人美且仁"句时云:"言人君能有美德,尽其仁爱,百姓欣而奉之,爱而乐之。顺时游田,与百姓共其乐,同其获,故百姓闻而说之,其声令令然。"⑤ 这段释文的基本思想明显出自《孟子》。《毛传》在这里概括了《孟子》对君主"尽其仁爱",与百姓同乐的要求,并进一步强调和突出了孟子"仁政"思想的重要。《毛传》这样的说解,既取资于儒家先贤,显示出其对先秦儒学的浸润,同时也寄予和凸显了作者本人的政治期待和政治理想。

《毛传》还全面深入地继承了儒家礼乐制度。孔子曾将"礼"之内涵抽绎为"仁",意在将外在于人的"礼"内化为人的内在的自觉精神需求。荀子则将文化的"礼"进一步外化为制度的"礼"。而《毛传》既要求"礼"感动心灵,同时又希望"礼"能够移风易俗,改变政治和改造社会。儒家《诗》教的目的、汉初儒生以礼构建社会新秩序的希冀、《毛诗》以礼解释诗的倾向,三者有机地联系在一起,由此而成为汉代社

---

① (汉)毛公传,(汉)郑玄笺,(唐)孔颖达疏:《毛诗正义》,载阮元校刻《十三经注疏》,中华书局1990年版,第373页。
② (汉)毛公传,(汉)郑玄笺,(唐)孔颖达疏:《毛诗正义》,载阮元校刻《十三经注疏》,中华书局1980年影印本,第554页。
③ 程树德撰,程俊英、蒋建元点校:《论语集释》,中华书局1990年版,第1141页。
④ 程树德撰,程俊英、蒋建元点校:《论语集释》,中华书局1990年版,第340页。
⑤ (汉)毛公传,(汉)郑玄笺,(唐)孔颖达疏:《毛诗正义》,载阮元校刻《十三经注疏》,第353页。

会文化的突出特色之一。由于暴秦"以法为教,以吏为师",导致"礼制"的缺位乃至消亡,而进入和平而正常的汉代之后,汉儒必须从先秦文献中对礼加以搜索和探寻,而作为出身儒家发源地而又在兴儒的河间从事儒家经典传授的毛公,自然就会将自己的《毛传》与《礼》学置于关系异常密切的文本表达之中。所以《毛传》直接引用、吸收和继承了《礼记》中相当数量的文字和思想,这自然寄寓了汉儒对儒家礼乐制度在汉代勃兴的希冀。

《毛诗诂训传》所呈现出的体系特征,反映了作者对先秦《诗》学解诗材料的选择、利用,以及对《诗经》的独特理解。《毛传》大量参考和汲取了先秦解《诗》成果,对先秦训诂材料进行了吸收和采纳,其吸收利用之广,实可谓集各种著述之大成。如《周礼》所载典章,《左传》所载史实,《仪礼》《礼记》所载礼仪及礼之思想等,无不有鲜明的体现。与此同时,它还对先秦诸子著作中有关《诗经》的解说训释做了大量的继承、改造和整合。因而从总体上体现出质朴简洁、言必有据、言必有典的特色。这方面的表现与汉初今文三家《诗》是迥然不同的。

《毛传》解诗显示出作者对先秦旧典的熟谙和青睐,表明与先秦儒家学术有着深厚的渊源关系。《毛传》大量运用了先秦古籍文献解诗,其中有的更是直接继承了先秦旧典对《诗经》的理解。如《毛传·周南·关雎》解题云:"后妃说乐君子之德,无不和谐,又不淫其色,慎固幽深,若雎鸠之有别焉,然后可以风化天下。"[①] 这与孔子评价《关雎》"乐而不淫,哀而不伤"不仅极为接近,而且更加明确了诗篇主体——后妃,突出后妃的率先垂范意义,把孔子的伦理道德说解进一步推向了政治教化。又如《毛传·豳风·七月》注"一之日于貉,取彼狐狸,为公子裘"句,释文直接抄录《论语·乡党》中的"狐貉之厚以居"。再如用《左传》《国语》《孟子》之文解诗。《大雅·皇矣》"维此王季,帝度其心。貊其德音,其德克明。克明克类,克长克君。王此大邦,克顺克比"一

[①] (汉)毛公传,(汉)郑玄笺,(唐)孔颖达疏:《毛诗正义》,载阮元校刻《十三经注疏》,中华书局1980年影印本,第273页。

段,《诂训传》释为"心能制义曰度……慈和徧服曰顺。择善而从曰比。"《笺》云:"德正应和曰莫。照临四方曰明……勤施无私曰类。教诲不倦曰长。赏庆刑威曰君。"① 注释直接摘取了《左传·昭公二十八年》文字。《周颂·昊天有成命》"夙夜基命宥密,于缉熙,单厥心,肆其靖之"句,《毛传》释为"基,始;命,信;宥,宽;密,宁也。""缉,明;熙,广;单,厚;肆,固;靖,和也。"② 与《国语·周语上》所记叔向的解释几乎完全相同。

在对诗文的阐释过程中,《毛传》又有意对诗句所涉及的相关史料、礼仪制度或有关逸事进行了补充说明,旁证诗意,而其所补释的材料往往来源于早已亡佚的古书,因此其史料价值极大。如《毛传》对《大雅·绵》中"虞芮质厥成"相关史实的补述:

> 虞、芮之君,相与争田,久而不平,乃相谓曰:"西伯仁人也,盍往质焉?"乃相与朝周。入其境,则耕者让畔,行者让路;入其邑,男女异路,斑白不提挈;入其朝,士让为大夫,大夫让为卿。二国之君,感而相谓曰:"我等小人,不可以履君子之庭。"乃相让以其所争田为间田而退。天下闻之而归者四十余国。③

在释《诗》过程中,《毛传》除了表现出对汉代思想意识形态的塑造和期冀之外,还体现出自觉与汉代思想文化的契合。《毛传》的兴起是在民间和诸侯国,由于它在思想理路和基本学术风格上与主流"大传统"并不完全合拍,空间距离与文化影响力都无法直达天庭,难以让中央统治者从中获得立竿见影的精神支持,所以在相当长的时间里,汉王朝主

---

① (汉)毛公传,(汉)郑玄笺,(唐)孔颖达疏:《毛诗正义》,载阮元校刻《十三经注疏》,中华书局1980年影印本,第519页。
② (汉)毛公传,(汉)郑玄笺,(唐)孔颖达疏:《毛诗正义》,载阮元校刻《十三经注疏》,中华书局1980年影印本,第587页。
③ (汉)毛公传,(汉)郑玄笺,(唐)孔颖达疏:《毛诗正义》,载阮元校刻《十三经注疏》,中华书局1980年影印本,第509页。

流意识形态都没有认可和接纳它。但毛公借以表意的载体毕竟是重要的政治文化典籍《诗三百》,《诗三百》中天然葆有广阔的阐释空间和阐释可能,这足资《毛传》利用和发挥。所以我们不时看到毛公近乎习惯性地结合阴阳来阐释诗文,以日为君,以月为臣,这种思路其实很是接近汉代普遍流行的阴阳、数术思维的。由此我们在《毛传》中也经常看到先言自然之物然后延伸及人类社会,将自然规则推衍至政治现实的解《诗》套路,其实这样的套路正契合了汉代天道与人事紧密相关的"天人合一"观念。

解《诗》意在用《诗》,通过《序》《传》揭示《诗》的写作背景和寓意,借古喻今,使《诗》能够更好地参与当下的政治和文化建设。在这样的时代情境下,《毛诗》的诗学建构从基本理论表述到具体诗篇阐释完全以儒家思想为起点,以先秦儒家经典为理论依据,努力发掘《诗》中蕴含的儒家理论和讽诵之义。《诗大序》开宗明义说:"故正得失,动天地,感鬼神,莫近于诗。先王以是经夫妇,成孝敬,厚人伦,美教化,移风俗。"[1] 这看似简单而内涵相当丰富的一段话正奠定了《毛诗》解诗重伦理、重教化的基调。在具体的解诗过程中,《诗》大、小序和《毛传》同样显现出这种鲜明的政治性和现实色彩。如《小序》解《魏风·硕鼠》:"刺重敛也。"[2] 解《大雅·公刘》:"召康公戒成王也,成王将莅政,戒以民事,美公刘之厚于民,而献是诗也。"[3] 由此一斑可见,《诗序》是完全站在时代政治文化的角度来倡导讽谏、美刺主张的,正风、正雅是"上以风化下",变风、变雅则是"下以风刺上"。事实上,这一认识将由上而下的"化俗"与由下而上的"讽谏"相连接,开拓了朝野上下交流沟通的渠道和空间,显示出"言天下之事、形四方之风"的功

---

[1] (汉)毛公传,(汉)郑玄笺,(唐)孔颖达疏:《毛诗正义》,载阮元校刻《十三经注疏》,中华书局1980年影印本,第270页。
[2] (汉)毛公传,(汉)郑玄笺,(唐)孔颖达疏:《毛诗正义》,载阮元校刻《十三经注疏》,中华书局1980年影印本,第359页。
[3] (汉)毛公传,(汉)郑玄笺,(唐)孔颖达疏:《毛诗正义》,载阮元校刻《十三经注疏》,中华书局1980年影印本,第541页。

利政治的文化弹性。

总之,《毛诗》在汉初虽然未能得立学官,但这并未影响和妨碍它积极谋求为现实政治充当思想文化先锋的努力。相反,这种不被重视的地位反倒在一定程度上更强化了它的入世倾向。《毛诗》自觉将理论建构打上时代"大一统"印记的时候,也恰恰表明了《毛诗》对这个时代文化建设的参与和贡献。

四

尽管《毛诗》的诠释做出了贴近时代的努力,但是汉王朝还是没有选择《毛诗》而是将今文三家《诗》立为学官。个中原委除了显性层面的孝武帝与刘德之间的令人纠结的个人关系之外,更重要的是隐性层面的《毛诗》与今文三家《诗》在释诗内在理路的明显不同。《汉书·儒林传》云:"韩婴,燕人也。孝文时为博士,景帝时至常山太傅。婴推诗人之意,而作内、外《传》数万言,其语颇与齐、鲁间殊,然归一也。"[①] 今文三家《诗》之所以被立学官,最主要的是因为他们的《诗》学思想更为直接地对接了汉王朝政治伦理的需要,为王朝政教提供了更直接、更直指现实的理论依据。

三家《诗》作为今文经学的代表,其解经特点是阐发诗篇的微言大义多,而少有字义训释。《毛传》则以精于训释文字、名物、典章制度为基本特色。鲁、齐、韩、毛四家《诗》学传述各循旨归,渊源有自。两相比较,今文《诗》学和古文《诗》学在文字训释、美刺判断、解诗宗旨诸方面均存在较大不同,尤其是对字句文意的诠释,差异的确很大。

我们认为,在《毛诗》与三家诗之间明显存在的诸分野中,文字训释以及部分义理表达的不同恐怕还不是双方立与未立学官的关键。而今古文两大《诗》学系统中对于经学系统的儒学理想建构,以及儒学理想建构背后深刻的政治意识形态分歧才是更关键的。

---

① (汉)班固:《汉书》,中华书局1962年版,第3613页。

如前所述,《毛诗》在汉初一统的政治框架下,在汉初政治文化的建构图式中,利用先秦政治文化理念搭建自己的学术体系,与汉代政治的现实需要确实于有意与无意间拉开了某些距离,这就使最高统治者不可能迅速接受《毛诗》,因此也就不会为之提供宽松的发展空间。诚然,《毛诗》作为传播儒家教化思想的载体,其所产生的教化意义能够对王朝兴邦有一定作用,比如《毛诗序》开篇:"《关雎》,后妃之德也,风之始也,所以风天下而正夫妇也,故用之乡人焉,用之邦国焉。风,风也,教也;风以动之,教以化之。"[①] 显然,这里所倡导的教化的主要对象是"乡人""邦国",也即被统治者,让他们恪守封建纲常不越其轨,以维护既定的等级秩序,巩固现存的政治统治,这是《毛诗》思想和《毛诗》文化对汉王朝中央政权有用的地方。但这种教化思想如果被藩国诸侯所套用,移花接木,也很容易被当作诸侯邀买民心的工具,也不一定不为人君所忌惮。而今文《诗》学说《诗》,一般都是将《诗》篇尽数归为讽谏之诗,内容围绕具有最高权力的皇帝而进行。表面上看对君王进行批评讽谏,实质上却是变相维护君主作为政教的核心,强调君王的善恶对国家治乱兴衰的决定性作用,强化的是君主在整个国家政治文化秩序中绝对的中心地位。这与《毛诗》说诗中心在于崇古、重礼的确有着明显的差别。

政治重现实,而历史和文化则重长远。重现实的政治选择了立三家《诗》为学官,而《毛诗》只能流传于民间。但说到底,一件文化产品获得政治上的扶持毕竟是外在的,从长时段看急功近利的文化迎合不可能占据主导地位太久。《毛诗》之所以能够败而不垮,此后保持了不断上升的趋势,其根本原因是《毛诗》学自身的不断成熟和完善,它持续不断地提供的文化护卫力量是更加持久绵长的。正因为如此,《毛诗》随着时间的推移获得了越来越多学者的认同和支持。据《汉书·儒林传》记载,《毛诗》在西汉中后期是以单线流传:小毛公授同国贯长卿,长卿乃河间

[①] (汉)毛亨传,(汉)郑玄笺,(唐)孔颖达疏:《毛诗正义》,载阮元校刻《十三经注疏》,中华书局1980年影印本,第269页。

献王《左氏春秋》博士贯公之子。长卿授解延年，延年为阿武令，授徐敖。徐敖授九江陈侠，陈侠为王莽讲学大夫。《经典释文·序》记载陈侠授谢曼卿，谢曼卿于"元始五年，公车征说《诗》"。《汉书·王莽传》载，元始四年有"公车征"之事，《毛诗》在应征之列，且"记说廷中"。谢曼卿与陈侠都在王莽提倡古文经学期间讲授《毛诗》，因此有机会把《毛诗》由诸侯藩镇推向中央，这也就使《毛诗》的传授线索由单线向多线发展。谢曼卿之后，从谢受学的有卫宏和贾徽。贾徽之子逵号为古文大家，又兼通今文家法，在这一点上东汉中后期的许多古文大师几乎都是一样的。贾逵对古文经学的振兴发挥了很大作用，由于他本人独特的政治和学术地位，曾一度将《毛诗》《古文尚书》《左氏春秋》一起推至颇受官方尊崇的地位。而贾逵弟子许慎著《说文解字》，他在《序》中谓"其称，《诗》毛氏"。后世学者也大都认为《说文》引《诗》的主要依据就是《毛诗》[①]。《说文》作为规范的字书，重本字本义，与不擅文字形义、偏重附会引申及多五行谶纬色彩的三家《诗》的确形成了鲜明的对比。是书中对诗句的征引，正奠定了《毛诗》训诂的坚实基础。《毛诗》学的发展进入这一阶段，遂超越了经义是否可取，以及较之今文《诗》学是否优劣和优劣多少等问题，逐渐建立起《诗经》学的权威形象，其占据重要的学术地位已经渐成不可阻挡的大势。

五

东汉末期，贾逵、马融、许慎等各自在倡导古文经学方面已经做出了卓有成效的努力，但决定古文《毛诗》历史命运的更重要的学者则当属郑玄。郑玄《毛诗传笺》（简称《郑笺》）的出现，事实上为从汉初便已肇端的《诗经》今古文之争宣判了最后的结局。从两千多年《诗经》学史看，《毛序》《毛传》和《郑笺》的基本学术倾向一脉相承，其基本

---

① 如清代段玉裁云："许书多采《尔雅》、《毛传》。"参见（清）段玉裁《说文解字注》，上海古籍出版社2004年版，第312页；另可参见向熹《〈说文〉的引〈诗〉》，《〈诗经〉语文论集》，四川民族出版社2002年版，第306—322页。

观点最为接近。不仅如此，《郑笺》在保存大量《毛诗》早期学说的同时，还融合了部分今文经学的内容，在古文经的基础上，兼采今文三家《诗》说以及少量谶纬学说，形成了对后世影响极其深远的"郑学"。因此《郑笺》一出，便迅即成为天下通行的传本。在我们今天看来，作为古文的《毛诗》，实际上正是得益于《郑笺》的有效接力，借《郑笺》而发扬光大，并最终得以保存和流传并占据了正宗地位。

郑玄是经学通家，他对于《毛诗》所做的注释，是属于特定时代的政治、学术的产物。《郑笺》体现出与前代学术不同的特点，也正是当时的历史环境和学术氛围所赋予的。因此，东汉官方主流意识形态为何选择《郑笺》，汉代《诗》学今古文之争为何结束于此，似乎都可以从中得到解答。

郑玄注释经书，善于以经释经，融会贯通。他不尊传统汉学经师家法，而是凭一人之力遍注群经的超凡能力，大量采择《诗经》之外的其他儒家经典，其中既有《尚书》《周易》《三礼》《春秋》及传，也有《国语》等包含儒家思想的历史文献，还有一定数量的纬书。如此释《诗》所获得的最大好处便是能够借助和借重儒家经典的权威，而保证自己的笺注更加厚重和更具说服力，较之他注呈现出了明显的优越性。如《郑风·羔裘》："羔裘晏兮，三英粲兮。"对于"三英"，《毛传》只简单释为"三德"。《郑笺》则进一步解释云："三德，刚克，柔克，正直也。"[①] 如此释"三德"源自《尚书·洪范》。《周礼·地官》中也有关于"三德"的记载，谓"以三德教国子：至德，敏德，孝德"。郑玄之所以选择彼三德而非此三德，也是建立在对文献充分辨析基础上的，对此孔颖达曾解释说："彼乃德之大者，教国子使知之耳，非朝廷之人所能有，故知此三德是《洪范》之三德。"[②]

---

① （汉）毛亨传，（汉）郑玄笺，（唐）孔颖达疏：《毛诗正义》，载阮元校刻《十三经注疏》，中华书局 1980 年影印本，第 340 页。
② （汉）毛亨传，（汉）郑玄笺，（唐）孔颖达疏：《毛诗正义》，载阮元校刻《十三经注疏》，中华书局 1980 年影印本，第 340 页。

由于郑玄常常以经释经，在注解过程中，大量使用《尚书》《三礼》《易经》《春秋》经传等材料，或证诗意，或明制度，或补史实，这就极大地丰富了《毛诗》的内涵，也在一定程度上增加了《郑笺》的权威性。郑玄能够融汇诸经并将儒家经典组成一个有机的系统，从而使得他的经学阐释体系化成为一种可能。自汉代初年以来的今古文之争，师法与家法的高下之论，最终由东汉这位兼通诸经、兼习今古文的经学大师画上了圆满的句号。这种对儒家经典的融会贯通，是郑玄打破今古文对峙的重要方法，而且也极大地增强了注释的可信度和说服力，这些共同成为学术界和官方意识形态都能够接受并迅速加以传播的原因。

　　《郑笺》还深化了《毛诗》的以"礼"论诗特色。郑玄之所以能够将以"礼"论《诗》的《毛诗》特色予以深化并发扬光大，这同郑玄对"三礼"的熟稔以及为"三礼"作注的经历是分不开的。相比较而言，郑玄为研究礼学所花费的时间和精力或许远超他对其他经典的研究。郑玄的礼学研究偏好，似乎与两汉时期的社会政治大背景，以及经学发展到东汉时期遭遇的困境有关。汉末政治的大动荡和社会的大混乱，外戚宦官交替专权，君臣之礼严重缺失，封建统治秩序遭到极大破坏，朝廷尊严荡然无存。在这种特定的历史境遇下，维护封建等级的礼法制度，维护尊卑有序的政治秩序已经变得比以前任何时候都更为重要。这是作为具有政治文化责任感的经学大师郑玄格外注重礼学，在笺《诗》中重建"礼制"的一个重要原因。

　　具体到郑玄要做的释《诗》工作，我们不难想见，由于历史和社会的长久变迁，《诗经》这部于西周初年便开始形成的歌谣集到秦汉之际已恍若隔世，其中记载的大量礼制如不特别加以分析说明，其社会教化意义大多已难以体现。《毛传》释诗中释礼已是其特色和任务，但由于受时代条件所限，《毛传》往往于有礼处仅是寥寥数语或欲言又止，并未将应释之礼充分释解清楚，而郑玄笺《毛诗》时意识到这一问题的存在，遂以其广博的礼学知识加以弥补和发挥。《郑笺》中很多以礼说《诗》的部分，虽然从总体上没有超出《毛传》的范围，但郑玄的释解明显比《毛传》细致而详尽。再加上郑玄在"三礼"注释上的礼学积淀，我们确实能够看出他一心希望恢复儒家理想中礼制的愿望，以及通过以礼释《诗》达到教化天下的目的。这是与东汉末期的学术变迁和政治变局相吻合的一种努力。因此郑玄《诗经》学在东汉末年的光大，既是他本人综合创新的结果，也是汉代四百年历史进入末世而实施文化整合的结果。

同时，郑玄还以阴阳谶纬注入诗义。《郑笺》中不仅运用了很多阴阳术语，而且以阴阳观念协调人事、政事的思想也多有流露。这种与占主流地位的学术传统和主流思潮的贴近，主观上表明郑玄对阴阳五行思潮的认可和靠近，客观上也一定程度地保证和促进了《郑笺》的快速传播，以及对当时经学阵地的占领。如《小雅·楚茨》："我黍与与，我稷翼翼。我仓既盈，我庾维亿。"《郑笺》云："阴阳和，风雨时，则万物成。万物成，则仓庾充满矣。"①《小雅·信南山》："上天同云，雨雪雰雰。益之以霡霂，既优既渥。"《郑笺》云："成王之时，阴阳和，风雨时，冬有积雪，春而益之以小雨，润泽则饶洽。"②再如《小雅·鱼藻》，《毛序》曰："《鱼藻》，刺幽王也。言万物失其性，王居镐京，将不能以自乐，故君子思古之武王焉。"而郑玄进一步解说："万物失其性者，王政教衰，阴阳不和，群生不得其所也。将不能以自乐，言必自是有危亡之祸。"③再如《周颂·思文》"贻我来牟，帝命率育。无此疆尔界，陈常于时夏。"《郑笺》云："武王渡孟津，白鱼跃入王舟，出涘以燎，后五日，火流为乌，五至，以穀俱来，此谓遗我来牟。天命以是循存后稷养天下之功，而广大其子孙之国，无此封竟于女今之经界，乃大有天下也。用是故陈其久常之功，于是夏而歌之。夏之属有九。《书》说：'乌以穀俱来，云

---

① （汉）毛亨传，（汉）郑玄笺，（唐）孔颖达疏：《毛诗正义》，载阮元校刻《十三经注疏》，中华书局1980年影印本，第467页。

② （汉）毛亨传，（汉）郑玄笺，（唐）孔颖达疏：《毛诗正义》，载阮元校刻《十三经注疏》，中华书局1980年影印本，第470页。

③ （汉）毛亨传，（汉）郑玄笺，（唐）孔颖达疏：《毛诗正义》，载阮元校刻《十三经注疏》，中华书局1980年影印本，第488页。

穀，纪后稷之德。'"① 诸如此类，郑玄都是在反复强调，政治清明则阴阳和谐、风调雨顺，否则就会相反，强调阴阳与人事紧密联系互为因果的关系。郑玄将阴阳思想注入诗义，一方面是受汉代长期形成的占主导地位学风的影响，是承接前代学者的观点而来；另一方面则是以阴阳为工具，借学术而为现实所用，在学术阐释中传达对君主的希冀、提醒乃至警戒之意。从这个意义上说，郑玄继承了西汉以来的阴阳五行传统，同时在汉代末年又一定程度地把阴阳五行扩大化和普及化了。

事实证明，《郑笺》在汉末的出现，是汉代经学经历四百年发展演变的结果，也是郑玄回顾汉代四百年学术发展而做出的集大成式总结。一个时代的标志性著作一定会从特定的角度和层面呈现和表达那个时代的文化精神。所以我们说，《郑笺》融会今古文、以礼释诗、引谶纬入《诗》等，既是自觉对汉代文化精神的呈现和表达，也是对汉代政治文化需求的自觉维护和呼应。

从河间献王刘德崇古好学立《毛诗》博士，到《毛诗》在民间和诸侯国中的广泛传播，以古文《诗》学的面貌与今文《诗》学在学术思考和政治导向上相抗衡，再到东汉郑玄将其发扬光大，《毛诗》在有汉一代走过的历程不可谓不曲折艰辛。不用说这其中既有河间献王刘德的庇佑扶持之劳，有毛亨毛苌的著述传承之力，更有汉学最具代表性人物通儒郑玄的综合创新之功。从《毛传》成书，历经四百年到《郑笺》的出现，古文彻底战胜今文，《毛诗》学派最终得以形成，并独霸中国学术两千余年。这是历史的偶然，也充满了历史的必然。

---

① （汉）毛亨传，（汉）郑玄笺，（唐）孔颖达疏：《毛诗正义》，载阮元校刻《十三经注疏》，中华书局1980年影印本，第580页。

中山风俗文化研究的历史探源与现实思考[*]
——兼论《史记》《汉书》叙事之失

杨倩如[**]

摘 要：本文简要回顾了记载古中山国的历史文献与研究成果，围绕《史记》《汉书》中有关中山国风俗、文化的叙述与评价，就司马迁、班固等史官论断所存在的失误与偏颇，进行了史实与成因的辨析。在当前"京津冀一体化"协同发展、雄安新区建设步入正轨，区域经济、文化建设日趋繁荣的大背景下，作者认为，当下地方政府、研究机构、大众传媒与文化企业应密切协作，在中山风俗文化历史内涵的发掘、传播及其当代价值的开发、利用方面，探索出一条兼融学术研究、文物保护、文化传播、产业开发，相互促进、相得益彰的可持续发展道路。

关键词：中山国；史记；汉书；燕赵文化；华北区域史

一 古中山国风俗文化研究之历史探源与文献考辨

绵延两千多年的古中山国遗存，在中国历史上留下了神秘独特、难

---

[*] ［基金项目］2014年度河北省社会科学基金项目"明清保定地方志研究"（HB14LS018）。
[**] ［作者简介］杨倩如（1971— ），女，河北大学历史学院教授，硕士生导师，主要从事史学理论及史学史、中国古代史研究。

以磨灭的痕迹,其灿烂华美的物质文明,积极进取的人文精神,在构建中华民族多元一体格局的宏大历史进程中,书写了不可或缺的一页。当前所见对于古中山国史事的记载,除《战国策·中山策》之外,还散见于《国语》《左传》《韩非子》《吕氏春秋》《竹书纪年》《世本》《说苑》《新书》《史记》与《汉书》等文献中。当下欲进行古中山国风俗文化的研究,首先应对记载其历史的原始文献进行追溯与辨析,在此基础上,进行符合当代价值观与发展观的解读与重构。

古中山国为白狄鲜虞部所创建[①]。"鲜虞"一词,首见于《国语》[②],春秋时期鲜虞由肥、鼓、仇等几个部落组成,《国语》中有邢侯搏戎、晋伐鲜虞、荀瑶灭仇由、新稚穆子伐中山等史事。此后战国时代,七雄争霸,中山国再度复兴,成为与七雄并立的"千乘之国",《战国策》遂专立《中山策》,记载了中山国复立、五国相王、赵武灵王伐中山,以及魏将乐羊伐中山等重要史事。

中山国在春秋战国之际立国达数百年,活动区域跨越陕西、山西、河北等地,其都城数度迁移;两汉时期的中山国疆域和统治中心,也经历了数度变迁。由于中山国的创建者白狄鲜虞部,在数百年与华夏民族的冲突、融合历程中,自身逐渐"华夏化"与"儒学化",其所面临的政治形势、国际格局及其与中原"诸夏"政权的关系,在不同的历史阶段,呈现出不同的风貌。先秦两汉是中山文化的发端和繁盛时期,其重要的地理位置、丰厚的历史遗存、独特的礼俗制度,形成了独具特色的中山文化。

---

① 中山国在春秋、战国两度立国,学界就鲜虞和中山二者的关系长期存在争论。主要观点有以下三种:第一战国时期的中山国系春秋时代白狄所建鲜虞国的延续;第二古中山国为姬姓,系周王室所封,与鲜虞子姓国无关;第三中山为白狄别种,是一个很早就依附于晋的古老国家,与鲜虞无承继关系。由于现存史料较少,尚无一家之言能成定论,但持第一种观点的学者较多,故本文亦以春秋时代的鲜虞中山国和战国时期的中山国为同一族源。

② 《国语》卷16《郑语》:桓公为司徒,甚得周众与东土之人,问于史伯曰:"王室多故,余惧及焉,其何所可以逃死?"史伯对曰:"王室将卑,戎、狄必昌,不可偪也。当成周者,南有荆蛮、申、吕、应、邓、陈、蔡、随、唐;北有卫、燕、狄、鲜虞、潞、洛、泉、徐、蒲;西有虞、虢、晋、隗、霍、杨、魏、芮;东有齐、鲁、曹、宋、滕、薛、邹、莒;是非王之支子母弟甥舅也,则皆蛮、荆、戎、狄之人也。非亲则顽,不可入也。"

(一) 司马迁与班固的论断

有关古中山国的风俗文化，最有代表性的论断出于《史记》和《汉书》。在这两部史著所划分的先秦至两汉时期的风俗文化区域中，中山隶属于赵文化区域。《史记·十二诸侯年表》列周、鲁、齐、晋、秦、楚、宋、卫、陈、蔡、曹、郑、燕、吴14家诸侯；以此为基础，司马迁在《货殖列传》中，将全国分为关中、三河、漳河、勃碣、齐鲁、邹鲁、鸿沟以东以及三楚等几大经济区，分别论述各区域的经济状况、自然地理、资源物产，以及各区域的风俗文化。《汉书·地理志》的划分更为系统、完备，班固以春秋战国之际的列国旧疆为基础，将全国分为15个风俗文化区域：秦、魏、周、韩、郑、赵、燕、齐、鲁、宋、卫、楚、吴、越、粤；这些大区域又可细分为更小的区域，有学者将其划分为三个层次：大区、亚区和小区。其中，中山与邯郸、大（太）原、上党、钟代、定襄、云中、五原、雁门，均被视为赵文化区域的亚区域。①

《史记·货殖列传》和《汉书·地理志》，开历代正史"地理志"的先河，司马迁和班固对于全国经济地理和风俗文化区域的划分与论述，成为后世历史地理学、经济地理、风俗地理和区域文化研究的开端，其重大的理论价值和现实意义自然是无须多言的。但以今观之，这一划分尚可进一步细化，对于每一区域风俗文化的概括也可重新考察。有研究者提出，马、班二人所划定的风俗文化区域均以春秋战国时期的诸侯国命名，但这些政权在历史上并非同时存在，且各区域范围与各国疆域也有所不同，因此这样的划分并不科学②，笔者亦认同这一观点。事实上，马、班对于各区域风俗文化特色的论断，确实存在偏颇、片面之处，其中最突出的就是对于中山风俗文化的描述与评价。《史记·货殖列传》曰：

---

① 参见李剑林《从〈汉书·地理志〉透视区域风俗文化的形成与演变》，《中国文化研究》2002年夏之卷。
② 参见潘明娟《〈汉书·地理志〉的风俗区划层次和风俗区域观》，《民俗研究》2009年第3期。

中山地薄人众，犹有沙丘纣淫地余民，民俗懁急，仰机利而食。丈夫相聚游戏，悲歌慷慨，起则相随椎剽，休则掘冢作巧奸冶，多美物，为倡优。女子则鼓鸣瑟，跕屣，游媚贵富，入后宫，遍诸侯。①

此为目前所见对于中山风俗文化最早的论述。司马迁认为中山地薄人众，百姓性情急躁，仰仗投机取巧谋生。男子们常相聚游戏玩耍，慷慨悲歌，白天纠合在一起去杀人抢劫，晚上挖坟盗墓、制作赝品、私铸钱币；多有美色男子，去当歌舞艺人。女子们常弹奏琴瑟，跋拉着鞋子，到处游走，向权贵富豪献媚讨好，多被纳入后宫，遍及诸侯之家。太史公以为中山风俗文化之所以呈现出如此风貌，是由于历史的原因，即此地是商纣王建造"酒池肉林"的沙丘行宫所在地。《史记·殷本纪》载商纣王"益广沙丘苑台，多取野兽蜚鸟置其中。慢于鬼神。大最乐戏于沙丘，以酒为池，悬肉为林，使男女倮，相逐其间，为长夜之饮"，虽然已历千载，但司马迁认为此地"犹有沙丘纣淫地余民"，意谓这些殷商后裔身上仍有纣王残余的淫靡之风②。

纣王是中国历史上以荒淫残暴闻名的亡国之君，《史记》所载纣王之恶行暴政来源于《尚书》《诗经》等上古史书，确系言出有征的信史。但笔者的问题是：殷商灭亡（约公元前1046年）距《史记》成书的西汉中期（约公元前104年，汉武帝太初元年），已近千年，司马迁仅以中山国疆域为殷商沙丘行宫遗址，即认定此地民众为"淫地余民"，中山国的风俗文化带有商纣遗风，这一论断明显缺乏说服力。《汉书》继《史记》而作，专述西汉一代史事，班固除在《地理志》中说明西汉中山国的疆域外，有关中山风俗文化的叙述与评价均沿袭《史记》。③ 司马迁和班固均

---

① 《史记》卷129《货殖列传》，中华书局1959年标点本，第3263页。
② 《史记》卷129《货殖列传》注引《史记集解》晋灼曰：言地薄人众，犹复有沙丘纣淫地余民，通系之于淫风而言也。
③ 《汉书》卷28《地理志下》：赵地，昴、毕之分野。赵分晋，得赵国。北有信都、真定、常山、中山，又得涿郡之高阳、鄚、州乡；东有广平、巨鹿、清河、河间，又得渤海郡之东平舒、中邑、文安、束州、成平、章武，河以北也；南至浮水、繁阳、内黄、斥丘；西有太原、定襄、云中、五原、上党。上党，本韩之别郡也，远韩近赵，后卒降赵，皆赵分也。

为中国古代最杰出的史官,基于《史记》《汉书》在中国文化史和学术史上的尊崇地位,马、班二人带有明显贬抑色彩的论断,遂成为后世史家学者研究中山风俗文化的依据。

(二)《史记》《汉书》所述燕赵故地与中山国人物故事

《史记》《汉书》对于燕赵故地与中山国风俗文化的偏见,不仅见于《货殖传》和《地理志》,马、班笔下来自燕、赵和中山国的人物,大多出身卑微,外貌出众、才艺精湛。这一系列形象鲜明、性格复杂的人物,其身世、结局亦大多是奇异而不幸的。

据《史记》《汉书》所载,赵地与中山一带的女性"多美物,为倡优……游媚贵富,入后宫,遍诸侯",此并非虚言。先秦两汉时期,这一地区出美女,她们多以色相和歌舞技艺游走于权贵之门。先秦时赵国和中山国的良家女子及歌伎舞女,入主掖庭、位及后妃,或成为达官显贵妻妾者不在少数,如战国时代赵悼襄王后、赵幽缪王之母倡姬和秦庄襄王之后、秦始皇嬴政之母赵姬,等等。西汉一朝,出身赵国和中山国的贵族女性数量更多:汉文帝窦皇后及其两位宠妃慎夫人和尹姬,均来自赵地。汉武帝的五位宠妃中,有三位来自赵地与中山,其中尤以中山李夫人(昌邑王刘髆之母)及河间钩弋夫人(昭帝刘弗陵之母)最负盛名。汉宣帝之母王翁须,原是一名邯郸歌女;宣帝、元帝的两位卫姓婕妤,皆为中山人氏。此外,汉元帝的昭仪冯媛,因其子刘兴受封为中山王,被称为中山冯太后。冯太后之孙汉平帝刘衎,其母卫姬亦为中山人氏。这些后妃虽因色艺进入宫廷、宠极一世,其家族成员亦随之鸡犬升天、享尽荣华富贵,但由于这些女性出身卑微,往往由于本人修身不谨或对家人失于约束,最终大多难免身死族灭的命运。因此司马迁批评这些后妃"皆以倡见,非王侯有土之士女,不可以配人主也"[1];班固亦感慨西汉一代"外戚后庭色宠著闻二十有余人","然其保位全家者"仅有四家,

---

[1] 《史记》卷49《外戚世家》,中华书局1959年标点本,第1981页。

"其余大者夷灭，小者放流"。究其原因，就是因为这些女宠大多"繇至微而体至尊，穷富贵而不以功"，其故乡的风俗文化亦失于淫靡放纵，不具备传统男权社会对于女性所规定的"后妃之德"。①

不独女性，《史记》《汉书》所载来自燕赵与中山故地的男性形象，亦往往出身寒微，却因形貌奇伟、才艺出众而受到君主的赏识和宠信。例如以击筑闻名的燕人高渐离，易水送别荆轲赴秦行刺之时，一曲"风萧萧兮易水寒，壮士一去兮不复还"，成为千古绝唱。此后燕国为秦所灭，秦始皇因爱惜高渐离的音乐才华而将他留在自己身边，已被熏瞎双眼的高渐离再次行刺，失败后被杀，成为继荆轲之后燕赵遗民对抗秦皇暴政的又一传奇英雄。②再如中山李夫人之兄李延年，由于"性知音，善歌舞"，被汉武帝任命为协律都尉，"每为新声变曲，闻者莫不感动"。为了向汉武帝推荐自己的妹妹，李延年精心排演了一支"佳人曲"：

> 北方有佳人，绝世而独立，
> 一顾倾人城，再顾倾人国。
> 宁不知倾城与倾国，佳人难再得！

歌者以倾城倾国比喻佳人的美貌难得，极富想象力和感染力。颜师古注曰："非不惜城与国也，但以佳人难得，爱悦之深，不觉倾覆。"这种仅以侧面烘托、避免正面铺叙的手法，果然激起了汉武帝的好奇心，上叹息曰：

---

① 《汉书》卷97《外戚传》赞曰：女宠之兴，繇至微而体至尊，穷富贵而不以功，此固道家所畏，祸福之宗也。
② 《史记》卷86《刺客列传》：秦并天下，立号为皇帝。于是秦逐太子丹、荆轲之客，皆亡。高渐离变名姓为人庸保，匿作于宋子。久之，作苦，闻其家堂上客击筑，彷徨不能去。每出言曰："彼有善有不善。"从者以告其主，曰："彼庸乃知音，窃言是非。"家丈人召使前击筑，一坐称善，赐酒。而高渐离念久隐畏约无穷时，乃退，出其装匣中筑与其善衣，更容貌而前。举座客皆惊，下与抗礼，以为上客。使击筑而歌，客无不流涕而去者。宋子传客之，闻于秦始皇。秦始皇召见，人有识者，乃曰："高渐离也。"秦皇帝惜其善击筑，重赦之，乃曜其目。使击筑，未尝不称善。稍益近之，高渐离乃以铅置筑中，复进得近，举筑扑秦皇帝，不中。于是遂诛高渐离，终身不复近诸侯之人。

"善！世岂有此人乎？"① 李夫人因此蒙恩受宠，其家族亦随之鸡犬升天。

另有邯郸人江充，因"有女弟善鼓琴歌舞，嫁之赵太子丹"而成为赵王的门客，亦因出众的仪容和才华受到武帝赏识。史载江充初次被汉武帝召见之情形："初，充召见犬台宫，自请愿以所常被服冠见上。上许之。充衣纱縠禅衣，曲裾后垂交输，冠禅纚步摇冠，飞翮之缨。充为人魁岸，容貌甚壮。帝望见而异之，谓左右曰：'燕赵固多奇士。'既至前，问以当世政事，上说之。"② 江充由此得以侍奉在汉武帝身边，成为影响武帝晚年朝政的一个重要人物。

值得注意的是，上述来自燕赵和中山之地的人物，在史书中大多不是正面角色，其结局也往往是死于非命。例如，赵悼倡后（？—前228），本是邯郸的一名倡女，赵悼襄王爱其貌美，李牧以此女出身不正、扰乱宗族血脉能导致社稷倾覆为由，劝说赵王不要纳其为姬妾，王不听，不仅立其为后，且以其子为太子（即赵王迁）。倡姬得宠后不仅阴谋构陷前太子赵嘉，致使其被废黜；更在赵悼襄王去世后，与春平君通奸，且收受秦国贿赂，害死名将李牧。公元前228年，秦将王翦率军攻破邯郸，俘虏赵王迁，赵国大夫怨恨赵悼倡后误国，杀倡后并灭其族，后六年，赵国彻底灭亡。司马迁斥之曰："赵王迁，其母倡也，嬖于悼襄王。悼襄王废适子嘉而立迁。迁素无行，信谗，故诛其良将李牧，用郭开。岂不缪哉！"③ 刘向在《列女传》中将其列入"孽嬖传"，取"孽嬖乱亡"之意（颜师古注："孽，庶也；嬖，爱也"）④，给予"赵悼倡后，贪叨无足，嚋废后适，执诈不悫，淫乱春平，穷意所欲，受赂亡赵，身死灭国"的恶评。⑤

---

① 《汉书》卷97《外戚传》，中华书局1962年标点本，第2536—2537页。
② 《汉书》卷45《蒯伍江息夫传》，中华书局1962年标点本，第2176页。
③ 《史记》卷43《赵世家》，中华书局1959年标点本，第2536—2537页。
④ 《汉书》卷36《楚元王传》：（刘）向睹俗弥奢淫，而赵、卫之属起微贱，逾礼制。向以为王教由内及外，自近者始。故采取《诗》《书》所载贤妃贞妇，兴国显家可法则，及孽嬖乱亡者，序次为《列女传》，凡八篇，以戒天子。
⑤ （汉）刘向：《列女传》卷7《孽嬖传·赵悼倡后》，载南宋余氏本《文选楼丛刊》，《新刊古列女传》影印本（卷6—卷7），第17页。

再如秦始皇之母赵姬,亦以私生活不谨载于史册。赵姬系吕不韦"邯郸诸姬"之一,因其姿容绝美而善舞被吕不韦作为礼物献给秦国质子子楚,赵姬"自匿有身,生子政,子楚遂立姬为夫人"。此后子楚即位,是为秦庄襄王,庄襄王即位三年薨,太子政立为王。赵姬成为太后,仍不甘寂寞,先后与吕不韦、嫪毐私通,并与嫪毐生下两子。"始皇九年,有告嫪毐实非宦者,常与太后私乱,生子二人,皆匿之。与太后谋曰'王即薨,以子为后',于是秦王下吏治,具得情实,事连相国吕不韦。九月,夷嫪毐三族,杀太后所生两子,而遂迁太后于雍。诸嫪毐舍人皆没其家而迁之蜀"。后一年,秦始皇听取齐人茅焦谏言,"迎太后于雍,归复咸阳","始皇十九年,太后薨,谥为帝太后"。① 吕不韦受此牵连,被贬蜀地,最终被迫自杀。史书未载赵姬晚年情状,即使秦始皇碍于皇室尊严、仍然对其维持表面的尊荣,想来在两位情人和所生二子均死于非命之后,赵姬生命中最后的九年时光,必是孤苦悲凉的。

与《史记》相似,《汉书》中对于燕赵、中山故地的民风习俗,亦以负面评价居多,以下试举两例。一是李延年。因其妹李夫人受到武帝恩宠,李延年遂"出入骄恣。及李夫人卒后,其爱弛,上遂诛延年兄弟宗族",因而被列入《汉书·佞幸传》。二是江充。他是汉武帝晚年的政坛剧变——"巫蛊之祸"的始作俑者,由于江充阴谋构陷,卫皇后及其两个女儿、戾太子及其家族,以及丞相公孙贺父子等宗亲重臣或自杀,或被杀,前后受牵连而死者达数万人。江充在阴谋败露后为太子所杀,其家族亦被诛灭,班固因此指责他是"以小覆大""谮疏陷亲"的阴险小人②。班固之所以对于这些来自燕赵、中山故地的"恶利口之覆邦家"的佞幸奸臣如此痛恨,推测其中缘由,应是由于此地民风开放、耽于逸乐、不拘礼法,与兼具

---

① 《史记》卷85《吕不韦列传》,中华书局1959年标点本,第3725—3726页。
② 《汉书》卷45《蒯伍江息夫传》赞曰:仲尼"恶利口之覆邦家"……《书》放四罪,《诗》歌《青蝇》,春秋以来,祸败多矣。昔子翚谋桓而鲁隐危,栾书构郤而晋厉弑。竖牛奔仲,叔孙卒;邧伯毁季,昭公逐;费忌纳女,楚建走;宰嚭谗胥,夫差丧;李园进妹,春申毙;上官诉屈,怀王执;赵高败斯,二世缢;伊戾坎盟,宋痤死;江充造蛊,太子杀;息夫作奸,东平诛;皆自以小覆大,谮疏陷亲,可不惧哉!可不惧哉!

儒生和史官双重身份的班固所推崇的"广教化，美风俗"（《荀子·王制篇》）的理想境界相去甚远之故。

(三)《史记》《汉书》叙事之失

既然对中山风俗文化的叙述与评价均发端于司马迁，因此笔者以为，应对《史记》叙事的真实性与合理性进行辨析。历代学者均认为《史记》叙事有"爱奇轻信"的倾向①，主要表现在司马迁常常将虚构性的、不合常理的事件载入史册，虽然增加了叙事的文学性与艺术感染力，却忽略了史料的真实性，因而造成《史记》所载每每出现失实的情况，此为《史记》叙事之失，治史者不应忽视之。

以秦始皇之母赵姬为例。司马迁对于"不韦钓奇献爱妾，赵姬有身嫁子楚"的政治投机行为极为不齿②，因此对赵姬亦多贬斥之词，诸如"秦王年少，太后时时窃私通吕不韦""始皇帝益壮，太后淫不止"等。对于此段史实，笔者以为应作辩证分析。如果说吕不韦以"奇货可居"为由，上演了一幕"邯郸献女"的戏码，确有其合理性；赵姬出身卑微且盛年丧夫，于私生活方面亦有恣情纵欲之事，也无须隐讳。但以二人的关系而言，显然不应简单视为"私通"，而是有着主仆之谊和多年的感情基础。至于赵姬隐匿怀孕，以吕不韦之子欺骗子楚、混淆王室血脉之

---

① "爱奇"之说，最早出于汉儒扬雄《法言·君子篇》："子长多爱，爱奇也。"宋人高登认为司马迁在《五帝本纪》中记载轩辕训练熊罴貔貅䝙虎与炎帝战于阪泉之野一事，纯属奇闻怪谈，但司马迁将将这些虚构的传说故事记入史册，故云"盖爱奇而遽及怪რ不足传信"。又，金人王若虚论《项羽本纪》曰："迁轻信爱奇，初不知道，故其谬妄每如此"；宋人王观国曰："大率司马迁好异而恶与人同，观《史记》用《尚书》《战国策》《国语》《世本》《左氏传》之文，多改其正文"；清人赵翼评《史记》所载"赵氏孤儿"故事，"独取异说，而不自知其抵牾，信乎好奇之过也"。此外，明人黄淳耀与清末学者刘咸炘亦认为司马迁"好奇轻信"。概言之，历代学者均认为《史记》叙事有"爱奇轻信"的倾向，主要表现在司马迁常常将虚构性的、不合理的事件载入史册，虽然增加了叙事的文学性与艺术感染力，却忽略了史料的真实性，因而造成《史记》所载每每出现失实的情况，此为《史记》叙事之失，治史者不应忽视之。

② 《史记》卷85《吕不韦列传赞》：太史公曰：不韦及嫪毐贵，封号文信侯。人之告嫪毐，毐闻之。秦王验左右，未发。上之雍郊，毐恐祸起，乃与党谋，矫太后玺发卒以反蕲年宫。发吏攻毐，毐败亡走，追斩之好畤，遂灭其宗。而吕不韦由此绌矣。孔子之所谓"闻"者，其吕子乎？《史记集解》注引《论语》曰："夫闻也者，色取仁而行违，居之不疑，在邦必闻，在家必闻。"马融曰："此言佞人也。"

事，这一荒诞离奇的记载目前仅见于《史记》，缺乏有力的史料佐证。然而，基于《史记》的巨大成就，和继秦而起的汉朝君臣和史官对于"暴秦"所持的批判态度①，秦始皇生父为吕不韦的说法被《汉书》因袭下来。例如，《汉书·王商传》有"秦丞相吕不韦见王无子，意欲有秦国，即求好女以为妻，阴知其有身而献之王，产始皇帝"的说法；为了否定秦统治的合法性，班固甚至直接将秦王嬴政称为"吕政"②。此后历代史家学者大多不加辨别地沿用此说③，至明初官修史书《通鉴博论》甚至将秦史分为"嬴秦"和"吕秦"两段。

当然，亦有学者从情理和史料来源上提出异议。首先从情理着眼，明人汤聘尹认为"虽有娠，不韦岂肯轻泄之？""果有娠而后献，当始皇在赵，母子俱匿，其姬独不能语子以吕氏之胤"。如果吕不韦真的是秦始皇生父，为何在赵姬母子流落赵国之时，不加以保护？"如语之，始皇必不忍一本之系，何至忿然……迁蜀以死？虽宾客游说万端，而莫之阻。亦自知嬴非吕也。"④ 笔者亦认同此说。试想，如果吕不韦与赵姬确实计划欺骗子楚、日后让自己的儿子嬴政登基，这样的密谋势必发生在极为隐秘的情况之下，除吕、赵二人，不应再有第三人了解。何以数百年后的史家司马迁，能够获知此等不可告人的宫闱秘闻？如果吕不韦确系秦

---

① 清代学者钱大昕论《史记·秦楚之际月表》，认为太史公著书，微言大义，在称谓的选择上具有深意。司马迁尊汉抑秦，不以秦为正统，而以汉直接上承周朝。因此秦和楚只不过是亡国之余，其地位是一样的。所以称"秦楚"而不称"秦汉"，体现了司马迁对无道暴秦的厌恶。详见钱大昕《与梁曜北论史记书》，《潜研堂文集》，上海古籍出版社2009年版。
② 《史记》卷6《秦始皇本纪》后附班固之言"周历已移，仁不代母。秦直其位，吕政残虐"。
③ 唐人司马贞《史记索隐》：吕政者，始皇名政，是吕不韦幸姬有娠，献庄襄王而生始皇，故云吕政。又，南宋朱熹《四书或问》：史谓元帝牛姓，犹吕政之绍嬴统也。又，元人陈栎《历代通略》：人见秦灭于二世子婴耳，岂知嬴氏之秦已灭于吕之继也哉。又，元人胡一桂《十七史纂古今通要》：吕政嗣位，犹冒嬴秦之姓。又，明人梁潜《泊庵集》卷六：秦之亡以吕政。再如宋人刘克庄《杂咏一百首·吕不韦》云：豫建无长虑，旁窥有贩心。绝嬴由吕相，继马乃牛金。又，宋人徐钧《吕不韦》诗：谋立储君谁孕姬，巨商贩鬻巧观时。十年富贵随轻覆，奇货元来祸更奇。
④ 详见郭沫若《十批判书》，人民出版社1954年版；马非百《秦史集》，中华书局1982年版；《秦始皇帝传》，江苏古籍出版社1985年版；韩兆琦《史记精讲》，中国青年出版社2007年版；王立群《王立群读史记之秦始皇》，广西师范大学出版社2008年版；李开元《秦始皇的秘密》，中华书局2009年版。

始皇生父，怎么可能在嬴政即位之后仍然不肯说出实情，以长保自身富贵，反而被贬至蜀地、最终被迫自杀？再如《史记》中称赵姬怀孕十二月始产子，称作"大期"。清人梁玉绳质疑曰："夫不及期可疑也，过期尚何疑？若谓始皇之生本不及期，隐之至大期，而乃以告子楚，则子楚决无不知之理。岂非欲盖弥彰乎？"①

再从史料来源分析，笔者认同明人王世贞的说法："毋亦不韦故为之说，而泄之秦皇，使知其为真父，长保富贵邪？抑亦其客之感恩者，故为是以訾秦皇。而六国之亡人，侈张其事，欲使天下之人谓秦先六国亡也。不然，不韦不敢言，太后复不敢言，而大期之子，乌知其非嬴出也？"②梁玉绳也认为，"吕易秦之说，战国好事者为之"。③笔者推测，此种贬低吕不韦为人、丑化秦始皇出身的说法，极有可能如王世贞、梁玉绳所言，出于吕不韦的门客，或对嬴政怀有灭国之恨的六国遗民之口。

然而，这些道听途说的稗官野史却被"爱奇求异"的太史公采录，是以唐人陆淳在《春秋啖赵集传纂例·赵氏损益义》中引赵匡评议曰"迁好奇多谬"，洵为确论。事实上，《史记》所载吕不韦与赵姬之事前后抵牾者不止一处。例如，《吕不韦列传》先称赵姬为吕不韦"邯郸诸姬"之一，后又称"子楚夫人赵豪家女也"，变成了赵国大户人家之女。又，关于《吕氏春秋》的创作时间，《吕不韦列传》称此书作于秦庄襄王去世、吕不韦被秦始皇尊为"仲父"期间；而《报任安书》中却称"不韦迁蜀，世传《吕览》"，意谓此书作于吕不韦被贬谪至蜀地所作。至于《史记》称赵姬淫乱不止，吕不韦竟推荐了"身负异能"的嫪毐，假冒宦官送入太后宫中一节，更是夸张、失实到违背常识、令人惊骇的

---

① （清）梁玉绳：《史记志疑》卷31，载卢鹰《秦始皇嬴政》，陕西人民出版社2001年版，第35页。
② （明）王世贞：《读书后辨》，载杨东晨、杨建国《秦人秘史》，陕西人民出版社1993年版，第346页。
③ （清）梁玉绳：《史记志疑》卷31，载卢鹰《秦始皇嬴政》，陕西人民出版社2001年版，第35页。

程度①。对此，笔者以为，应是司马迁鄙薄吕不韦之为人行事，故而有意不加辨析地将此种鄙俗不经之说采录入史所致。至于班固沿袭此说的原因，应该是借贬秦以尊汉，从而宣示"正统"的政治目的。

20世纪以降，许多秦汉史专家如郭沫若、马非百、韩兆琦、王立群、李开元等，始以客观、理性的态度和科学的研究方法，对此段史实进行研究，均认定《史记》所载不实。进一步，有学者系统考察了中国历代史书与民间传说中循环的"血统复仇"故事，认为此类叙事模式的源头，可追溯到《史记》中"赵氏孤儿"故事和"秦始皇为吕不韦之子"的传说。上古中国即形成了"天人感应"的民间信仰，以天命感应人事，成为人们对于历史进程最直观、最朴素的解读方式。自佛教传入中国后，因果报应理论进一步强化，并影响到史书编撰和文学创作之中。例如，南北朝时有"晋元帝为牛氏之子"、南宋有"宋高宗为吴越钱氏之子"、宋末有"元顺帝为瀛国公之子"、明初有"潭王朱梓为陈友谅之子"和"永乐帝为元顺帝之子"、清代有"乾隆帝为海宁陈世倌之子"的传言。② 上述野史传说经过历代史家学者考证，均不可靠，但从现实政治、民族矛盾和社会心态等角度来考察，这一叙事模式形成的历史背景和叙述动机却自有其时代背景与文化内涵，值得深入发掘。由此笔者以为，今人不能因司马迁和班固的崇高成就，即对《史记》《汉书》的叙事之失不加批评地全盘肯定，这种态度恰恰违背了《史记》《汉书》"其文直，其事核"的"实录"精神。

二 《史记》《汉书》中山风俗文化偏见形成之深层动因

针对《史记》《汉书》对于中山风俗文化的叙述和评价所存在的偏颇

---

① 《史记》卷85《吕不韦列传》：始皇帝益壮，太后淫不止。吕不韦恐觉祸及己，乃私求大阴人嫪毐以为舍人，时纵倡乐，使毐以其阴关桐轮而行，令太后闻之，以啗太后。太后闻，果欲私得之。吕不韦乃进嫪毐，诈令人以腐罪告之。不韦又阴谓太后曰："可事诈腐，则得给事中。"太后乃阴厚赐主腐者吏，诈论之，拔其须眉为宦者，遂得侍太后。太后私与通，绝爱之。按，《史记正义》释曰："以桐木为小车轮"，即吕不韦命嫪毐将阳具当作轮轴以转动车轮进行表演，以此取悦太后。这一违反人类正常生理现象的记载，显然难以取信于人。

② 杨永康：《从〈通鉴博论〉看"朱棣为元顺帝之子"传说的故事原型》，《明史研究》2013年第6期。

之处，笔者以为，应从分析司马迁、班固二人观点形成的深层动因入手，细致辨析中山风俗文化的内涵与成因。

（一）"归恶桀纣"的历史思维定式

所谓"风俗"，即"历代相沿积久而成的风尚、习俗"（《辞海》），是一定地域的人们共同心理素质的长期积淀。作为人类精神文化的一部分，风俗文化的形成和延续，首先要有一定的地域空间，因此会受到自然地理条件的影响和制约；其次要有一定的时间长度，因此会受到社会人文条件的影响和制约。风俗文化在形成之后，在空间上具有稳定性，在时间上则具有延续性。当然，这种稳定性和延续性不是绝对封闭的，而是在不同的自然地理环境和社会历史条件的影响下，发生相应的变迁，其中历史传承是决定一个地区风俗文化走向的关键因素。在自然和人文环境未发生重大变化的情况下，人们的生产、生活方式往往沿袭前代，风俗文化亦是如此，呈现出较强的稳定性。即使出现某些变异，大体也只是缓慢、些微的变化，不会发生质的突变。

正因重视历史传承对于风俗文化形成的作用，马、班二人在对中山故地的自然环境、历史沿革和民风习俗进行考察之后，以为此地民众不事生产、崇尚逸乐，是商纣王荒纵淫靡的余风使然，这一论断自有一定的合理性。然而，笔者仍以为马、班之论值得商榷，原因如下。其一，商代沙丘宫所在的邢州，即今河北省广宗县。《史记正义·货殖列传》注引《括地志》云："沙丘台在邢州平乡东北二十里。"《汉书·地理志下》亦注引晋灼曰："言地薄人众，犹复有沙丘纣淫地余民，通系之于淫风而言之也，不说沙丘在中山也。"这两条史料均说明，沙丘宫所在地并不在古中山国疆域内。邢州在秦汉时期不属中山国所辖，而是先后隶属于秦之巨鹿郡，西汉之信都郡、乐平国和东汉之安平国（后改为安平郡）。以此描述中山故地的风俗文化，显然并不准确。其二，即使沙丘宫在古中山国疆域，马、班所生活的西汉中期和东汉前期，距纣王统治时期已历千年。《史记正义·殷本纪》注引《竹书纪年》云："自盘庚徙殷至纣之灭七百七十三年,更不徙都,纣时稍大其邑,南距朝歌,北据邯郸及沙丘,皆为离宫别馆。"仅以此地曾为沙丘宫所在地,就认为中山风俗荒纵淫靡,也难以令人信服。

进一步考察,纣王所造"酒池肉林",是否真如历代史籍所言那样富丽奢华?纣王形象是否真如先秦以来史书中所描述的那样荒淫残暴?除《史记·殷本纪》外,有关纣王"酒池肉林"的记载还见于《太公六韬》:"纣为酒池,回船糟丘而牛饮者三千余人为辈。"又,《晋书·食货志》载"悬肉成林,积醩为沼,使男女裸体相逐于其间,伏诣酒池中牛饮者三千余人"。至于将"酒池"与桀、纣联系,则始于汉代文献。如《韩诗外传》卷四:"桀为酒池,可以运舟,糟丘足以望十里,而牛饮者三千人。"又,刘向《列女传》卷七《孽嬖传》:"夏桀尽日与宠妃妹喜饮酒,无有休时","为酒池可以运舟,一鼓而牛饮者三千人,䚡其头而饮之于酒池"。由此"酒池肉林"与夏桀、商纣的联系逐渐定型,成为后世史学者借古喻今、谈史论政的典型案例。①

然而,有学者考证,"酒池肉林"之说并非实指,而是上古酿酒、饮宴的遗风。上古存在着"和水而饮"的风俗,史籍记载夏桀、商纣所谓"以酒为池"只是添入酒的水池而已。由于远古所酿之酒本来就近乎水,群聚饮酒,集合众人共饮,人数一旦增多,到桀、纣手上便依凭王权,发挥创造力,将小坑凿扩为大池,以逞其欲。② 如果说,有关"酒池肉林"的历史真相,在《史记》中尚有历史依据,但到《汉书》中则已开始文学化,如《汉书·张骞李广利传》载汉武帝款待各国使节和商人:"行赏赐,酒池肉林,令外国客遍观各仓库府臧之积。"又,《汉书·西域

---

① 如《三国志·吴书·张昭传》载张昭谏孙权:"昔纣为糟丘酒池长夜之饮,当时亦以为乐,不以为恶也";"而夏兴瑶台。糟丘酒池,象箸玉杯。厥肴伊何?龙肝豹胎。唯此哲妇,职为乱阶。殷用丧师,夏亦不恢。"又,《晋书·段灼传》载段灼将桀、纣并论之:"夏癸放于鸣条,商辛枭于牧野,此俱万乘之主,而国灭身擒,由不能属任贤相,用妇人之言,荒淫无道,肆志沈言,作靡靡之乐,长夜之饮,于是登糟丘,临酒池,观牛饮,望肉林。"又,前秦秘书郎赵整作《酒德之歌》:地列酒泉,天垂酒池,杜康妙识,仪狄先知。纣丧殷邦,桀倾夏国,由此言之,前危后则。

② 田君:《"和水而饮"和夏桀、商纣的"酒池"》,《文史知识》2009年第12期。

传》亦称"（武帝）设酒池肉林以飨四夷之客"。此处之"酒池肉林"均非实指，而是极言宴饮丰盛，这说明《汉书》中"酒池肉林"的概念已与《史记》不同，成为一种文学性的修辞手段。①

由此可见，将"酒池肉林"作为夏桀、商纣荒淫无道的主要罪行，经历了从真实的历史到构建的历史这一漫长的过程，很可能只是后人的一种想象和夸张。那么，以此断言曾建造过"酒池肉林"的沙丘行宫所在地，千载之后仍保留着商纣荒淫之风，显然过于牵强、缺乏可信度。既然如此，马、班二人为何坚持这一论断呢？笔者推测，此正是一种自先秦以来形成的"归恶桀纣"的历史思维定式。② 夏桀、商纣作为古代亡国之君的典型，集中了人们对于历代所有荒淫残暴君主的想象。孔子的门徒子贡曾对此提出质疑："纣之不善，不如是之甚也！是以君子恶居下流，后世言恶则必稽焉。"③ 有学者统计过商纣王的罪名，经先秦史书至明代历史小说《封神演义》是如何被逐步增加的：周武王伐纣时宣告纣王有6条罪，战国增20项，西汉增21项，东晋增13项……至明代许仲琳写《封神演义》时，从夏桀到明朝的君主，纣王已将几千年中国历史上所有暴君的罪行集于一身了。④ 纣王之荒淫残暴如此，与之相关的地域风俗自然不可能质朴、纯正。事实上，不独中山故地如此，在史家眼里，但凡殷商故地均带有商纣余风。例如河内郡，班固称"河内殷虚（墟）"，"故俗刚强，多豪桀侵夺，薄恩礼，好生分"，原因亦在于"纣之化犹存"。⑤ 由此可见，由于"归恶桀纣"、尊周抑商的历史思维定式，马、班二人对于中山风俗文化的评价，确有失于客观、公正之处，今人对此应予以重新认识。

---

① 田君：《夏商"酒池"新说》，《河南师范大学学报》（哲学社会科学版）2009年第6期。
② 《列子》卷7《杨朱篇》：天下之美，归之舜禹周孔；天下之恶，归之桀纣，上海书店1986年影印本，第53页。
③ 《论语》卷19《子张篇》，上海书店1986年影印本，第259页。
④ 蒋胜男：《商纣王：如何被妖魔化为淫暴之君》，《爱情婚姻家庭》2011年第11期。
⑤ 《汉书》卷28《地理志下》，中华书局1962年标点本，第1647页。

（二）"尊王攘夷"的民族文化观

除去历史传承的因素，马、班二人对于中山风俗文化认识的偏颇与贬抑，更有可能源于政治、文化和民族的原因——在儒家"尊王攘夷"的正统史观主导下，"内诸夏而外夷狄"的思想使然。春秋战国之际的中山国，与邻近的晋、燕、赵、魏等众多接受周天子分封的诸侯国最大的区别，就在于它与周王室既非血亲、亦非姻亲，更不是上古"五帝""三王"的后裔，而是一个与华夏诸国分庭抗礼的少数民族——白狄鲜虞部所建立的政权。① 先秦时期，有许多来自北方强悍有力的部族，长期威胁着中原"诸夏"政权，因其在北，故称为"北狄"。"狄"之本义，为强悍有力、行动疾快之意②，在春秋时期分为赤狄、白狄、长狄等部。白狄于春秋盛极一时，与晋、秦等强国均有长期争战、通婚、结盟、交往的历史。③ 春秋战国时期，由白狄鲜虞部所建立的中山国，在晋、魏、赵、燕、齐等强国的夹缝中顽强生存，成为与众多"万乘之国"对峙并立的"千乘之国"，被称为战国"第八雄"。

虽然中山国拥有不容忽视的实力和影响，但由于其从未得到周天子册封，所以中原诸国的史家和士人均不视其为合法政权，仅以"夷狄"视之，不愿提及其国号和君主名号，对于一些重要史事也有意无意地缺载或歪曲，此类事例在记载春秋战国的历史著作中比比皆是。④ 有学者指

---

① 按，《左传·昭公二十八年》谓西周分封"兄弟之国十有五人，姬姓之国者四十人"；《荀子·儒效》谓"周公兼制天下，立七十一国，姬姓独居五十三人"。此外，周初还对上古"五帝""三王"的后裔实行分封，包括神农、尧、舜、禹及商汤的后代。周人自称是轩辕黄帝的后裔，故自称"华"，将天下称为"有夏"，将分封的诸侯国称作"诸夏"或"诸华"。《礼记·王制》按中、东、南、西、北五个方位，制定了"中国"与"夷、蛮、戎、狄"部族的地缘政治格局，并逐渐形成了"内诸夏而外夷狄"的"春秋大义"。

② 《尔雅·释兽》云：麎、绝有力，狄。邢昺《疏》：绝异壮大有力者，狄。郑玄《注》：狄，涤，往来疾貌也。

③ 《春秋左传正义·成公十三年》（前578）：晋侯使吕相绝秦，曰："白狄及君同州，君之仇雠，而我之婚姻也。君来赐命曰：吾与汝伐狄。寡君不敢顾婚姻，畏君之威而受命於使。"

④ 《左传·襄公十八年》（前555）：白狄始来。《公羊传》注云：白狄者何？夷狄之君也。何以不言朝，不能朝也。

出，中山国的历史在先秦两汉时期被以儒家"尊王攘夷"思想主导的史官学者刻意遮蔽和误导，在《春秋》《左传》《史记》等史书中，不仅讳言春秋战国时期中山国的强盛及其对于中原"诸夏"政权的威胁，而且刻意掩盖春秋时期历代晋国君臣与白狄族通过联姻、结盟所建立起的密切联系，以及在晋国称霸的过程中白狄军队发挥过重要作用等史实；甚至，他们还虚构了"晋文公攘狄"及其子孙数代晋君与白狄中山敌对之"伪史"，由此造成了后世对于中山国史的错误认知。[1]

笔者部分同意这一观点，即司马迁不立"中山世家"，在《十二诸侯年表》和《六国年表》中，也不列中山国，确有可能是由于中山国为白狄鲜虞部所建，非周天子分封的诸侯国，为了显示与诸多华夏政权的区别，故而采取此种处理方式。但同时，笔者以为，不能就此认定《史记》是刻意缺载或误导后世对于中山国史事的认识，而可能是存世史料不足之故。《史记》中有关中山史事的记载，均来源于《春秋》《左传》《国语》等先秦史籍，如果确实存在漏记、误记的情况，也是上述史籍的错误，《史记》可能只是袭用前代记载，未作考订和补充。根据史书编撰"信则传信，疑则传疑"的基本原则，在前史记载缺失、史料有限的情况下，司马迁不可能任意杜撰新的史事。总体而言，司马迁的政治观和民族观是较为开放、包容的。例如，楚国亦非周天子所册封的政权，但《史记》仍立《楚世家》。此外，司马迁还为匈奴、大宛、朝鲜、西南夷、闽越和南越等少数民族政权立传，开后世正史"民族传"之先河。如果仅以中山国非华夏政权，或者现存史籍对中山国史的记载存在错误，就认为司马迁是故意缺载或歪曲史事，显然也失于武断。但先秦两汉史书确实未能将中山国与华夏政权平等视之，对于中山国史的记载存在诸多不足，才造成了后世对于中山国族属、历史、风俗、文化的误读和曲解，这是不容否定的事实。

总体而言，《史记》《汉书》中对于燕赵和中山之地的民俗风貌多持

---

[1] 张远山：《白狄中山、魏属中山秘史——兼驳〈史记〉"中山复国"谬说》，《社会科学论坛》2013年第4期。

否定、贬抑态度，如赵人"好气任侠"，燕人"雕捍少虑"；①赵地"土广俗杂，大率精急，高气势，轻为奸"，燕地"其俗愚悍少虑，轻薄无威"②，等等。此外，《史记》中有一段记载值得关注：

> 会武帝年老长，而太子不幸薨，未有所立，而旦使来上书，请身入宿卫于长安。孝武见其书，击地，怒曰："生子当置之齐鲁礼义之乡，乃置之燕赵，果有争心，不让之端见矣。"于是使使郎斩其使者于阙下。

燕王刘旦在"巫蛊之祸"爆发、太子刘据含冤自杀之后，请求亲自赴长安来担任汉武帝的宿卫，此举对年迈多疑、刚经历丧子之痛的汉武帝来说，着实难以接受，一怒之下斩杀来使是可以理解的。但武帝斥责刘旦的理由，居然是认为他产生"不轨之心"的缘由在于未能分封在"齐鲁礼义之乡"，而是分封到了民风强悍尚武的燕赵之地，故而使其产生了"争心"，萌发了"不让之端"——这一指责显然是欲加之罪、何患无辞。在汉武帝分封燕王旦的诏书中，明言燕地"北迫匈奴，其人民勇而少虑"，故诫之曰"荤粥氏（匈奴）无有孝行而禽兽心，以窃盗侵犯边民"。武帝谆谆告诫其子"勿使从俗以怨望也"，"勿使王背德也"，"非习礼义不得在于侧也"，③反复说明燕赵之地迫近匈奴，其风俗亦与汉地"礼义之乡"相异。这些明显带有民族和地域歧视意味的言辞，充分说明了当时以统治者为中心的社会主流思潮对于这一地区风俗文化的总体贬抑态度。

事实上，笔者以为，燕赵和中山故地之所以呈现出男性悲歌慷慨、任侠尚气、重义轻生、刚勇好武的性格，以及女性美貌多姿、能歌善舞、多才多艺、自由开放的面貌，并非源于司马迁、班固所谓的"殷商遗

---

① 《史记》卷129《货殖列传》，中华书局1959年标点本，第3264—3265页。
② 《汉书》卷97《外戚传下》，中华书局1967年标点本，第1656—1657页。
③ 《史记》卷60《三王世家》，中华书局1959年标点本，第2118页。

风",而是由于此地民众仍相当程度地保留着戎狄游牧民族的风俗文化传统。例如,《汉书》记载燕地长期保留着"宾客相过,以妇侍宿,嫁取之夕,男女无别,反以为荣"的风俗,班固以为这是由于燕太子丹"养勇士,不爱后宫美女,民化以为俗,至今犹然"[①],显然与事实不符。燕国系周成王之叔召公的封国,国力在列国中虽不甚强悍,但论及血统的纯正与尊贵,在诸侯各国中仅有周公封国——鲁国堪与之相比,怎会有此等风俗?事实上,这种"宾客相过,以妇侍宿"的风俗并非源于华夏农耕民族,而是一种广泛流行于草原游牧民族的婚俗。由于草原上地广人稀,行人常常经数日、行数百里而不见人迹,严酷的自然环境和频繁出没的凶猛野兽,成为人们基本生存的致命威胁。在此种环境中,出于对人口和劳动力的需求,华夏—汉族传统的"男女大防"和妇女的"贞节"观念自然是行不通的。但是,为了保证血统纯正,古时游牧民族有"荡肠"的血腥习俗,即男女成婚后,生下的第一个孩子必须杀掉,《汉书》中即有"羌胡尚杀首子以荡肠正世"的记载[②]。一些民族史和风俗史的研究成果也显示,这种"宾客相过,以妇侍宿"的风俗甚至在20世纪前中期一些偏远的少数民族地区,仍未彻底消失。至于"嫁取之夕,男女无别,反以为荣",这种被称为"三天不分大小"的"闹新房"习俗,至今仍普遍存在于广大农村地区。然而,这些在崇尚儒家伦理纲常的汉代史官司马迁,尤其是班固眼中,却都被归于"淫风""陋俗"之列,显然是有失公允的。

(三)"重农抑商"的传统经济思想

古中山国风俗文化形成的根本原因,在于司马迁和班固都提到的自

---

① 《汉书》卷28《地理志下》,中华书局1962年标点本,第1656—1657页。
② 《汉书·元后传》记载京兆尹王章弹劾大将军王凤将自己小妾的妹妹张美人进献给汉成帝,不顾此女之前已经嫁人。王章上疏成帝,以"羌胡尚杀首子以荡肠正世"为由,建议成帝罢免王凤:"凤知其小妇弟张美人已尝适人,于礼不宜配御至尊,托以为宜子,内之后宫,苟以私其妻弟。闻张美人未尝任身就馆也。且羌胡尚杀首子以荡肠正世,况于天子而近已出之女也!此三者皆大事,陛下所目见,足以知其余,及它所不见者。凤不可令久典事,宜退使就第,选忠贤以代之。"

然环境和社会现状。中山"地薄人众",即土地贫瘠、资源匮乏、人口众多,无法以农业作为本地的主要经济形式。历史上的中山国和赵国都以发达的工商业和繁荣的都市经济闻名①:人们为了谋生不得不"仰机利而食",即一味追求财富物质享受,为了谋生不择手段,甚至到了男子铤而走险、女子甘为倡优的程度。因此司马迁批评此地男子"攻剽椎埋,劫人作奸,掘冢铸币,任侠并兼,借交报仇,篡逐幽隐,不避法禁,走死地如鹜者",其目的不过是"皆为财用耳";而此地的女性则是"设形容,揳鸣琴,揄长袂,蹑利屣,目挑心招,出不远千里,不择老少者",也是为了"奔富厚也"。② 这种"以贫求富,农不如工,工不如商,刺绣文不如倚市门"③的社会风尚和谋生方式,在以农业立国的古代中国,在将商人置于社会底层的传统"四民"社会(士农工商)结构中,显然是与主流经济思想背道而驰的。尤其是在秉持儒家"重农抑商"观念的史家看来,更是本末倒置,有失儒家理想的"中和"之风。④

以今视之,这一观点虽然反映了当时社会的主流思潮,却并不符合人们生存的现实环境以及人性的正常需求。在农业无法成为一个地区主要经济模式的现实环境中,必须积极发展其他产业,诸如工商业、服务业、娱乐业等,才能保障民生。事实上,司马迁和班固也意识到只有多种经济形式并存,才能实现经济繁荣、社会稳定。例如,司马迁认为农、虞、工、商"此四者,民所衣食之原也"⑤,班固提出"食足货通,然后国实民富,而教化成"⑥。这说明,在遵守法制、合乎道德的前提下,人们合理地追逐财富,以多种形式发展经济,无论何时、何地都是正当合

---

① 有研究中山国经济的学者指出,战国时期的中山国手工业、制造业发达,都城灵寿是商品经济繁荣的大都市,其生产技术和经济发展水平较之同时期的各诸侯国,均不逊色。详见曹迎春《中山国经济研究》,中华书局2012年版,第207—210页。
② 《史记》卷129《货殖列传》,中华书局1959年标点本,第3263页。
③ 《史记》卷129《货殖列传》,中华书局1959年标点本,第3274页。
④ 《汉书·地理志下》云:凡民函五常之性,而其刚柔缓急,音声不同,系水土之风气,故谓之风;好恶取舍,动静亡常,随君上之情欲,故谓之俗。孔子曰:"移风易俗,莫善于乐。"言圣王在上,统理人伦,必移其本而易其末,此混同天下一之虖中和,然后王教成也。
⑤ 《史记》卷129《货殖列传》,中华书局1959年标点本,第3255页。
⑥ 《汉书》卷24《食货志下》,中华书局1962年标点本,第1117页。

理的需求。燕赵与中山之地的经济发展模式，对于当前本地区的经济、文化建设，仍不失为一种有益的启示。

三 中山风俗文化的历史内涵与当代价值

（一）历史内涵：自成一体的格局与风貌

综上可知，中山国无论在立国时间、统治疆域，还是政治影响、风俗文化方面，均有不容忽视的独到价值。相较先秦两汉文献中对于中山国记载的不足，西汉刘向编纂的《战国策》最为详尽真实。《战国策》共33卷，刘向将七个"万乘之国"按强弱依次排列为：秦策5卷、齐策6卷、楚策4卷、赵策4卷、魏策4卷、韩策3卷、燕策3卷，合计29卷。另有4卷叙述五国史事，即三个"千乘之国"——宋、卫、中山，以及两个虽然实力衰微，却仍拥有名义上的"天下共主"地位的"百乘之国"——东周和西周。此外尚有一些不甚重要的百乘小国，如郑、鲁、邹、滕等，论血缘、族属和与周王室的关系，虽然都比中山国更为尊崇，但未被列入。更难能可贵的是，与《史记》《汉书》等汉代史书所载中山国史相比，《战国策》并未将中山国视为燕、赵的附属，而是给予其独立的地位。据《战国策·中山策》记载，公元前334年，中山国与魏、韩、赵、燕等国一道，策划、参与了"五国相王"活动。这是战国中期一件极富政治意义的大事，说明各诸侯国实力、地位的提升和周王室权威的彻底衰落。此举虽然在当时遭到了一些强国的反对，如齐国反对中山称王的理由就是"我万乘之国也，中山千乘之国也，何倨名于我"[①]。齐国联合赵、魏、燕，欲废中山王号，但最终仍未能阻止中山称王，这说明中山国虽未得到周天子的册封，但其地位在当时已经得到了各国的承认。以上事实有力地说明了古中山国在春秋战国时期的重要性及其风俗文化的独特性。

---

① （汉）刘向：《战国策》卷《中山策》"中山与燕赵为王"条。

河北自古被誉为燕赵之地，燕北赵南的地域格局，使这一地区成为农耕文明与游牧文明、华夏文化与草原文化的交汇之地。有学者将此地的经济类型划分为平原农业经济和山区畜牧业经济两大类，而中山国的国土正好处于农业区和畜牧区之间，由此将中山国历史文化的特点总结为戎狄文化与华夏商、周文化的融合，这一观点值得重视①。笔者以为，古中山国的风俗文化，体现着华夏与"夷狄"、"中国"与"四方"、农耕与游牧、农业与商业多元文化融合的特色，是中原汉族重文崇儒的风俗礼制与北方少数民族刚勇尚武的气质精神相融合的结晶。伴随中山国的消亡，白狄大部逐渐与华夏民族相融合，在古代中国的历史上，分支众多的北方少数部族，始终是中原王朝强有力的威胁，但在数千年的冲突、融合中，最终实现了战争与和平的良性转换。笔者以为，中山风俗文化的民族性、地域性、时段性、融合性，正是中华文明"满天星斗"之灿烂景观与中华民族"多元一体"之宏大格局的典型体现，其形成、演变、传承的过程，也正是中华传统优秀文化及核心价值观形成、演变、传承的过程。经过数千年的锤炼、凝聚、升华，仍具有无可辩驳的现实意义，需要认真总结并发扬光大。

（二）当代价值：研究现状与开发利用

1. 研究现状

古代史家学者治中山国史者寥寥，仅在一些历史地理学著作中，如《水经注》《元和郡县图志》《括地志》《读史方舆纪要》《国策地名考》等，有对中山国地名的零星考证。清人王先谦著《鲜虞中山国事表疆域图说》（吕苏生补释，上海古籍出版社1993年版），是目前所见最早的中山国研究专著。

20世纪后半叶至今，中山国考古取得重大突破，随着一系列墓葬遗址的发掘和大量文物的出土，中山国研究取得长足进展。有学者将20世纪后

---

① 详见曹迎春《中山国经济研究》"绪论"，中华书局2012年版，第9—12页。

期至今的中山国研究分为兴盛发展期（1978—1990年）、深入拓展期（1991—2000年）和专题研究期（2001年至今）三个阶段。[①] 目前已出版研究专著、论文集与文献汇编十余部，研究生学位论文20余篇，报刊与会议论文近300篇，内容包括中山国的族源、历史、政治、经济、军事、外交、制度、礼俗、文字、货币、都城建筑、社会生活、出土文物、工艺美术等。[②] 其中有代表性者，如段连勤《北狄族与中山国》（河北人民出版社1982年版）、王颖《中山国史话》（中国话剧出版社2000年版）、何艳杰等《鲜虞中山国史》（科学出版社2011年版）、曹迎春《中山国经济研究》（中华书局2012年版），等等。

2. 开发利用

近年来，随着国学与中华传统文化的复兴，以及发展经济和文化建设的需要，各级地方政府积极鼓励开展本地区历史文化、社会风俗、文物古迹和历代名人的研究，将此视为发展文化产业、提升"软实力"，塑造具有区域特色和时代精神的文化形象之有效途径。当前学界对于古中山国历史文化资源的开发、利用，除了继续深化历史文献的梳理和人物、史实的研究之外，古中山国文物遗址的陈列、展示，以及相关题材的影视、综艺、曲艺等，不断吸引着公众的关注与兴趣，成为推动古中山国研究的现实动力。

在文物展览方面，早在1997年，河北省博物馆举办的"神秘王国战国中山国"专题展览，即以丰富的内涵、精美的文物和独特的表现手法受到博物馆同行和各界群众的关注，在全国文博系统首次陈列展览评比中，被评为"1997年十大陈列展览精品"之一。2016年夏，河北博物院与长沙博物馆联合策划了"汉廷藩屏——汉代长沙国与中山国出土文物精品展"，分"匡扶霸业""王侯威仪""永生之念"三个部分，呈现了两汉长沙国与中山分封的历史，重点以两个诸侯国王侯贵族墓葬出土

---

① 何艳杰等：《鲜虞中山国史》"绪论"，科学出版社2011年版，第7页。
② 这一数据是根据"中国知网""孔夫子旧书网""中国国家数字图书馆"的检索结果所得出的。

的精品文物以及王陵葬制的比较展示，还原了汉代王侯贵族的奢华生活，展现了汉代高度发达的物质文明。2015年7—10月，河北博物院、河北省文物研究所与成都金沙遗址博物馆主办，以"发现·中山国"为主题，分为起源、战争、都城、交流四个部分，展出战国中山国遗址出土的132件（套）精品文物。2020年6—9月，河北博物院、河北省文物考古研究院与苏州博物馆共同策划的《鲜虞风云——古中山国文物精品展》，分"鲜虞东徙·肇建中山""车辚马啸·逐鹿中原""钟鸣鼎食·生死同欢"三个单元，全面展示了中山国在经济、文化和军事等方面的不凡成就。2021年5月19日，河北博物院、河北省文物研究所与福建博物院联合推出"战国雄风——古中山国文物精品展"，展出近200件（组）古中山国的精美文物，包括青铜器、金银器、玉石器、陶器、骨器等，为观众揭开古中山国的神秘面纱。

在影像呈现方面，2018年12月23日，央视综艺频道（CCTV-3）大型文博探索栏目《国家宝藏》第二季播出了河北博物院专题，其中战国中山王墓出土的"错金银四龙四凤铜方案座"系节目展示的三件国宝之一。影视演员王劲松演绎的中山王厝的故事，和文物修复专家雷金铭讲述的国宝修复过程，激发了广大观众对于中山国出土文物前世今生故事的兴趣，迅速掀起了一股"中山热"。同年，央视纪录频道（CCTV-9）播出了6集纪录片《中山国》，在广泛吸收海内外中山国研究学术成果的基础上，完整讲述了中山国从立国、崛起、繁盛到灭亡的历史，全面展示了中山国文物及遗存，向世人揭示了先秦时期，白狄族建立的中山国与华夏政权冲突、争战、交流、融合的历史，"揭示出推动中国历史由春秋战国列国纷争到秦走向一统的内部机制"，"从纵横两个维度显示了中山文化在中国历史和当代世界的影响力，彰显了在中华民族多元文化中的价值，从而增加了当下观众对中国传统文化的认同感"。① 该片播出后受到广泛好评，荣获第24届中国纪录片系列片十佳作品和最佳撰稿两项大

---

① 王庆福：《用影像呈现中华文明进程中"他者"的身影——评六集纪录片〈中山国〉》，《吉林艺术学院学报》2019年第3期。

奖，并作为国务院新闻办公室、国家广播电视总局选拔的"优秀参展作品"，参加了在法国海滨城市拉罗谢尔举办的第30届"国际阳光纪录片节"，古中山国的历史成就与文化遗产，由此远播海外。

此外，值得关注的还有河北省杂技团演艺有限公司创编的大型历史杂技剧《梦回中山国》。该剧以《战国策》中中山王厝与阴姬之间的爱情故事为原型，将中山国历史文化、人物故事融入舞蹈、杂技表演中，创造了"杂技＋历史＋戏剧＋舞蹈"的独特演绎模式。上述以古中山国为题材的文艺作品播出后引发了公众的热烈反响，为河北省打造出一张精彩纷呈、内涵丰富的历史名片，由此带动了学界在系统研究古中山国物质、制度文明的基础上，从区域经济振兴和文化产业开发的角度，全面发掘、利用中山历史文化遗产的学术自觉与社会责任。

近年来，地方政府还着手进行了以下古中山国历史、文化资源的整合、开发工作：2012年4月，河北省平山县政府《中山古城遗址保护规划》获国家文物局批复；2013年5月22日，该规划经省政府批准公布。同年10月，平山县政府完成了中山古城国家考古遗址公园的立项工作，拟以战国中山国的人物史事、礼俗制度、都城宫殿、陵墓遗址和出土文物为依托，建成一座集文物考古、科研、科普、观光旅游于一体的考古遗址公园，同时还进行了项目推介和招商引资活动①。此前，北京大学和河北省古代建筑研究所编制了中山灵寿故城大遗址保护利用规划，灵寿县在此基础上制定了修建历史文化公园的规划，对本地的古城墙、赵王台、养鱼池、八角井等遗址进行保护，在园中恢复中山国的风俗文化景观，编演相关历史故事与民间传说。② 2014年11月，由《光明日报》、河北省委宣传部主办，中共定州市委、定州市人民政府承办的"中华优秀传统文化与中山文化研究高端论坛"在定州召开，制定

---

① 贾建志、闫鹏飞：《平山落实保护规划建设中山国考古遗址公园》，《河北经济日报》2014年3月17日。

② 王芳、郑以墨：《"一圈一线"燕赵历史系列游——以历史文化研究促进河北特色旅游产业的发展》，《中国商贸》2010年第29期。

了"对中山文化进行梳理、整合,将丰厚的历史文化资源转化为强大的生产力,使其发挥更大作用,进而壮大文化产业,推进地方经济发展"的长期规划。

四 中山风俗文化研究之现实思考与前景展望

(一) 现实思考

当前在中山国研究方面取得了相当大的进展,除专题研究外,已有学者将中山国与燕、赵、魏等国的都城建筑、礼俗制度、文字货币、风俗文化等进行比较研究,辨析中山文化与燕、赵等相邻区域文化之间的异同及其形成的原因[1],上述成果有益地启发了笔者的思考。然而,目前大多数研究成果尚未摆脱历史的定论和前人的局限,仍将中山国的历史、文化视为燕赵历史、文化的附属,未将其视为自成一体的政治、经济、军事实体和民族、风俗、文化区域来加以考察,这不能不说是一种遗憾。笔者以为,今后我们应注重探索中山文化的历史内涵和形成原因及其与相邻文化区域如燕、赵、魏等文化的异同,在细致、深入地辨析和研究基础上,还原古中山国的历史演变和独特的文化风貌,从而构建自成一体的中山国研究。

值得重视的是,当下数量可观、水准精良的中山国研究成果,大多尚未转化成可以为地方经济、文化建设提供服务的有益资源。[2] 就河北省内而言,相较邯郸赵王城、张家口元中都遗址等一些已形成较大规模文化产业的地区而言,从区域经济、文化建设的宏观角度和旅游、文化产业开发的现实诉求,来探索中山国历史、文化资源的整合和利用,仍有相当大的空白有待填补。

---

[1] 此类论文包括武庄:《中山国灵寿城与赵都邯郸城比较研究》,《邯郸学院学报》2009年第2期;李晓琴:《赵国与中山国饮食习俗比较》,硕士学位论文,河北师范大学,2009年;菅海英:《燕国和中山国文化比较研究》,硕士学位论文,河北师范大学,2014年;郄瑞环:《魏国与中山国比较研究》,硕士学位论文,河北师范大学,2014年。

[2] 目前仅见一篇论文,王鹏、王会娟:《古中山国遗址公园的市场开发研究》,《学术界》2013年增刊。

(二) 前景展望

综上所述，笔者以为，当前学界应系统研究古中山国的历史，总结其在族群、地域、风俗与文化方面的独特内涵及其数千年形成、演变与传承的历程，深入发掘其与当代社会生活和公众物质、精神文化需求相契合的思维方式、价值取向、信仰模式及审美观念。在新的历史阶段，实现中山文化的繁荣复兴，应在已取得的研究成果基础上，依托地方政府的大力扶持和相关企业的雄厚实力，建设中山文化产业核心区域，将中山国悠久的传统文化、恢宏的建筑遗存、精美的出土文物和丰厚的历代文物古迹，实现优势资源整合和文化品牌构建，大力开发区域内的休闲、旅游、娱乐、公众文化服务功能和相关文化产品。

为实现这一目标，本地区的研究机构与众多学者，应积极致力于地方建设和社会发展的需求，在中山国历史、文化资源研究和产业开发的理论、实践方面，进行多元、深入而务实的探索。笔者确信，在当前"京津冀一体化"协同发展、雄安新区建设步入正轨，区域经济、文化建设日趋繁荣的大背景下，这一极富理论价值和现实意义的重大课题，其前景是令人振奋和期待的。在此过程中，地方政府、研究机构、大众传媒和文化企业应密切协作，探索出一条文物保护、文化传播、产业开发、学术研究，相互促进、相得益彰的可持续发展道路。作为一名专业研究者，此正是笔者今后长期的努力方向。

从考古出土文物看蜀汉三国时期的文化交流*

霍 巍**

摘 要：对相对统一的秦汉帝国而言，蜀汉三国时期虽然处于中国历史上的分裂时期，但却因不同的地域特点和各自所采取的发展策略，呈现出在特定的历史环境下国内各民族之间以及中外文化的交流。历史上的汉唐盛世是中国历史上发展的两个高峰，而蜀汉三国时期在两个高峰之间起到了承前启后的衔接作用，同时也蕴含和培育出诸多新的文化因素。由于蜀汉三国时期文献史料的匮乏，地下出土的丰富的考古实物从新的角度展现出这一历史场景中的若干片段，成为地域文化研究的一个重要例证。

关键词：蜀汉三国；地域文化；文化交流；丝绸之路

蜀汉三国时期，中国从秦汉大一统帝国形成三国鼎立的分裂局面。传统史观认为，这个时期由于分裂割据局面的形成，社会的政治、经济、文化发展都进入低谷，各地域文化之间也彼此隔绝，文化交流受到阻碍。然而真实的情况可能并非如此。

---

* 本文系根据作者 2021 年 10 月 5 日在成都武侯祠博物馆举行的"汉晋风华——文物中的三国"系列学术讲座的录音稿整理而成，得到成都市武侯祠博物馆谢辉馆长、研究部梅峥峥主任、吴娲主任等的大力支持，谨此致谢！

** [作者简介] 霍巍（1957— ）男，河北大学燕赵文化高等研究院特聘教授，四川大学历史文化学院教授，教育部"长江学者"特聘教授，教育部历史学教学指导委员会委员，主要从事中国考古学研究。

应当如何看待蜀汉三国时期的文化交流，就我看来，可以从三个维度加以考察：其一，是三国时期魏、蜀、吴三国之间的文化交流；其二，是三国境内的汉民族与其他各民族之间的交流，如南中各族、西域各族；其三，还包括当时中国与外国之间的交流，这些交流无论在文献上，还是从考古出土的实物资料上留下的痕迹都不少，对中国中古时期产生过深远的影响。汉唐盛世是中国历史上发展的两个高峰，而蜀汉三国时期则在这两个高峰之间起了承前启后的作用，同时还蕴含、发育出很多新的文化因素。

考古材料和文献材料在研究历史中常被称为"车之两轮，鸟之两翼"，但三国时期可利用的文献非常有限。大家知道的主要是西晋初年陈寿所撰的《三国志》以及后来南朝宋人裴松之为其所做的注释，清代人卢弼的《三国志集解》也有一些新的考证和补充，但总体而言史料不丰。三国时期形成的文化影响非常重要，在民间留下了很多三国故事，如桃园三结义所倡导的"义薄云天"，诸葛亮的高风亮节，甚至蜀汉曾经有过的一系列文化创造（如诸葛亮征南中七擒孟获、发明木牛流马等），都通过《三国演义》这样的口耳相传和文学演绎而深入人心。但是，就文化交流这个方面而言，直接涉及的相关文献材料很少。其实，我们还有一些很重要的历史信息和历史资源长期以来并未受到重视——那就是从地下出土的有关三国时期的考古实物来考察这个时期的文化交流。

通过文物考古去"透物见人"，去看三国和当时的中国与世界的关系，是一个新的视角。从三国时期的版图来看，魏国不仅包括中原，其统治范围已经延伸至辽东半岛及西域。吴国除了统治长江中下游地区之外，我国现在的海岸线很多都在吴国境内，因此面向海洋的交流是吴国的一大特点。蜀国以成都平原为中心，其西部与整个青藏高原相连接，起到了北面沟通中原、东连孙吴、向西沟通西域的枢纽作用。成都作为三国蜀汉的首府，在蜀汉三国时期更是达到秦汉以来新的辉煌。蜀汉三国持续的时间很短，却包含了大量的历史文化信息，从文物考古这个角度去加以审视显得尤为重要。下文中，我将从几个方面来进行探讨。

一 从早期佛像看三国时期的佛教流行

佛教对中国的影响远比伊斯兰教、基督教的影响更深远。早期佛教与道教相互融通、相互借用，佛教的哲理为中国传统学术所汲取，在魏晋时期形成了玄学，魏晋玄学最主要的一个精神来源就是佛教。在早期佛教传入中国的过程中，三国时期是一个非常重要的历史阶段。而其中益州（今成都）又处在丝绸之路的西南重镇，历来都受到重视。

巴蜀地区的佛教最早是何时传入的，为文献记载很晚，两晋时期之前都没有明确的记载。但据《高僧传》卷十二《晋蜀三贤寺释僧生》记载："释僧生，姓袁，蜀郡郫人，少出家，以苦行致称，成都宋丰等请为三贤寺主。诵《法华》，习禅定，常于山中诵经，有虎来蹲其前，诵竟乃去。"[1] 由此可知，成都（蜀郡）在很早的时期已经有了佛教的寺院"三贤寺"，寺院里有了僧人，流行《法华经》等佛教经典。但这段史料中并没有讲文中的"释僧生"是什么时候的人。唐代僧人道士所编撰的《法苑珠林》卷十八《敬法篇·感兴缘》载："西晋蜀郡沙门静僧生……诵《法华经》……至夜，每感虎来蹲前，部讫乃去。"[2] 将这两段史料相比较，可知所记原恐为一事，《法苑珠林》中所载的"蜀郡沙门静僧生"，和《高僧传》中所载"释僧生"事迹相同，姓名相近，可能同为一人。这就比较清楚地说明，佛教在西晋时期流行于巴蜀地区已经有了明文记载。

这里引出一个问题，如果西晋没有蜀汉时期的铺垫，怎么会有寺院、佛教经典、禅定修行？通过历史的前溯反推可知，西晋的佛教发展到这个阶段，应当经历过一个较长的发展期，这个发展期很可能就源自东汉、横跨三国。这一点，可从四川地区考古发现的东汉、三国时期的墓葬出土材料中得以窥察。

最为典型的考古例证是四川乐山麻浩崖墓，在麻浩一号崖墓的门楣上，除斗拱外，更重要的是还雕刻有一尊迄今为止中国最早的佛教造像，

---

[1] （梁）释慧皎撰，汤用彤校注：《高僧传》卷十二，中华书局1992年版，第461页。
[2] （唐）道世编纂：《法苑珠林》卷十八《敬法篇》，上海古籍出版社1991年版，第141页。

年代在东汉（也有人认为是在汉末三国时期）。这尊石刻佛像可以称为这个时期佛教造像中的"标准造像"，右手施无畏印，结跏趺坐，左手拽住衣角，身穿通肩袈裟，头上有肉髻。摇钱树的树干上雕塑的佛像，有肉髻，施无畏印、双盘结跏趺坐（见图1）。①

图1　四川乐山东汉、三国时期麻浩崖墓门楣上的佛像（作者拍摄）

另外，在西南地区东汉三国出土的墓葬中，还多见一类铸造在青铜钱树上的佛像，学界常称其为"钱树佛像"。例如，四川绵阳何家山崖墓中，就发现有铸造在青铜钱树上的佛像，崖墓的年代为东汉建安至蜀汉时期。② 在重庆忠县涂井崖墓中也曾发现过类似的"钱树佛像"。③ 这些所谓的"钱树佛像"形象都很粗糙，仅具佛像的基本特征，如手结印相、高肉髻，身着通肩袈裟，结跏趺坐等，但所处的位置并不显要，更像是作为器物上的装饰图案和纹饰，不是作为真正的宗教偶像。在一些钱树的塑像上，还反映出佛教和中国本土的神仙观念结合的现象。例如，在一些较为成熟的佛教造像两边，胁侍为佛的弟子形象的人物。但有的钱

---

① 参见李复华、陶鸣宽《东汉岩墓内的一尊石刻佛像》，《文物参考资料》1957年第6期。
② 参见绵阳博物馆《四川绵阳何家山1号东汉崖墓清理简报》，《文物》1991年第3期。
③ 参见四川省文物管理委员会《四川忠县涂井蜀汉崖墓》，《文物》1985年第7期。

树上佛像两边胁侍的位置上，出现的却为两只动物——蝉，蝉象征着永生，象征着长生不死。这就说明当佛教传入中国之初，把佛像和长生不老、永生不死的观念也结合在一起（见图2）。

图 2　四川忠县出土三国·蜀时期钱树佛像[1]

江南佛教兴起，其中两个从西域来华的佛教高僧特别重要：支谦，月支人，其祖父东汉灵帝时归附东汉，三国时开始译经活动。康僧会，康居人，三国时到吴建业译经。[2]虽然江南佛教文献记载要比蜀汉早，但从考古材料来看，佛教的兴起应该都是从东汉时期开始的。

长江中下游地区的早期佛教造像，在三国吴和西晋时期的魂瓶上发

---

[1]　参见贺云翱等编《佛教初传南方之路》，文物出版社1993年版。
[2]　参见汤用彤《汉魏两晋南北朝佛教史》上册，中华书局1983年版。

现较多。魂瓶也称为"谷仓罐",其寓意就是让死者在阴间时享有谷物而不至于挨饿。由于谷仓罐上的雕塑多是反映死者亡灵升仙的内容,所以也被称为魂瓶。魂瓶的出现时间很短,仅流行于三国至西晋,流行的地区也仅见于长江中下游。魂瓶一般分为三层,最下层为水生动物,中间层有很多佛像,顶层为楼阙。楼阙跟升仙观念、佛教都有一定关系,楼阙上堆塑有飞鸟、墓阙。最底层也许代表地狱,或者是当时人们心目中象征世界最底层的空间。中间这层出现了佛像,起镇守之职。最上层可能是象征着死者亡灵升仙的平台。佛像的特征除了有头光,还有身光,头上有肉髻,结跏趺坐。佛像的手印也值得关注,长江中下游地区出现在魂瓶上的早期佛像基本上结禅定印,而巴蜀地区则结施无畏印(见图3)。

图3 江苏省南京市江宁区出土的西晋太康元年陶质魂瓶[①]

---

① 参见贺云翱等编《佛教初传南方之路》,文物出版社1993年版。

另一件魂瓶，和上一件特征类似，不同之处在于上层也出现了大量佛像，中间还有专门的龛室。① 从这件器物推测可知，佛像很可能在这一时期与中国的神仙体系融为一体，佛不仅主管升仙，同时还参与了升仙的过程。这一时期出现在长江中下游的佛像，相貌也较丑，说明当时中国人虽然知道了佛教，但在艺术和审美中还经历了一个发展阶段。还有一个问题值得关注，从该件器物可以看出，上面是楼阁，楼阁顶上为一尊佛像，下面为成排的佛像。这个雕塑的含义表明人们对佛的认知，与印度佛教中成为偶像崇拜的佛的形象有很大不同。因此，这个时期的佛像很可能是起着镇守、镇压的作用，而不是作为偶像崇拜。

类似的现象，在佛教从印度向外传播的过程中也不局限于中国。在犍陀罗地区发现的一尊公元1—2世纪前后的舍利容器上，也出现了和中国西南、长江中下游地区东汉、三国、西晋时期相似的情况，即将佛像作为一种装饰性的图像置诸舍利容器的顶部和腹部，佛的形象有结施无畏印的，也有结禅定印的，看来也不太像是偶像崇拜的对象，我想这大概是佛教传播过程中的一个共通性的现象（见图4）。

在三国时期的器物中，还发现过一些形象十分粗陋的佛像，如在一件青瓷三足盉上，佛像在上面可能仅仅只是作为装饰物，从某种意义上说，具有了商品化的特征，而非偶像崇拜。因此，在某种程度上，当佛像进入民间下层，丧失了原有的神格，成为一般意义上的装饰图案。还有一件鎏金佛像铜饰件，年代为三国吴永安五年（262），发现于湖北武昌，其用途为腰带或马具上的装饰物，把佛像刻在上面，说明佛像在这里，不是作为崇拜对象，而很可能是具有护卫、镇压功能的神灵，和人们的生活用具紧密联系在一起。② 江苏发现的三国时期吴的青瓷羽人纹饰盘口壶，上面所饰的佛像与仙人连在一起，带羽毛的仙人就是中国古代升仙的象征。由此证明，佛像传入中国后，它的寓意与中国文化发生接触后有了很大的变化。结合上述文物，表明早期佛教在传入之时，可能

---

① 参见贺云翱等编《佛教初传南方之路》，文物出版社1993年版。
② 参见贺云翱等编《佛教初传南方之路》，文物出版社1993年版。

图 4　巴基斯坦发现的公元 1—2 世纪舍利容器[1]

与中国民间流行的道教、神仙方术等融合在一起，流行于当时社会的各个阶层。三国时期是一个过渡期，三国以后，这类佛像便看不到了，到两晋时期之后的南北朝，佛像就完成了它初传中国的阶段，成为真正的偶像崇拜的产物。南北朝时期无论是石窟寺造像还是单体的佛教造像发现都很多，但溯其源头，还是可以上溯到三国两晋时期。

在日本发现的古坟时代的铜镜当中，也有早期佛像镜，被称为"三角缘佛兽镜"，上面的佛像双手合十，结禅定印。三角缘铜镜基本上可以肯定是在日本制作的，中国的铜镜基本都是平缘。这里涉及从铜镜来看三国时期从海上与日本交流的问题，我们在后文中还会讨论。

除了佛像之外，还有早期的佛教建筑。襄阳市东汉三国蔡越墓出土

---

[1]　参见贺云翱等编《佛教初传南方之路》，文物出版社 1993 年版。

的黄褐釉相轮陶楼（见图5），它的形象较为特别，房屋为塔形，塔顶有相轮，相轮是佛塔上特定的装饰，一般用于塔顶。这件陶楼很可能就是中国早期的佛塔，塔是中国人的创造，印度称为"浮屠""浮图""萃堵坡"，等等。印度的佛塔演变成楼阁式的塔，应该是在东汉三国时期完成的。[1] 除湖北襄阳外，四川地区也有一些踪迹。例如，四川什邡曾出土过一件东汉画像砖（见图6），上面有楼阁式的建筑，建筑物的顶端有十分明显的相轮。这方画像砖的年代较襄阳的塔形建筑为早，在佛教中国化的过程中具有标志性意义。中国取法印度的佛塔，只取其上部特征，以相轮代表天地、日月、水火、五行的象征。

图5　湖北省襄阳市东汉三国蔡越墓出土的黄褐釉相轮陶楼[2]

---

[1] 参见罗世平《仙人好楼居：襄阳新相轮陶楼与中国浮图祠类证》，《文物》2010年第9期。

[2] 参见《文物》2010年第9期。

图6 四川省什邡市发现的东汉画像砖上的佛塔（作者制图）

佛塔的文献记载，也见诸三国时期。如《三国志·吴志·刘繇传》："笮融者，丹阳人。……乃大起浮图祠，以铜为人，黄金涂身，衣以锦采。垂铜盘九重，下为重楼，阁道可容三千余人，悉读佛经，令界内及旁郡人有好佛者听受道，复其他役以招致之。由此远近前后至者五千余人户。每浴佛、多设酒饭、布习于路，经数十里。民人来观及就食者且万人。"文中所称的"浮图祠"应当就是佛塔；"以铜为人，黄金涂身"，应该是指佛像。"垂铜盘九重为相轮，下为重楼，阁道可容三千余人"不仅反映出了佛塔的特征，还讲到在佛塔里悉读佛经，而且在佛教的节日还聚众就食，人数多达五千人、上万人，这都说明当时以浮屠寺为中心传播佛法，已经成为三国时期吴地一个非常重要的标志。

关于佛教的传入，目前有两种说法，第一种是陆路说，第二种为海路说。虽然两种途径都有可能，但陆路说更为可靠，其依据是在丝绸之路沿线发现了大量与佛教有关文献和考古材料。如敦煌发现的汉代悬泉置遗址，遗址中出土的汉简记载有"小浮屠里"，这就很可能是一个佛教僧侣聚居的地点。上举的那件巴基斯坦出土的舍利函，时代为公元1—2世纪。顶部佛像与巴蜀地区佛像相似，器身下部佛像又和长江中下游地区的佛像相似，这说明巴蜀地区、长江中下游地区佛像可能都受到了来自天竺犍陀罗佛教造像的影响，而东汉三国时期的四川地区、长江中下游地区很可能都是当时佛教传入中国的前哨地区。

二 三国时期蜀汉的胡人形象与西域胡人

诸葛亮在其著名的《隆中对》中，曾向刘备提到蜀国的立国之策："跨有荆益、保其岩阻，西和诸戎，南抚夷越，外结好孙权，内修政理。"这里所涉及的民族关系分别有"西和诸戎，南抚夷越"。"南抚夷越"这一条，在诸葛亮征讨南中，七擒孟获这一重大事件中得到了印证，孟获本人应该就是南中的大姓。"西和诸戎"这一条目前研究涉及较少，实际上在考古材料中是有线索可循的。

东汉三国时期，各地都出现了大量胡人形象，这些胡人形象出现在陶楼、画像砖、画像石等各种材质之上。四川中江塔梁子崖墓 M3 雕刻（见图7）的发现，对于解释这些胡人的族属起着重要作用。① M3 甬道右壁上面雕刻有 5 个胡人，头戴红色小尖帽，络腮胡，身着胡服，胡服的特点是紧贴身躯，都穿裤子，部分能看见穿靴的形象。在这座崖墓当中，胡人雕刻的上部发现有标题"襄人"两字。这是第一次在东汉墓葬中发现明确的有关胡人部族的标示，表明他们是"襄人"。"襄人"题刻的发现对解决四川地区胡人的来源提供了重要的线索。所谓"襄人"，就是来自西北地区的"羌胡"。② 羌胡是湟中胡人当中的月氏胡。范晔在《后汉书·西羌传》中专门有对此种胡人来历的一段描述：

湟中月氏胡，其先大月氏之别也，旧在张掖、酒泉地。月氏王为匈奴冒顿所杀，余种分散，西逾葱岭。其赢弱者南入山阻，依诸

---

① 参见四川省文物考古研究院等编著《中江塔梁子崖墓》，文物出版社2008年版。
② 参见霍巍《襄人与羌胡》，《文物》2009年第6期。

羌居止，遂与共婚姻。及骠骑将军霍去病破匈奴，取河西地，开湟中，于是月氏来降，与汉人错居，虽依附县官，而首施两端。其从汉兵战斗，随执强弱。被服饮食言语略与羌同，亦以父母名为种。其大种有七，胜兵合九千余人，分在湟中及令居。又数百户在张掖，号曰义从胡。中平元年，与北宫伯玉等反，杀护羌校尉泠征、金城太守陈懿，遂寇乱陇右焉。①

图7　四川省中江县塔梁子崖墓 M3 雕刻②

从东汉以后，原居河西的羌胡部族由西向东、由南向北不断迁移，经过四川岷山上游地区，最后来到成都平原定居。M3 墓主的先祖就是讨伐羌胡的将领，其中军队中曾有过这类助汉军作战的胡人，故在其后世的墓中出现了羌胡的形象。

蜀汉三国时代，成都平原出现的胡人部族成分不断复杂化，一些来自西域的胡人也见诸史载。如晋人常璩《华阳国志·蜀志》郫县条下有"冠冕大姓何、罗、郭氏"的记载，两者均指同一何氏而言。何姓与罗姓

---

① 《后汉书·西羌传》，中华书局1965年标点本，第2899页。
② 参见四川省文物考古研究院等编《中江塔梁子崖墓》，文物出版社2008年版。

都是胡姓,通过"通商入蜀"这种方式定居于此,依附本族人而居,这暗示当时成都一带可能已经有一定规模的胡人聚集点。成都平原考古发现的大量胡人形象的画像砖,应是这种胡人内徙的真实反映。①

这里,有一条史料很值得注意。《三国志》卷三三《蜀书后主传》裴松之注引《诸葛亮集》载蜀汉后主刘禅诏云:"凉州诸国王各遣月支、康居胡侯支富、康植等二十余人诣受节度。"月支、康居胡侯支富、康植等部,很可能就是指来自西北凉州一带的羌胡、月支胡和中亚一带"昭武九姓"的胡人。他们在三国后期受蜀后主的招揽,前来助蜀汉作战,作为带兵的军事将领。这条史料让我联想到近年来在对岷江上游进行考古调查时发现的一通隋代的开道碑。题为人隋开皇九年(589)九月廿日所刻的理县朴头山《通道记》记载:

> 自蜀相姜维尝于此行,尔来三百余年,更不修理。山则松草荒芜,江则溆沤出岸。……公私往还,并由山上,人疲马乏,精力顿尽。大将军开府仪同三司、总管二州五镇诸军事、会州刺史、永安郡开国公姜须达……差发丁夫,遂治旧道,开山伐木,不易其功。②

碑文中提及蜀汉后期主持政事的姜维曾经到达过这一带,应当不是没有根据的传说,此事根据其他两条文献材料可以推知姜维途经于此的缘由。《三国志·后主传》:延熙十年(247)"汶山平康夷反,维征讨破平之"。《三国志·姜维传》:"十年,迁卫将军与大将军费共录尚书事。是岁,汶山平康夷反,维率众讨定之。""汶山平康夷反",可能就是指当地胡人部族的叛变。姜维亲率大军前往汶山一带征讨,也证明了蜀汉三国时期益州成都的西北一带活动有大批胡人部族,成为蜀国与西域和西北各族之间交往、交流不可回避的族群,也成为蜀汉如何处理与西域各民族关系中的题中之义。

---

① 参见吴焯《四川早期佛教遗物及其年代与传播途径的考察》,《文物》1992年第11期。
② 陈学志等编著:《阿坝金石录》,科学出版社2019年版,第3页。

从考古出土文物看蜀汉三国时期的文化交流 121

综上所述，诸葛亮很早便清楚地认识到蜀汉所处的自然和人文环境，因此提出要妥善处理与南中和诸戎的关系，因此才在《隆中对》中提出"西和诸戎，南抚夷越"的治国之策，这和考古发现的实物材料正相吻合。

三 有翼神兽与丝路交通

汉通西域，许多新的外来文化开始出现在中华大地。其中，大型有翼神兽就是一例。今天，在四川县雅安芦山县境内，就保存了大量的汉代石兽（见图8），造型多为狮形，昂首雄立，四肢呈奔走状，神兽的特征是长有几重粗壮的羽毛。[①] 众所周知，狮子是外来的猛兽，原产地为西亚，是汉通西域之后通过丝绸之路传过来的。加上翅膀的狮子称为有翼神兽。有些有翼神兽头上长角，有角的狮形、虎形带翼动物也是神兽的特征。神兽主要用于镇墓，所以东汉以来在全国各地的墓前都发现过这类大型的石雕动物。除此之外，这类有翼神兽也用来镇守城门。在四川雅安芦山县的姜城遗址城门处，曾发现过一尊有翼神兽，其背上有一个方形的凿孔，说明大型的有翼神兽除了用于镇墓外，还可以用于镇守宫殿、城门。[②] 姜城遗址是迄今为止中国境内发现的第一处用来镇守城门的神兽，在其旁边还发现有东汉时期的石碑，石碑已被打烂作为建城的材料，所以可以由此推测城址的建城时间为汉末三国时期。

同时期在西南地区也发现了大量的有翼神兽，如重庆三峡博物馆前面，陈列有一尊有翼神兽，时代为三国——西晋时期，出土的地点在今重庆三峡忠县，经过年代的排比，三峡地区的有翼神兽年代要稍晚于成都平原地区，有可能是通过成都平原沿长江水道传播到三峡，这为我们认识后来南朝南京、丹阳一带发现的南朝帝陵前成组的大型有翼神兽的

---

① 参见霍巍《四川东汉大型石兽与南方丝绸之路》，《考古》2008年第11期。
② 参见雅安市文物管理所、四川省文物考古研究院编《雅安汉代石刻精品》，四川人民出版社2005年版。

图8　四川省雅安市芦山县陈列的汉代大型石兽（作者拍摄）

源流，提供了新的线索。①

除了上述大型的有翼神兽外，还发现了小型的有翼神兽，如四川省雅安沙溪点将台汉墓中出土的石帐座，也是狮子形象，带短翼，头上有鬃毛，背上有方孔，方孔用于安插帐架。墓中另一件雕刻是母狮子与小狮子交织在一起，艺术造型很有特点。② 这两件文物说明汉代的雕刻艺术在汉末三国时期发生了很大变化，对外来的神灵和观念都有了一定程度的接受。另一个类别的有翼神兽就是天马，在四川地区的汉代崖墓、画像石、画像砖和墓阙石刻当中，都有天马图案的出现，流行面极为广泛。除了天马图案外，还包括胡人与天马共处的图案。考古发现的胡人的形象中，很多胡人都是作为饲马的马倌形象出现。胡人跟天马的关系、西域来的神兽跟天马的关系都非常密切。③ 有翼神兽不仅流行于民间，甚至也流行于皇家。如在陕西咸阳汉渭陵（汉元帝陵）中曾经发现两件有翼

---

① 参见霍巍《神兽西来：丝绸之路上的天马和翼兽》，《广西师范大学学报》2020年第1期。

② 参见雅安市文物管理所、四川省文物考古研究院编《雅安汉代石刻精品》，四川人民出版社2005年版。

③ 参见霍巍《四川东汉大型石兽与南方丝绸之路》，《考古》2008年第11期。

神兽的玉雕,一件为有翼神兽,另一件为仙人骑翼兽(翼狮),仙人头上有羽毛,[1] 这两件器物作为皇家随葬品,埋在陵园之中,是外来的有翼神兽影响最高统治阶级观念意识的有力证据。

有翼神兽传播的路径应为丝绸之路,它与西方的"格里芬"等神灵动物有着密切关系。据李零的研究,西方的有翼神兽可分为三大类:人首狮身,又叫斯芬克斯(Sphinx);人首牛身,又叫拉玛苏(Lamassu);混合成的想象翼兽,又叫格里芬(Griffin)。[2] 在亚述王朝萨尔贡二世宫殿前面,有镇守城门的人首有翼公牛拉玛苏,年代为公元前900—前700年。这也让我们联想到四川省芦山县姜城遗址的宫门的有翼神兽,说明东汉三国时期西方文化与中国文化的交融已经涉及社会基层和边远地区。南京地区六朝时期陵墓石刻规制就是在东汉三国时期首开其端,而形成的重要传播据点,一个是在中原地区,另一个就是在西南地区。成都地区是一个重要的源头,它靠近西域,是通往西域的前哨站,很多西来的事物都是从西域经过成都再向东方扩散的。

还可以举出一个例子是四川省盐源县青铜器上出现的双马神像(见图9),[3] 它与阿富汗黄金之丘出土的双马神像在题材和表现形式上都十分相似。阿富汗黄金之丘的双马神的形象为一人与双兽的母题,这个母题当中出现的翼马,就是天马的原型,其形象为马,有蹄、有翼、头上也长角,[4] 年代要早于中国汉代以来有翼神兽的诞生,所以从时空关系上我们可以比较有把握地将两者之间加以比对,认为盐源县青铜器上这种双马神母题也是辗转曲折地通过北方草原传入中国西南地区。阿富汗

---

[1] 参见张子波《咸阳市新庄出土的四件汉代玉器》,《考古》1972年第2期。
[2] 参见李零《万变》,生活·读书·新知三联书店2017年版;另参见李零《论中国的有翼神兽》,载李零《入山与出塞》,文物出版社2004年版。
[3] 参见刘世旭《四川盐源县出土的人兽纹青铜祭祀片考释》,《四川文物》1998年第5期;参见霍巍《盐源青铜器中的"一人双兽纹"青铜枝形器及其相关问题初探》,载《三星堆研究》第二辑,文物出版社2007年版。
[4] 参见Fredrik Hiebert and Pierre Cambon：*Afghanistan Hidden Treasures from the National Museum*, *Kabul*, 2008, pp. 211 – 293;参见成都博物馆编著《阿富汗:古代文明的十字路口》,文化艺术出版社2018年版。

在历史上也是文明的十字路口，出土双马神像的墓葬被认为是古代文献中所记载的贵霜王族。实际上，在古代匈奴人的心中，马神就是龙，匈奴祭祀龙神的形象是指高大的马，高大的马在七八尺以上就叫龙。[①] 四川地区有个地名叫冉駹，駹字左边一个马，右边一个龙，合在一块叫駹。该地区专门有个部落叫冉駹部落，是汉武帝通西域之后才专门设立的。这些观念都跟双马神、龙神的崇拜有关，其源头是在北方和欧亚草原地带。

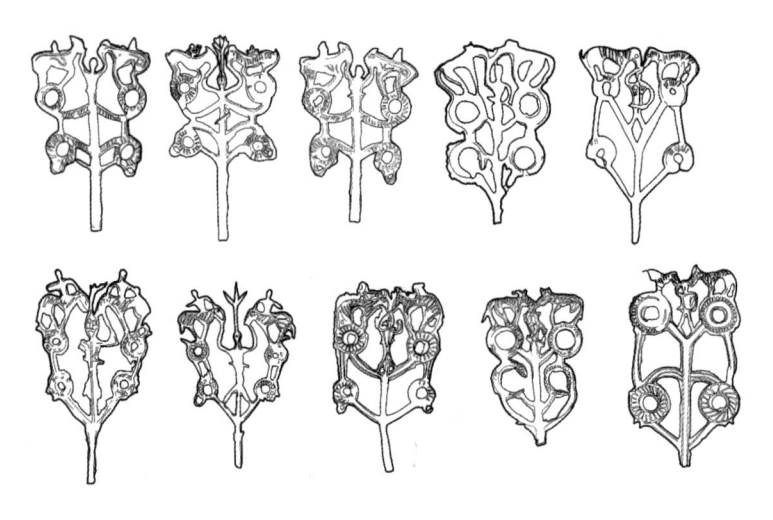

图9 四川省盐源县青铜器上出现的双马神像[②]

所以，东汉三国时期蜀地出现的大型有翼神兽，可以推测其和这个时期中外文化交流有关，是通过丝绸之路带到西南地区的新的文化因素。

四 蜀地丝绸的生产与传播

秦汉三国时期，成都是丝绸的主要制造中心。早在商周时期，在三星堆遗址祭祀坑中也发现了大量丝绸蛋白和丝绸残痕，说明古蜀早在三

---

① 《周礼·夏官》记载："乃祭马祖……马八尺以上为龙，七尺以上为騋，六尺以上为马"。这个观念很像是来源于古代游牧民族，他们将高大的马就视之为"龙"。
② 参见刘世旭《四川盐源县出土的人兽纹青铜祭祀片考释》，《四川文物》1998年第5期。

星堆时期就能大量地生产丝绸。秦汉三国时代，以成都（益州）为中心，形成丝绸生产、盐铁制造、漆器及金银器制作等最为重要的中心城市，形成"西南丝路"最为重要的物质交流中心。三国蜀汉时期，因成都蜀锦出名，成为蜀汉政权的重要财政收入，蜀汉王朝曾设锦官、建立锦官城以保护蜀锦生产，"锦官城"的称呼由此产生进而声名远扬。后世也常以"锦城"或"锦官城"作为成都的别称。建兴初年（224），诸葛亮《言锦教》称："今民贫国虚，决敌之资，惟仰锦耳。"将蜀锦作为"决敌之资"，用蜀锦与魏换马，与吴换粮，以蜀锦的销售利润充作军费。《后汉书·左慈传》记载曹操"遣人到蜀买锦，可过敕使者，增市二端"。《丹阳记》载："江东尚未有锦，而成都独妙。故三国时魏则市于蜀，而吴亦资西道，至是始乃有之。"丝绸在汉王朝与周边各国和地区形成的"朝贡"体制中也具有特殊的意义，常常作为汉帝国赏赐给外国或"四夷"的珍奇物品，从某种意义上而言是国家礼仪的承载之物。

从考古出土材料来看，成都老官山汉墓发现织机模型，曾家包汉墓画像也能看见织机、酿酒的形象。根据武敏先生的研究，从战国至两汉，成都的织锦不仅已经行销全国，而且在汉代与西域各国的贸易中，成都生产的织锦常常作为对西域各国的赏赐之物而频频发现于沙海绿洲之间。如新疆吐鲁番阿斯塔那——哈拉和卓古墓群中，曾发现大量精美的丝绸制品，研究者认为其中便包含有部分蜀锦，其时代从南北朝至唐，虽然其年代较晚，但可以推测蜀锦行销西域的历史由来已久。例如，新疆尼雅遗址出土"五星出东方利中国"锦（见图10），锦的年代为魏晋时期。值得关注的是，在此织锦文字"五星出东方利中国"一句的后面，还有"讨南羌"等语，看来和魏晋时代征讨南羌、在西北地区进行军事行动有关。前述中江塔梁子崖墓M3墓主人的祖父，就是东汉时征讨南羌"领兵十万"的大将，后来由于死罪，被朝廷免死迁徙到巴蜀，最后埋藏在郪江崖墓群之中。"讨南羌"事件与"五星出东方利中国"联系在一起，是否可以说明该蜀锦很可能是蜀地锦官为了庆祝对羌人作战胜利专门而制造的，不是一般意义上的吉祥语。对于两汉帝国而言，西汉时期主要的外患是匈奴，东汉时期主要是羌人。西域出土的魏晋蜀锦当中对于"讨南羌"这样的重大历史事件有所反映，也体现出时代的特点。

图10　新疆尼雅遗址出土"五星出东方利中国"锦[1]

从丝绸织造工艺的角度来看，益州（成都）也吸纳了不少来自西域"昭武九姓"的商人、工匠。如《隋书·何妥传》载，何妥本为"西域人也，父细胡，通商入蜀，遂家郫县。事梁武陵王纪，主知金帛，因致巨富，号为西州大贾"。《隋书·何稠传》："稠博览古图，多识旧物。波斯尝献金绵锦袍，组织殊丽。上命稠为之。稠锦既成，逾所献者，上甚悦"。何妥、何稠，都是西域胡人，何妥之父被称为"细脚胡"，也是胡人的一个支系，他们能够"通商入蜀""主知金帛"，家族居于成都附近的郫县，说明这个时期成都的胡人胡商甚众，有自己的聚居地，很可能形成为各自为主的商人集团。何稠其人更是才华横溢的丝绸设计师，不仅善于模仿，更富有创造力，所仿制的波斯锦甚至超过了原物，可见中

---

[1] 参见国家文物局编《丝绸之路》，文物出版社2014年版。

亚一带流行的丝绸图案纹饰这时已经成为蜀地织造物的样本。

唐人张彦远《历代名画记》卷十所记"陵阳公样"的蜀锦纹样题材也可能与此类织锦有关。据载，这类纹样题材系初唐人窦师纶所创，"凡创瑞锦、宫绫，章彩奇丽，蜀人至今谓之'陵阳公样'。高祖、太宗时，内库瑞锦对雉、斗羊、翔凤、游麟之状，创自师纶，至今传之"。陵阳公样是蜀锦的特殊样式，相传为初唐时人窦师纶所创，实际上，他们模仿的就是中亚粟特人所创的"赞丹尼奇锦"。所谓对雉、斗羊、对兽等两两相对这种题材，从魏晋至隋唐时期都特别流行。青海都兰吐蕃墓地中出土的联珠对马纹锦，对鸟纹锦的源头也就是中亚的赞丹尼奇锦，不过更多出现的已经是在蜀地织造的仿制品。我们可以观察到在对马的头上，有一个"胜"纹，胜纹在中国汉代主要为西王母头上的纹样，这反映了中西文化间的交融，而在中亚地区翼马纹头上则是一组象征波斯萨珊王族的日月徽记。[①] 在新疆吐鲁番阿斯塔那墓地出土的一些织锦的产地，据武敏先生考证，都在巴蜀地区，图案最大的特点就是以对马、对鸟、对羊纹锦为其特征，这就是文献记载的所谓"陵阳公样"，而"陵阳公样"的源头应该来自中亚。蜀汉三国时期成都丝绸产业的兴盛，为后来北朝隋唐时期外销丝绸的繁荣可以说是奠定了坚实的基础。

五 蜀郡工官生产的漆器

蜀郡的漆器，可以上溯至春秋战国时期。成都商业街战国船棺墓地就出土了漆案、漆豆、漆床等。在长江中游的荆州汉代墓中也发现了蜀郡制造的漆器，如荆州高台28号西汉墓出土有"成市草""成市员""成市□□"等刻字。江陵凤凰山168号汉墓出土的漆器上有"市府饱""成府饱""成市草"等文字，这都是和汉代成都制漆业直接有关的考古证据。

[①] 参见霍巍《西藏西部新出土古代丝织物及其相关问题的研究》，载樊锦诗等主编《敦煌文献·考古·艺术综合研究：纪念向达先生诞辰100周年国际学术研讨会论文集》，中华书局2011年版。

1984年6月，安徽省马鞍山市郊发现一座三国时期的古墓，墓主人朱然是东吴的一位大将，与孙权关系密切，还曾参与擒杀关羽。朱然墓中出土了五件蜀地生产的漆器及一对木屐，这是蜀地工官制作的漆器流通到东吴，成为东吴高级官吏重要的随葬器物，这也是三国之间文化交流的佐证。蜀郡工官生产的漆器也在贵州、甘肃、中原、长江下游地区、内蒙古等地出土，甚至在朝鲜平壤和西伯利亚都曾发现过巴蜀制造的汉代漆器，也说明蜀郡两汉三国时期制造的漆器非常精美，远销海内外。

六　汉魏三国时期的铜镜生产与对外交流

三国时期的铜镜系统可以大体分为三个系统，即吴镜系统：长江中游武昌、鄂城地区出土的神兽镜系列中，有所谓画纹带神兽镜、重列神兽镜、直铭重列神兽镜、半圆方枚重列神兽镜、分段式重列神兽镜等不同的形制，流行的年代从东汉中期至六朝早期。魏镜系统（中原系统）：承继东汉以来中原镜种，主要为规矩镜，一部分为直列神兽镜，中原的镜种变化最小。蜀镜系统：在这一时期的神兽镜上常可见到"广汉西蜀作镜""广汉西蜀造作明镜"的镜铭，证明四川的西蜀广汉也是当时重要的铸镜中心之一[1]上述材料说明，成都平原也应是一个造镜中心，但过去对于蜀地所造之镜为何种特征并不太明确。同时，这也还涉及一个三国时期铜镜东渡日本的问题。

《三国志·魏书·倭人传》中有曹魏时期倭邪马台国女王卑弥呼获赠"铜镜百枚"的记载，日本各地古坟也出土有大量"三角缘神兽镜"。20世纪80年代中期，王仲殊先生认为，在三国时代魏的境内，尚未发现过与日本三角缘神兽镜相似的镜种，故流传至日本的三国时期铜镜应主要从长江中下游的吴境传入（包括技术、工匠等），主要有神兽镜、佛兽镜、佛像夔凤镜等类别。[2]据《三国志·孙权传》载："（黄龙二年，230）

---

[1]　参见［日］梅原末治《汉三国六朝纪年镜图说》，桑名文星堂1984年版。
[2]　参见王仲殊《三角缘神兽镜》，［日］东京：学生社1992年版。

春正月，遣将军卫温、诸葛直将甲士万士浮海求夷洲及亶洲。亶洲在海中，长老传言秦始皇遣方士徐福将童男童女数千人入海，求蓬莱仙山及仙药，止此洲不还，世相承有数万家。其上人民，时有至稽货市，会稽东冶县人海行，亦有遭风流移至亶洲者。"过去《日本书纪》《古事记》中也常见"吴织""吴衣""吴床"等文献记载。根据上述文献记载，王仲殊先生认为东吴利用开辟的海上通道，和日本列岛发生过交往。

魏"铜镜百枚"赠予倭邪马台国女王卑弥呼的说法，虽然目前还没有在日本找到与魏镜类似的镜种，但不排除镜师、制作工艺以及原材料从曹魏的输入，曹魏可以通过辽东半岛把制作铜镜的技术、材料、观念输入到日本。

但长期以来，没有人提到蜀镜这个系统以及巴蜀是否也参与了三国时期的国际交流这个问题。20世纪80年代以后，在四川绵阳何家山出土了三段式神兽镜（见图11），这种镜型对于解释这一问题具有重要的意义。

图11　三段式神兽镜（作者拍摄）

上左：何家山1号崖墓出土　　上右：西安灞桥475号汉墓出土

下左：西安韩森寨四号房1号墓出土　　下右：乾县六区出土

所谓三段式神兽镜，是在镜背纹饰内区由与镜钮平行的两条横线将其分割成上、中、下三段图像。上段中央为一龟趺，立华盖，华盖右侧坐一神仙，其前后各有一名侍者；华盖左侧有三人，均侧身面向神仙，或跽或立，有的神仙上面长有羽毛。中段：镜钮两侧各坐一神仙，右侧为东王公，头戴"山"字冠，坐于鹿背之上；左侧为西王母，头戴胜，坐于龙虎座上。下段：中央立一两相交缠的神树，上部枝干向两侧延伸，树的两侧各坐有两名神仙。附带还讨论一下，三段式神兽镜也引出另一个问题——神树，古蜀早在三星堆青铜时代就有神树出土，汉代则广泛流行"摇钱树"，可见蜀地民众对于神树的崇拜由来已久。在铜镜上出现树木，目前还仅见于四川地区的三段式神兽镜。①

除四川地区之外，另在陕西西安也发现过三段式神兽镜，如西安灞桥475号汉墓、西安韩森寨四号房1号墓、乾县六区汉墓等均有出土。三段式神兽镜流行范围狭窄，仅在长安跟巴蜀之间流行，在长江中游地区、河南、山东等地区都没有发现，由此推测这种镜是蜀地制作的蜀式系统的铜镜。

值得关注的是，蜀地这种三段式神兽镜在日本也有发现。如流传于海外的美国西雅图美术馆藏、美国波士顿美术馆藏、日本五岛美术馆藏、《小校经阁金文》收录的铜镜中，就有三段式神兽镜。此外，日本各地也发现不少三段式神兽镜，如日本文化厅藏、日本奈良宁乐美术馆藏的铜镜中便有这类铜镜。

通过对考古材料的认真比对，我们可以基本肯定，三段式神兽镜就是蜀镜的一个类别，是巴蜀地区独特的镜种，跟吴镜一样，也曾将其构图纹饰流传至日本。当然，也和吴镜传入日本一样，具体的途径是经过长江中下游，还是通过辽东半岛传入日本的，还需要更多的考古证据才能厘清。这里留下一个疑问，蜀镜这个体系是否只有三段式神兽镜一种，巴蜀地区是否还制作有其他镜种，这些镜种是否影响流传到了三国全境，

---

① 参见霍巍《三段式神獣鏡について相関問題の研究》，［日］《日本研究》1999年第3号；参见霍巍《四川何家山崖墓出土的神兽镜及相关问题研究》，《考古》2000年第5期。

甚至流传影响到了海外，都还值得今后做更多的研究。

总之，蜀地三段式神兽镜这种镜种的发现，也再次证明了三国时期通过丝绸、漆器、铜镜等器物的交流，构成了整个大三国时期的文化交流圈，物品的背后还有工艺、技术、思想观念等各种因素的交互影响，和人的交往、交流活动联系在一起，对于我们从不同的层面和角度去理解三国时期的文化交流都提供了重要的线索。

七 结语

综上所述，三国时期虽然历史短暂，却影响深远。

第一，在思想文化上，佛教自汉代传入中国之后，在三国时期才真正站稳了脚跟。佛教跟中国传统思想文化的相互结合，影响三国至魏晋时代中国思想文化的新格局。包括魏晋玄学、建安文学都跟佛教关系密切。此外，早期佛道杂糅，佛教在三国时期和汉代兴起的道教之间也交互影响，呈现出佛道融合最初的发端。

第二，在丝路交通上，三国时期虽然魏、蜀、吴三国鼎立，但汉代开通的丝绸之路并没有因此而中断，而是在新形势之下有了新的拓展。陆路交通的一个重要特点，是以益州（成都）为中心，形成和岷江上游、甘青地区的外向型通道，为后来南北朝时期的"青海道"打下了基础。曹魏在北面通过长安、洛阳，西面通过西域，东面通过长江水道和辽东半岛，也建立起覆盖面辽阔的交通网络；海路在这个时期由魏、吴至少对朝鲜半岛、日本产生了重要影响。当然，这里也顺便提出一个问题，三国时期的航海能力有多大？在这个时期内陆的航海能力已经能够制造很大的船只，三国时吴和魏之间的水战规模也可以证明这一点。但海上贸易需要熟悉潮流、风向、日月星辰的导向等因素，内陆的航海水平是否有能力进行海上航行和海上贸易？能走多远？我认为三国时期近海贸易应当是没有问题的，海船可以航行至日本、朝鲜，甚至航行至东南亚。所以，秦汉三国时期海路的开通，和三国孙吴对南方的开发有密切的关系。成都武侯祠博物馆2021年举办的"大三国展"上，展出有来自广西合浦汉墓中出土的各种精美的珠饰，也有海外波斯系统的釉陶壶，应当都是通过海上贸易交流得来的，合浦港就是当时汉代丝绸之路非常重要的一个海港。

第三，民族融合在三国时期也得到了进一步的加强。我们常说"天下大势，分久必合，合久必分"，但是，在这"分合之中"中国没有散离、分裂，最重要的原因就是所有的人认为我是中国人，我要当皇帝、争正统，而不是盘踞在一个地方搞割据政权。如诸葛亮北伐，就是要争正统，坐天下。北方的曹魏、南方的孙吴，都始终以统一中国为大任，这个观念就叫"大一统"的观念，这个大一统观念维系了中华民族多少年来的分分合合，最终走向统一，这也是中华文化的一大特质。在三国这个时期，民族融合也进入新阶段。从诸葛亮南征中，到三国通西域、通海道，对长江流域、黄河流域两大流域各个民族之间的民族融合都起到了促进作用，为以后十六国魏晋南北朝时期多民族的深度交流与融合也作了铺垫。

第四，正是由于三国时期蜀汉、东吴、曹魏的文化交流与互动，中国的南方、长江流域得到很大的发展，进一步加强了中国内部的文化交流和区域发展。魏晋南北朝时期，南方的发展水平已经相当高。到隋唐时期，一举超过北方，从此奠定了南方成为中国最重要的经济区的大格局。因此，三国时期对我们中华民族的形成，中国国家的形成，尤其是南方的开发与繁荣，奠定了很好的基础。

清代教育家颜元实学教育理论的思想基础*

吴洪成　张珍珍**

摘　要：明清之际，实学思潮兴起，颜元是实学教育思想重要的代表人物之一。颜元的人性论、义利观、格物致知论及体用一致观为其实学教育理论奠定思想基础，从而形成"实文、实行、实体、实用"的实学教育思想体系。他的实学教育理论与理学针锋相对，为经世致用注入了新的元素。

关键词：颜元；清代；实学教育；教育理论；思想基础

颜元（1635—1704），号习斋，直隶省（今河北省）博野人，家境贫寒，曾亲身"耕田灌园"，学做医生以赡养家庭。24岁时颜元开始笃信程朱理学，开设家塾，教授生徒，并把他的书斋、学舍叫作"思古斋"。后来由于自己的亲身经历和实践，认为理学"伤身害性"、空虚无用，提出"思不如学，而学必以习"的教育思想，并立志"矫枉救失"，改造社会学术风气，从"穷理居敬"转变为崇尚"习行"。为此，他把"思古斋"改为"习斋"，以示自己与理学决绝的决心。其间的教育理论内核则由宋明理学教育的主静读书，转变为实学教育的习动习行。

---

　　* [基金项目] 河北大学燕赵文化高等研究院重大委托项目"近现代燕赵教育与文化转型研究"（2020W05）
　　** [作者简介] 吴洪成（1963— ），男，河北大学燕赵文化高等研究院、河北大学教育学院教授，博士生导师，主要从事中国教育史与教育学原理研究；张珍珍（1994— ），女，河北大学教育学院教育史博士研究生，主要从事中国教育史研究。

清初杰出的教育家颜元在对程朱理学脱离实际的书本教育进行深刻批判的基础上，竭力提倡"实学"和"实用"，形成了自己独具特色的实学教育体系。他对中国传统教育作了清理、检讨、反省以及路径方向的调整与探索，开辟了教育由课堂书本走向实践的崭新方向，同时，又对中国近现代教育的发展在提供丰富本土历史资源方面发挥正向意义。正是从这一视角而论，颜元的教育思想对中国教育从中世纪或人文主义觉醒跨入近代的艰难历程中具有很重要的地位并做出了卓越的贡献。本文拟探讨清代教育家颜元实学教育理论的思想基础。

一　人性论与教育作用论

人性问题是一个源远流长、绵延不断的古老话题，也是一个具有现实意义的话题。"人性"这个概念在中国古代的文化中具有多种含义。远在《诗经》中就已经出现了有关"人"和"性"的记载，此处的"人"指人生，"性"则是指天性。到了春秋战国时期以后，有关人性的论述多了起来，"性"的意义也较为广泛。

颜元处于明末清初，使他有条件、有机会对之前思想加以总结和清理，这自然包括了人性论与教育的相关内容。同时，尽管他是一位具有极强批判性的思想家，却不是历史虚无主义者，对历史积累的检省分析是严肃认真，又是有所汲取继承的。批判、改造及建构三者在颜元身上兼备。这或许恰好体现了哲学辩证法中的扬弃说，也即辩证之否定—否定之否定。不过，就人性论而言，诸思想流派观点纷呈，演进中思辨取向各异，而颜元所诉内容却有偏向孟子"性善论"的迹象。这是他反思、综合各家观点的自立依托或支点所在。以下分述之。

（一）颜元对人性的诠释

颜元作为一名思想家具有一个很重要的特质，那就是彻底性，这个特性在讨论人性论的时候表现得尤为明显。颜元对于人性的理解经历了一个很长的过程，通过对许多教育家、思想家教育思想的深刻研究和挖掘，形成了自己对人性本义的理解。

颜元在 24 岁时撰写《王道论》之后不久，获得陆九渊和王守仁的语录，"遂深喜陆、王，手抄《要语》一册"。从此，他才知道有所谓道学，颇信从陆、王所谓"直见本心，知行合一"之说，认为陆、王真是孔孟后身，对陆王的心学心醉不已。然而两年以后，他又将程朱理学当作圣人的学问，后通过对《性理大全》的研究和学习，知周敦颐、程颐、程颢、张载、朱熹学旨，"屹然以道自认，期于主敬、存诚，虽躬稼胼胝，必乘闲静坐。人群讥笑之，不恤也。"① 对程朱理学尊崇有加，信之甚笃。34 岁时，养祖母朱媪病卒，颜元替父行孝。居丧期间，悉遵朱熹《家礼》，却深切感受到其弊端，颇有春秋战国时期墨子追随儒学到怀疑，另创墨家学派的情形。"墨子学儒者之业，受孔子之术；以为其礼烦扰而不说，厚葬靡财而贫民，服伤生而害事，故背周道而用夏政。"② 颜元的学术思想转向，则是新的条件下由理学趋于实学："先生居丧，一遵朱子《家礼》，觉有违性情者，校以古《礼》，非是，著《居丧别记》。兹衰杀，思学，因悟周公之六德、六行、六艺，孔子之四教，正学也；静坐读书，乃程、朱、陆、王为禅学、俗学为浸淫，非正务也。"③ 从此以后他力主恢复尧舜周孔之道，猛烈抨击程、朱、陆、王学说，从原来笃信理学变成批判理学的杰出代表。颜元关于人性论的注解沉思主要在实学立场确立之后，且贯穿于其后半生言行著述及活动之中。

颜元对于人性的本义理解主要表现在他对气的理解。宋儒把人性分作天地之性和气质之性，认为天地之性先于人身而存在。颜元却认为这种说法是极其错误的。在他看来，世间万物皆源于气。人性是指先天的气质，也即先天的禀赋：

---

① 李塨：《颜习斋先生年谱》（卷上），载陈山榜、邓子平主编《颜李学派文库》（第 2 册），河北教育出版社 2009 年版，第 622 页。
② 孟宪承等编：《中国古代教育史资料》，人民教育出版社 1983 年版，第 87 页。
③ 李塨：《颜习斋先生年谱》（卷上），载陈山榜、邓子平主编《颜李学派文库》（第 2 册），河北教育出版社 2009 年版，第 623 页。

盖气即理之气，理即气之理，乌得谓理纯一善而气质偏有恶哉？譬之目矣：眶、疱、睛，气质也。其中光明能见物者，性也。将谓光明之理专视正色，眶、疱、睛乃视邪色乎？余谓光明之理固是天命。眶、疱、睛皆是天命，更不必分何者是天命之性，何者是气质之性；只宜言天命人以目之性，光明能视即目之性善，其视之也则情之善，其视之详略远近则才之强弱，皆不可以恶言。[1]

他又提出"舍形则无性"的唯物主义观点：

形，性之形也；性，形之性也；舍形则无性矣，舍性则无形矣。失性者据形求之，尽性者于形尽之，贼其形则贼其性矣。即以耳目论，吾尧、舜明四目，达四聪，使吾目明彻四方，天下之形无蔽焉，使吾耳聪达四境，天下之声无壅焉，此其所以光被四表也。吾孔子视思明，听思聪，非礼无视，非礼无听。明者，目之性也；听者，耳之性也。视非礼，则蔽其明而乱吾性矣；听非礼，则壅吾聪而乱吾性矣。[2]

在这里，"性"与"形"是统一的，两者不可分割。同时，也是强调了"形"是"性"的基础，"性"是"形"的作用。因此要发挥"性"的作用，应该发挥人的自身潜力，并且要保护人的形体。

同时，颜元认为气有阴阳之分，阴阳流行而为四德，即元、亨、利、贞，而万物又是由这四德分合交感化生而成。阴阳二气构成的人，一经生成，便有"性"，即内在的仁义礼智四德；其及于外物所表现出来的恻隐、羞恶、辞让是非，则是"情"。他要求，把耳目口鼻之欲等感官活动和心的思维活动统一起来，以达到存性养心的目的：

---

[1] （清）颜元：《驳气质性恶》，《存性编》（卷一），载陈山榜、邓子平主编《颜李学派文库》（第1册），河北教育出版社2009年版，第5页。

[2] （清）颜元：《唤迷途·第二唤》，《存人编》（卷一），载陈山榜、邓子平主编《颜李学派文库》（第1册），河北教育出版社2009年版，第120—121页。

大圈，天道统体也。上帝主宰其中，不可以图也。左阳也，右阴也，合之则阴阳无间也。阴阳流行而为四德，元、亨、利、贞也，（四德，先儒即分春、夏、秋、冬，《论语》所谓"四时行"也。）横竖正画，四德正气正理之达也，四角斜画，四德间气间理之达也。交斜之画，象交通也；满面小点，象万物之化生也，莫不交通，莫不化生也，无非是气是理也。知理气融为一片，则知阴阳二气，天道之良能也；元、亨、利、贞四德，阴阳二气之良能也；化生万物，元、亨、利、贞四德之良能也。知天道之二气，二气之四德，四德之生万物莫非良能，则可以观此图矣。万物之性，此理之赋也；万物之气质，此气之凝也。正者此理此气也，间者亦此理此气也，交杂者莫非此理此气也；高明者此理此气也，卑暗者亦此理此气也，清厚者此理此气也，浊薄者亦此理此气也，长短、偏全、通塞莫非此理此气也。至于人，则尤为万物之粹，所谓"得天地之中以生"者也。二气四德者，未凝结之人也；人者，已凝结之二气四德也。存之为仁、义、礼、智，谓之性者，以在内之元、亨、利、贞名之也；发之为恻隐、羞恶、辞让、是非，谓之情者，以及物之元、亨、利、贞言之也；才者，性之为情者也，是元、亨、利、贞之力也。①

人之性凝于形内，看不到摸不着。那它是以何种方式存在的呢？颜元说，一旦人与外界发生关系，就是所谓的"及物""性"就会表现出来。这种外在的表现颜元称之为"情"，此情就是人与外界发生关系时表现出来的恻隐之心、羞恶之心、辞让之心、是非之心，发展过后即成为我们所说的仁、义、礼、智。而与外界发生关系产生作用，需要有"力"的作用，这种力就是我们所说的"情之力"，也就是我们所说的"才"。"才"是有大小之分的，那么人的能力就有高下之分。

从上述可以看出，颜元对人性作出了唯物主义的解释。

---

① （清）颜元：《性图》，《存性编》（卷二），载陈山榜、邓子平主编《颜李学派文库》（第2册），河北教育出版社2009年版，第20页。

针对宋儒宣扬的人有先天之性，颜元反驳道："夫'性'字从'生心'，正指人生以后而言。若'人生而静'以上，则天道矣，何以谓之性哉？"[①] 颜元以先哲造字为依据，认为"性"字从"生"从"心"，就是只指人生之后而言的，至于不在人生的，那是天道，而不是人性。应当说，这个见解是正确的，对宋儒的批判也是得力的。

不难看出，颜元所理解的人性，指的是人体的机能，并主要是指人的心理机能。有一次颜元去关外辽东寻父，遇到一位叫关拉江的满洲笔帖式，在被问及性、情、才问题时，颜元简单而明确答道："心之理曰性，性之动曰情，情之力曰才。"

颜元认为"性"从"生"从"心"。"人生而静则天道矣"，这是指人出生以后而言的。这充分反映了颜元对于人性论的理解具有唯物主义的思想，不仅批判了宋儒的虚无缥缈，而且已经具有现代心理学感觉论反映论的因素。

（二）颜元对人性的善性取向

颜元论性，其根本可以追溯到孔孟，他通过研究孔孟的言论主张，融入其个人见解。孔子罕言性，而颜元认为孔子所认为的"性相近，习相远"和孟子所提倡的性善是意思相同的。

颜元论心性，亦属迫不得已。自宋儒提出气质有恶后，有关于性的理论就更加混乱了，而且对于社会实践造成了危害，不容不辩。尽管其中多有艰难，但历史使命不容他回避和放弃。

> 明言气质浊恶，污吾性，坏吾性。不知耳目、口鼻、手足、五脏、六腑、筋骨、血肉、毛发俱秀且备者，人之质也，虽蠢，犹异于物也；呼吸充周荣润，运用乎五官百骸粹且灵者，人之气也，虽蠢，犹异于物也；故曰"人为万物之灵"，故曰"人皆可以为尧、舜"。其灵而能

---

① （清）颜元：《性理评》，《存性篇》（卷一），载陈山榜、邓子平主编《颜李学派文库》（第2册），河北教育出版社2009年版，第10页。

为者，即气质也。非气质无以为性，非气质无以见性也。今乃以本来之气质而恶之，其势不并本来之性而恶之不已也。以作圣之气质而视为污性、坏性、害性之物，明是禅家六贼之说，其势不混儒、释而一之不已也。能不为此惧乎！是以当此普地狂澜泛滥东奔之时，不度势，不量力，驾一叶之舟而欲挽其流，多见其危也，然而不容已也。①

可见颜元之言性道，是为了清除性道理论中之异端，以使人懂得孔、孟性道之本意。

宋儒曾借水喻性来证明气质有恶，颜元则借势作出了反驳：

> 程子云："清浊虽不同，然不可以浊者不为水。"此非正以善恶虽不同，然不可以恶者不为性乎？非正以恶为气质之性乎？请问，浊是水之气质否？吾恐澄澈渊湛者，水之气质，其浊者，乃杂入水性本无之土，正犹吾言性之有引蔽习染也。其浊之有远近多少，正犹引蔽习染之有轻重浅深也。若谓浊是水之气质，则浊水有气质，清水无气质矣，如之何其可也！②

水之有浊者，乃杂入水性本无之土，非其本然也，其浊乃外染然也。程朱误认引蔽习染之恶为气质之恶，遂有"气质有恶"之说，而以变化气质为其归宿。颜元对此予以反驳："故谓变化气质为养性之效则可，如德润身，晬面盎背施于四体之类也；谓变化气质之恶以复性则不可，以期问罪于兵而责染于丝也。如此，则宋儒之言气气皆不亲切。"③

宋儒不否定性善，"天理之性和气质之性"的提出是为了解释恶的由

---

① （清）颜元：《性理评》，《存性编》（卷一），载陈山榜、邓子平主编《颜李学派文库》（第1册），河北教育出版社2009年版，第17页。
② （清）颜元：《借水喻性》，载陈山榜、邓子平主编《颜李学派文库》（第1册），河北教育出版社2009年版，第8页。
③ （清）颜元：《明明德》，《存性编》（卷一），载陈山榜、邓子平主编《颜李学派文库》（第1册），河北教育出版社2009年版，第6页。

来，天理之性纯是一善，恶则是源自形而下者气质之性，认为气质之性有恶。他们要扬善黜恶，于是便提出了"存天理，灭人欲"的口号。其实这个口号是极为愚昧的。天理乃自在，不存亦不能灭，何用存？人欲亦天理，又何能灭之？颜元对宋儒气质有恶论的批判，是非常中肯的，即使程、朱复生，亦无以辩之。但是，既然人性皆善，那恶又从何而来呢？颜元认为气质作为圣的本体，不是恶的，但是有偏全纯杂的分别，气偏、气杂亦善。其言曰："然偏不可谓为恶也，偏亦命于天者也，杂亦命于天者也，恶乃成于习耳。"①

气质的偏杂都是天赋，不可以把它看作是恶的，而他认为恶由引蔽习染所致。故曰："浑天地间，一性善也。"人之性虽然纯然一善，但由于财、色等的诱惑，则其明往往被障蔽，以至蔽其当爱而不见，反爱其所不当爱。这样，本来应该可以成就的仁、义、礼、智之德，便被恶所取代，贪婪、鄙吝、伪饰、诌媚、侮夺、残忍、奸雄、小巧之类行为便会出现。在这种情况面前，只有圣人因禀有全德，大中至正，故能顺应而不失其则。贤士豪杰，虽偶被引蔽，因禀有大力，或自性觉悟，或师友提撕，终能知过而善反其天。对于一般人特别是那些禀赋偏驳者来说，是引之既易而反之甚难，且引愈频而蔽愈远，习渐久而染渐深，以至染成贪婪、鄙吝、侮夺、残忍、伪饰、诌媚、奸雄、小巧之性之情，而本来之仁、义、礼、智却不可知了。这就是恶的来源及形成。

也有人说，世间既有妖氛瘴疠，那么禀是气而生者岂不是恶气恶质？颜元认为这种理解也是不对的。他说："不知虽极污秽，及其生物，仍返其元，犹是纯洁精粹二气四德之人，不即污秽也。如粪中生五谷瓜蔬，俱成佳品，断不臭恶。秽朽生芝，鲧、瞍全圣，此其彰明较著者也。"②

性情都是善的，才虽有强弱不同，但也不能以恶言。颜元是从人之

---

① （清）颜元：《性理译》，《存性编》（卷一），载陈山榜、邓子平主编《颜李学派文库》（第1册），河北教育出版社2009年版，第13页。

② （清）颜元：《性图》，《存性编》（卷二），载陈山榜、邓子平主编《颜李学派文库》（第1册），河北教育出版社2009年版，第23—24页。

器官的功能论性善，从人之器官之作用谈情才皆善，这乃是他论性的独到之处。这种性善论和孟子的性善论是不同的。"性"是耳、目、口、鼻、心等器官的功能。至于"性"的功能的大小，即是才力的强弱，这完全是后天教育和训练的结果。

人之为恶，显然是由于受外界邪恶的蒙蔽所引发的，并非由本性决定。在这一点上又与孟子的性善论相同。人生存于社会之中，就不可能不受社会环境的影响。一个人如果任由外界邪恶引诱，便是弃善为恶；加强学习训练，便能弃恶从善，其中，关键在教育转化之功。

在这里，前者蕴含了教育与人才培养的质量和规格的关系，社会所需多种行业工种、职业岗位以及层次结构、专业水平的人才，是千差万别的，教育训练的结果自然应是满足多种需求。除了学校类别、层次阶段的分流适应之外，同一阶段的年级班级中个体的特性及能力不同，也应使其成就不同类型人才。后者则是突出了教育之于学生发展的力量，不仅表现在优秀者、中等者，乃至于后进生都是有成才能力的，可变性与目标分层次设计恰能合拍统一。这正是教育面向全体学生的公平正义性体现。

纵观中国教育史诸家对人性的研究成果，颜元的人性论思想具有很重要的地位。它突破了中世纪学术上的黑暗，具有了现代心理学的萌芽；而同时在政治上提出了人人平等，教育上为科学教育指明了可供选择的路向。

二 义利观与教育价值论

中国思想家对义利关系问题颇有歧义，论点差异极大，难以统一。教育既与国民生产及物质经济之"利"联系，又与社会公道观念、个人伦理修养之"义"统合。因此，教育的价值取向及课程材料编制都与这一思想范畴息息相关。

（一）历史上的义利之辨回眸

根据文献记载，孔子是最早指出"义利"问题的教育家。孔子把

"义"和"利"对立起来,提出了"君子喻于义,小人喻于利"的观点。把重义与趋利作为区分君子与小人的标志。之后,孟子更系统地阐述了义利观,主张把义放在首位,先义后利。对于义利问题,荀子提出了自己鲜明的看法,那就是见利思义。他认为"义"和"利"两者是人之所共有的,即使是尧舜这样的圣人也不能去掉民的利欲,桀纣这样的暴君使尽暴力等手段也不能去掉民的义,但是我们可以通过教化,让民欲利的同时又不违背义的原则。

墨家则高举起"义利合一"的大旗,以反对孔孟的"义利观"。墨子认为"义利"是统一的,"义"就是"利","兼相爱"和"交相利"是同构贯通的。

汉代儒家大师董仲舒提出了"正其谊不谋其利,明其道不计其功"的人生基本价值取向,其实反映了国家利益作为道义的利益追求被置于个人欲望之上的设计路线。他对义利作了进一步定位,"天之生人也,使人生义与利,利以养其体,义以养其心。心不得义不能乐,体不得利不能安。义者心之养也,利者体之养也。"董仲舒把利看成是养体的必备条件,所以强调圣人应该"兴天下之利,除天下之害","也即兴利除害",与此同时,又强调唯有义方能满足心灵滋养精神健全的要求。义与利两者之对于人,犹如日月星辰及山川草木之对于宇宙一样,不可或缺,必须兼备并相辅相成。但两者的重要程度及权重水平所导致排列顺序有先后,那就是先义后利:体莫贵于心,故养莫重于义。义之养生人大于利,系以知之。今人大有义而甚无利,虽贫与贱尚荣其行,以自好而乐生。人甚有利,而大无义,虽甚富,则羞辱大恶,恶深祸患重……夫人有义者,虽贫能自乐也;而人无义者,虽富莫能自存。[1] 义利观总体倾向于重义轻利说。这一学说成为其后封建统治阶级的正统思想,并为后世儒者们所推崇,认为唯有如此,人生才能获得高度的和谐和最终的满足,也是成为道德修养的重要内容及原则。

---

[1] 参见(西汉)董仲舒《春秋繁露》(卷九),上海古籍出版社1989年版,第54—55页。

宋明理学家在"义利观"问题上基本沿袭董仲舒的思想，只是朱熹将此推进一步为"存天理，灭人欲"。朱熹以"天理"为核心的理欲观和义利观，基本上沿承了孔孟"安贫乐道""见利思义""先义后利"的观念，更为强调义理的重要性，把"义"提升到了极端神圣化的"天理"的高度。朱熹所谓的"天理"是指仁、义、礼、智等伦理道德。他大力宣传"天理之公"的公利之心，而对"人欲之私"的利己之心，则主张施以道德伦理的规范和约束。

儒家大多重义轻利的极端思想，使宋代也有思想家一反儒家的思想传统，提出了功利主义思想。如王安石主张"养生保形"，陈亮提出"注重事功"；叶适呼吁"以利与人"。这些主张开启了实学、实用思想的新风气。

(二) 颜元的义利观

在颜元之前的大多儒学家都主张重义轻利，而颜元从历史和现实出发，发现并提出了自己的义利观。这就是以义为利，义利兼重，道功并收。他认为正常的逐利行为有利于促进社会的发展，而乐善好施则对社会的发展具有极大的道德价值，可以弥补工商经济造成的困惑及缺失。但若强调过度而极端，也有局限之处。

逐利行为，长期以来为文人所不齿，而乐善好施则受到人们的普遍赞扬和提倡。颜元以其丰富的学识和锐利的目光，从历史和现实的诸多事实中，发现正常的逐利行为仍有其积极的作用，而乐善好施，除人性善良和社会风尚和美价值之外，过分渲染会导致一些人偷懒苟安，缺乏努力勤劳的干劲驱动，转而依赖和待援。这样对社会经济的生产提升会产生极大的负面影响。因此，他不顾世俗的非议，勇敢地将自己的见解和主张向社会公开，这在封建社会文人士大夫当中确实难能可贵。

中国历代学人，虽大多竞奔于名利场中，但同时又往往高调"富贵于我如浮云"，借以孤芳自赏，沽名钓誉。而颜元则不然，他不仅不避讳富贵之言，还公然断言"圣贤之欲富贵，与凡民同"。在其弟子钟錂所编《颜习斋先生言行录》中，记有一段他与好友赵太若的对话，清楚地阐明

他鼓励人们努力致富的观点:

> 赵太若居家富有,事烦劳攘,问曰:"古云'浊富不如清贫',何如?"先生曰:"不然,'广土众民,君子欲之';圣贤之欲富贵,与凡民同。古人之言,病在一浊耳。人但恐不能善用富也。大舜富有天下,周公富有一国,富何累人?今使路旁忽遇无衣贫老,吾但存不忍人之心耳,兄则能有不忍人之政矣,富何负人?要贵善施,不为守钱虏可乎!"①

颜元斩钉截铁地肯定,欲富贵之心,不仅凡夫俗子有,君子士人同不可避免,就是圣贤也同样存在。对此,应坚持的原则在于:一是取利严守一个"义"字,即李塨在给颜元所致悼词中所说的"非其所有,一介不取";二是不能"浊",即用富方面,不能违背伦理道德,不能成为一毛不拔的"铁公鸡"或守财奴;三是在利益和事业发生冲突时,他能舍利益而重事业。应当说,颜元的这些观点,在清初思想界是振聋发聩的,并且到 21 世纪的今天也是一种深刻的见解。

上述不难看出,颜元是古代思想家中较为典型的重利学派。然而,颜元重利却不轻义。在其所著《四书正误》之中,他对自己的这一观点作了精彩论述:

> 以义为利,圣贤平正道理也。尧、舜"利用",《尚书》明与"正德"、"厚生"并为"三事"。"利贞"、"利用安身"、"利用刑人"、"无不利"、"利者,义之和也"。《易》之言"利"更多。孟子极驳"利"字,恶夫格克聚敛者耳。其实,义中之利,君子所贵也。后儒乃云"正其谊,不谋其利",过矣!宋人喜道之,以文其空疏无用之学。予尝矫其偏,改云:"正其谊以谋其利,明其道而

---

① (清)钟錂:《颜习斋先生言行录》(卷上),载陈山榜、邓子平主编《颜李学派文库》(第2册),河北教育出版社2009年版,第541—542页。

计其功。"①

颜元曾与弟子郝公函进行对话教学，既可看出一般读书人对利的规避以及利益与道德关系理解中的误区，也可看到他对上述观点的进一步解释：

> 郝公函问："董子'正谊明道'二句，似即'谋道不谋食'之旨，先生不取，何也？"曰："世有耕种而不谋收获者乎？世有荷网持钩而不计得鱼者乎？抑将恭而不望其不侮、宽而不计其得众者乎？这'不谋''不计'两'不'字，便是老无、释空之根，惟吾夫子'先难后获'、'先事后得'、'敬事后食'三'后'字无弊。盖'正谊'便谋利，'明道'便计功，是欲迷，是助长，全不谋利计功，是空寂，是腐儒。"公函曰："悟矣。请问'谋道不谋食'。"曰："宋儒正从此误，后人遂不谋生，不知后儒之道全非孔门之道。孔门六艺，进可以获禄，退可以食力，如委吏之会计。《简兮》之怜官可见。故耕者犹有馁，学也必无饥，夫子申结不忧贫，以道信之也。若宋儒之学不谋食，能无饥乎！"②

先儒所津津乐道的"重义轻利"，"明其道"而"不计其功"。其实忽略了"义"中应有的"利"，"道"中应获的"功"，割裂了两者的关系，忽视了"利"和"功"的价值，只会耽误民生经济，以及削弱国力提升与强盛。因此，须调整为两者的协调统一。

> 尧、舜"利用"，《尚书》明与"正德"、"厚生"并为三事。利

---

① （清）颜元：《大学》，载陈山榜、邓子平主编《颜李学派文库》（第1册），河北教育出版社2009年版，第151页。
② （清）钟錂：《教及门第十四》，《颜习斋先生言行录》（卷下），载陈山榜、邓子平主编《颜李学派文库》（第2册），河北教育出版社2009年版，第570页。

贞，利用安身，利用刑人，无不利。利者，义之和也。《易》之言"利"更多。孟子极驳"利"字，恶夫克聚敛者耳。其实，义中之利，君子所贵也。后儒乃云"正其谊，不谋其利"，过矣！宋人喜道之，以文其空疏无用之学。予尝矫其偏，改云"正其谊以谋其利，明其道而计其功"。①

颜元将上述论述与社会理想政治方案结合并统一起来。如"富天下""强天下""安天下"的方案是《存治编》中提出的理想社会模式，其中强调农业经济的立国基础作用，兼容工商业经济的地位和价值，以寓兵于农为治军强身的手段和"六德""六行""六艺"为教学内容，培养实学实行的实用技术人才。上述设计的图谱提出于清代初期，主要针对的是他所深恶痛绝的宋明理学学风的空疏和社会的衰敝，极力弘扬并指明为学与求功利之一致与统一的教育理念。

三 格物致知说与教育认识论

格物致知作为中国古代教育哲学的特有范畴之一，主要表述知识的来源及教学过程的环节与内容。虽然不同思想家对格物致知的认识不同，但其均作为丰富教学思想的资源而发挥了不同作用。颜元在这一问题上的认识独到而深刻，具有现代教学论的思想精神。

（一）历史上的格物致知观回眸

"格物致知"作为中国古代儒家思想中的一个重要概念，是儒家专门研究事物之理的学科，源于《礼记·大学》"八目"（格物、致知、诚意、正心、修身、齐家、治国、平天下）中论述的"欲诚其意者，先致其知；致知在格物。物格而后知至，知至而后意诚"。但《大学》文中只有此段提到"格物致知"一词，却没有作出明确的解释，也没

---

① （清）颜元：《大学》，《四书正误》（卷一），载陈山榜、邓子平主编《颜李学派文库》（第1册），河北教育出版社2009年版，第151页。

有任何先秦古籍使用过"格物"与"致知"这两个词汇,从而没有含义可供参照。因此,"格物致知"的真正意义成为儒学思想的难解之谜。《现代汉语词典》对此的解释为:"穷究事物的原理法则而总结为理性知识。"①

纵观历史上许多思想家、教育家对此也有各自的理解和观点,列举如下:程颢称:"格、至也。穷理而至于物,则物理尽。""物来则知起,物各付物,不役其知,则意诚不动。意诚自定,则心正,始学之事也。"② 程颐说:"格犹穷也,物犹理也,犹曰穷其理而已矣。穷其理然后足以致知,不穷则不能致也。"③ "物即事也。凡事上穷其理,则无不通。"④ 而朱熹对此表述,从文字语义及自身哲学观的眼界理解格物致知,可解读为:穷究事物道理,致使知性通达至极,二者属继承与发展的关系,但其本质及基本思想是高度合拍的。"所谓致知在格物者,言欲致吾之知,在即物而穷其理也。盖人心之灵,莫不有知,而天下之物,莫不有理。惟于理有未穷,故其知有未尽也。""是以《大学》始教,必使学者即凡天下之物,莫不因其已知之理而益穷之,以求至乎其极。至于用力之久,一旦豁然贯通焉,则众物之表里精粗无不到,吾心之全体大用无不明矣。此谓物格,此谓知之至也。"二程(程颐、程颢)、朱熹训"格"为"致",释"格物"为"即物穷理",主张通过现实人伦关系的具体事例,来领悟仁义礼智等道德规范的先验性。也就是说,从语句外在形式上看,格物,即物穷理又有接触事物、穷尽事物之理的意味,但程朱理学显然有意淡化,甚至漠视这种感觉论的认识论,尤其是贬低对自然界与科学技术的探究。从具体物事中求知,与人伦关系、圣人典籍的作用相比,

---

① 中国社会科学院语言研究所词典编辑室编:《现代汉语词典》(修订本),商务印书馆1996年版,第424页。
② 《黄宗羲全集·宋元学案一》(第3册),浙江古籍出版社1992年版,第760页。
③ 沈善洪主编:《宋元学案》(卷十五)《伊川学案》,载顾树森编《中国古代教育家语录类编》(下册),上海教育出版社1983年版。
④ (宋)程颢、程颐撰,潘富恩导读:《二程遗书》(卷十五)"伊川先生语一",上海古籍出版社2000年版,第189页。

不啻天壤之别。如此一来，格物致知的终极取向，便主要落实到了道德伦理的层面。

陆九渊从"尊德性"和"发明本心"出发，认为格物致知含义为：修持心性不为物牵，回复天理之知。"天之与我者，即此心也。人皆有是心，心皆具是理，心即理也。""此理本天之所与我，非由外铄。明得此理，即是主宰。真能为主，则外物不能移，邪说不能惑。'格物者，格此者也'。伏羲仰象俯法，亦先于此尽力焉耳。不然，所谓格物，末而已矣。""学问之初，切磋之次，必有自疑之兆；及其至也，必有自克之实；此古人格物致知之功也。"①

王阳明继承并发展了陆九渊的"心学"思想，将格物致知诠释为："端正事业物境，达致良知本体。""物者，事也，凡意之所发必有其事，意所在之事谓之物。格者，正也，正其不正以归于正之谓也。正其不正者，去恶之谓也。归于正者，为善之谓也。夫是之谓格。""心者身之主，意者心之发，知者意之体，物者意之用。如意用于事亲，即事亲之事，格之必尽。夫天理则吾事亲之良知，无私欲之间，而得以致其极。知致则意无所欺，而可诚矣；意诚则心无所放，而可正矣"。② 格物"是去其心之不正，以全其本体之正。但意念所在，即要去其不正，以全其正。即无时无处不是存天理。即是穷理。"③ 王阳明训"格"为"正"，训"物"为"意所在之事"，"格物"就是除却"物欲"，发明人心之"良知"。在王阳明看来，"物"即是"事"，而"格心之物"就是"格心之事"，使不正之心归于正。也就是去掉恶的念头而归于善，即做存天理灭人欲的修养功夫。"格物"在此演绎为反观内省的道德体验与践履。

---

① （宋）陆九渊：《象山全集》（卷十一、卷三十四），载顾树森编《中国古代教育家语录类编》（补编），上海教育出版社1983年版。
② （明）王阳明：《王阳明全集》，上海古籍出版社1992年版，第25页。
③ （明）王阳明：《王阳明全集》，上海古籍出版社1992年版，第6页。

(二) 颜元的格物致知论

1. 格物致知的唯物论诠释

颜元对宋儒的"格物致知"理解提出反对意见，并以"手格之格"对"格物"作出了独到的解释，表达了自己的唯物论、认识论和知识观。他认为客观事物是人们认识的凭借：

> "知"无体，以物为体，犹之目无体，以形色为体也。故人目虽明，非视黑视白，明无由用也。人心虽灵，非玩东玩西，灵无由施也。今之言"致知"者，不过读书、讲问、思辨已耳，不知致吾知者，皆不在此也。譬如欲知礼，任读几百遍礼书，讲问几十次，思辨几十层，总不算知。直须跪拜周旋，捧玉爵，执币帛，亲下手一番，方知礼是如此。譬如欲知乐，任读乐谱几百遍，讲问、思辨几十层，总不能知。直须搏拊击吹，口歌身舞，亲下手一番，方知乐是如此，知乐者斯至矣。是谓"物格而后知至"。故吾断以为"物"即三物之物，"格"即手格猛兽之格，手格杀之格……一则言操存明理，然后把明白心到物上去，是知至而后物格矣；二则知宋儒为不学之术，而口口只道明理，是知当格物而不愿出穷理之套矣。①

即离开客观物体，人的耳目就起不了感知的作用。知识来源于外部的客观世界，学习必须从客观事物着手，"见礼于事""因行得知"。

他又在评述中国古代哲学思想流派的观点时，再次强调自己对这一核心命题的理解：

> 按"格物"之"格"，王门训"正"，朱门训"至"，汉儒训"来"，似皆未稳。窃闻未窥圣人之行者，宜证之圣人之言；未解圣

---

① （清）颜元：《大学》，《四书正误》（卷一），载陈山榜、邓子平主编《颜李学派文库》（第1册），河北教育出版社2009年版，第148—149页。

人之言者，宜证诸圣人之行。但观圣门如何用功，便定格物之训条。元谓当如史书"手格猛兽"之"格"、"手格杀之"之"格"，乃犯手捶打搓弄之义，即孔门六艺之教是也。①

颜元认为"格物致知"中的"格"是"手格猛兽"之格，即打、格斗之意，也是"手格杀之"中的格，即打的意思。而对于物，颜元说"吾断以为'物'即三物之物"。所谓的"三物"是指"六德""六行""六艺"。"六德"是为人所应该具备的六种道德礼仪，是周朝作为地官的大司徒对国民进行教育而实施的智、仁、圣、义、忠、和；"六行"指的是六种德行，即孝、友、睦、姻、任、恤；"六艺"是古代中国教育过程中的六门课程，即礼、乐、射、御、书、数。"格物"就是"躬习实践"，亲身接触"实事实物"。认识必由实践获得，真知识的来源是实习、实行，不是静坐、顿悟，不是作文读书。程朱、陆王学派所提出的反观内省、读书穷理的方法无济于事。

如欲知礼，凭人悬空思悟，口读耳听，不如跪拜起居，周旋进退，捧玉帛，陈笾豆，所谓致知乎礼者，斯确在乎是矣；如欲知乐，凭人悬空思悟，口读耳听，不如手舞足蹈，搏拊考击，把吹竹，口歌《诗》，所谓致知乎乐者，斯确在乎是矣。推之万理皆然，似稽文义，质圣学为不谬，而汉儒、朱、陆三家失孔子学宗旨，亦从可知亦。②

盖周先王以三物教万民，凡天下之人，天下之政，天下之事，未有外于物者也。二千年道法之坏，苍生之厄，总以物之失耳。秦人贼物，汉人知物而不格物，宋人不格物而并不知物，宁第

---

① （清）颜元：《阅张氏王学质疑评》，《习斋记余》，载陈山榜、邓子平主编《颜李学派文库》（第2册），河北教育出版社2009年版，第422页。
② （清）颜元：《阅张氏王学质疑评》，《习斋记余》，载陈山榜、邓子平主编《颜李学派文库》（第2册），河北教育出版社2009年版，第422页。

过乎物，且空乎物矣，仁人乎哉！孝子乎哉！吾愿天下为仁人，为孝子也！①

思周公、孔子当逆知后世离事物以为道，舍事物以为学，故德行、艺统名之曰"三物"，明乎艺固事物之功，德、行亦在事物上修德制行，悬空当不得他，他名目混不得。《大学》"三纲领"、"八条目"何等大？何等繁？而总归下手处，乃曰"在格物"。谓之"物"，则空寂光莹固混不得，即书本、经文亦当不得；谓之"格"，则必犯手搏弄，不惟静、敬、顿悟等混不得，即读、作、讲解都当不得。如此真切，如此堤防，犹有佛、仙离物之道，汉、宋舍物之学，乾坤何不幸也！②

总之，颜元认为"致知"在于"格物"，而"格物"指的是亲自去做那件事。知识的获得仅靠闻见还不够，必须经过一番亲自动手的艰苦功夫。这就是将认识过程转而演进到主动人为的实践活动。"不知皮之如何暖也。必手取而加诸首，乃知是如此取暖。如此蔬疏，虽上智、老圃，不知为可食之物也，虽从形色料为可食之物，亦不知味之如何辛也，必箸取而纳之口，乃知如此味辛。"③ 他多次批评那些轻视实践的人，"通不知梅枣，便自言酸甜"。

2. 知识来源于感知和行动

"手格其物而后知至"这句出自颜元的名言，也充分体现了认识来源于实践这一观点。既然认识来源于实践，那么，要想学得真知，也不可离开习、行。这也正符合孔门原始儒学的教学观。学的重心在于习与行，而不在读。

---

① （清）颜元：《题哀公问》，《习斋记余》（卷九），载颜元撰，王星贤等点校《颜元集》，中华书局1987年版，第555页。
② （清）钟錂：《三代第九》，《颜习斋先生言行录》，载陈山榜、邓子平主编《颜李学派文库》（第2册），河北教育出版社2009年版，第553页。
③ （清）颜元：《大学》，《四书正误》（卷一），载陈山榜、邓子平主编《颜李学派文库》（第1册），河北教育出版社2009年版，第149页。

吾夫子之道，合身心事物而一之之道也；吾夫子之学，学而时习之，之学也。习礼、习乐、习射御、习书数，以至兵、农、钱、谷、水、火、工、虞，莫不学且习也，故曰"博学之"。后者读的世界恰是程朱理学的教学图景。朱子则易为博读之。观其言曰："不读一书，则一书之理不明。"又曰："凡书须读取三百遍。"考其功，曰："半日静坐，半日读书。"是看理都只在此书矣。①

颜元对朱熹等提倡的"半日静坐，半日读书"的方法，提出了严厉的批评：

朱门一派口里道是"即物穷理"，心里见得，日间做得，却只是读书讲论。他处穷事理之理说教好看，令人非之无举，此处现出本色，其实莫道不曾穷理，并物亦不能即。"半日静坐，半日读书"，那会去格物？②

对程颐的求学观，颜元也予以批评。如有人问程颐："如何学可谓有得？"回答说："大凡学问，闻之知之皆不为得。得者，须默识心通。学者欲有所得，须是诚意烛理。"③ 颜元认为这种认知心理内化的理解仍未脱离文字书本的樊篱：

程、朱言学至肯綮处，若特避六艺、六府之学者，何也？如此段言"闻之知之皆不为得"，可谓透宗语矣。下何不云，"得者须履中蹈和，躬习实践，深造以六艺之道，乃自得之也"？乃云"须默识

---

① （清）颜元：《阅张氏王学质疑评》，《习斋记余》（卷六），载陈山榜、邓子平主编《颜李学派文库》（第1册），河北教育出版社2009年版，第422页。
② （清）颜元：《阅张氏王学质疑评》，《习斋记余》（卷六），载陈山榜、邓子平主编《颜李学派文库》（第1册），河北教育出版社2009年版，第424页。
③ （清）颜元：《性理评》，《存学篇》（卷四），载陈山榜、邓子平主编《颜李学派文库》（第1册），河北教育出版社2009年版，第86页。

心通",不仍是知之乎!①

是"默识心通""诚意烛理",还是"履中蹈和,躬习实践",可以说是颜元实学与程、朱理学在知识学习论上的分水岭。

宋儒、明儒及清儒多不重实践,即使在颜元的高才朋友中,不重实践的也大有人在。对此,颜元慨叹道:

> 以张仲诚、王法乾二贤友之高才卓识,一则言操存明理,然后把明白心到物上去,是知至而后格物矣;一则知宋儒为不学无术,而口口只道明理,是知当格物而不愿出穷理之套矣。圣道不几亡乎?②

也就是说,"知至而后格物"只是纸上用功、空谈心性、脱离实际的代名词,只是一种读书明理的循环表述。由于未能跳出宋儒套路,仍难以避开圣道消亡的命运。

3. "习行"教学法的进步性与局限性

颜元生活在明末清初,儒学的经世理念发展成转向经济社会政策以及支撑这些的理论体系。因此,提出的实事求是的方法和实用之学的内容与以往的学派是有区别的。他认为真正的道不应该停留在经传的章句中,真正的学问不应该止步于背诵读写一些文章的层面上,儒学应该通过实学、实习、实用而成为真正有用的学问。这种思想无疑在当时是具有进步意义的。

颜元认为"物"是客观存在的,独立于人的感官之外,但人若不以感官接触外物,也不可能获得应得的知识,主张"犯手实做其事""亲下手一番"的"格物致知"论就是直接观察实物和动手做事的活动,为此

---

① (清)颜元:《性理评》,《存学篇》(卷四),载陈山榜、邓子平主编《颜李学派文库》(第1册),河北教育出版社2009年版,第86页。
② (清)颜元:《大学》,《四书正误》(卷一),载陈山榜、邓子平主编《颜李学派文库》(第1册),河北教育出版社2009年版,第148页。

颜元提出了在行动与客观事物中进行学习和教学的方法，即"习行"教学法。这种以崇实为特征的教学方法认识源于实践，学习结合实践，知识运用实践的教学方法，具有超前性的思想价值。

在颜元的认识论中，不仅强调了知依赖于行，而且也注意到了知可促进行。他强调要通过主观努力去认识客观事物，通过主观努力去改造客观环境。人类在自然界和社会生活中要自强不息，不应萎靡懒惰。颜元的认识论也给古代哲学注入了新鲜血液，其思想在现代来看仍具有启发意义。

近代著名教育家、思想家梁启超称："有清一代学术，初期为程朱陆王之争，次期为汉宋之争，末期为新旧之争。其间有人焉，举朱陆汉宋诸派所凭藉者一切推陷廓清之，对二千年来思想界，为极猛烈极诚挚地大革命运动。其所树的旗号曰'复古'，而其精神纯为'现代的'。其人为谁？曰颜习斋及其门人李恕谷。"[①] 梁启超对颜元的思想体系冠以"实践实用主义"学派。其实，颜元生活于封建社会末期，他的主导思想是按《周礼》中"以乡三物教万民而宾兴之"的遗教为出发点，强调"六府""三事""三物""六德""六行""六艺"和"四教"等，与现代美国以社会工商产业为依托注重科学经验的实用主义思想不同，但其所阐释、宣扬"格物致知"认识论却是极具现代意识及科学理性精神的。梁氏该处所定义"现代的"，应是精神层面的定性把握，而且是准确可信的。

颜元"格物致知"论，强调直接经验和感官认识以及亲身习行对于获得知识的重要作用，这无疑是进步而且正确的。但是其中带有片面的经验主义倾向，忽视了理性思维和知对行的反作用。从"格"和"物"的内容分析，他解释为当时社会条件下的日常实践活动及其作用对象，使实践概念的先进或前沿水平不足，而且易于导致实用的工具性特征转化为技术操作、劳作方法及机械练习的取向。

此外，颜元提倡习动习行，反对习静，将习动推崇到很高的位置，

---

① 梁启超：《中国近三百年学术史·实践实用主义》，载陈山榜、邓子平主编《颜李学派文库》（第10册），河北教育出版社2009年版，第3312页。

甚至有些偏激。感知和习行只是学习的主要途径及方式之一，在学习的更高阶段，我们需要引导学生从感性认识上升到理性认识，即从感知和经验提高到抽象思维的层次，这才有利于学生在知识技能学习与掌握前提下的创新力培养，或综合素质能力的养成；而且理论知识和理性思维对行动的合理选择和效果作用仍是不应被低估的，否则只是人类实践活动的盲动、失范和低效，甚至沦为庸俗的实用主义。

四 "体用一致"观与教育实践论

（一）宋明理学家重"体"而忽视"用"

"天理"，或在人之外作为客观的绝对精神，或在人之内属人心的本体"良知""良能"。由此，宋明理学家思想中"体"一般指的是心性本体，亦是天赋的道德观念。理学家的学问根本是作以静体认、反观内省的"明体"工夫。他们属学用脱节，"学而不能成其业，用而不能行其学"。宋明理学"误认删述为圣，则注疏孔子之所删定为贤，不知孔子之圣不在删述也，删述者孔子之不得已也。孔子所留，经世谱也，而竟以文字读解为学，胥天下人而纳之无用，胥圣贤经传而玩为空文，袭经侮圣，莫此为甚"。[①] 他们多不重视实用实行，以"功业为事"，是"代大匠斫"。而颜元则认为，《大学》之道，才言"明德"，就说"亲民"。这本身讲的就是要以功业为目的。入学就是要做大匠，学道艺就是要做"转世人"，就是要以改造世界为己任。[②] 不是沦为"世转人"，受世道控制、支配，沦为逆来顺受者。圣道之亡，就亡在了那些"注疏章句、立宗传讲学之儒生"上。

在颜元看来没有实用价值的学术和理论不是真的学术和理论，"尧、舜名其道曰'三事'，周、孔名其道曰'三物'"，就是断定凡理都是源

[①] （清）颜元：《张氏总论评》，《习斋记余》（卷六），载陈山榜、邓子平主编《颜李学派文库》（第1册），河北教育出版社2009年版，第424页。

[②] 参见（清）颜元《性理评》，《存学编》（卷四），载陈山榜、邓子平主编《颜李学派文库》（第1册），河北教育出版社2009年版。

于"事""物"的"实理",都是为了解决实际问题的有用之理。所以,凡理均不应脱离"事"与"用",否则理就会成为像释家一样的"虚理"。正是因为不重"实事"与"实用",宋儒已与释氏没有多少区别了。释氏是"谈虚之宋儒",而宋儒则是"谈理之释氏",其间无甚差异。而宋明理学"体"之空疏无实,陷入"无用之体"的弊端便是渊源于此。

> 宋儒偏处只是废其事;事是实事,他却废了,故于大用不周也。人皆知古来无无体之用,不知从来无无用之体,既为无用之体,则理亦虚理。释氏谈虚之宋儒,宋儒谈理之释氏,其间不能一寸。尧、舜名其道曰"三事",周、孔名其道曰"三物",殆逆知后世有无事之理、谈理之学,而预防之乎!①
>
> 今释氏、宋儒,有伏而无作,有体而无用。不能作之伏,非伏也;无所用之体,非体也。②

颜元认为宋儒和释氏的理论都是因为无"用"才使"本体"虚化,更不具备真理性,而且儒之衰和世之坏是因为不重视实用的结果:

> 宋人则有事外之理,行外之文,且牵释、老,附会《六经》、《四子》中,使天下迷酷;弃尧、舜之道,亡孔子之业,卒致普地庠塾无一可用之人才,九州职位无一济世之政事,是以莫之御而儒统至此也,莫之御而世道至此也。吾虽欲避其势焰以自爱,亦乌能自己耶!但愿世之君子,净眼一辨,今世尚有儒道否?则必悟儒之所以亡,而怜我谅我者出矣。③

---

① (清)颜元:《朱子语类评》,载陈山榜、邓子平主编《颜李学派文库》(第1册),河北教育出版社2009年版,第246页。
② (清)颜元:《性理评》,《存学编》(卷二),载陈山榜、邓子平主编《颜李学派文库》(第1册),河北教育出版社2009年版,第66—67页。
③ (清)颜元:《习斋记余》(卷九),载陈山榜、邓子平主编《颜李学派文库》(第2册),河北教育出版社2009年版,第447—448页。

颜元深刻揭露道学唯心论的禅学根源，唯心论者割裂了体用关系，实际上是要否定实有的形体。

> 盖吾儒起手便与禅异者，正在彻始彻终总是体用一致耳，故童子便令学乐舞勺。夫勺之义大矣，岂童子所宜歌？圣人若曰，自扫洒应对以至参赞化育，固无高奇理，亦无卑琐事。故上智如颜、贡，自幼为之，不厌其浅而叛道；粗疏如陈亢，终身习之，亦不至畏其难而废学。①

颜元批判理学家陷于佛教，脱离实际地用去求空洞无用的心性本体，认为假若离开了实际应用，心性本体价值便不能发挥，甚至心性的本体本身也是流于虚幻的。

颜元并没有具体叙述宋明理学的"体"与"用"内容，而是在深入揭示其中弊端及矛盾的过程中加以呈现的，这就多少带有碎片抽取而缺少系统集中的特性。但与此同时，相关问题聚焦及本质分析却更深刻犀利。

（二）颜元主张"体用一致"，以"用"为本

颜元的"体"的内核或精神则主要承载于周公、孔子"三物"之学，"六府、六德、六行、六艺"之事当中。不过，尤其强调实用的技能及操作的方法。颜元这里的"用"包括三方面内容：日用经济民生的生产生活知识及技能；农业、手工业及部分工商贸易的实践；国家民族的根本大事——存亡治乱。"用"指的是发挥机体技能将实用之学落实到行动，具体操作及运用。"心之官则思，思即是为用乎，体即具有用的因素，用是体的发挥。"理学"既为无用之体，则理亦虚理"，从而得出"体用一致"的观点。他以学医为例，"明医理"之学正是为了"疗疾救世"之

---

① （清）颜元：《性理评》，《存学编》（卷二），载陈山榜、邓子平主编《颜李学派文库》（第1册），河北教育出版社2009年版，第55页。

用，两者是统一的。并认为"致用"是学问的根本。①

颜元特别强调"用"，他认为学术以及理论的价值关键在于是否有用：

> 静极生觉，是释氏所谓至精至妙者，而其实洞照万象处皆是镜花水月，只可虚中玩弄光景，若以人照临折戴则不得也。……盖镜中花，水中月，去镜、水则花亡、月无有也。即使其静功绵延一生不息，其光影愈妙，虚幻愈深。正如人终日不离镜水，玩弄其花月一生，徒其自欺一生而已，何与于悟性广大高明之体哉？……无用之体，不唯无真用，并非真体也。有宋诸先生，吾固未敢量，但以静极有觉为孔子学宗，则断不敢随声相和也。②

（三）"体用一致"与教育的学用结合

颜元自述创作的目的称："著《存学》一编，申明尧、舜、禹、周、孔三事、六府、六德、六行、六艺之道，大旨明道不在《诗》、《书》章句，学不在颖悟诵读，而期如孔门博文、约礼，身实学之，身实习之，终身不懈者。"③ 也就是说，学之目的在于实学、实用、实践，有益于世，有利苍生。

> 某闻气机消长否泰，天地有不能自主，理数使然也；方其消极而长，否极泰来，天地必生一人以主之，亦理数使然也。然粤稽孔、孟以前，天地所生以主此气机者，率皆实文、实行、实体、实用，卒为天地造实绩，而民以安，物以阜。虽不幸而君相之人竟为布衣，

---

① 参见（清）颜元《上太仓陆桴亭先生书》，《存学编》（卷一），载陈山榜、邓子平主编《颜李学派文库》（第1册），河北教育出版社2009年版。
② （清）颜元：《性理评》，载陈山榜、邓子平主编《颜李学派文库》（第1册），河北教育出版社2009年版，第66页。
③ （清）颜元：《上太仓陆桴亭先生书》，《存学编》（卷一），载陈山榜、邓子平主编《颜李学派文库》（第1册），河北教育出版社2009年版，第49页。

亦必终身尽力于文、体、行、用之实，断不敢以不尧、舜，不禹、皋者苟且于一时虚浮之局，高谈袖手，而委此气数，置此民物，听此天地于不可知也；亦必终身穷究于文、体、行、用之实，断不敢以惑异端、背先哲者肆口于百喙争鸣之日，著书立说，而误此气数，坏此民物，负此天地于不可为也。①

颜元极其注重的"实学"是指来源于实践而又用于指导实践的实际有用的学问。中国两千年来学术界最严重的问题就是不重实学。"实学不明，言虽精，书虽备，于世何功，于道何补！"② 实学才是真正的体用合一之学。

程、朱、陆、王之学，正是因为脱离了实践，镜花水月、画饼望梅，都无补于世：

  两派学辩，辩至非处无用，辩至是处亦无用。盖闭目静坐、读、讲、著述之学，见到处俱同镜花水月，反之身措之世，俱非尧、舜正德、利用、厚生，周、孔六德、六行、六艺路径；虽致良知者见吾心真足以统万物，主敬、著、读者认吾学真足以达万理，终是画饼望梅。画饼倍肖，望梅倍真，无补于身也。况将饮食一世哉！有志者苟得吾《存学编》之意，两家之是非总可勿论，直追三事、三物，学而偏者贤，全者圣，一切故纸堆，宜付祖龙矣。③

颜元重视实用，但也没有轻视理论，只是反对那些脱离实际、空洞的说教而已，例如他创作《存学编》缘由就在于此：

---

① （清）颜元：《上太仓陆桴亭先生书》，《存学编》（卷一），载陈山榜、邓子平主编《颜李学派文库》（第1册），河北教育出版社2009年版，第48页。
② （清）颜元：《性理评》，《存学编》（卷三），载陈山榜、邓子平主编《颜李学派文库》（第1册），河北教育出版社2009年版，第66页。
③ （清）颜元：《阅张氏王学质疑评》，《习斋记余》（卷六），载陈山榜、邓子平主编《颜李学派文库》（第2册），河北教育出版社2009年版，第423—424页。

> 吾《存学编》之作，只为两千年纸上有《四书》、《五经》，口上有《四书》、《五经》，吾人身家、朝廷政事、海域边疆上全不见《四书》、《五经》也……《四书》印之于心，足以自娱；传之于世，足以悚人。而仆以为终是纸笔口头上之《四书》也，亦犹是周、程、张、朱之能事也……置义田，严城守，送难妇，终操守，是即敦睦九族，平章百姓，明明德于天下，合天人而时习乎位育，体仁义而不以利为利矣。尚犹是纸笔口头之《四书》也哉！①

由上述论述可知，颜元并非否定《四书》《五经》典籍知识及文本内容，而是反对以此纲领要目作为机械教条，走向僵化、空洞的形式主义。其实，颜元主张有其体必有所用，并以其用通其体。这正表明了他重视教育活动中将理论和实践结合起来，即"体用一致"的核心取向。

颜元的实学教育理论建立在他的哲学思想基础上。前文所述人性论与教育作用、义利观与教育价值、格物致知说与教育认识、体用一致观与教育实践的命题，一方面是对清代以前中国传统哲学范畴的独特性思辨，并由此丰富了中国古代教育哲学的思想体系；另一方面，他又将其深刻的哲学见解有机运用于教育问题的理论探索，并由此成为他自身实学教育理论的思想资源和建构基础，并为独具特色的颜李学派教育思想提供充足的逻辑依据。

颜元实学教育理论最大的特征就是重视实践，强调习行，而反对程朱理学的读书穷理，空谈心性。例如《存学编》中曾论述"心上思过，口上讲过，书上见过，都不得力，临事时依旧是所习者出""知心中醒，口中说，纸上做，不从身上习过，皆无用"。② 这是一种实用主义教育活动论的如实表述，几乎可以媲美于近300年之后美国现代教育派进步主义

---

① （清）颜元：《读习文孝用六集十二卷评语》，《习斋记余》（卷六），载陈山榜、邓子平主编《颜李学派文库》（第2册），河北教育出版社2009年版，第436页。

② （清）颜元：《性理评》，载陈山榜、邓子平主编《颜李学派文库》（第1册），河北教育出版社2009年版，第56页。

教育大师的经验论与教育本质问题的观点。

颜元反对传统的理学教育，主张以习动和习行的实学教育代替习静和讲读的传统教育。传统教育方法习静和讲读的内容主要有：禅理、语录、训诂、诗文、制艺等，而以习动和习行为方法的实学教育内容是："三事""六府""三物""四教"，包括礼、乐、射、御、书、数、兵、农、钱、谷、水、火、工、虞、天文、地理等学科专业。颜元认为理学教育内容只能养成百无一用的书生和文人，从而误其一生，并误尽天下后世。与之相反的实学教育则能养成身心健康、才德兼备的人才；他们在主观方面能明明德，而在客观方面能亲民，能齐家、治国、平天下。

明末清初社会急剧变化，清朝满族贵族政权统治下的剥削愈加残酷，土地高度集中，农民起义时有发生。随着资本主义生产方式和生产关系的萌芽，工商业者开始反对封建剥削的激烈斗争。当时中国社会的主要矛盾是封建主义和官僚资本主义与农民、市民及中小地主之间的对抗。颜元作为农民及工商业阶级的利益代表，既反对种族压迫，也反对官僚大地主的残酷剥削，体现了当时广大基层民众，尤其是市民的要求。颜元反对宋明理学读书教育空谈误国，提倡实学、实用、实践为导向的实学教育，并在教育实践和经验总结的基础上，形成较为系统的实学教育理论，引领社会时代教育新潮，正是上述社会历史背景下的觉醒者对教育和人才培养的前驱探究。

中国早期哲学中的南北差异

王开元[*]

摘　要：南北之别是中国历代知识分子所关注的话题，轴心时代的中国哲学也同样存在着南方与北方的差异。老子、庄子与惠施等人所代表的南方哲学一系，与墨子、荀子等人所代表的北方哲学一系具有明显的不同。具体而言，北方哲学重实际、强调理性精神、注重主体间的关系，哲学主张具有更多的绝对性倾向；南方哲学喜玄思、具有非理性精神、注重主客体的关系，哲学主张具有更多的相对主义倾向。故而，在工夫论上，北方哲学强调刚健有为，而南方哲学则偏重清静自守。这种南北哲学之间差异的形成具有地理风俗与文化传统等多方面的原因，而南北哲学文化的交融也使得个别哲学家的思想具有一定的复杂性。对于中国早期哲学中南北哲学差异的阐释，将有助于重新审视诸子哲学的内在矛盾与机理，对于开启哲学地理学的研究亦有助益。

关键词：南方；北方；地理；诸子哲学

南方与北方的差异在中国学术史上一直是学者所关注的话题，这种差异常被知识分子用来做学术风格上的评价，譬如魏晋时期的《世说新

---

[*] ［作者简介］王开元（1990—　），男，河北大学哲学系讲师，硕士生导师，主要从事中国古代哲学研究。

语·文学》载:"北人学问,渊综广博……南人学问,清通简要。"① 民国学者刘师培《南北学派不同论》中亦有言:"大抵北方之地土厚水深,民生其间,多尚实际。南方之地水势浩洋,民生其际,多尚虚无。"② 其实,这种南北差异早在先秦时期就已存在,并表现于先秦诸子的哲学思想之中。而对这一哲学差异的揭示将有助于我们深入理解轴心时代诸子哲学的不同主张,并对那些看似对立的哲学派别持有一种同情的了解。王国维与劳思光对此一哲学分别曾有所关注,王国维曾在《静庵文集》中以"生生主义"概括北方哲学的宗旨,然而两位学者多是专对北方哲学特征的揭示,并未就南北哲学的不同之处进行深入的分析。

实际上,阐述早期哲学的南北差异,乃是一个建立于地域分析上的问题,为此,本文将首先考察先秦时期主要哲学家的地理分布,并对此进行统计与分析;其次,本文将对先秦时期南北方哲学的不同之处进行比较,分析出两者差异的表现;最后,本文将对早期南北方哲学差异的原因进行探析,并对地域因素在哲学分析中的作用加以反思。

一 先秦哲学中的南北分别与地理分析

先秦不同于今日,若要考察当时之南北差异,则需要对早期的地域分界有一个相对准确的看法。首先要肯定的是,南北之别的问题在先秦时期确乎存在,也被当时之人所普遍注意。《晏子春秋》载:"橘生淮南则为橘,生于淮北则为枳。叶徒相似,其实味不同。"③ 进而言及南人与北人的差异。因此,先秦时期的南北差异,首先是基于南北地域上的差别,而这又涉及当时有关南北分界的问题。关于早期南北地域的分界,并不能完全依循今日之地理界线,而是考虑到春秋战国时期的地理疆域,以渭水黄淮一线为南北之大体分界。周时有《诗经》"二南"之名以指南方之诗,关于"二南"的地域范围一般认为即在河南湖北之间。清代陈

---

① 余嘉锡:《世说新语笺疏》,中华书局1983年版,第216页。
② 刘师培:《清儒得失论》,中国人民大学出版社2004年版,第253页。
③ 吴则虞:《晏子春秋集释》,中华书局1962年版,第392页。

乔纵在解释《韩诗》所载"二南在南阳、南郡之间"时论及：

> 楚地记汉江之北为南阳，汉江之南为南郡。胡征士虔曰：案汉南郡，今湖北荆州府，荆门州，及襄阳、施南、宜昌三府之境。南阳今河南南阳府汝州之境。①

另，魏源《诗古微》言：

> 鲁韩诗以《芣苢》为宋人女蔡人妻作，文王即位，诹于蔡原，蔡宋皆东南之国，是豫徐二州之风，在陕以东，其采入周南宜矣。又以《行露》为申人女许嫁于丰而作，申在南阳宛县，而丰既文王伐崇作丰之地，则豫雍二州之风，在陕以西，其采入召南宜也。又以《汝坟》为周南大夫妻作，盖《汝坟》在颍，此陕以东诗，其入周南宜矣。……②

按魏源所述，蔡宋两国即属于南方之国，可知春秋战国时期所谓南方，大致范围应为河南、湖北等淮河流域，乃至江汉流域。倘若具体到当时所属各国，则齐鲁秦晋燕赵之地为北方，楚国及吴越陈宋之地属南方。

然而，南与北本来只是一个方位词，反对者或许质疑它们是否有一个固定的地域范围。惠施历物十事中言："我知天下之中央，燕之北、越之南是也。"（《庄子·天下》）尽管惠施以一种相对主义的态度取消了地域上的中央与南北等方位概念，但这种取消并未把南北的差异一并抹去，反而为我们考察南北界域提供了有益的视角。下面这两则材料将是对惠施相对主义主张的一项佐证：

---

① （清）陈乔纵：《三家诗遗说考》卷一，载（清）王先谦辑《皇清经解续编》卷一一一八。

② （清）魏源：《诗古微》卷三，载（清）王先谦辑《皇清经解续编》卷一二九二。

（1）子路问强。子曰："南方之强与，北方之强与，抑而强与？宽柔以教，不报无道，南方之强也。君子居之。衽金革，死而不厌，北方之强也。而强者居之。故君子和而不流；强哉矫。中立而不倚；强哉矫。国有道，不变塞焉；强哉矫。国无道，至死不变；强哉矫。"①

（2）陈良，楚产也，悦周公仲尼之道，北学于中国。北方之学者，未能或之先也。②

当《中庸》篇中的孔子把自身视为是南方之人时，孟子则在与陈相的对话中把"中国"视为北方。不能不说，他们都不是在实然的意义上对南北界域进行划分，而只是一种相对的表达。也就是说，当时人对于南北差异的概念并不同于我们今天地理学上的分别，而更多的是一种意识或思维上的南北观念。当然，如果我们要给这些观念寻找一个地理上的说明，也是可行的。这种说明则需限于且出于对当时哲学家籍贯或活动地域差异的考察，而不是将这种地理方位的分析当作目的本身。

通过考察先秦时期主要哲学家的籍贯或活动范围，我们可以用表1表示当时哲人们所代表的南北两系。

表1　　　　　　　　　　南北方哲学家分系

北方哲学家	南方哲学家
孔子，鲁国人（今山东曲阜）	老子，楚国人（具体不详）
墨子，鲁国人（今山东滕州）	庄子，宋国蒙人（今安徽蒙城）
孟子，邹人（今山东邹城）	惠施，宋国人
荀子，赵国人（今河北邯郸）	许行，楚国随人（今湖北随州）
商鞅，卫国人（今河南安阳）	邓陵子，楚国人
公孙龙，赵国人（今河北邯郸）	韩非子，韩国人（今河南新郑）

注：关于个别哲学家的籍贯，迄今为止尚有争议，上表所注多采主流意见。

需要说明的是，以上对先秦时期哲学家主要是从地域上的区分，本

---

① （宋）朱熹：《四书章句集注》，中华书局1983年版，第21页。
② （宋）朱熹：《四书章句集注》，中华书局1983年版，第260页。

文将在此基础上证明这两派哲学思想上存在的差异性。但是在具体的哲学主张与特点上，本文所作区分并不具有绝对严格的界定意义，这主要是源于哲学家思想成因的复杂性。譬如韩非子被划为南方哲学家一系，但是其哲学风格则具有明显的北方哲学特色。孔子虽然是北方哲学代表，但其哲学也存有诸多南方哲学的风貌。然而，这些具有复杂风格特点的事例并不构成对我们判别南北哲学的标准，相反，他们思想的复杂性将从本文的分析中获得更为清晰的解释。

二 中国早期南北哲学之差异

产生于不同地理区域的哲学亦具有难以等同视之的特点，通过对比早期南北两系哲学家思想的不同，笔者发现，南方与北方的差异在中国早期哲学上主要表现为五个方面。

第一，北方哲学倡导理性精神，而南方哲学则相对注重非理性的一面。北方哲学家在政治哲学上往往主张建立一套严格有序的政治秩序，这是理性精神在政治哲学上的鲜明呈现。譬如孔子积极提倡恢复周礼，其言"周鉴于二代，郁郁乎文哉，吾从周"（《论语·八佾》），而礼本身即是理性精神发展的结果与典型代表。正如《礼记·表记》所言："周人尊礼尚施，事鬼敬神而远之，近人而忠焉。"礼，绝非仅仅指那些祭祀之仪式，而更多的是表示一整套用以规范人民、治理国家的政治制度。正如《左传》桓公二年晋师服所言："夫名以制义，义以出礼，礼以体政，政以正民。"隐公十一年章载："礼，经国家、定社稷、序民人、利后嗣者也。"故而，孔子对于礼的倡导与其恢复周礼的主张具有明显的理性色彩，这种注重秩序的理性倾向也表现于墨子的哲学主张上。墨子提倡尚同，其言："古者民始生，未有刑政之时，盖其语，人异义。是以一人则一义，二人则二义，十人则十义。其人兹众，其所谓义者亦兹众。是以人是其义，以非人之义，故交相非也。是以内者父子兄弟作怨恶，离散不能相和合。之百姓，皆以水火毒药相亏害，至有余力，不能以相劳，腐余财不以相分；隐匿良道不以相教。之乱，若禽兽然。"（《墨子·尚同》）墨子把那种自然的差异视为"乱之始"，并加以否定，注重绝对的同一与权威，此亦是北方哲学注重理性与秩序的体现。

而南方哲学家则鲜有这种对秩序的关注，他们更加注重个人情感的安闲与适意，表现出对规范与理性的批判以及对情感和非理性的执着。庄子反对世俗所谓实用理性，注重精神上的自由与情感的放任，《逍遥游》中的寓言多具有这样的启示，譬如庄子所言"今子有大树，患其无用，何不树之于无何有之乡，广莫之野，彷徨乎无为其侧，逍遥乎寝卧其下。不夭斤斧，物无害者，无所可用，安所困苦哉！"庄子以无所可用的大树来呈现精神自由的趋向，是对北方哲学实用理性的有力批判，这种对理性的批判还表现在庄子对儒家仁义礼智等理性价值的否定上，《庄子·胠箧》载："将为胠箧、探囊、发匮之盗而为守备，则必摄缄滕、固扃鐍；此世俗之所谓知也。然而巨盗至，则负匮、揭箧、担囊而趋；唯恐缄滕扃鐍之不固也。然则乡之所谓知者，不乃为大盗积者也？"儒家所倡导的道德规范与理性被庄子视为诸侯大盗的工具，从另一个视角揭露了这种理性的不可靠与不彻底性。

第二，北方哲学偏重于自我与他人之间的关系，南方哲学则注重个体与自我保存。在北方哲学中，一个人首先是处于关系中的自我，个体必须且始终存在于社会关系中，并在这种关系中实现自身的价值。正如安乐哲所言："在儒家的观念来看，我们不是如亚里士多德的灵魂（psyche）所说的，我们不是在分离的感觉中的个体，而是互相关联的人，并且在生活中具有多重角色，而这些多重角色组成了我们是谁，这也决定我们去追求卓越和美德。换言之，我们每个人是这些角色的集合，我们是对我们周围人的辅助。"[1] 孔子曾言："夫仁者，己欲立而立人，己欲达而达人。"（《论语·雍也》）人和己之间的这种关系才是儒家道德的存在场域，无论是孝悌忠信还是仁义礼智，这些德行的发生都必须建立于人与人的交往活动中，而不存在于绝对独立的个体之上。然而，南方哲学

---

[1] ［美］安乐哲：《儒家的角色伦理学与杜威的实用主义——对个人主义意识形态的挑战》，《东岳论丛》2013 年第 11 期。

则更关注个体的存在问题,南方哲学家对于人与人之间关系的关注明显不如北方哲学强烈。当孟子以恻隐之心来解释人与人之间的同情与仁爱之时,庄子所向往的则是逍遥游于"无何有之乡"的个体自由。但应该注意的是,这种个体的自由绝不是如杨朱学派所倡导的利己主义,杨朱主张"为我",而庄子恰恰是强调"丧我",是对个体自私的情意与理智心的否定。

尽管我们在这种对比中判别了南北哲学对于个体与关系的侧重,但南方哲学并非不关注关系,只不过南方哲学中的关系更多的是人与自然的关系,而非如北方哲学所关注的是人与人之间的关系。这种对人与自然关系的注重常被视为一种避世倾向,实际上他们所逃避的不是具有自然生命的人,而是那些有可能违背自然本性的自身脆弱性。《老子》第十章言:"生之畜之,生而不有,为而不恃,长而不宰,是谓玄德。"老子小心地处理自身内部的自然本性,并致力于让其自然生长,这种"玄德"是固属于个体的,它不同于北方哲学中的"仁""孝"等德行需要他人对象的参与,"玄德"的存在与生成更多的只需要个人的细心关注与保持,这种自我关系甚至有一种拒斥他人干扰的倾向。但拒斥他人并不等于拒斥一切价值,而是表现出对自然的亲近,"玄德"所展现的正是个体与自然的关系,是个体通过功夫对自然的复归。"逍遥于天地之间,而心意自得"(《庄子·让王》),则是对这种人与自然关系的良好说明。

第三,南方哲学偏重形而上的玄思,而北方哲学则将这种超越性落实于现实中的存在。故而,在南方哲学中,自然宇宙的终极本体是常常被思考的问题,"道"也常常是一种超越人世间的形而上者,而北方哲学中的"道"往往是由人间的君主或圣贤所承载与标识的。楚人屈原之诗云:"遂古之初,谁传道之?上下未形,何由考之?冥昭瞢暗,谁能极之?冯翼惟象,何以识之?"(《天问》)便表现出对宇宙形而上的思考,老子与庄子所谓"道"也均是指形而上的自然终极规律。而北方孔孟所谓"道",则已经少有那种形而上的意味,更多的是那些实实在在的仁义孝悌等道德内容,孔子谓"朝闻道,夕死可以"(《论语·里仁》),此

"道"即是现实的仁,而非形而上的存在。

王国维曾对北方哲学崇尚实际的特征加以揭示,他认为,"盖吾中国之哲学,皆有实际的性质,而此性质于北方之学派中为尤著。古代北方之学派中,非无深邃统一之哲学,然皆以实用为宗旨。《易》之恉在于前民用,《洪范》之志在于叙彝伦,故生生主义者,北方哲学之唯一大宗旨也。苟无当于生生之事者,北方学者之所不道,故孔墨之徒,皆汲汲以用世为事。惟老庄之徒生于南方,(庄子,楚人,虽生于宋,而钓于濮水。陆德明《经典释文》曰:陈地水也。此时陈已为楚灭,则亦楚地也,故楚王欲以为相。)遁世而不悔其所说,虽不出实用之宗旨,然其言性与道颇有出于北方学者之外者。盖北方土地硗瘠,人民图生事之不暇,奚暇谈空理,其偏于实际亦自然之势也。……理论哲学之起于南方,岂不以此也乎?"① 关于北方哲学中的这种实在性与世俗性,徐复观认为这是源于周人思想对殷商文化的替代所致。《诗经·大雅·文王》载:"上天之载,无声无臭。仪刑文王,万邦作孚。"对此,徐复观言:"文王便成为天命的具体化;'文王之德之纯',便成为上帝的真正内容。……文王在周人心目中的地位,实际是象征宗教中的人文精神的觉醒。"② 通过周人思想的发展,人间的圣王成为上天的象征,那种以往的形而上与宗教神秘性被具体的活生生的人间之王所代替。因而,起源于北方的周文化成功弱化了旧的神秘上帝,以一种更加具体与生活化的道德内容与人间圣王来标示人民对超越性的向往。故而,在北方哲学中,圣王或天子常被提高到非常高的地位,用以代表那种绝对正确性与终极价值。这一点在墨子与荀子的思想中表现得尤甚,荀子谓:"圣也者,尽伦者也;王也者,尽制者也;两尽者,足以为天下极矣。故学者以圣王为师,案以圣王之制为法,法其法以求其统类,以务象效其人。"(《荀子·解蔽》)又:"君者,民之原也。"(《荀子·君道》)而《老子》所谓"人法地,

---

① 王国维:《国朝汉学派戴阮二家之哲学说》,载王国维《静庵文集》,辽宁教育出版社1997年版,第100页。
② 徐复观:《中国人性论史》,上海三联书店2001年版,第28页。

地法天,天法道,道法自然",这种以形上之道为法的思想,则与北方哲学形成鲜明的对比。

第四,北方哲学具有维护绝对性与权威性的倾向,南方哲学则更喜欢用相对主义来消解北方哲学的绝对性。因为北方思想重实用理性与现实圣王的权威,故而在哲学上表现出偏重绝对性与同一性的特点。《中庸》谓"天命之谓性,率性之谓道,修道之谓教",由天而下贯到人,这是一个绝对的体系,人和天被赋予一种同一性。在这种绝对与同一中,人自身被规定了一个必须达到的终极目的,儒家的仁与墨家的利都是这种绝对价值的典型代表。在南方哲学中,那种相对主义的哲学智慧更加盛行,《老子》书中首先表达了这一思想,"有无相生,难易相成,长短相形,高下相倾"的观念使其有别于北方哲学的那种绝对性。惠施在这一道路上也走在了前列,其谓"我知天下之中央,燕之北越之南是也","天与地卑,山与泽平"(《庄子·天下》),事物所具有的价值在惠施看来都没有了绝对性。庄子本人虽然反对惠施的诡辩论,但在表达自身思想时也有对相对主义思想的运用,"方生方死,方死方生;方可方不可,方不可方可……是亦彼也,彼亦是也。彼亦一是非,此亦一是非。"(《庄子·齐物论》)由此,庄子展开了对知识理性等价值标准的批判。

南方哲学这种相对主义特点可以说与其喜玄思的风格密切相关。《庄子·天下》篇中言:"相里勤之弟子五侯之徒,南方之墨者,苦获、已齿、邓陵子之属,俱诵墨经。"墨辩一派产生于南方,对理论与逻辑哲学的关注无疑是南方哲学的一大特色,这种关注也就催生了相对主义的哲学思想。同为喜言名辩的公孙龙为北方人,是否构成对这一观点的反驳呢?事实上,公孙龙虽为名家学派代表,但公孙龙不同于惠施,公孙龙"离坚白"的主张是对事物之名的绝对性的强调,在公孙龙看来,任何一种属性都是可以绝对独立的,而惠施之相对主义则是对这种绝对性的消解。

第五,北方哲学在个人功夫上强调刚健有为,南方哲学则偏重清静无为的修养功夫。北方之儒墨两家均注重个人的修养与实践,这主要是源于北方哲学偏重实用，与对人自身现世价值的设定有关。① 譬如荀子把人视为易被生理欲望所主导的对象，然后设定了圣贤的形象与统一的礼制来规范人们的行为，在这一政治哲学理论中，个人必须时刻保持对自身的约束与不断地修养才能达到那种君子人格，任何有失谨慎与懈怠的行为都有可能使自身失去成为好人的可能。故而荀子在《劝学》篇中极言学之重要性，"学恶乎始？恶乎终？曰：其数则始乎诵经，终乎读礼；其义则始乎为士，终乎为圣人，真积力久则入，学至乎没而后止也。故学数有终，若其义则不可须臾舍也。为之，人也；舍之，禽兽也。"（《荀子·劝学》）儒家修齐治平的功业追求与有为精神在墨子那里则表现为一种苦修，"腓无胈，胫无毛"的艰苦刚强作风甚至成为墨家一派的代名词。然而，南方哲学因为不去设定个人现世的世俗理想与价值，故而南方哲学家在功夫上也并不主张进取与有为，而是偏尚一种自守无为的人生态度，由此来实现对自身生命与自然本性的保存。《论语·微子》中记录了楚国隐者之事：

楚狂接舆歌而过孔子曰："凤兮凤兮！何德之衰？往者不可谏，来者犹可追。已而，已而！今之从政者殆而！"孔子下，欲与之言，趋而辟之，不得与之言。②

《庄子·人间世》中则对此事做了更详尽的描绘：

孔子适楚，楚狂接舆游其门曰："凤兮凤兮，何如德之衰也！来世不可待，往世不可追也。天下有道，圣人成焉；天下无道，圣人生焉。方今之时，仅免刑焉。福轻乎羽，莫之知载；祸重乎地，莫

---

① 劳思光在分析北方哲学的这种倾向时认为，忧患意识造成了属于北方的周文化崇尚努力与严肃。"周文化以忧患感为发生条件，而以肯定人之自觉努力之力量为其内在特色；而此特色所表现之具体活动，即在建立生活中之规范秩序。又因支持此种规范秩序之需要，而倡严肃生活之态度。"参见劳思光《新编中国哲学史》，生活·读书·新知三联书店 2015 年版，第 56 页。
② （宋）朱熹：《四书章句集注》，中华书局 1983 年版，第 183—184 页。

之知避。已乎，已乎。临人以德；殆乎，殆乎，画地而趋。迷阳迷阳，无伤吾行。吾行郤曲，无伤吾足。"①

南方之隐者表现出对孔子之徒的批判，他们以自身的行为来表达另一种人生态度，即拒斥为统治者或天下而奔命，力图在无为中保存自身，这也体现了南方哲学中关注个体的思想倾向。

三 有关早期南北哲学差异之原因的思考

通过分析，我们可以看出早期南方哲学与北方哲学具有颇为不同的特色，然而南北哲学的差异很容易被视为学派之间的不同。但其实，即便是同一学派内部也存在着南方与北方的不同倾向，譬如墨子所倡导的十个主张具有鲜明的北方哲学特色，而墨家后学对逻辑的关注则表现出与北方重现实实际功用的特点不同。又比如儒家虽然是北方哲学的典型代表，但在孔子哲学中，对情感的重视也显示出孔子哲学的复杂性。《论语·阳货》载孔子答宰我问三年之丧：

> 子曰："食夫稻，衣夫锦，于女安乎？"曰："安。""女安！则为之！夫君子之居丧，食旨不甘，闻乐不乐，居处不安，故不为也。今女安，则为之！"②

在这一对话中，孔子所表现出来的关注情感的思想倾向绝不能单纯视为北方哲学理性主义的派系，孔子对"仁"的意见甚至有较为明显的南方非理性特征，另外孔子在对待隐逸的问题上也有相互矛盾的态度。③ 因

---

① 陈鼓应注译：《庄子今注今译》，中华书局1983年版，第154页。
② （宋）朱熹：《四书章句集注》，中华书局1983年版，第180—181页。
③ 郑吉雄《从遗民到隐逸：道家思想溯源——兼论孔子的身份认同》一文言："孔子以殷人贵胄遗裔而提倡周代礼乐……唯孔子对殷遗民深致礼敬，卒前复梦奠两楹之间，尤可证其身份认同。"（《东海中文学报》2010年第22期）孔子为殷人后裔，而殷文化有较为鲜明的南方特色，孔子本人又仰慕北方之周礼，或可证孔子思想本身所具有的南北哲学之兼容性。

此，我们在分析一个哲学家的思想时也应关注到他的思想的复杂性，不可简单地将这种南北差异视为学派之别。

那么，早期中国何以会形成这种南北哲学上的差异呢？地理上的原因是一个被广泛注意的因素。俞樾《九九消夏录》言："凡事皆言南北，不言东西，何也？盖自郑君说《禹贡》导山，有阳列阴列之名，而后世遂分为南北二条：南条之水，江为大。北条之水，河为大。西北之地皆河所环抱，东南之地皆江所环抱。……南北之分，实江河大势使然，风尚因之异地。"[1]俞樾对地理要素的关注在刘师培那里得到了更为深入的分析，刘师培在《南北学派不同论》中言及：

> 东周以降，学术日昌，然南北学者立术各殊，以江河为界划，而学术所被复以山国泽国为区分。山国之地，地土硗瘠，阻于交通，故民之生其间者，崇尚实际，修身力行，有坚韧不拔之风。泽国之地，土壤膏腴，便于交通，故民之生其间者崇尚虚无，活泼进取，有遗世特立之风。故学术互异，悉由民习之不同。如齐国背山临海，与大秦同，故管子、田骈之学以法家之实际而参以道家之虚无，若邹衍之谈瀛海，则又活泼进取之证也。西秦三晋之地，山岳环列，其民任侠为奸，雕悍少虑，故法家者流起源于此，如申韩商君是也。盖国多奸民，非法不足以示威，峻法严刑岂得已乎。鲁秉周公之典则，习于缛礼繁文，故儒家亲亲尊尊之说得而中之。宋承殷人事鬼之俗，民习于愚，故墨子尊天明鬼之说得而中之。盖山国之民，修身力行则近于儒，坚忍不拔则近墨，此北方之学所由发源于山国之地也。
>
> 楚国之壤，北有江汉，南有潇湘，地为泽国，故老子之学起于其间。从其说者大抵遗弃尘世，渺视宇宙，以自然为主，以谦逊为宗，如接舆、沮溺之避世，许行之并耕，宋玉、屈平之厌世，溯其

---

[1] （清）俞樾：《九九消夏录》，中华书局1995年版，第152页。

起源，悉为老聃之支派，此南方之学所由发源于泽国之地也。由是言之，学术因地而殊，益可见矣。①

刘师培所论南北之学源于南北山泽之不同，刘氏所言或有偏差，但其从地理原因讨论南北学术差异的视角则是值得继续思考的。

与俞樾、刘师培从地理上分析这种南北差异不同，劳思光则关注了商周两代文化的内在流变："北方之周文化传统，至孔子时方有哲学思想出现。孔子之学，始于研礼；而后反溯至'义'与'仁'，遂生出中国儒学之大流。故无论孔子在血统上是否属于殷人，其精神方向则全由周文化之提升及反省生出。另一面南方文化传统，则混合殷人及祝融民族之文化而成；实是中原之旧文化，非真出于南方土著。南方哲学思想之代表，即为老子及庄子之学说。"② 劳思光对于南北哲学差异原因的分析是一种归类性的，这种从两代文化传统来究察渊源的方式对于我们审视南北哲学之差异无疑是有助益的。然而，北方哲学并非只有周文化所代表的一系，同属北方哲学的墨子对于周文化的反对让我们思考这样一个问题：周文化是北方贵族哲学的代表，而墨子哲学则是北方平民一系的代表。尽管我们可以找出一些证据来证明墨子思想亦源出于周文化，但墨子本人对于周文化与儒家的反对也是显而易见的。另外，劳思光的思路对于我们理解韩非子的哲学思想也是颇为重要的。韩非所在的韩国当属南北交界之地，韩非本人在《解老》《喻老》两篇中显示出对于南方老子哲学的继承，然而韩非子本人哲学则又表现出极为鲜明的重理性与权威秩序的倾向，具有更多的北方哲学特色。而对韩非哲学这一矛盾性的解答则需借助文化传统的视角，韩国本属晋国，韩国之文化传统更多的是源自具有鲜明北方哲学特征的晋国文化，又韩非本人曾游学于齐，其哲学思想具有更多北方哲学的原因也就显而易见了。

因此，在探究南北哲学差异的原因时，亦应避免陷于简单化的思考，

---

① 刘师培：《清儒得失论》，中国人民大学出版社2004年版，第228页。
② 劳思光：《新编中国哲学史》，生活·读书·新知三联书店2015年版，第57页。

充分考量各方面因素对于我们思考呈现于各家哲学派别之间的那种差异无疑是必要的。

四 结语

通过以上分析，我们可以确证那种由地理差异带来的思想差异，确实存在于中国早期的哲学中。先秦时期的哲学之所以具有这种地理视野上的哲学差异，除了地域本身固有的不同外，也有着当时诸侯国相互独立的因素在内。春秋战国的乱世局面造就了许多大大小小的诸侯王国，这些诸侯国分布于中国疆域的不同土地上，毫无疑问，这种国家间的对立与割据对于造就哲学思想的差异是有着相当大的作用力的。然而，尽管由地域因素所带来的哲学差异在先秦时期区分明显，但南方哲学与北方哲学的差异不仅表现在中国早期的轴心时代，即使是在后世的哲学发展中，也依然存在着不同程度的南北之别。比如，王弼与郑玄便代表了汉晋时期的南北哲学之分，而陆王与程朱则可以说是宋明理学中南北哲学差异的另一种表现。

南方与北方的差异在中国的文化学术中常被提及，从这一地理学角度来分析哲学思想则是一个尚未被深入思考的问题，那种更为细致的地理学分析在哲学问题的思考中更是鲜被注意，而这一视角却可以为我们审视传统哲学提供颇为有益的帮助。

文献文物研究

《说文解字》中的黄河文化*

李运富　任健行**

摘　要：《说文解字》是在黄河文化的孕育中产生的，反映了黄河流域灿烂的物质精神文化。本文全面搜集《说文解字》中与"河"有关的条目，并将其分为地名、水名、方言、物产、引文五类进行研究。这些与黄河有关的内容既反映了黄河流域的生态环境、开发情况及黄河流域居民的生存状态，也体现了黄河在古人心目中的地位，是研究黄河流域历史和文化的重要参考。

关键词：《说文解字》；黄河流域；黄河文化

黄河是中华民族的母亲河。我国先民在先秦时期便以黄河流域为主要活动区域，直至宋代，黄河流域一直是全国的政治、经济、文化中心。黄河文化是中华文明的重要组成部分，是中华民族的根和魂。《说文解字》（以下简称《说文》）是我国第一部全面分析汉字的字书，作者许慎

---

* ［基金项目］国家社科基金重大项目"清代《说文》学新材料的普查、整理与研究"（21&ZD299）的相关成果。

** ［作者简介］李运富（1957—　），河北大学燕赵文化高等研究院特聘教授，郑州大学教授、博士生导师，教育部"长江学者奖励计划"特聘教授，教育部高等院校中文专业教学指导委员会委员，"古文字与中华文明传承发展工程"协同攻关创新平台、郑州大学汉字文明研究中心研究员。研究方向为汉语言文字学；任健行（1993—　），郑州大学文学院、汉字文明传承传播与教育研究中心博士研究生。研究方向为汉语言文字学。

是汝南人（今河南省漯河市），从时代来看，许慎生活的东汉正是黄河流域经济、文化发展的鼎盛时期。从地域上说，汝南郡位于黄河中下游地区，与当时的文化中心洛阳相距不远。因此，在撰写《说文》时，许慎一定会受到黄河文化的影响。探讨黄河对《说文》的影响以及《说文》对黄河的记载是黄河文化及《说文》研究的重要课题。本文选择大徐本《说文》中带有"河"字的条目进行研究，参考小徐本《说文解字系传》和段玉裁《说文解字注》的相应条目，希望通过对这些材料的分析关联，一窥《说文》与黄河文化的关系，并借此申发《说文》在黄河文化中的价值。

在大徐本《说文》中，"河"字共出现53次，"河"在这些条目中都是专指黄河。涉及的内容大致可分为地名、水名、方言、物产以及引文五类，分别从不同角度反映了东汉甚至更早以前黄河流域的自然景观及社会文化。

一 《说文》中与黄河相关的地名

在我们测查的材料中，地名所占比重最大。要了解这些地名跟黄河的关系，得先观察黄河的整体走势及几个大的区域划分。侯甬坚（1995：21）指出："周秦时代的区域名称，多由专有名词后缀方位词构成。"[①] 秦汉时期黄河流域的区域名也大体遵循这个规律，计有"河东、河西、河南、河北、河内、河上、河朔、西河"等不同名称。它们所指的地域历史上多有变化，跟时代和设置名称的主体位置相关，不同时代不同主体的同一名称所指可能不同。对应今天的行政区划而言，这些名称的方位和范围大致如图1[②]。

在上述黄河流域地理范围内，《说文》特别关注了一些具体地名，这些地名大约可分为四类，一是古地名，二是汉代的郡名，三是汉代的县名，四是汉代的自然区域名。分别讨论如下：

---

① 侯甬坚：《区域历史地理的空间发展过程》，陕西人民教育出版社1995年版，第21页。
② 本文图片均以谭其骧《中国历史地图集》为底图绘制。

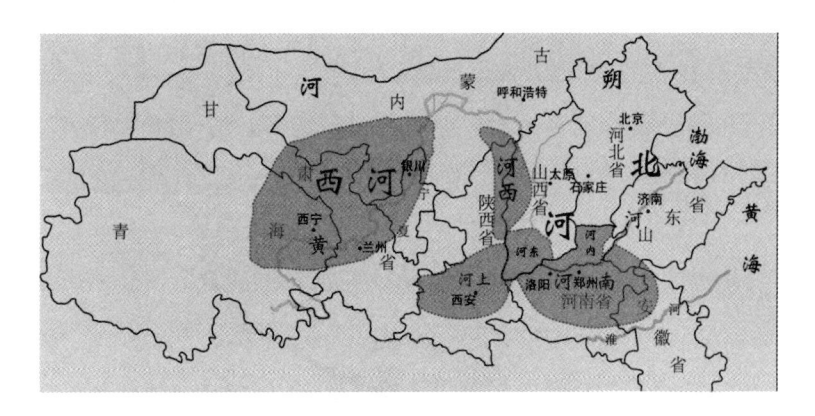

图 1　黄河地理古今对照

（一）古地名

我们测查的材料中，共有 5 个古地名。我们将《说文》中的说解以及这些古地名的大致位置整理为表 1。

表 1　　　　　　　　　　《说文》古地名及其位置

地名	《说文》说解	位置
邢	邢，周公子所封，地近河内怀	约在今河南省武陟县
邘	邘，周武王子所封，在河内野王是也	约在今河南省沁阳县西北
邶	邶，故商邑，自河内朝歌以北是也	约在今河南省淇县以北
䢵	䢵，周邑也，在河内	约在今河南省沁阳县
郟	郟，河南县直城门官陌地也。从邑夹声。《春秋传》曰："成王定鼎于郏鄏。"	约在今河南省洛阳市境内

从表 1 可以看出，《说文》对古地名的说解方式主要以标注来源并说明其在汉代位置为主。对一些文献中有用例的地名，说解中也会提供文献依据。从许慎的说解看，这五个古地名位于河内、河南两郡，其大致位置如图 2。

可以看出，这些城邑均位于黄河附近。城市是人群密集的生产、生活中心，也是物质文化和精神文化发展的标志。商周时期的黄河流域已经产生了大量城邑，李孝聪指出："西周灭商之后，在东方的领土骤然扩

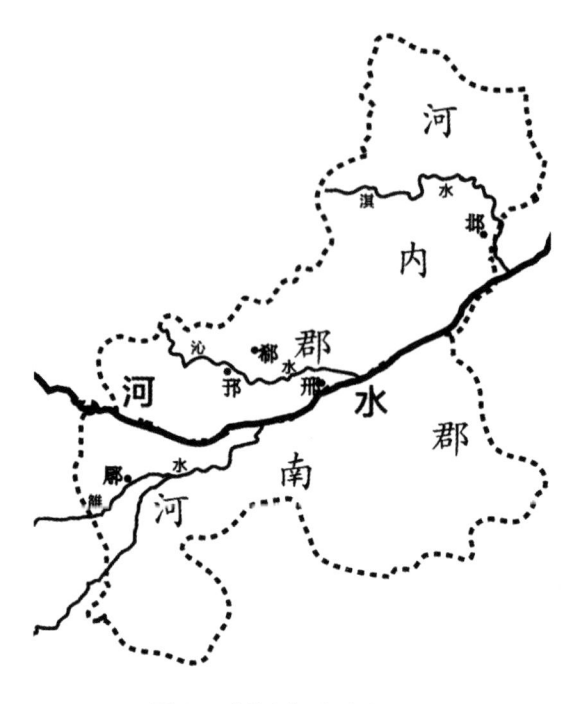

图 2 《说文》古地名位置

大许多,为了'抚有'辽阔的'东土',包括殷商人旧地,周人采用了更加完善的分封制度。……在分封的众多诸侯国内,规划建设了一批中心城邑,当时称为'国',使东土成为中小城市分布和发展最活跃、最有生气的地带,遂形成一次大范围的建城高潮。"①《说文》中古地名的时代分布就是这次建城高潮的体现:上述地名大多为周代分封时产生,"郟"为周成王定鼎之处,"邢""邢"为周封地,"郪"为周邑。"邯"《说文》说解为"故商邑",即本为商代城邑。但王筠《说文解字句读》:"商邑者,谓邦畿也。云故者,谓周分朝歌以北建邯国,而求其故则本是商邑也。"② 可见"邯"也是周代建立的城邑。

除此之外,《说文》中还有"邰""郊""邲""鄠""郑""郔""鄢""郁""邰""邽"等黄河流域的古地名,大部分为周邑或者周的封

---

① 李孝聪:《中国城市史》,山东教育出版社 2007 年版,第 65—66 页。
② 王筠:《说文解字句读》,中华书局 1998 年版,第 234 页上栏。

地。《说文》之所以没有将这些地名与"河"关联，主要原因有二：其一，一些古地名位于黄河支流或二级支流附近，距干流有一定距离。如"郑"，《说文》："京兆县，周厉王子友所封。""郑"大约在今陕西省华县，位于黄河支流渭河附近，距黄河主道有一定距离。又如"酆"，《说文》："周文王所都，在京兆杜陵西南。"京兆杜陵约在今陕西省户县东，位于黄河的二级支流沣河附近，距黄河主道的距离更远。其他"邰""郂""邠""郇""鄠"等也属于此类。其二，一些古地名的具体位置难以确知，许慎在说解时就只说明来源，对其位置则语焉不详。如"鄩"，《说文》说解为"周邑也"，徐锴指出："杜预曰：'河南巩县西南有地名鄩。'"河南巩县即今河南省巩义市，距黄河干流不远，但许慎无法确定其具体所在，所以未加说明。又如"祭"，《说文》的说解也是"周邑也"。王筠《说文解字句读》："《左传》：'凡蒋、邢、茅、胙、祭，周公之胤也。'案此六国皆在王畿之内，故曰周邑。周之王畿，东西长而南北短。此祭本在东都，非如郑之有新郑。群书作祭，《穆天子传》作郏。"①"祭"在今河南省洛阳市附近，虽然距黄河不远，但由于许慎不能确定其具体位置，所以只对其来源进行了说解。"邙"也属于此类。值得特别说明的是，《说文》中收录的古地名大都见于文献记载，如"邢""邘""鄩"均见于《左传》，"邶""邰"见于《诗经》。这体现出《说文》收字的原则是在文献中有实际用例，与《说文》解经的撰写目的相合。

总之，从《说文》的古地名中可以看到，商周时期黄河流域已经产生了众多城邑，这表明商周时期黄河流域的开发已经有一定的规模。

（二）汉代郡名及自然区域名

我们测查的材料中共出现 10 个汉代郡名，分别是河南、河内、河东、西河、上党、太原、北地、敦煌、陇西以及金城。这些郡的地理位置均在黄河流域，其中与黄河直接相关的有河南、河内、河东、西河四

---

① 王筠：《说文解字句读》，中华书局 1998 年版，第 234 页上栏。

个。这四个郡名以黄河作为主要参照物，分别指代黄河以南、以北、以东、以西的部分地区。虽然这四个郡的命名理据非常简单，却是我国最有影响力、使用时间最长的行政区名。下面对四个行政区划名的使用历史进行简单梳理，以见这几个地区的历史文化渊源。

首先看河东。"河""东"二字在甲骨文中已经连用①，只代表黄河以东的自然区域。战国时期魏国设立河东郡，这时河东已经成为一个行政区划名，所辖范围大约在今山西西南部地区。从战国到汉代，河东郡的具体范围变化不大。西晋时期，河东郡缩小，所辖范围大约在今山西万荣县、绛县以南，河南王屋山以西的地区。到了唐代，河东郡改名河东道，所辖区域大约相当于今山西全省及河北西北部地区。宋代河东郡改名河东路，所辖范围与唐代基本相同。宋代之后，河东作为一级行政区划逐渐被山西替代，但并未消失。元代设有河东山西道，所辖范围包括今山西全境及内蒙古的一部分地区。明清两代设有河东盐政司，掌管山西、陕西两地的食盐售卖。

其次看河内。战国时期，魏国设立河内郡，河内成为行政区划名，所辖范围大约在今河南省黄河以北的区域。战国至汉代，河内郡的范围变化不大。到了唐代，河内降格为县，并入河北道，治所在今河南省沁阳市。从此之后，河内不再作为一级行政区划使用，但并未消失，元明清三代均有河内县，属河南省，治所均在今河南省沁阳市。

复次看西河。西河沿革与河内近似。战国时期，魏国设立西河郡，西河成为行政区划名，所辖范围大约在今陕西渭南地区东部以及延安地区东南。西汉时期，西河郡所辖范围大约在今山西忻州、吕梁地区西部，陕西延安、榆林地区东部及内蒙古伊克昭盟东南部地区。三国时期，西河郡属魏国，范围继续扩大到今汾河流域。到了唐代，西河降格为县，并入河东道，治所在今山西汾阳。宋代之后，西河作为县名一直存在。

最后看河南。河南的情况则相对复杂。据黄吉军、黄吉博的研究，

---

① 如："癸巳卜，□贞，令般涉于河东……"（合5566）、"弜于河东……"（合34255.2）、"徣……方其涉河东兆。其……"（合8409）等。

河南之名战国时期就已出现，最初是周王室的王城。秦灭周，在其地置三川郡①。汉代之后，河南一直作为一级行政区划名使用，但其范围有所变化。汉代河南郡的范围大致在今河南段黄河以南，密县、新郑以北，孟津、汝阳以东，原阳、中牟以西的地区。到了唐代，河南郡改名河南道，范围有了较大拓展，其辖区相当于今河南山东两省黄河故道以南，淮河以北，延津、许昌、舞阳以东的地区。宋代河南道降格为河南府，辖区约在今河南段黄河以南，登封、伊川、嵩县以北，渑池、洛宁以东，登封、巩县以西，范围大大缩小。元代设立河南江北行省，所辖范围又变大，辖区包括今河南省以及安徽省、湖北省、江苏省的长江以北地区。从战国时期到元代，河南的辖区虽然有所变化，但一直都在黄河中下游以南，是名副其实的"河南"。到了明代，河南的东西范围大大缩减，但南北范围却有所扩展。元代隶属中书省的一部分地区在明代划归河南管辖，从此之后河南境内也包含一部分黄河以北的区域。

　　河南、河内、河东、西河四个地名在历史上一直被使用着。游汝杰指出："在历史文化悠久的地区，现代的地名往往是从古代一直沿用至今。尽管这个地区的居民成分已经发生变化，或方言已经发生变化，但地名可以依然故我。"② 以黄河为参照物的地名的长期使用，说明古人在生活中与黄河的互动频繁，也与黄河流域具有较长的开发历史有关。以处于黄河中下游的河东、河内、河南三郡为例，《史记·货殖列传》："昔唐人都河东，殷人都河内，周人都河南。夫三河在天下之中。"说明在西汉之前，河东、河内、河南等地就因为地理位置在"天下之中"而一直为统治者所重视。西汉初分封同姓诸侯，河东、河内、河南三郡为天子自有，称为三河地区③。汉文帝之后，三河地区属司隶校尉部，直接隶属首都管辖，可见其重要性。三河地区之所以为秦汉时期的统治者重视，

---

① 参见黄吉军、黄吉博《谈"河市"、"河亭"和秦墓断代》，《中原文物》1998年第2期。
② 游汝杰：《中国文化语言学引论》，高等教育出版社1993年版，第96页。
③ 《汉书·诸侯王表》："天子自有三河、东郡、颍川、南阳，自江陵以西至巴蜀，北自云中至陇西，与京师内史凡十五郡。"

这与其地理环境有密切关系。三河地区水源充足，除黄河及其支流外，还有大量其他河流。这些河流为三河地区提供了充足的水源，便于灌溉及水运。另外，河流也是天然屏障，可以阻挡外敌入侵。司马迁在《十二诸侯年表》中分析各诸侯国兴盛的原因时指出："齐、晋、秦、楚其在成周微甚，封或百里或五十里。晋阻三河，齐负东海，楚介江淮，秦因雍州之固，四海迭兴，更为伯主。"可见，司马迁认为晋国的兴盛就与三河有关。实际上，除了《史记》中提到的古都之外，三河地区还有不少历史悠久的城邑。上面提到的古地名，有相当一部分是在三河地区之内，说明地名沿用的历史跟该地的社会发展密切相关。

值得注意的是，历史上其实还有个北方的"河南"，是以内蒙古的黄河为参照的，指"几"字形黄河上端横线以南地区，秦汉时期把这个地区叫"河南地"，汉武帝时在此设"朔方郡"，明代称"河套"。河套就是黄河像套袋一样套着的地区，包括内蒙古西南部的鄂尔多斯高原、陕西北部黄土高原和宁夏回族自治区的东北部。河套地区土地肥沃，历来为军事要地。相当于河套地区的"河南"指的是一片地域，其实并非行政区划。

在我们测查的材料中，还有一个"河朔"，也指的是自然区域，不是行政地名。《说文》："渣，洀溢也。今河朔方言谓沸溢为渣。从水沓声。"可见，许慎将其作为自然区域名使用。"河朔"最早见于《尚书·洛诰》"予惟乙卯朝于洛师，我卜河朔黎水"，指的就是黄河河套以北，有时甚至是黄河中下游以北的广大区域。河朔代表黄河以北的用法在历史上一直存在，如《后汉书·袁绍刘表列传》："拥一郡之卒，撮冀州之众，威陵河朔，名重天下。"唐《王德表墓志》："司马张文琮以公孝行纯深，奏课连最，河朔之地，人知慕德。"宋《祖仲宣墓志》"近世历官河朔，遂徙家于深州安平县，今为安平人矣"等。而"河朔"一直没有用作行政区划名，或许与其所指范围太广、指称不明确有一定关系。

(三) 汉代县乡名

在我们测查的地名中，黄河流域汉代的县乡名出现最多。这些县乡名往往跟在与黄河相关的郡名之后说明古地名或水名的具体所在。为了更为直观的了解，我们对这些县乡名进行了初步整理，其中《说文》未标注所属郡者，则参考《汉书·地理志》等材料增补。见表2。

表2　　　　　　　　　　　《说文》中的县乡名

郡名	地名	备注
河东	狐讘县	《说文》"讘"："河东有狐讘县。"《汉书·地理志》收录，在今山西永和县西南①
	闻喜县	《说文》"甚""䣙""邟"三字下有闻喜县，《汉书·地理志》收录，在山西今县东北
	临汾	《说文》："郯，河东临汾地，即汉之所祭后土处。"《汉书·地理志》收录，在今山西襄汾县南
	安邑	《说文》："陲，河东安邑陬也。"《汉书·地理志》收录，在今山西夏县西北
	东垣	《说文》："沇，水。出河东东垣王屋山。"段玉裁改为"出河东垣东王屋山。"徐灏以为下东字为衍文。《汉书·地理志》无东垣县，有垣县，王屋山即在垣县。在今山西垣曲县东南
西河	鮠氏县	《说文》"鮠"字下云："西河有鮠氏县。"《汉书·地理志》作"鮠是县"，今地无考
	美稷	《说文》："浦，西河美稷保东北水。"《汉书·地理志》收录，在今内蒙古准格尔旗西北
	中阳	《说文》："湡，水。出西河中阳北沙，南入河。"《汉书·地理志》收录，今地无考
	河津	《说文》："河津也，在西河西。"《汉书·地理志》未收入，今地无考
河南	河南县	《说文》："廊。河南县直城门官陌地也。"《汉书·地理志》收录，在今河南洛阳市西
	洛阳	《说文》："邙，河南洛阳北亡山上邑。"《汉书·地理志》作"雒阳"，在今河南洛阳市东②
	密县	《说文》"㵄""溹""灉"三字下均有"密县"。《汉书·地理志》收录，在今河南新密市东北
	荥阳	《说文》"潘"字下云："一曰水名，在河南荥阳。"《汉书·地理志》收录，今河南荥阳市东北

---

① 参见《汉书·地理志》，载周振鹤、张莉《汉书地理志汇释》，凤凰出版社2021年版。
② 洛阳、雒阳的历史用字情况可参见虞万里《"洛"、"雒"异文与汉魏二朝之五行忌避》，《社会科学》2014年第6期；李运富《从出土文献看地名｛洛｝的用字变化》（未刊稿）。

续表

郡名	地名	备注
河内	沁水	《说文》："鄈，河内沁水乡。"《汉书·地理志》收录，在今河南济源市东南
	朝歌	《说文》："邶，故商邑。自河内朝歌以北是也。"《汉书·地理志》收录，在今河南淇县
	野王	《说文》："䢴，周武王子所封。在河内野王是也。"《汉书·地理志》收录，在今河南沁阳市
	怀	《说文》："䢴，周公子所封，地近河内怀。"《汉书·地理志》收录，在今河南武陟县西南
	共	《说文》："淇，水。出河内共北山，东入河。"《汉书·地理志》收录，在今河南辉县市
	隆虑	《说文》"淇"下："或曰出隆虑西山。"《汉书·地理志》收录，在今河南林州市
	荡阴	《说文》："荡，水。出河内荡阴，东入黄泽。"《汉书·地理志》收录，在今河南汤阴县
陇西	临洮	《说文》："洮，水。出陇西临洮，东北入河。"《汉书·地理志》收录，在今甘肃岷县
	首阳	《说文》："渭，水。出陇西首阳渭首亭南谷，东入河。"《汉书·地理志》收录，在今甘肃渭源县北
北地	灵丘	《说文》："滱，水。起北地灵丘，东入河。"段玉裁指出北地当作代郡。《汉书·地理志》代郡下有此县，在今山西今县东
	广昌	《说文》："涞，水。起北地广昌，东入河。"段玉裁指出北地当作代郡。《汉书·地理志》代郡下有此县，在今河北涞源县北
太原	晋阳	《说文》："汾，水。出太原晋阳山，西南入河。"《汉书·地理志》收录，在今山西太原市西南
上党	长子	《说文》："漳，浊漳，出上党长子鹿谷山，东入清漳。"《汉书·地理志》收录，在今山西今县西

上述材料中一部分地名以城邑与河流的相对方位命名，如河南县、临洮、汾阳等，这些地名均位于黄河及其支流沿岸。值得特别说明的是河南县，汉代河南县位于今河南省洛阳市，至迟在西汉已经存在，一直作为县名使用。因其与一级行政区河南同名，在不少文献中会出现"河南河南"的说法，例如，西晋《赵汜墓表》："君讳汜，字淑伯，河南河

南人也。"隋《那卢君妻元买得墓志》："夫人讳买得,字买得,河南河南人也。"《新唐书》："卢迈字子玄,河南河南人。"清《字课图说》："山大而高谓之嵩,今专以中岳为嵩,在河南河南府登封县西。"这跟现在的吉林省吉林市好有一比(例如古文字专家刘钊是吉林省吉林市人)!同时可见古代的"河南"其实有三个地名含义。

在这些县乡地名中,还有一种现象很有意思。就是位于黄河上游的某些地名从字面上看好像与黄河无关,但实际上它们的命名可能受到黄河中下游农耕文化的影响,例如美稷。美稷县汉代属于西河郡,在今内蒙古自治区。从地望来说,美稷地处黄河上游,与农耕区相距较远,但这个县名中却包含"稷"这个黄河中下游的重要农作物。与美稷类似的地名还有很多,如西河郡有广田、榖罗、饶,朔方郡有沃野,上郡有木禾等。这些带有农业因素的地名表明西汉时期黄河上游已经开始发展农业。在汉武帝元朔二年(前127),汉朝收复阴山以南的秦朝旧地,当年就向此地移置10万人。在之后的元狩三年(前120)、元鼎六年(前111)陆续向黄河上游地区移民100多万人①。这些移民大多来自黄河中下游的农耕区,自然要在黄河上游发展农业,这些与农相关的地名或许就与西汉的这次移民有关。

另外,一些地名也可以从侧面反映黄河流域动物的分布情况。《说文》:"觟,角觟曲也。……西河有觟氏县。"《史记·货殖列传》:"龙门、碣石北多马、牛、羊、旃裘、筋角。"所谓龙门、碣石以北,包括汉代天水、陇西、安定、北地、上郡等地区,大约指今黄河上游,西河郡也在此范围之内。"觟"的本义是角弯曲,觟氏县以"觟"作为地名,说明汉代西河地区存在不少牛、羊等有角的动物,可见此地区畜牧业较为发达。将觟氏与美稷、广田、榖罗、饶等地名对比,可以看出汉代西河是一个农业、畜牧业并存的地区。

---

① 参见葛剑雄《黄河与中华文明》,中华书局2020年版。

二 《说文》中与黄河相关的水名

在我们测查的材料中，共有 18 个水名。这些材料又可分为两类，一是黄河本身，即《说文》中的"河"字。二是黄河支流，这些支流在《说文》的说解中均用"入于河"三字说解。分别讨论如下。

（一）《说文》"河"字条所记载的黄河

古人生活在黄河流域，一定会对河流"从哪里来""到哪里去"的问题产生兴趣。前者是对河流源头的探讨，后者则是对河流流向的探讨。葛剑雄指出："在人类早期生产力落后的情况下，任何一个群体都不可能掌握全面的、准确的地理信息，对自己所处的地理环境也难以作出完全自觉、自主、理性的选择。"① 对于黄河流域生活的古人来说，情况也是如此。

《说文》："河，水。出焞煌塞外昆仑山，发原注海。"许慎对黄河的源头及终点都有明确说明，这说明东汉时期人们对黄河的了解已经比较深入。但许慎并非地理学家，他对黄河源头的说解很可能来自古代文献。在东汉时期，关于河源的观点主要有两种，一种认为黄河源出积石山，另一种认为黄河源出昆仑山。第一种观点最早见于《尚书》②，第二种观点最早见于《山海经》及《尔雅》③，《说文》采取的就是第二种观点。

现在看来，这两种观点都存在一定问题④，但这体现了当时人们对黄河源头的认识，并非毫无价值。第一种观点认为河出积石山。关于积石

---

① 葛剑雄：《黄河与中华文明》，中华书局 2020 年版，第 19 页。
② 《尚书·禹贡》云："导河积石，至于龙门。南至于华阴，东至于底柱；又东至于孟津；东过洛汭，至于大伾，北过降水，至于大陆；又北播为九河，同为逆河，入于海。"《禹贡》对黄河中下游的记载非常清晰，而对于上游，则只提到积石，可见《禹贡》的作者认为黄河的源头就是积石山。
③ 《山海经·西山经》云："西南四百里，曰昆仑之丘……河水出焉。"《尔雅·释水》云："河出昆仑虚，色白。"可见《山海经》和《尔雅》的作者认为黄河源出昆仑山。
④ 参见辛德勇《黄河史话》，社会科学文献出版社 2011 年版；葛剑雄《黄河与中华文明》，中华书局 2020 年版。

山的具体位置,文献记载较为详细,如《汉书·地理志》云:"积石山在西南羌中。河水行塞外,东北入塞内。"可见此山确实存在。第二种观点认为河出昆仑山。昆仑山虽然在古代典籍中多有记载,如《庄子·天地》:"皇帝游乎赤水之北,登乎昆仑之山。"《吕氏春秋·本味》:"菜之美者,昆仑之蘋。"《淮南子·原道训》"经纪山川,蹈腾昆仑,排阊阖,沦天门"等,但对其具体位置,历代学者均未能考证清楚。也正因为如此,不少人对昆仑的真实性提出质疑。如《史记·大宛列传》云:"《禹本纪》言'河出昆仑。昆仑其高二千五百余里,日月所相避隐为光明也。其上有醴泉、瑶池'。今自张骞使大夏之后也,穷河源,恶睹本纪所谓昆仑者乎?故言九州山川,《尚书》近之矣。至《禹本纪》《山海经》所有怪物,余不敢言之也。"可见司马迁并不相信河出昆仑。班固撰写《汉书·地理志》也不采取此观点。近现代以来,学者们通过文献考证证明了古人所谓的昆仑山不可信。例如陈桥驿分析了《水经注》对昆仑山的描述,指出:"(昆仑山)分明是一座神话之山。假使这个神话确实来自新疆一带,那么,很可能是人们对于沙漠中所见的海市蜃楼的幻想和加工。因此,传说中的昆仑山是没有具体地理位置的。而现在我们在地图上看到的介于羌塘高原和塔里木盆地南缘之间的昆仑山,那是张骞和汉武帝两人合作的作品。"[1]

《禹贡》《尔雅》《山海经》均为许慎编纂《说文》时所用的参考资料,《说文》有不少地方引用此三书[2]。这说明许慎在编纂《说文》时很可能同时见到关于黄河源头的两种说法,而他选择了相信河出昆仑说。以严谨著称的许慎为什么会相信河出昆仑说呢?我们认为,这体现了许慎对黄河的崇敬之情。

除"河"字外,《说文》中"昆仑"一词共出现五次[3],具体内容如下:

---

[1] 陈桥驿:《水经注校证》,中华书局2013年版,第15页。
[2] 例如:"劦,同力也。从三力。《山海经》曰:'惟号之山,其风若劦。'""玕,琅玕也。从玉干声。《禹贡》:'雍州球琳琅玕。'""瑗,大孔璧。人君上除陛以相引。从玉爰声。《尔雅》曰:'好倍肉谓之瑗,肉倍好谓之璧。'"
[3] "昆仑"一词在《说文》中有"昆仑""崐崘"两种写法,这里统一写作"昆仑"。

泑，泽。在昆仑下。

樛，昆仑河隅之长木也。

丘，土之高也，非人所为也。从北从一。一，地也，人居在丘南，故从北。中邦之居，在昆仑东南。一曰四方高，中央下为丘。象形。凡丘之属皆从丘。

虚，大丘也。昆仑丘谓之昆仑虚。古者九夫为井，四井为邑，四邑为丘。丘谓之虚。

凤，神鸟也。天老曰："凤之象也，鸿前麟后，蛇颈鱼尾，鹳颡鸳思，龙文虎背，燕颔鸡喙，五色备举。出于东方君子之国，翱翔四海之外，过昆仑，饮砥柱，濯羽弱水，莫宿风穴。见则天下大安宁。"

上述材料中，樛训"长木"，丘训"土之高也"，虚训"大丘"，三者均有高、大的特点。"泑"字说解虽然并未体现高大，但据《水经注》："河水又东注于泑泽，即经所谓蒲昌海也。"《汉书·地理志》："蒲昌海，一名盐泽者也，去玉门、阳关三百余里，广袤三百里。"可见泑泽也具有一定规模。"凤"为神鸟，"见则天下大安宁"，也是祥瑞的征兆。我们还可以从其他文献中找到一些昆仑的特点，如《尔雅·释地》："西北之美者，有昆仑虚之璆琳琅玕焉。"郭璞注："璆琳，美玉名。琅玕，状似珠也。《山海经》曰：'昆仑山有琅玕树。'"可见，昆仑盛产美玉。又如《山海经·海内北经》："西王母梯几而戴胜杖，其南有三青鸟，为西王母取食，在昆仑虚北。"《庄子·天地》："黄帝游乎赤水之北，登乎昆仑之丘而南望，还归，遗其玄珠。"可见，昆仑为神仙的住所。在古人眼中，昆仑是神仙所居，山上的景色壮观、植物高大、动物可带来祥瑞。将这样一座神山当作黄河的源头，足见黄河在古人心目中的重要和神圣。

《说文》中还有一个字也与古人对黄河的崇拜有关，这就是"谶"字。《说文》："谶，验也。"沈涛《说文古本考》："《文选·鵩鸟赋》注引：'谶，验也，有征验之言。河洛所出书曰谶。'《魏都赋》注亦引'河洛所出书曰谶'，是今本夺'有征验'以下十二字。《文选·思玄赋》旧注引《仓颉篇》曰：'谶书，河洛书也。'《一切经音义》卷九引《三苍》曰：'谶，秘密书也，出河洛。'是古字书无不以谶为河洛所出者。"① 可见今本《说文》还应当有"有征验之言"等十二字。河图洛书是我国历史最悠久的传说之一，《周易·系辞上》："河出图，洛出书，圣人则之。"《论语·子罕》："凤鸟不至，河不出图，吾已矣夫。"可见在先秦时期河图洛书的传说已经产生。河图洛书的传说也体现了古人对黄河的崇拜之情。

另外，《说文》中还有一些内容反映了黄河的状态特征。例如"淜"，《说文》："淜，无舟渡河也。"段玉裁云："《小雅》传曰：'徒涉曰冯河，徒搏曰暴虎。'《尔雅·释训》《论语》孔注同，淜正字，冯假借字。"② 可见，在文献中多借用"冯"字记录"无舟渡河"之义，如《周易·泰》："包荒，用冯河。"孔颖达疏："冯河者，无舟渡水，冯陵于河，是顽愚之人。"《诗经·小雅·小旻》："不敢暴虎，不敢冯河。"毛传："徒涉曰冯河，徒搏曰暴虎。"《论语·述而》："子曰：'暴虎冯河，死而无悔者，吾不与也。必也临事而惧，好谋而成者也。'"孔安国注："暴虎，徒搏。冯河，徒涉。""暴虎"指徒手搏虎，"冯河"指徒步渡河，二者均是勇力的象征。《说文》中的"河"一般都指黄河，"淜"字说解应与黄河相关，而且"暴虎冯河"一词在黄河流域使用广泛。孔子将"冯河"与"死而无悔"连用，孔颖达认为"冯河"是"顽愚"之人所为。可见在古人眼里，"冯河"虽然代表勇力，但同时也是有勇无谋的象征。古人对"冯河"的态度说明徒步渡河危险性较高，从侧面反映出秦汉时期黄河流域的水量较为丰沛，水流也可能较为湍急。

（二）《说文》对黄河支流的记载

《说文》中与黄河相关的水名均为黄河支流，共有 11 个，我们将这

---

① （清）沈涛：《说文古本考》卷三，载《续修四库全书》，上海古籍出版社 2002 年影印本，经部，第 222 册，第 240 页。

② （清）段玉裁：《说文解字注》，中华书局 2019 年版，第 560 页。

些河流及《说文》的说解整理为表3。

表3　　　　　　　　《说文》中的河域水名

河名	说解	备注
涷	水。出发鸠山,入于河。从水东声	今浊漳水
洮	水。出陇西临洮,东北入河。从水兆声	今洮河
渭	水。出陇西首阳渭首亭南谷,东入河。从水胃声。杜林说,《夏书》以为出鸟鼠山。雝州浸也	今渭河
湟	水。出金城临羌塞外,东入河。从水皇声	今湟河
汾	水。出太原晋阳山,西南入河。从水分声。或曰出汾阳北山,冀州浸	今汾河
沁	水。出上党羊头山,东南入河。从水心声	今沁河
漳	浊漳,出上党长子鹿谷山,东入清漳。清漳,出沾山大要谷,北入河。南漳,出南郡临沮。从水章声	今漳河
淇	水。出河内共北山,东入河。或曰出隆虑西山。从水其声	今淇河
滱	水。起北地灵丘,东入河。从水寇声。滱水即沤夷水,并州川也	今唐河
涞	水。起北地广昌,东入河。从水来声。并州浸	今拒马河
漹	水。出西河中阳北沙,南入河。从水焉声	未详
潘	淅米汁也。一曰水名,在河南荥阳	未详

从上表可以看出,《说文》对黄河支流的记述颇为详细,其中有较为重要者,如"洮""湟",分别指黄河上游的支流洮水和湟水,"汾""渭"分别指黄河中游的支流汾河、渭河。"沁"指黄河下游的支流沁河。同时,《说文》中还记录了不少名气较小的支流,如"荡""灢""漹""滱"等。《说文》对于这些河流的说解主要可分为两部分:一是明其源头,二是明其归宿。面对数量如此庞大的河流,许慎不可能一一踏勘考察,《说文》对支流的说解应当来源于其他材料。这说明东汉时期,人们已经对黄河的支流有了非常清晰的认知,许多地名和行政区划也与这些支流相关。这些认识是古人与黄河深入互动的结果。

三 《说文》中与黄河相关的方言

在我们测查的材料中,有6条内容与方言有关。罗列如下:

寤,卧惊也。一曰小儿号寤寤。一曰河内相呼也。

惏，河内之北谓贪曰惏。

溠，浾溢也。今河朔方言谓沸溢为溠。

𪉙，鹹也。从卤，差省声。河内谓之𪉙，沛人言若虘。

希，修豪兽。一曰河内名豕也。

䥫，河内谓甗头金也。

上述材料可以按说解方式分为两类，第一类字头为通语词，许慎用方言词表示这个字的另一义，如"瘖""𪉙""希"。第二类字头即为方言词，许慎在《说文》中用通语词对其进行解释，如"惏""䥫""溠"。第一类是从文字出发，看某字可以记录哪几个词，其中有方言词。例如《说文》："希，修豪兽。一曰河内名豕也。"这说明"希"这个字可以记录"修豪兽"和"豕"两个词。第二类是从语词出发，看某个语词用哪几个字来记录，其中有方言字。例如《说文》："河内之北谓贪曰惏。"这说明河内用"惏"记录"贪"这个词。那么，"贪"这个词在通语中用哪个字记录呢？《说文》："婪，贪也。"段玉裁注："此与心部之惏音义皆同。"[①]《裴务齐正字本刊谬补缺切韵》《广韵》《集韵》等书均以"惏"为"婪"之重文。可见在通语中，用"婪"记录"贪"这个词。所以《说文》对方言的记录既包含方言字，也包含方言词。

值得注意的是，上述6条方言材料中，有5条位于河内地区。这说明河内地区较为特殊，因而引起了许慎的特别关注。河内地区的方言与此区域的历史、地理密切相关。《汉书·地理志》："河内本殷之旧都，周既灭殷，分其畿内为三国，《诗·风》邶、庸、卫国是也。"可见在汉代之前，此地区已经有了较为深入的开发，是黄河流域历史最悠久的地区之一。殷商时期，河内地区为王畿所在。到了周代，周人在此设立邶、庸（鄘）、卫三国。春秋时期，河内的主要诸侯国是卫国与晋国。晋国国力强盛，卫国疆域不断缩小。到了战国时期，卫国已经名存实亡。晋国分

---

① （清）段玉裁：《说文解字注》，中华书局2019年版，第630页。

裂为韩、赵、魏三国之后,这三个诸侯国在河内地区形成了犬牙交错的格局。大体而言,魏国占据河内地区的主体部分,赵国占据河内地区的东北角,韩国占据河内地区的西南角。诸侯分立、政权更迭可能使河内地区的方言变得较为复杂。秦汉时期,诸侯分立的格局虽然发生了改变。但河内地区北部有太行山脉,西部有王屋山脉,南部有黄河,相对封闭的自然环境也会强化方言的差异。

实际上,上述内容只是《说文》收录的方言材料中的很小一部分。西汉时期的黄河流域存在不少方言,华学诚在《周秦汉晋方言研究史》中,对《说文》在描述方言时涉及的地名进行了统计。华氏指出,《说文》中楚语被征引最多,共有50余次。秦语次之,共有45次。齐语、周语位列三、四,分别有33次和20次。汝南话位列第五,有17次。出现次数较少的是赵、魏、卫、宋一带及吴、朝鲜等地的方言[1]。从统计结果来看,《说文》收录的黄河流域方言非常丰富,秦、周、汝南、赵、魏、卫、宋等地均在黄河流域。

春秋战国时期,随着周王朝的衰微,以周地方言作为标准音的雅言的影响力开始慢慢下降,于是就出现了《说文叙》中所说"言语异声,文字异形"的现象。到了秦代,秦始皇采取"书同文"政策,解决了"文字异形"问题。但文字与语言并不相同,文字统一并不意味着语言统一。正如周振鹤、游汝杰指出:"由于方块汉字并不是拼音的,所以文字的统一并不能促使语言的统一,反而使方言的分歧产生惰性,因为使用不同方言的人们可以借助相同的文字表达和交流思想,朝廷对地方的政令,地方对朝廷的报告以及各地间的重要交流都可以借助统一的文字进行。"[2]《说文》中记录的黄河流域的方言材料就是这种矛盾的具体体现。

四 《说文》中与黄河相关的物产

黄河流域物产丰富。侯仁之(1994:47)指出:"黄河流域在世界上

---

[1] 参见华学诚《周秦汉晋方言研究史》,上海人民出版社2014年版。
[2] 周振鹤、游汝杰:《方言与中国文化》,上海人民出版社1986年版,第84页。

首先驯化了多种粮食作物和蔬菜瓜果。其中有纤维植物，有种类很多的药用植被。就动物种类而言，有可提供肉食的动物，有提供毛皮的动物，有具有极高药用价值的动物。这些动植物不仅大大丰富了中华民族的物质生活，有益于中华民族的体魄与健康，而且对世界人民的饮食与健康也有重要贡献。"① 在我们测查的材料中，也有一些可以体现黄河流域的物产情况，涉及农作物、动植物及矿产。

（一）农作物

我们测查的材料中有1条材料与农事有关，这就是"桂"字。

《说文》对"桂"的说解是："卅又，可以划麦，河内用之。从未圭声。"其中"卅又"二字存在异文，平津馆本作"册又"，汲古阁本作"桂又"，四部丛刊本、续古逸丛书本作"册叉"，汪启淑本、祁寯藻本《说文解字系传》作"卅又"，《类篇》引作"卅义"。清代学者对此异文有不同看法，严可均认为当作"卅叉"，段玉裁认为当作"卅叉"，王筠认为当作"卅义"。马宗霍指出："按段、严卅字并从《集韵》，是也。叉者，许训手指相错。引伸之，则凡枝出之物皆可谓之叉。……段改作叉，说虽自通，不如作叉为长。"② 我们认为，马宗霍的观点是正确的。

总体而言，"桂"的所指为一种耙子当无疑问。《说文》与"桂"相关的字还有"杷"，"杷"训为"收麦器"，段玉裁指出"桂亦杷也"③，桂当为杷的一种。"杷"在其他汉代字书也有收录，如《释名》："杷，播也，所以播除物也。亦言拨也，拨使聚也。"《说文》与《释名》的说解略有不同，其区别之处就在于《说文》认为"杷"只是"收麦器"，而《释名》认为"杷"还可以"播除"其他东西。"桂"《说文》的解释只限于麦，当然与其撰写目的是揭示本义有关。

据我们初步查检，"桂""杷"在先秦时期的传世文献中没有用例，

---

① 侯仁之主编：《黄河文化》，华艺出版社1994年版，第47页。
② 马宗霍：《说文解字引方言考》，中华书局2014年版，第274页。
③ （清）段玉裁：《说文解字注》，中华书局2019年版，第186页。

无法判断这两种工具产生于何时。但《说文》收录这两个字，表明至迟在汉代已经出现了专门用来收麦的农具。收麦工具的出现，说明麦的种植在汉代已经有一定规模。黄河流域土壤肥沃，水源充足，适宜发展农业，黄河文明在一定程度上就是农业文明。据宋镇豪研究，在商人的日常生活中，主要的粮食作物有禾、黍、粱、麦（大麦）、来（小麦）、秬、秠等，古代文献中的所谓"五谷""六谷""九谷"之说，其品物大体已见诸甲骨文①。郭宝钧在分析洛阳北郊汉墓出土的陶仓时指出："黍、粟（即稷）、豆、麻、麦，古人谓之五谷，此20仓每5仓为一组，殆各含有分藏五谷之意。"②《洛阳西郊汉墓发掘报告》记录了一批陶仓上的铭文，其中18件标有麦，17件标有禾，16个标有豆、麻，4个标有黍，4个标有稻③。可见在汉代，黍、禾、粟、豆、麻、麦已经成为人们种植的主要作物。

与"麦"类似的还有"禾"，在《说文》中，出现了两个专门用来收"禾"的工具，分别是"枾"和"铚"。《说文》："枾，击禾连枷也"；"铚，获禾短镰也"。据我们查检，对于麻、黍、禾、粟、稷、麦、菽等作物，除了麦与禾，其他作物均无专门的收割农具。另外，从《说文》对麦与禾的说解中也可看出二者的特殊性。《说文》："麦，芒谷，秋种厚薶，故谓之麦。麦，金也。金王而生，火王而死。""禾，嘉谷也。二月始生，八月而孰，得时之中，故谓之禾。禾，木也。木王而生，金王而死。"《说文》中的植物，只有麦、禾两字被赋予了五行的属性。这些材料说明，至少在汉代，禾与麦在人们心中的地位较为特殊，也可以表明，黄河流域的主要农作物是麦与禾。

（二）动植物

除了农作物外，秦汉时期黄河流域还有不少野生动植物。例如下面2

---

① 参见宋镇豪《五谷、六谷与九谷——谈谈甲骨文中的谷类作物》，《中国历史文物》2002年第4期。
② 郭宝钧：《洛阳涧滨古文化遗址及汉墓》，《考古学报》1956年第1期。
③ 参见陈久恒、叶小燕《洛阳西郊汉墓发掘报告》，《考古学报》1963年第2期。

条材料就与黄河流域的植物有关：

柽，河柳也。

櫾，崐崘河隅之长木也。

先看"柽"。"柽"在《诗经》中已有使用，《大雅·皇矣》："启之辟之，其柽其椐。"毛传："柽，河柳也。"《汉书·西域传》："（鄯善国）国出玉，多葭苇、柽柳、胡桐、白草。"颜师古注："柽柳，河柳也，今谓之赤柽。"余太山："柽柳，一般认为即红柳，沙漠中特产，高不过1.7米，红茎绿叶，枝叶茂密。"① 可见柽又名"赤柽""红柳"。秦汉时期红柳的分布范围当不止沙漠。上引《皇矣》为西周史诗，说明商周时期黄河中游有大量红柳的存在。《左传·僖公元年》："公会齐侯、宋公、郑伯、曹伯、邾人于柽。"杨伯峻《春秋左传注》："其地当在今河南省淮阳县西北。"② 以"柽"作为地名，反映了该地有红柳生长。淮阳县今属周口市，可见春秋时期黄河下游也存在红柳。魏晋南北朝时期，红柳已经成为珍贵木材。《南齐书·和帝王皇后列传》："世祖嗣位，运藉休平，寿昌前兴，凤华晚构，香柏文柽，花梁绣柱。"朱季海指出："《高帝纪》：'太祖辅政……又上表禁民间华伪杂物：……不得作鹿行锦及局脚柽柏床'，然柏以其香，柽以其文，为时所贵也。"③ 也正因为如此，盛产红柳的地区会将其当作贡品。如《新唐书·地理志》："灵州灵武郡，大都督府。土贡：红蓝、甘草、花苁蓉……赤柽、马策、印盐、黄牛臆。"直至今天，红柳仍是黄河中上游最常见的植物，内蒙古地区有一个名为"乌梁素海"的淡水湖泊，"乌梁素"为蒙古语，意思是生长红柳的地方，可见红柳在黄河流域分布之广。

再看"櫾"，"櫾"在传世文献中写作"榣"。段玉裁注："《西山经》

---

① 余太山：《两汉魏晋南北朝正史西域传要注》，中华书局2005年版，第81页。
② 杨伯峻：《春秋左传注》，中华书局2012年版，第276—277页。
③ 朱季海：《南齐书校议》，中华书局2013年版，第68页。

曰：'槐江之山，西望其大泽，其阴多榣木。'郭曰：'榣木，大木。'引《国语》'榣木不生危'。按榣即櫾字，韦注《晋语》亦云：'榣木，大木也。'《晋语》一本作拱木。非。"① 可见"櫾"的大木义在文献中多用"榣"记录。关于"櫾"的具体所指，我们还不能确知。但从《说文》的说解来看，"櫾"是一种生长在黄河上游的高大树木（许慎相信河出昆仑，"櫾"为昆仑山附近的树木，应当生长在黄河上游）。在商周时期，黄河流域存在较多的高大树木。邹逸麟指出："在河南安阳殷墟出土大量四不像鹿、象和竹鼠等喜暖动物的遗骸，证明商代当地有森林、草原和湖泊沼泽的存在。……近年来，在秦安大地湾遗址，发现大量房屋与柱洞，都是用木材建造的，宁夏南部西吉、隆德等地出土了一批胸径达数十厘米的粗大古木，证明宁夏南部及其邻近的黄土山区绝非今日之童山濯濯，而是有着以针叶树种为优势的规模浩大的原始针、阔叶混交林。"② 许慎对"櫾"的说解说明秦汉时期黄河流域存在较为高大的树木，这为我们了解秦汉时期黄河流域的生态环境提供了参考。

前面地名部分提到"觬"的本义是角弯曲，觬氏县以"觬"作为地名，说明汉代西河地区存在不少牛、羊等有角动物。在我们测查的材料中，还有 1 条与黄河流域的动物有关，这就是"希"字。《说文》对"希"的说解为："修豪兽，一曰河内名豕也。从彑，下象毛足。读若弟。𢑹，籀文。𢑽，古文。"段玉裁注："《释兽》曰：'豲，修豪。'希者正字，豲者俗字。或作肆者，假借字也。按此言兽，与下文𧰼豕非一物。"③ 段氏梳理了"希"在文献中的不同用字，指出"希"与"𧰼"并非一物④，但未明确说明"希"究竟是什么动物。章太炎指出："希盖与彖同物，从长脊言为彖，从修豪言为希，狐、獝、貙、貍皆兼二事。"⑤ 章氏的观点还可从古文字中得到证明。王蕴智（1996：255）通过甲骨文材料证明

---

① （清）段玉裁：《说文解字注》，中华书局 2019 年版，第 251 页。
② 邹逸麟：《中国历史地理十讲》，复旦大学出版社 2019 年版，第 21 页。
③ （清）段玉裁：《说文解字注》，中华书局 2019 年版，第 460 页。
④ 《说文》："𧰼，豕，鬣如笔管者。出南郡。"段玉裁认为𧰼指豪猪。
⑤ 章太炎：《文始》，上海人民出版社 2015 年版，第 293—294 页。

"希"由"彑"字讹误而来,二字的关系如图3①所示。

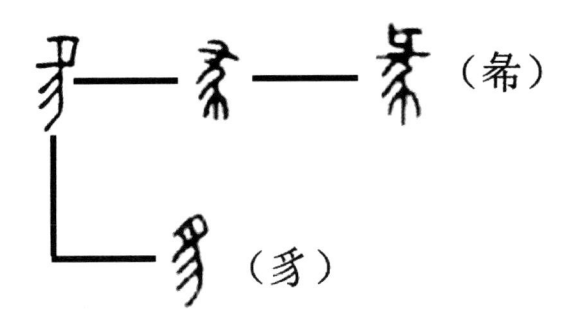

图3 "希"与"彑"

陆宗达(2019:180)将"肆""希""䝙"进行了系联,指出:"(《说文》)九卷《希部》:'䝙,希属。从二希。𦏶,古文䝙。《虞书》曰:'䝙类于上帝。'今本《尧典》皆做'肆'。许慎引古文《尚书》是以䝙为古肆字。训希属者,希、䝙皆古代凶猛之兽,专杀食动物,因用希、䝙表示残杀。"②由此可见,"希"当为一种古代食肉动物,其特点是长脊、长毛。通过《说文》对"希"的说解,我们可以看到秦汉时期黄河流域曾有过较为凶猛的食肉动物,这也反映了古代黄河流域的生态与现在有着较大差异。

(三)矿产

黄河流域矿产资源丰富,其中与人们生活关系最为密切者当属盐与铁。《汉书·地理志》:"河东土地平易,有盐铁之饶。"可见,汉代河东地区就有较为丰富的盐、铁资源。在我们测查的材料中,有一个字可以作为了解秦汉时期黄河流域食盐资源的窗口,这就是"盬"。

《说文》:"盬,河东盐池。袤五十一里,广七里,周百十六里。""盬"

---

① 参见王蕴智《释"彑""希"及与其相关的几个字》,载吉林大学古文字研究室编《于省吾教授百年诞辰纪念文集》,吉林大学出版社1996年版。
② 陆宗达:《说文解字通论》,中华书局2019年版,第180页。

的"盐池"义在文献中多有使用，如《左传·成公六年》："晋人谋去绛，诸大夫皆曰：'必居郇瑕氏之地，沃饶而近鹽，国利君乐，不可失也。'"杜预注："鹽，盐也。猗氏县盐池是。"孔颖达疏："然则鹽是盐之名，鹽虽是盐，唯此池之盐独名为鹽，余盐不名鹽也。"猗氏县在今山西省临猗县西南，《说文》所说的"河东盐池"就指的是这里的解池，而"鹽"就是河东地区所产食盐的专称。从《说文》的说解来看，汉代的河东盐池已经颇具规模。《水经注·涑水》引服虔云："土俗裂水沃麻，分灌川野，畦水耗竭，土自成盐，即所谓咸鹾也，而味苦，号曰盐田，盬鹽之名，始资是也。"这说明盐池所产的盐味道较苦，也正因为如此，这种盐又被称为"苦盐"。《周礼·盐人》："祭祀，共其苦盐，散盐。"郑玄注："杜子春读苦为盬，谓出盐直用不涷治。"孙诒让《周礼正义》："苦盐味大咸，为盐之最贵者。"[①] 可见盐池生产的盐质量较高，常作祭祀之用。

五 《说文》中与黄河相关的引文

《说文》中有 4 条与黄河相关的引文，具体内容如下：

浼，污也。从水免声。《诗》曰："河水浼浼。"《孟子》曰："汝安能浼我？"

沦，小波为沦。从水仑声。《诗》曰："河水清且沦漪。"一曰没也。

漘，水厓也。从水脣声。《诗》曰："寘河之漘。"

州，水中可居曰州，周绕其旁，从重川。昔尧遭洪水，民居水中高土，或曰九州。《诗》曰："在河之州。"

第一条材料的引文见于《邶风·新台》。关于新台的具体位置，学界有不同看法，程俊英《诗经注析》指出："新台旧址在今河南省临漳县西

[①] 孙诒让：《周礼正义》，中华书局 2013 年版，第 411 页。

黄河旁。"① 雒三桂《诗经新注》则认为新台在"今山东鄄城县东北黄河故道旁"②。我们认为,《新台》既为《邶风》中的一篇,则其位置当在邶地附近。《说文》:"邶,故商邑。自河内朝歌以北是也。"邶地在西汉属河内郡,则当在今河南省为宜。但无论如何,新台在黄河边毫无疑问。据《诗序》,《新台》是卫宣公为娶妻而筑。在黄河边筑高台娶妻,不论筑台是为了观景或者具有其他作用,都体现了黄河在古人心目中的特殊意义。

第二、三条材料的引文见于《魏风·伐檀》。关于魏地的具体所在,郑玄《诗谱》:"魏者,虞舜、夏禹所都之地,在《禹贡》冀州,雷首之北,析城之西,周以封同姓焉。其封域南枕河曲,北涉汾水。"则魏地当在黄河、汾河之间。《汉书·地理志》指出:"魏国,亦姬姓也,在晋之南河曲,故其诗曰:'彼汾一曲'、'寘诸河之侧。'"《汉书·地理志》举《伐檀》为例,可见其以诗中之河属黄河。诗歌中的地名虽不必坐实,但诗中所写场景当与黄河流域有关。首先,《伐檀》这一诗名说明了在黄河流域曾存在檀树。檀树是一种生长在热带、亚热带的树种。据竺可桢研究,春秋战国时期,我国气候较为温暖,黄河流域存在竹子、梅树这样的亚热带植物③。檀树的存在,正是战国时期气候温暖的体现。诗中的伐木场景也说明春秋战国时期,黄河流域的植被要比现在茂盛。其次,"河水清且沦猗",说明当时当地的河水非常清澈,而且比较宽阔,微风一吹,涟漪荡漾。由此可以推断第一条《说文》在"浼"训"污"的后面引《诗》"河水浼浼"是错误的,《诗》中的"浼浼"古注都解释为"水盛貌",并不是"污染"的意思,不能跟《孟子》的"浼我"相提并论。盖"浼"有"污"与"水盛"二义。南朝徐陵《报尹义尚书》:"白沟浼浼,春流已清。"唐韦应物《拟古诗》之三:"峩峩高山巅,浼浼青川流。"皆可为证。"河水浼浼"与"河水清且沦猗"相得益彰。历史的黄

---

① 程俊英、蒋见元:《诗经注析》,中华书局1991年版,第117页。
② 雒三桂、李山:《诗经新注》,齐鲁书社2009年版,第91页。
③ 参见竺可桢《中国近五千年来气候变迁的初步研究》,《考古学报》1972年第1期。

河美景，呼唤当代黄河生态的保护和发展。

第四条材料见于《周南·关雎》。周南大约作于周王室东迁前后，产生在黄河流域。"在河之州"，传世文献《诗经》均写作"在河之洲"，段玉裁指出："州本州渚字，引申之乃为九州。俗乃别制洲字，而小大分系矣。"① 可见《诗经》本当作"在河之州"。这一点从出土文献也可得到印证，《安徽大学藏战国竹简（一）》中，这一句就写作"在河之州"。"州"本义为水中可以居住的小岛，诗句表明秦汉时期黄河中有不少小岛可供人居住。直到今天，黄河中仍有不少小岛存在。其中较有名的如位于内蒙古龙口镇的太子滩、位于山西和陕西交界的乾坤湾中的鞋岛等。需要补充的是，"在河之州"的前一句是"关关雎鸠"，关于雎鸠的具体所指，历代学者有分歧。但从"在河之州"可以看出，雎鸠应当是栖息于水边的鸟类。邹逸麟对黄淮海平原湖沼变迁进行系统研究后指出："6世纪以前，由于那时气候比较温暖湿润，降水量比较丰富，西部山区的森林植被尚未遭到严重破坏，水土流失不是很剧烈，河流的含沙量不如后代那样高，在河流密布的平原上各种沼洼地十分发育。6世纪以后，平原湖沼逐渐淤废，但湖沼分布的格局尚未起根本变化。"② 可见，秦汉时期黄河流域当有较多湖沼存在，"关关雎鸠，在河之州"就是当时黄河流域生态环境的生动反映。

六 结语

李运富（2012：244）指出："在讨论汉字与文化的关系时，'文化'是不包括'汉字'的，'汉字与文化'的关系，实际上是汉字作为一个文化项与其他文化项之间的关系，这种关系具有'互证'性质，即通过汉字的分析可以引证某种文化现象的存在，而某种文化现象也可能解释汉字构形的原理。"③ 通过对有关"河"的条目的个案分析，我们可以看到，

---

① （清）段玉裁：《说文解字注》，中华书局2019年版，第574页下栏。
② 邹逸麟：《中国历史地理十讲》，复旦大学出版社2019年版，第79页。
③ 李运富：《汉字学新论》，北京师范大学出版社2012年版，第244页。

《说文》是研究黄河流域历史和文化的重要参考。《说文》中的大量古今地名向我们展示了商周秦汉时期黄河流域的众多城邑，也反映出黄河文明的悠久历史。《说文》中的水名体现了古人对黄河及其支流的深入了解与开发。《说文》中记载的物产、方言以及相关引文都有助于我们了解黄河流域古人的生活状态。《说文》是在黄河文化的孕育中产生的，反映了黄河流域灿烂的物质精神文化。许慎对河出昆仑说的认可体现了古人对黄河的崇拜，将"禾""麦"赋予五行的特殊意义则折射出黄河文化的重农特征和主要农作物信息。通过《说文》，我们可以更清晰地了解黄河的方方面面，更深入地了解黄河的前世今生。

　　同样，黄河文化对《说文》研究也有一定作用。当我们将《说文》这部著作放在黄河文化的背景下观察时，《说文》就不再是一部简单的字书，书中的字都变得更加生动。我们知道了黄河流域农业发达，就会明白为什么《说文》中收录了众多的农具、农作物相关的字。同样，我们明白了黄河对古人的意义，才能理解为什么《说文》中记载有那么多黄河流域的古今地名和河名，且许慎对这些内容都不厌其烦地详加说解。

　　习近平总书记指出："九曲黄河，奔腾向前，以百折不挠的磅礴气势塑造了中华民族自强不息的民族品格，是中华民族坚定文化自信的重要根基。"[①] 汉字不仅是汉语的记录形式，而且是可以反映客观存在、体现认识主体心灵的符号，是文化的化石。黄河文化与汉字文化都是中华民族最伟大的精神财富，二者本就同根同源。因此，我们对其进行研究时，应注意让二者紧密结合，相得益彰。

---

① 习近平：《在黄河流域生态保护和高质量发展座谈会上的讲话》，《求是》2019年第20期。

保定莲池公园所存西夏文"胜相经幢"考*

聂鸿音**

摘 要：存放在保定莲池公园的两座明代西夏文"胜相"经幢，即"佛顶尊胜陀罗尼"经幢，是现存时代最晚的西夏文字实物。通过重新释读上面的题记并结合文献考察，得知原出土地点是安葬僧人的塔院遗址，而不是此前学者认定的兴善寺。兴善寺在元代始建于保定城内，其后多次重修。明弘治年间的一次重修后有党项僧人入住，其中三人就是后来两座经幢的墓主和助缘者。经幢题记后附的助缘人名单表明，作为经幢出土地的韩庄是当年的党项人聚落，其基础是13世纪初从河西征调来护卫京师的军户。

关键词：保定；西夏文；党项；佛教；寺院；佛顶尊胜

西夏王国于公元1227年覆亡之后，河西走廊和京畿等地仍有党项人在继续使用其传统的语言和文字。今天可见时代最晚的西夏文字资料是存放在河北保定莲池公园的两座"胜相"经幢，[①] 题大明弘治十五年（1502），被认作西夏文字应用的尾声，加之其形制为存世西夏文物中所仅见，因

---

* ［基金项目］国家哲学社会科学基金重大项目"西夏文学文献的汇集、整理与研究"（17ZDA264）。本文所用资料曾经宁夏大学杨志高教授提示，谨此致谢。

** ［作者简介］聂鸿音（1954— ），河北大学燕赵文化高等研究院特聘教授，中国社会科学院民族学与人类学研究所研究员，主要研究中国少数民族文献。

① 参见宁夏大学西夏学研究中心、国家图书馆、甘肃五凉古籍整理研究中心编《中国藏西夏文献》第18册，甘肃人民出版社、敦煌文艺出版社2005年版。

而一度颇受学界重视。不过，当开始研究这两座经幢的时候，中国的西夏学正处在重新起步的阶段，那时大量的出土文献还未公布，研究者缺乏足够的学术积累，导致他们对西夏文字的释读和理解还存在一些不准确的地方，尤其是对寺院的故址和经幢所涉人物失考。最近三十年来，国内外的西夏研究取得了很大进步，各种文字的新资料大量面世，这使得我们有条件重新审视这两座经幢的内容及相关寺院的历史，从而为元明时期党项人在京畿地区的活动补充些许知识。

一

这两座经幢发现于河北省保定市莲池区韩庄村西面的一处遗址。当年那里的建筑可能略具规模，[①] 但于 20 世纪上半叶彻底荒废，仅余一座白塔，经幢翻倒在北院墙外的路沟中。1962 年 9 月，河北省文化局组织考古人员将经幢掘出，移至市内莲池公园，今存于公园东跨院碑廊内。

两座经幢都有形制简单的顶盖和基座，幢身为八棱柱体，"一号幢"通高 2.63 米，"二号幢"通高 2.28 米。幢面镌刻的主要内容是西夏文的《佛顶尊胜陀罗尼》，并附有西夏文和简短的汉文题记，两座经幢分别开列有助缘者姓名，总计八十余人。因经幢石质不佳导致上面所刻文字湮灭近半，现存的拓片质量也不高，其中可辨认的立幢人和助缘人题名有史金波和白滨录文。[②] 经幢顶端题"贴监洱"（jij bu dź jow）三字，[③] 最初郑绍宗、王静如参考西夏文法译作"胜相幢"，史金波和白滨则主张按照文字顺序译作"相胜幢"。两个西夏字的语序在其后引发过一点争论，[④]

[①] 据郑绍宗、王静如于 1975 年在当地访谈，有老人描述了当年的建筑，说记得幼年时见过完好的寺院，俗称"西寺"或"大寺"，殿内供奉阎君和三肖女像。参见郑绍宗、王静如《保定出土明代西夏文石幢》，《考古学报》1977 年第 1 期。

[②] 参见史金波、白滨《明代西夏文经卷和石幢初探》，《考古学报》1977 年第 1 期。

[③] 西夏字的标音据李范文《夏汉字典》（中国社会科学出版社 1997 年版）引用的龚煌城构拟，这是当前西夏学界最通行的标音法。龚煌城对声母的构拟可以信从，但所拟的介音 i 和 j 大都没有令人信服的证据，在实际研究当中大都可以视这两个介音为没有。

[④] 参见李范文《关于明代西夏文经卷的年代和石幢的名称问题》，《考古》1979 年第 5 期；参见史金波、白滨《明代西夏文经卷和石幢再探》，白滨编《西夏史论文集》，宁夏人民出版社 1984 年版。

现在看来并无必要，那显然是缺乏参考资料所致。当时人们还不知道，在俄罗斯科学院东方文献研究所的西夏特藏里有两种同时完成的《佛顶尊胜陀罗尼》译本，一为汉文，一为西夏文。① 两个译本的题目里都出现了相当于"佛顶尊胜"（uṣṇīsavijayā）的词——汉文本作"胜相顶尊"，西夏文本作"𘜶𗛝𘝯𗾔"（tśjiw pju jij bu，顶尊胜相），其间表现出了清楚的对应，所以据此把保定经幢的名称翻译成"胜相幢"是无可置疑的，至于前后两个词的易位，在西夏时代的翻译中也是常见的现象。②

两座经幢为同一人在同一时间主持修造。这个人是所在寺院的住持，其名号在二号幢用仅有的一行汉文写作"住持吒失领占"，在一号幢用西夏文写作"𗙏𗖨𗣼𗾟𘃽𗦻"（phjij śjo tśia śji rjijr dźjij），郑绍宗和王静如已经正确地判断后四个字是藏文 bkra shis rin chen（吉祥宝）的音译，相当于现代常用的译音"扎西仁钦"。按照元明两代的习惯，党项佛教徒在自己的名字前面也会冠以原来的俗姓。立幢人的俗姓在二号幢的汉文题记中被略去了，仅在一号幢上写作 phjij śjo，此前研究者音译"平尚"，而未及考察其文献来源。现在可以补充的是，这个姓氏记载在西夏童蒙课本《三才杂字·番姓氏》的第 20 行，③ 实际译法见同时代的汉文本《杂字》，作"並尚"。④ 在经幢正文后附刻的助缘者名单中，至少有八个人属于这个家族。当然纯粹就对音而言，古汉语的"並定群从"等全浊声母在西夏一律读作送气清音，宕梗二摄的鼻韵尾在西夏一律失落，⑤ 所以在音译 phjij 的时候用"並"（﹡bhiŋ > phi）和用"平"（﹡bhiŋ > phi）都是准确的。这里改用"並"，只是感觉今人的解读以直接利用当年西夏人自己的译音字为好。

---

① 参见段玉泉《西夏藏传〈尊胜经〉的夏汉藏对勘研究》，载杜建录主编《西夏学》第 5 辑，上海古籍出版社 2010 年版。
② 参见彭向前、杨浣《保定出土明代西夏文石幢名称考》，《宁夏社会科学》2011 年第 4 期。
③ 参见俄罗斯科学院东方研究所圣彼得堡分所、中国社会科学院民族研究所、上海古籍出版社编《俄藏黑水城文献》第 10 册，上海古籍出版社 1999 年版。
④ 孙伯君：《西夏番姓译正》，《民族研究》2000 年第 5 期。
⑤ 孙伯君：《12 世纪河西方音中的党项式汉语成分》，《中国语文》2016 年第 1 期。

经幢上没有出现所属寺院的汉文名称，只有西夏文写作"耍粓减"（xji śji sə）。这三个字都是专用的译音字，史金波和白滨据字面解作"稀什寺"，当然不可能是寺院的名字。郑绍宗和王静如在光绪十二年（1886）《保定府志·寺观》相关记载的启发下音译作"兴善寺"，堪称眼光敏锐。事实上那段记载正是解释经幢题记和寺院历史的关键线索，只不过兴善寺不属保定府最重要的寺院，所以在《明一统志》和《清一统志》的保定府"寺观"一门中都未见记载，自然也没能引起郑绍宗和王静如足够的重视。

两座经幢是为去世的两个出家人建立的，即所谓"墓幢"，旨在荡涤死者的一切罪孽，使之脱离地狱之苦。一号幢的墓主是"籙蘪罿危稍惮"（śia mji pja dja dow dźjij），史金波、白滨解作"沙弥巴答那征"，郑绍宗、王静如解作"沙弥巴平那争"，大概是把"危"（dja）误认作了字形相近的"敏"（phjij）。这个名号由三部分组成，前面的śia mji 两个字是"沙弥"自无疑义，后面的 dow dźjij 两个字应该是藏语 rdo rje（金刚）的译音。rdo rje 作为人名，在元明时代最常音译"朵儿只"，这是蒙古语的读法，既然西夏译作两个音节，则采用的显然是藏语口语读音，应该译作"朵只"，① 相当于现代常用的译音"多吉"。中间的 pja dja 两个字费解，虽说那最应该是个党项姓，可是在西夏文《三才杂字·番姓氏》中却没有记载。尤其值得注意的是，那两个字都不用于西夏姓氏，而是多见于音译的佛教咒语，对应的读音是 pa da。由此可以想到藏人取名常用的 dpal ldan，意思是"具足光荣、具足威德"，② 汉语音译"班丹"。只用藏名而不用俗姓是元明时期党项僧人常用的取名方式之一，③ 党项人使

---

① 这个词也出现在元刻本《过去庄严劫千佛名经》的发愿文里，参见孙伯君《元代〈河西藏〉编刊资料补正》，《中华文化论坛》2019 年第 6 期。
② 法尊、张克强等译：《格西曲札藏文词典》，民族出版社 1957 年版，第 500 页。
③ 附带说，一号幢的助缘者中还有用梵语起名的，名前面也不冠俗姓。例如前人未能识出的"罿摮粓胅"（pja mja śji rjijr）来自梵语 padma śrī（莲花吉祥），"危碩摮粓胅"（dja rjir mja śji rjijr）来自梵语 dharma śrī（法吉祥）。这两个名字按传统的汉译是"钵特摩室利"和"达摩室利"，都是元代以来西域僧人常用的名字，例如居庸关石刻《造塔功德记》的回鹘文书丹者也叫 darmaśrī（法吉祥），参见［日］村田治郎编著《居庸关》第 1 册，［日本］京都大学工学部 1957 年版，第 278 页。

用"班丹朵只"（dpal ldan rdo rje，具德金刚）这个纯藏式的名字自然不足为奇。藏式名字另见一号幢上前人未能识出的助缘者"瞳縂菜垢"（so no kja tshja），来自藏语 bsod nams rgyal mtshan（福德幢），元明时期的音译可以是"琐南监藏"；接下来又有"瞳縂脖码"（so no sjɨ gji），来自藏语 bsod nams seng ge（福德狮子），元明时期的音译可以是"琐南星吉"。

二号幢的墓主是"壘癝祇"（śiow khjiw dzjij），史金波、白滨指第一字śiow 为"贰"（phji）的讹写，于是把全词解作"比丘师"，使得墓主竟然没有了姓名。事实上该字不误，śiow khjiw 是个标准的党项姓氏，见西夏文《三才杂字·番姓氏》第35行。① 可惜的是在史料里没有保存下这个姓氏的汉文翻译，目前只能见到《三才杂字》同叶上有"薳癝"（·ji khjiw）一姓，勘同《宋史》卷七《真宗二》的"拽臼"，② 从中可知 khjiw 西夏人习惯译作"臼"。又，"壘"（śiow）字在西夏字典里与"祟"（śiow）列在一个同音字组，③ 考《三才杂字·番姓氏》有"祟納"（śiow ŋwe）一姓，勘同《金史》卷六二《交聘表下》的"埶嵬"，④ 从同音关系可以推知西夏人习惯把"壘"（śiow）译作"埶"。以此看来，śiow khjiw 的汉译构拟作"埶臼"比较合理，只不过他的名字在经幢上被略去了，犹如住持吒失领占在经幢的汉文题记上被略去了俗姓。

至此我们初步知道，这两座经幢是兴善寺的住持并尚吒失领占（扎西仁钦）在1502年发起建立的，目的是纪念那以前不久去世的该寺两个僧人，一个是沙弥，叫"班丹朵只"（班丹多吉），另一个是他的导师，姓"埶臼"。⑤

---

① 参见俄罗斯科学院东方研究所圣彼得堡分所等编《俄藏黑水城文献》第10册，上海古籍出版社1999年版。
② 参见佟建荣《西夏番姓汉译再研究》，《民族研究》2013年第2期。
③ 参见李范文《同音研究》，宁夏人民出版社1986年版。
④ 参见佟建荣《西夏番姓汉译再研究》，《民族研究》2013年第2期。
⑤ 从下文可以知道，二号幢墓主的全称是"党项姓 + 藏名"的"埶臼失嚩坚参"。藏语名字现在习惯译为"喜饶坚赞"。

二

两座经幢上各有一段题记。此前有郑绍宗、王静如译文和史金波、白滨译文，① 下面予以重新翻译和解说，旨在改正前人解读中的几处疏失。

一号幢的题记分刻幢体两面，一面记载了立幢的缘由，另一面记载了书丹者的姓名。两面的内容可以衔接。

菥壄蛜筣𰀆淮翠，耍粁减𦆀科镽蔄嚞危稍悍淮聚犖𰀆淮坚户洲簧。𰀆氡翠洱息抶胈，《贴盬瘠籧》笑麈丑崒。洱胈脒：敏勉秳粁朕纚。

笑脒：磴柏綃缜紧兽佰粁朕笑。

[大明弘治十四年，兴善寺院内沙弥班丹朵只四月二十四日命终。十五年修造此幢，命写刻《胜相总持》毕。造幢者：竝尚吒失领占。

书者：诸金圣佛寺格坚失里书。]

汉译文的"兴善寺院"来自原文"耍粁减𦆀"（xji śji sə tśjow），郑绍宗、王静如译作"兴善寺众"，史金波、白滨译作"稀什寺中"。这是因为在当时能见到的资料里找不到最后一个"𦆀"（tśjow）字的词义，所以只好勉强音译作"众"或"中"，事实上这个字的意思是"寺院"。② 西夏晚期法典《新法》卷十五里有一款讲到寺院的管理，其中开列了五十所寺院的名称，③ 几乎全部以 tśjow 命名，例如"菥麃猜窿𦆀"（tha tś

---

① 除去1977年的两篇文章外，后者的录文和译文参见史金波《西夏佛教史略》，宁夏人民出版社1988年版。

② 西夏的 tśjow 来历不明。从读音的相似考虑，时代早于它的有藏语的 jo（佛），例如 jo khang（大昭寺，佛殿），时代晚于它的有蒙古语的 jŏo（庙），例如 yihe jŏo（伊克昭，大庙）。不过，藏语和蒙古语词指的是喇嘛教的寺院，而西夏的 tśjow 则不专指藏传佛教场所。

③ 相应的俄译文和原件图版见 Е. И. Кычанов，《Новые законы》 тангутского государства，Москва：Наука，2013，с. 227–228，465–466。

hja ŋwər bju̠ tɕjow，大德敬天寺）之类。经幢把西夏的 tɕjow（寺）附在音译汉语的 xji ɕji sə（兴善寺）后面，似乎重复表现了"寺"字，① 但如所周知，在音译词后面加个本语词来辅助说明词义，这种翻译手段并非仅见。犹如新疆的"慕士塔格山"，译者在音译"慕士塔格"的同时又在后面补上了一个"山"字，其实维吾尔语 *muztagh*（冰山）中的 *tagh* 本来就是"山"的意思。

"命终"对应原文"𗏁𗖻𘓿"（mjij dja we），直译是"成为尸体"，这个表达法极其罕见，似乎暗示那不是正常死亡。郑绍宗、王静如译"尸告成"不通，史金波、白滨译"圆寂"，语句通顺但用词不当。按佛家惯例，只有高僧大德故去才称圆寂，本墓主是个夭亡的小沙弥，自然称"命终"较为妥帖。

"总持"对应原文"𗆐𘃪"（zji jij），郑绍宗、王静如误译"悉禀"，② 史金波、白滨译"总持"，正确。"总持"相当于梵语 *dhāranī*（陀罗尼）和藏语 *gzungs*（总持），这里的"胜相总持"即指《佛顶尊胜陀罗尼》（*Usnīsavijayā dhāranī*）。

"诸金圣佛寺"在字面上对应原文"𗕿𗖻𗏁𘏲𘊝"（rjur kie ɕjij tha tɕjow），这应该是个具体的寺院，但是在目前所见的史料中还没有找到音义相当的寺院名。事实上这个词作为寺院名称确实令人略感异样。③ 纯粹作为一种猜想，西夏的"𗕿𗖻"（rjur kie，诸金）或许是"融揉"（rjur kiej，世界，京师④）的同音假借。若果真如此，则"京师圣佛寺"从字面上可以讲通，甚至可以进一步猜想圣佛寺就是京城里的"能仁

---

① 本文把 sə tɕjow 译作"寺院"，是为照顾汉译文与西夏文的字数对应，并不意味着把 sə tɕjow 视为合成词。
② "禀"当作"秉"（秉持），这个错误来自《番汉合时掌中珠》第 27 页，郑、王失校。
③ "诸金"不成词。假如作"金佛寺""金圣寺"或者"圣佛寺"，则是多见的汉传寺院名，不过据《明一统志》记载，那些寺院的所在地都距保定过远，似乎不大可能派人来书丹，寺内更不可能还有人会写西夏文。
④ "融揉"可作"京师"解，例见 1249 年陈慧高《金光明最胜王经发愿文》，其中有"𘋩揉繕融揉们䐜"，当译"大朝国京师信众"。史金波《西夏佛教史略》第 315 页译"大朝国世界信众"，语义不通。

寺"。能仁寺故址位于今北京西四南大街砖塔胡同和兵马司胡同之间，为元朝三藏法师必兰纳识里于延祐六年（1319）主持建造的一所藏传佛教寺院，① 在元明时代享有盛名，但于20世纪中叶败落，终于在2001年被全部拆毁。寺院在明宣德五年（1430）印施过西夏文《高王观世音经》一千部，② 卷尾题名的助缘者都是保有传统姓氏的党项人，由此可以估计这所由色目人经营的寺院内外必有懂得西夏语文的僧俗人员。至于寺名"能仁"，那是"释迦牟尼"（Sākyamuni）的汉语意译之一，③ 而"圣佛"自然也指释迦牟尼，借助这两个词或许可以把两个寺院联系起来。

"兽佰粀朕"（gia gia ṣji rjijr）是书丹者的名字。郑绍宗、王静如音译作"葛严石领"，史金波、白滨音译作"恒河失领"，但都未做具体解释。从对音上看，gia gia 二字在西夏文献中确实可以译"恒河"（Gangā），④ 可是这个词并没有在《三才杂字·番姓氏》中记录，也从来未见用于人的姓名。整体上看，这很像是音译了蒙古语的 gegen širi——在《元朝秘史》里，前一个词音译作"格坚"，旁注"明"，后一个词音译作"失㖂里"，旁注"生皮"。⑤ 如果这个估计不错，那么西夏文的 gia gia ṣji rjijr 就应该译作"格坚失里"。使用蒙古语名字并不妨碍认定他是党项人，因为我们看到，在明刻本《高王观世音经》的卷尾发愿文里列出了二十多个助缘者，⑥ 所有人的名字全都是蒙古式的，但姓氏表明他们

---

① （清）朱彝尊《日下旧闻考》卷五〇录明正统九年（1444）（明）胡濙《大能仁寺记略》："京都城内有寺曰能仁，实延祐六年开府仪同三司崇祥院使普觉圆明广照三藏法师建造，逮洪熙元年（1424），仁宗昭皇帝增广故宇而一新之，加赐大能仁寺之额。"

② 参见有北京故宫博物院藏本，影件见宁夏大学西夏学研究中心等编《中国藏西夏文献》第12册。

③ （三国）支谦译《维摩诘经》卷下："有佛名释迦文，汉言能仁。"（《大正藏》T14, p0532b）

④ Н. А. Невский, Тангутская филология II, Москва：Издательство восточной литературы, 1960, c. 195.

⑤ 栗林均，『元朝秘史』モンゴル語漢字音訳・傍訳漢語対照語彙，仙台：東北大学東北アジア研究センター2009年版，第173、440页。

⑥ 参见宁夏大学西夏学研究中心等编《中国藏西夏文献》第12册，第408页。

全都是党项人。

三

二号幢的题记也分刻两面，内容同样可以衔接。

  𘜶𘟂𗷅𗌮𗥹𗤁𗉛𗏹𗪘，𗄊𗒹𗤎𗿯𗵏，𗐯𗋐𗐱𗵒𗉵𗞞𗀔𗟻𗪜𗷅𗺔𗢯𗾔𗏹，𗻗𘟂𗉛𗢯𗏢𗡟𘜶𘝯𗱠𗹬𗥩，《𗣼𗣆𘜶𗒛》𘟀𘜶𗆞𗙚。𗏢𗥩𗊏：𗵘𗷅𗼆𗑐𗕼𗮣。

  𘟀𗊏：𗅋𘟀𗄻𗝧𗵏𘕿𘜶……

  ［今此大明弘治十五年，兴善寺院内，城外再北方四里处地界上塔院墓内，孰白师二月六日身故。① 九月二十日修造此幢，命写刻《胜相总持》毕。造幢者：並尚吒失领占。

  书者：诸金圣佛寺比丘……］

"地界上塔院墓"为史金波、白滨所译，对应原文"𗟻𗪜𗺔𗢯𗾔𗏹"（ljɨtjɨj tśhja du·io la）。郑绍宗、王静如译作"地殿上塔寺墓"，是为了强行附和乡老传说中的"阎君殿"（地府殿）和"大寺"，其实那几个西夏字完全没有"宫殿"或"寺院"的意思。那里提示的是立幢的地址——保定府城北四里外的塔院墓，也就是当年在莲池区韩庄村西发现墓幢的地方。按照古来的惯例，集中埋葬已故僧人的塔院应该位于寺院外的某处，与寺院稍有距离，规模较大的塔院里还会有简单的享殿。目前的文献资料引导我们认定这片遗址仅仅是僧人的墓地，而不是此前学者认定的兴善寺本身，与此形成佐证的事实是，历代地方志从来没有记载过韩庄附近有什么寺院。据光绪《保定府志》卷三五第二叶"保定府城图"所示，兴善寺位于城内东南角，边上是一小片菜园。不言而喻，城内照例不可以大面积营造墓地，同一地区也不大可能出现两座同名的

---

  ① 这个 1 长句子的实际意思是：葬在城北四里以外塔院墓内的是身故于二月六日的兴善寺内的孰白师。

寺院，所以不难想到，"保定府城图"所绘城东南角的寺院正是经幢所说的兴善寺，而城北不远处的韩庄只是埋葬僧人的塔院故址。郑绍宗和王静如在1977年注意到了光绪《保定府志·寺观》里录有一篇康熙十年（1671）郭棻撰写的《重修兴善寺记略》，其中明确说寺院位于"郡城东南隅"，与光绪"保定府城图"的描绘相同。大约是考虑到寺院所在地与经幢出土地点不符，所以他们二位没有断定那就是经幢上提到的兴善寺，而只是在论文里用脚注的形式交代了一下。值得注意的是，经幢上的题记竟然详细指出了埋葬处所——塔院墓。就习惯而言这完全没有必要，因为僧人的墓葬必在塔院，一般只说出乡村名即可，[1]再强调"塔院"显得重复。对这一现象或许可以有一种解释，即经幢是在城内的寺院雕刻完成后再运到韩庄的。另外还可以想到，郑绍宗和王静如在当年的访谈中得知墓地的塔院里曾设殿供奉阎君和三肖女像，这不是党项传统的佛寺风格。不知道这些建筑是不是在16世纪以后的某个时间另行修造的，与当初的塔院并无直接继承关系。

郭棻的《重修兴善寺记略》是仅存的关于兴善寺的记载，见光绪《保定府志》卷七七第三叶转引，文章开头说：

> 郡城东南隅之有兴善寺者，不知创自何时。明永乐、宣德间碑皆记重修也，元时碑没灭不可读，历今三百年矣。

由此可知，兴善寺的创建不迟于元代，其后屡经重修，到清初又已破败。在描述了寺院的凄凉景象之后，郭棻叙述了康熙年间城内驻军中一个叫"哪杜公"的领催（拨什库）捐资主持重修的情况：

> 公驻节处密迩兴善寺，恒顾而嗟叹焉。遂捐资募众，躬率经营。常于烈日尘土中手运木石，刻期告竣。复延僧清濡为住持，置园田

---

[1] 中国史书若记载某人的葬所，最具体也只说到乡村为止，至多说到"祖茔"，而不出现"塔院"一类的词。

五亩五分五厘供苾蒭。所修殿三楹，配殿六楹，钟鼓两楼，禅堂六间，且高其门以庄观，杆其旗以表盛。丹垩金碧之功，罔弗备焉。

记文结尾处征引了当时还能见到的寺内明代碑文，着重提到了某次重修后来到寺内的住锡者、焚香修行者和施主的名字：

读明碑所记，当日重兴此寺卓锡者，则班丹端竹也；焚修者，失嚩坚参与其徒班丹朵尔只也；檀越则达官柴武也，莫非西土人。今哪杜公亦西土人，相去三百载而重修之。

这里提到的寺内三个僧徒名号都来自藏语，即班丹端竹（dpal ldan don grub，具德成就）、失嚩坚参（shes rab rgyal mtshan，慧幢）和班丹朵尔只（dpal ldan rdo rje，具德金刚），郑绍宗、王静如据此判断那个佛寺在明代为喇嘛教徒所经营。事实上记文称该寺的僧人和施主都是"西土人"，① 这只是个地理概念，其中可以包括来到中原的藏人、回鹘人，当然也包括党项人。必须提醒的是，那时信奉喇嘛教的"西土人"不限于藏族，西夏中晚期的佛教就已经带有藏传成分，而后来的党项僧人也像蒙古人一样，有用藏语起名的习惯。这就是说，僧人的藏式名字并不妨碍认定那所寺院是由党项人经营的。尤其值得注意的是，这里有一个被郑绍宗、王静如忽略的重要事实，即郭棻所引明代碑铭里提到的三个人恰好都记载在经幢上。"班丹端竹"作为建幢的助缘者，其题名见二号幢第 8 面第 2 行之首的"𗇋𗵽𗌮𗃛"（pja dja dow tśju），现在习惯译作"班丹顿珠"。"班丹朵尔只"里的"朵尔只"（藏文 rdo rje）应该就是上述一号幢的墓主班丹朵只。如果这两个名字的勘同不是巧合，则可以进一步推定二号幢的墓主就是班丹朵只的导师失嚩坚参——经幢

---

① 这个人似乎是蒙古人，他的名字由突厥语借词 tarqan（官）加上蒙古语的 ča'ur（征进）组成，元代习惯译作"达剌罕察兀儿"，前一词在《元史》多见，后一词见《元朝秘史》卷十一，总第 254、255 节。

只记下了他的俗姓"孰臼"却未记法号,明代碑铭则只记下了他的法号却未记俗姓①。失嚫坚参和班丹朵尔只在明代的某个时候(最可能是在弘治初年)一同到了保定城内,在班丹端竹重兴的兴善寺焚香修行,然而不知道什么原因,两个人没过多久就在相距不到一年的时间内先后故去了。

兴善寺的两个僧人故去后,寺院并没有为他们修建墓塔,而是建了两座相对简陋的经幢,这或许是寺院内部等级制度的体现。按照古来的传统,只有高僧大德才能获得塔葬的资格,而且塔的层级数量与和尚在寺院的地位成正比。班丹朵只和孰臼没有获得塔葬,首先是因为他们在寺院的地位较低。班丹朵只的称号是"沙弥",说明他只是一个处在学习阶段的少年出家者,② 还没有成为正式的比丘。孰臼是他修行的导师,大约也是个普通的比丘,因为除去特殊情况,沙弥的导师大都不必由寺院的上层僧侣亲自担任。另外,师徒二人故去后比邻而葬,寺院却没有及时为他们修建墓幢。两座墓幢是在他们分别去世一年半后和半年后才同时完工的,这也许是因为当时兴善寺及所属僧俗的财力有限,否则修造如此简陋的经幢完全没必要动员包括最早卓锡者班丹端竹在内的八十多位僧俗凑钱。③

四

西夏语里有四个表示"寺院"的词。其中"㳟"(tshə)音译汉语的"寺","糊經"(mjijr·jɨj)意译汉语的"精舍"(梵语 *vihara*)。除此之外,"紧"(tśjow)大致指西夏本土的寺院,"鉼棍"(·ji mji)大致指

---

① 以上假设需要满足一个条件,即郭棻当时见到的那通重修兴善寺碑并不是明永乐、宣德年间遗物,而是晚于那以后约半个世纪的弘治年间所立,否则就不能解释班丹朵尔只怎么会从宣德年间(1426—1435)一直活到1501年,而且其身份还一直是小沙弥。可惜郭棻只说了"读明碑所记",并没有说出具体的立碑时间,而兴善寺内的历代碑刻均已亡佚,相关的历史情况已经无从进一步查证了。
② 沙弥(勤策男)指不满二十岁未受具足戒的出家人,由此判断班丹尔只去世时未成年。
③ 假定两座经幢上用藏语和梵语取名的都是僧人,并且全部僧人都捐了款,那么寺内的僧侣总数也不过十几人而已。这表明兴善寺的规模不大。

藏传佛教的寺院。① 从字面看，"兴善寺"的名称用的是 tśjow 而不是·ji mji，表明它应该不专属于某个特定的藏传宗派。目前的资料表明这个宗派与四百年前西夏流行的佛教有直接的继承关系，这可以通过经幢所刻《佛顶尊胜陀罗尼》的译音用字看出来。

1977 年，郑绍宗和王静如首次考察了经幢的全部刻文，他们对比了上面的《佛顶尊胜陀罗尼》和北京居庸关过街塔的元代同名陀罗尼，认为二者的译音用字差异很大。后来李杨通过全文复原经幢上的陀罗尼，改为与迄今所见的西夏时代诸译本进行对比，发现文字差异其实很少。② 甚至可以认为，经幢上的文字基本上是从西夏翻译的同名陀罗尼沿袭而来的，并不像居庸关刻文那样，似乎是据另外的底本重新翻译的。③ 也就是说，兴善寺的佛教保持了西夏时代原有的传统。

西夏的《胜相顶尊总持功能依经录》里面有《佛顶尊胜陀罗尼》全文及念诵功效，是由僧官嚷也阿难捺（Jayānanda）用藏语口传，然后在仁宗皇帝授意下分别译出的汉夏两种文本。这两个本子与《圣观自在大悲心总持功能依经录》合刊一册，最初由仁宗皇帝在天盛元年（1149）的一次法会上印施，仁宗在汉文本卷尾的发愿文里说：④

> 朕觌兹胜因，倍激诚恳，遂命工镂板，雕印番汉一万五千卷，普施国内。臣民志心看转，虔诚顶受，朕亦躬亲而□服，每当竭意而诵持。

"一万五千卷"的印数已经不少，但仍然不能满足国民需要，所以在

---

① 这个西夏词的字面意思是"众宫"，来自梵语的 samghārāma（众园），意为"僧众的住所"，后人多音译作"伽蓝"。
② 参见李杨《保定西夏文经幢〈尊胜陀罗尼〉的复原与研究》，《宁夏社会科学》2010 年第 3 期。
③ 居庸关石刻完成于 1345 年，距西夏灭亡一个世纪多一点，那时在元朝皇帝支持下新编的"河西字大藏经"刚完成不久，应该还有人熟悉西夏文。保定经幢的建立时间距西夏灭亡已经过了近三个世纪，那时有人能简单地写几句西夏文已属难得，很难设想当时还有僧人能用西夏文翻译佛经。
④ 参见俄罗斯科学院东方研究所圣彼得堡分所、中国社会科学院民族研究所、上海古籍出版社编《俄藏黑水城文献》第 4 册，上海古籍出版社 1997 年版。

那以后又出现了多种官私印本和抄本①。书的形式都是纸幅很小的巾箱本，便于人将其带在身边起到护身作用，再加上皇帝的大力提倡，于是成了西夏境内最为流行的佛经之一，也是当今存世量最大的西夏佛经之一。② 可以相信，其中会有一个或多个本子由内徙的西夏遗民随身带入京畿地区，最终进入了寺院的收藏。

按照常识，既然有西夏传统的寺院，则周边必有西夏遗民的聚落。从经幢的助缘人题名来看，其中既有西夏皇族嵬名氏（纳簌 ŋwe mji）、后族梁氏（虑 ljow），也有融入党项族的鲜卑氏（脖膰 sjɨ pji），他们来自多个不同的家族，表明这里居住的是元代唐兀军的后代。类似的情况也许还有河北定州的一所寺院，20 世纪初在那所寺院里发现了用于佛像装藏的残经版。可惜的是所在的寺院已经无从考察，原件也下落不明，只是在《国立北平图书馆馆刊》第 4 卷第 3 号的卷首留下了 4 页照片。据王静如在该刊的"导言"中估计，那是很晚的时候利用早年的旧版再次印刷的，因版面磨损，致字迹模糊且叶面残缺不全。近年张九玲的研究揭示出这部经文是西夏文译的《十王经》，但与俄罗斯科学院东方文献研究所收藏的西夏时代译本有较大差别，是一个前所未见的全新译本。③ 由此想来，假如这个本子真的是元代新译，印版也是元代所刻，则可以证明元代定州那个寺院附近也有唐兀军的聚落，其中还有掌握西夏语文的人才。

与此不同的是，2013 年在河北邯郸大名县陈庄村出土了一座墓碑，结合史籍记载的其他材料，表明墓地旁边的村庄并非驻军，而是出自元

---

① 例如复刻本《圣观自在大悲心总持并胜相顶尊总持》卷尾有一则郭善真跋语，其中说这本小书"先后雕刊印版，持诵者良多，印版须臾损毁，故郭善真令复刻新版，以易受持"。参见聂鸿音《西夏佛经序跋译注》，上海古籍出版社 2016 年版。

② 俄、中、英三国收藏的该书有数十个编号，其中以俄罗斯科学院东方文献研究所的藏品最为丰富，除去大量残叶之外，保存比较完整的汉文本著录见 Л. Н. Меньшиков, *Описание китайской части коллекции из Хара-хото*, Москва：Наука, 1984, с. 223 – 226, 西夏文本著录见 Е. И. Кычанов, *Каталог тангутских буддийских памятников*, Киото：Университет Киото, 1999, с. 580 – 581。

③ 参见张九玲《定州佛像腹中所出西夏文〈十王经〉残片考》，载杜建录主编《西夏学》第 19 辑，甘肃文化出版社 2019 年版。

代一个单一的家族。这个墓碑正面刻有两行西夏字：

𘊄𗾧𗼲𗪙𘀄𗣼　　𗼕𗤒𗩱𗪉𗆫
[田氏夫人阿娘　　小李钤部大人]

西夏的"钤部"（𗩱𗪉 gia bju）意为"统军"，墓碑背面用汉文记载了他的生平和家世。① "小李钤部"又作"昔里钤部"，在《元史》卷一二二有传，与其长子及长孙世袭大名路达鲁花赤。其兄举立沙世袭肃州路达鲁花赤，见甘肃酒泉发现的"大元肃州路也可达鲁花赤世袭之碑"。② 另外，那以前在小李钤部墓碑附近还出土过其子李爱鲁的汉文墓碑。③ 文献记载和出土文物都证明那是个相当显赫的家族，他们的祖先出于任职的需要，一支留在河西故土，另一支内迁河北大名，迁来时会带些随从，在新的地方形成小的聚居。

莲池公园还存有一座元至正十年（1350）复刻的"老索神道碑"，原立在竞秀区的乐凯胶片厂内，碑文有梁松涛的录文和详细研究。④ 老索家族不见史籍记载，碑铭说他是河西"唐兀氏"，元初期随成吉思汗西征，后随窝阔台南下灭金，官至顺天路达鲁花赤，⑤ 于中统元年（1260）去世，葬清苑县太静乡。清苑太静乡即今保定市竞秀区的颉庄，距离经幢出土的韩庄7千米。大约是在元王朝为官必须尽力附和当权者的缘故，老索家族很早就淡化了本民族的传统文化意识，其后裔不但没有留下任何西夏字的文物，而且名字也转而采用了蒙古式的，例如他的儿子叫

---

① 朱建路曾结合元人文集和明代地方志的记载详细研究了背面的汉文碑文，参见《元代〈宣差大名路达鲁花赤小李钤部公墓志〉考释》，《民族研究》2014年第6期。

② 白滨、史金波：《〈大元肃州路也可达鲁花赤世袭之碑〉考释——论元代党项人在河西的活动》，《民族研究》1979年第1期。

③ 参见朱建路、刘佳《元代唐兀人李爱鲁墓志考释》，《民族研究》2012年第3期。

④ 参见梁松涛《〈河西老索神道碑铭〉考释》，《民族研究》2007年第2期。

⑤ 关于老索本人在顺天路（辖区包括今保定）的消息，仅元人郝经的《陵川集》中顺带提及，见卷三五《河阳遁士荀君墓铭》，其中说到墓主荀士忠（1199—1258）为避战乱"居燕赵之间。宣使老索来莅顺天，知其材，欲引为参佐。力辞不就"。

"忙古"（mangqut），孙子叫"忽都不花"（qudu buqa）。小李钤部家族的情况与此类似——其后代把姓氏改成了汉式的"李"，而且在为他立的墓碑上只有用西夏文写下的姓名，似乎其后代的西夏语文水平已经不足以写出一篇完整的碑文了。这风格显然不像保定经幢记载的党项助缘者那样，直到明代中期还在用西夏文记下他们的党项姓氏和藏式名字。

西夏覆亡之后，归顺元朝的党项人数众多，其地位虽低于蒙古人，但高于汉人。由于西夏的教育事业相对发达，各级官员的文化水平普遍较高，因此有不少党项人进入了元朝的上层统治集团，[①] 其家族部曲也随之内迁。在此前后，元朝政府还陆续从河西地区征调了大批党项人驻守内地各处，包括在京畿地区组建了属于宿卫军的"唐兀卫亲军"。以前由于有北京居庸关石刻的提示，人们估计京畿的党项人主要驻扎在京城以北，而保定的这两座经幢则证明了还有唐兀人驻扎在京城以南。

在元代，有两个少数民族曾经成规模地迁入京畿地区，即蒙古族和党项族。党项人进入中原的途径主要有二，一是任命官员导致权贵家族的迁徙，二是征调驻防士兵导致普通军户的迁徙。一般来说，权贵家族为了依附新的统治者，会在落户之后主动附和统治民族的文化，而普通军户则生活在相对封闭的环境里，希望长时间保持自己本民族的语言文字和生活方式，不愿受到外民族文化的渗透和冲击。由此可以想到，党项文化在大名陈庄和保定颉庄不及在韩庄保存得长久，其原因是陈庄和颉庄居住的是上层贵族，而韩庄的军户属于下层民众，加之宗教信仰也有利于党项语言文字的持续使用，有利于延缓党项文化的消亡。当然过了多年之后，无论是权贵还是平民，最终都融入了汉民族当中。

---

① 关于在元朝做官的党项人，参见白滨《党项史研究》，吉林教育出版社1989年版。

点校本《皇宋通鉴长编纪事本末》
（第1—26卷）指瑕[*]

丁建军[**]

摘 要：点校古籍，方便今人阅读，实为惠泽学林的好事，但如果错误频出、问题严重的点校本，会给读者造成困扰。黑龙江人民出版社2006年出版的点校本《皇宋通鉴长编纪事本末》，对底本中原有的错、漏、颠倒失校、误校之处处理了很多，但是，由于该点校本排版、校对等问题，又导致了不少新的困惑。笔者希望能将此书重新点校一次，奉献给史学界一个好的点校本。

关键词：《皇宋通鉴长编纪事本末》；点校本；瑕疵

宋朝人杨仲良根据李焘的《续资治通鉴长编》编纂的纪事本末体史书《皇宋通鉴长编纪事本末》，是一部适合宋史爱好者阅读的宋朝史书。2006年，黑龙江人民出版社出版了李之亮先生的点校本《皇宋通鉴长编纪事本末》（以下简称"点校本"），但该点校本存在不少问题。今结合笔者重新点校过程中的一些心得体会，将该点校本第1—26卷中存在的一些错误和有待商榷之处列举如下，供学界参考。

---

[*] [基金项目] 本文是河北大学培育项目"宋代治国理政长编记事文献整理与研究"（2020HPY027）及高校古委会专案"《皇宋通鉴长编纪事本末》点校整理"（GJ2019001）的部分研究成果。

[**] 丁建军（1966.10— ）河北平山县人，历史学博士，河北大学宋史研究中心副研究员、硕士生导师，主要研究方向为宋史及历史文献学。

一 底本错讹，点校本漏校者

1. 卷一，第4页（点校本的卷数和页码，下同）

"将士环列侍旦"（点校本的原文，下同）

按："侍旦"显然系"待旦"之误，底本同。《续资治通鉴长编》①（以下简称《长编》）卷一、《宋史全文》卷一、《太平治迹统类》卷一均作"待旦"，点校本应据改而未改。

2. 卷四，第62页

"命学士院使广南伪官取书判稍优者，授上佐令录簿尉。"

按："使"显然系"试"之误，底本同。《长编》卷一二作"命学士院试广南伪官"，点校本应据改而未改。另此句应断句为"命学士院试广南伪官，取书判稍优者，授上佐、令、录、簿、尉。"

3. 卷十四，第194页

"开封府女子李击登闻鼓，自言无见息，身且病，一旦死，家业无所付。"

按："见"系"儿"之误。《宋史》卷一九九《刑法一》、《续通典》卷一一三均作"开封女子李尝击登闻鼓，自言无儿息"，点校本应据改而未改。

4. 卷十八，第267页

"五月丁巳，诏修昭应宫自令八作司不须兼管领"。

按："自令"系"自今"之误，底本同。《长编》卷七一作"诏修昭应宫自今八作司不须兼领"，点校本应据改而未改。

5. 卷十五，第218页

"若敌兵渐南，王超等大军未至邢、洺，即可扰也。"

按："敌兵"系清人对"寇"之讳改，"扰"系"忧"之误，底本同。《长编》卷五八作"若寇渐南，王超等大军未至邢、洺，即可忧也"，点校

---

① 本文所用（宋）李焘《续资治通鉴长编》，系中华书局1992年点校本。

本应据此将"敌兵"改为"寇",将"扰"改正为"忧",然而均未改。

6. 卷十九,第 288 页

"诏将来出西京,经丽景、全耀、平头门改乘小辇。"

按:"全耀"系"金耀"之误,底本同。《长编》卷七四作"金耀",点校本应据改而未改。

7. 卷十九,第 292 页

"大官始进素膳"。

按:"大官"系"太官"之误,底本同,《长编》卷七五作"太官始进素膳",点校本应据改而未改。

8. 卷二十,第 304 页

"乙亥,出圣祖神化金宝牌分给京城市观,及天下名山牌,长二寸许,广寸许"。

按:(1)"京城市观"显然有误。《长编》卷八九、《宋史全文》卷六《宋真宗二》、《九朝编年备要》卷八、《太平治迹统类》卷四、(宋)江少虞《事实类苑》卷三三均作"京城寺观"。而(宋)高承《事物纪原》卷七作"宋朝会要曰天禧元年四月,诏内出圣祖神化金宝牌,分给在京宫观及外州名山圣迹之处。"考虑到宋真宗崇尚道教,视佛教为外教,其将圣祖神化金宝牌分给佛寺的可能性极小,《事物纪原》卷七的"分给在京宫观及外州名山圣迹之处",应该更接近事实。(2)此句断句也有问题,应断句为"乙亥,出圣祖神化金宝牌,分给京城寺观及天下名山,牌长二寸许,广寸许"。

9. 卷二十,第 313 页

"皆如太祀礼"。

按:"太祀"系"大祀"之误,底本同。《长编》卷八二作"皆如大祀礼",点校本应据改而未改。又按宋朝礼制,其官方祭祀分为"大祀""中祀""小祀",故"大祀"是。

10. 卷二十,第 313 页

"丁未,奉祀经度知制副使陈彭年诣宫殿"。

按："奉祀经度知制副使"系"奉祀经度制置副使"之误，底本同。《长编》卷八一作"奉祀经度制置副使"，点校本应据改而未改。

11. 卷二十，第314页

"丙辰，升应天府为西京"。

按："西京"显然系"南京"之误，底本同。北宋先后设四京，即东京开封、西京洛阳、南京应天府、北京大名府，这是常识。因此，读到"丙辰，升应天府为西京"时，就应该意识到此"西京"为"南京"之误。《长编》卷八二确实作"升应天府为南京"，点校本应据改而未改。

12. 卷二十一，第326页

"兵马都监、监押、寨主、厘务官、录事参军、判司农寺"。

按："判司农寺"系"判司等"之误，底本同。《长编》卷四五、《宋史》卷一七二均作"判司等"，点校本应据改而未改。

13. 卷二十一，第328页

"中书枢密院集其名代还考课。"

按："集"系"籍"之误，底本同。《长编》卷六六作"籍其名"、《文献通考》卷六一作"籍其姓名"，点校本应据改而未改。另外，此句应断句为"中书、枢密院籍其名，代还考课。"

15. 卷二十一，第328页

"已经转运使披断未允者"。

按："转运使"系"转运司"之误。《长编》卷六六作"已经转运司批断未允者"，《文献通考》卷六一作"已经转运司披断未允者"，点校本应据改而未改。"披"，《文献通考》卷六一同，《长编》卷六六作"批"，点校本还应出异同校。

16. 卷二十一，第329页

"乙巳，制群牧制置使"。

按：第一个"制"系"置"之误，底本同。广雅书局本[①]《长编》

[①] 广雅书局本，即光绪十九年广雅书局影印本《通鉴长编纪事本末》。

卷六六、《宋史全文》卷五、《群书考索》后集卷四四均作"置群牧制置使",点校本应据改而未改。

17. 卷二十一,第 334—335 页

"嗣宗常自言知武事,可授兼军,使当此任。"

按:"兼军"系"廉车"之误,底本作"□□"。《长编》卷七四作"嗣宗尝自言知武事,可授廉车,使当此任。"点校本应据改而未改。廉车,是唐宋时期对武官观察使的别称。点校本补"兼军"二字,显然是因不理解"廉车"的词义而臆补致误,或是排版时所致新的讹误。

18. 卷二十二,第 342 页

"朕谕以俟外班列"。

按:"外"系"升"之误,底本同。《长编》卷五二、《太平治迹统类》卷二六均作"朕谕以俟升班列",点校本应据改而未改。

19. 卷二十二,第 345—346 页

"诏遣内侍就兴唐观侧起第赐之"。

按:"侧"系"基"之误,底本同。《长编》卷七六、《宋史》卷四五七《种放传》均作"基",点校本应据改而未改,或至少应出异同校。

20. 卷二十二,第 347 页

"知制诰杨亿尝草答契丹者"。

按:"者"系"书"之误,底本同。《长编》卷八〇作"知制诰杨亿尝草答契丹书",点校本应据改而未改。

21. 卷二十二,第 348 页

"亿本寒士,先帝赏其词学,实诸官殿"。

按:(1)"实"系"寔"之误,底本不误,点校本应系误改或排版所致新的讹误;(2)"官"系"馆"之误,底本同。《长编》卷八〇、高晦叟《珍席放谈》卷上均作"寔诸馆殿",点校本应据改而未改。另:曹彦约《经幄管见》卷三作"寔在馆阁",此亦可为参证。

22. 卷二十二,第 355 页

"因诏每卷自令先奏草本"。

按:"自令"系"自今"之误,底本同。《长编》卷七六作"因诏每卷自今先奏草本",点校本应据改而未改。

23. 卷二十二,第 358 页

"钦若常语人曰"。

按:"常"系"尝"之误,底本同。《长编》卷九〇、《太平治迹统类》卷五均作"钦若尝语人曰",点校本应据改而未改。

24. 卷二十二,第 360 页

"凡天文及诸词祭,皆钦若发之"。

按:"文"系"书"之误,"词"系"祠"之误,底本同。《长编》卷八八作"凡天书及诸祠祭,皆钦若发之",点校本应据改而未改。

25. 卷二十三,第 362 页

"翰林学士钱惟演见谓权盛,附离之,与讲姻好。"

按:"离"系"丽"之误,底本、《长编》卷九九同,但文义不通。参考《长编》卷四八八"以仲等附丽之人何足深责",《宋史》卷四七〇《曾觌传》"自是觌与大渊势张甚,士大夫之寡耻者潜附丽之",点校本应据文意改"附离"为"附丽"。

26. 卷二十三,第 362 页

"张唐英《仁宗政要》又载準言丁谓持才挟奸"。

按:"持"系"恃"之误,底本同。《长编》卷九五作"丁谓恃才挟奸",点校本应据改而未改。

27. 卷二十三,第 366 页

"杨準尤善準"。

按:"杨準"系"杨亿"之误,底本同。《长编》卷九六、《宋史全文》卷六均作"杨亿尤善準",点校本应据改而未改。

28. 卷二十三,第 371 页

"上但闻宣制,亦不知误也"。

按:"不知误"底本作"不知悮",但《长编》卷九六、《宋宰辅编年录》卷三作"不之寤",文意优,点校本应据改而未改。

29. 卷二十五，第 398 页

"错本名美，大原旧卒也"。

按："大原"系"太原"之误，底本同。《长编》卷四六作"错本名美，太原旧卒也"，点校本应据改而未改。

30. 卷二十五，第 400 页

"至成都南才五里"。

按：《长编》卷四六、《宋史》卷二七八《雷德骧传附子有终传》、《资治通鉴后编》卷二十均作"至成都南十五里"，底本"才"系"十"之误，点校本应据改而未改。

31. 卷二十五，第 402 页

"尽索男子魁状者"。

按：《长编》卷四七、《太平治迹统类》卷五、《宋史》卷二七八《雷德骧传附子有终传》均作"尽索男子魁壮者"，可见底本"状"系"壮"之误，点校本应据改而未改。

32. 卷二十五，第 403 页

"怀忠会军出北门"。

按："会"，《长编》卷四七、《太平治迹统类》卷五、《资治通鉴后编》卷二一均作"旋"，点校本应据改而未改。

33. 卷二十五，第 403 页

"上微闻之，遣使按视战所，书得其状"。

按："书"系"尽"之形误。广雅书局本、《长编》卷四七、《太平治迹统类》卷五均作"尽"，《宋史》卷二七八《雷德骧传附子有终传》作"上微闻之，遣使按视战所，尽得其功状"，底本"书"系"尽"形近之误，点校本应据改而未改；"状"与"功状"有一字之差，点校本亦应出异同校。

34. 卷二十五，第 404 页

"亮出廪米裁其价，人类以济"。

按："类"系"赖"之形误。广雅书局本、《长编》卷四八均作"亮出廪米，裁其价，人赖以济"，底本"类"系"赖"的形近之误，点校本应据改而未改。

35. 卷二十五，第 404 页

"提视军器，察官吏之能否"。

按：《长编》卷四九作"提举军器，察官吏之能否"，点校本应出异同校而未出。

36. 卷二十五，第 401 页

"贼众赵延顺尽驱凶党以拒官军"。

按："贼众"系"贼将"之误，底本同。广雅书局本、《长编》卷四七、《宋史》卷二七八《雷德骧传附子有终传》均作"贼将赵延顺尽驱凶党以拒官军"，点校本应据改而未改。

37. 卷二十五，第 407 页

"交之兵甲，非贼比也。"

按：《长编》卷六六作"交趾兵甲，非贼比也"，底本"交之"系"交趾"之误，点校本应据改而未改。

38. 卷二十五，第 409 页

"其后遣将出兵，又以黎州巡检为名"。

按：《长编》卷七二作"其后遣将出兵，又以黎雅巡检为名"，底本"黎州"系"黎雅"之误，点校本应据改而未改。

39. 卷二十五，第 409 页

"又录曹利用讨宜州悬赏罚格示正辞等"。

按："讨宜州悬赏罚格"底本同。《长编》卷七二作"讨宜州贼赏罚格"，点校本应据改而未改。

40. 卷二十五，第 410 页

"即遣使赐以辟疗药"。

按：《长编》卷七三作"即遣使赐以辟瘴药"，底本的"辟疗药"系"辟瘴药"之误，点校本应据改而未改。

41. 卷二十五，第 411 页

"今诣加申戒，若蛮人安集则赏，否则部送阙下，使有所畏惧"。

按："诣"系"请"之误，底本同。《长编》卷七三作"今请加申戒，若蛮人安集则赏，否，则部送阙下，使有所畏惧"，点校本应据改而未改。

42. 卷二十六，第 417 页

"即犒以牢酒"。

按："牢酒"，《长编》卷八一作"牛酒"，点校本应据改而未改。

43. 卷二十六，第 417 页

"泸州富义监牙校赵继隆"。

按："富义监"系"富顺监"之误，底本同。《长编》卷八二作"泸州富顺监牙校赵继隆"，点校本应据改而未改。

44. 卷二十六，第 417 页

"钦若等奏：当具取进旨"。

按："取进旨"系"取进止"之误，底本同。《长编》卷八二作"钦若等奏：当具取进止"，点校本应据改而未改。

45. 卷二十六，第 418 页

"诏泸州淯井监驻泊并监并使臣，自今能绥抚蛮人、边界无事者，代还日当议甄奖"。

按：《长编》卷八三作"甲辰，诏泸州淯井监驻泊并监井使臣，自今能绥抚蛮人、边界无事者，代还日当议甄奖"。底本脱"甲辰"二字，将"监井使臣"误作"监并使臣"，点校本应据《长编》卷八三补"甲辰"二字，并改"监并使臣"为"监井使臣"。

46. 卷二十六，第 420 页

"召山獠向道开路进师"。

按："向道"系"向导"之误，底本同。《长编》卷八八、《宋史》卷四九五《抚水州传》均作"召山獠向导，开路进师"，点校本应据改而未改。

47. 卷二十六，第 420 页

"蛮拒要害，以拒官军"。

按：《长编》卷八八、《宋史》卷四九五《抚水州传》均作"蛮据要害，以拒官军"，底本第一个"拒"系"据"之误，点校本应据改而未改。

48. 卷二十六，第 424 页

"设能平之，其势益大，又须在抚之也。"

按：《长编》卷八六作"设能平之，其势益大，又须存抚之也。"底本"在"系"存"之误，点校本应据改而未改。

49. 卷二十六，第 424 页

"曰文法成，何以侵汉边，复蕃部旧地？"

按：广雅书局本、《长编》卷八六均作"曰文法成，可以侵汉边，复蕃部旧地。"底本"何"系"可"之误，一字之误将本句文意彻底弄反了，点校本应据改而未改。

50. 卷二十六，第 426 页

"因遣其种人党卑迷送知进境上"。

按：《长编》卷八七作"因遣其种人党失卑送知进达境上"，《宋会要辑稿》蕃夷四之七作"又令蕃部党失卑后随知进来献马，且送知进境上。"底本"党卑迷"与《长编》之"党失卑"有差异，且底本无"达"一字，点校本均应出异同校。

51. 卷二十六，第 427 页

"或有蕃兵侵掠，则许其应缓"。

按：《长编》卷八七作"或有蕃兵侵掠，则许其应援"，底本"应缓"系"应援"之误，点校本应据改而未改。

52. 卷二十六，第 428 页

"诏文质与曹玮及余懿叶议行之"。

按：广雅书局本、《长编》卷八八均作"诏文质与曹玮及余懿协议行之"，底本"叶议"系"协议"之误，点校本应据改而未改。

53. 卷二十六，第 428 页

"秦州永宁、小路门、威远寨"

按："小路门"广雅书局本、《长编》卷八八均作"小洛门"，另据

《宋史》卷四六七《蓝继宗传》记载，秦州有大小洛门砦，底本"路"系"洛"之误，点校本应据改而未改。

54. 卷二十六，第 428 页

"有陇波、他厮麻二族不请，高继忠、王怀信领兵招唤。续得继忠等报：三族合众拒战，破马波呲腊，斩首三百余级。"

按："三族""三百余级"，广雅书局本、《长编》卷八八均作"二族""二百余级"，点校本应据改而未改。

55. 卷二十六，第 428 页

"驻泊都监周文质、王应昌领兵戍瓦亭塞防遏之"。

按：广雅书局本、《长编》卷八八均作"驻泊都监周文质、王应昌领兵戍瓦亭寨防遏之"，底本"瓦亭塞"系"瓦亭寨"之误，点校本应据改而未改。

56. 卷二十四，第 388 页

"知凤翔府臧大圭赎铜二十斤"。

按："大圭"系误将上下结构的"奎"字拆为了"大圭"二字，底本同。广雅书局本、《长编》卷九六作"知凤翔府臧奎赎铜二十斤"，《宋史》卷四六六《周怀政传》亦作"知凤翔府臧奎等坐与怀政、能交结相称荐，皆论罪"，点校本应据改而未改。

57. 卷二十四，第 391 页

"上遣黄门黄守忠开太宁、祥符、东华传诏许王宫"。

按："黄守忠"广雅书局本作"黄守志"；"太宁"，《长编》卷八四、卷九六均作"大宁"；点校本均应出异同校。广雅书局本、《长编》卷八四、卷九六"东华"下均有"门"一字，点校本应据补而未补。

58. 卷二十五，第 404 页

"虞部员外郎薛颜同勾当广南东西路转运使"。

按：《长编》卷六六作"虞部员外郎薛颜同勾当广南东西路转运事"，底本"转运使"系"转运事"之误，点校本应据改而未改，也未出异同校记。关于宋朝"转运事"与"转运使"的差别，参见本文第 5 条。

59. 卷二十五，第 405 页

"又遣入内高班内品於德润驰驿，将诏谕贼中，能束身自归者并放罪"。

按：《长编》卷六六即作"又遣入内高班内品于德润驰驿，将诏谕贼中，能束身自归者并放罪。"底本"於德润"系"于德润"之误，点校本应据改而未改。在中国人的姓氏中，"于"是不能写作"於"的。

60. 卷二十五，第 411 页

"随行使成军校及牙吏等，各第其功而赏之。"

按："使成"系"使臣"之误，底本同。《长编》卷七三作"随行使臣、军校及牙吏等，各第其功而赏之。"点校本应据改而未改，并且"军校"前少一"、"号。

61. 卷二十六，第 423 页

"八年二月丙辰，西蕃首领唃厮啰、立遵、温逋、欺木罗丹等并遣牙吏贡名马。"

按：《长编》卷八四作"八年二月丙辰，西蕃首领唃厮啰、立遵、温逋奇、木罗丹等并遣牙吏贡名马。"底本"欺"系"奇"之误，点校本应据改而未改，并且"奇"应从上读作"温逋奇"。

62. 卷二十六，第 430 页

"厮啰遂与立遵不协，要徙邈川"。

按："要"系"更"之误，底本同。《长编》卷一一一作"厮啰遂与立遵不协，更徙邈川"，点校本应据改而未改。

63. 卷二十六，第 426 页

"于是，可汗遣其首领李吉等九人迎杨知进"。

按：《长编》卷八七作"于是，可汗遣其首领李吉等九人送杨知进还"，《宋会要辑稿》蕃夷四之七作"可汗遣首领李吉等九人送知进归汉境"，可见，底本"迎"系"送"之误，并脱"还"一字，文意前后不顺。点校本应据改而未改，并应补一"还"字而未补。

64. 卷二十六，第 426 页

"谍者还，曰：'幸为我言……"

按：《长编》卷八七作"谍者还日，幸为我言"，底本误"日"为"曰"，点校本应据改而未改，并断句错误。另，《宋会要辑稿》蕃夷四之七作"谍者回州，自为告言"，可佐证《长编》不误。

二 底本脱漏，点校本应据补而未补

1. 卷十九，第 295 页

"己丑，御五凤观酺。"

按："五凤"应为"五凤楼"，底本脱"楼"一字。《长编》卷七五作"己丑，御五凤楼观酺。"点校本应据补而未补。

2. 卷二十，第 302 页

"诏画于景灵之廊庑"。

按：景灵之廊庑，底本同。《长编》卷八五作"景灵宫之廊庑"，点校本应据补一"宫"字而未补。

3. 卷二十，第 302 页

"八月，张咏临终奏疏"。

按：底本"八月"之后脱"癸未"二字，《长编》卷八五、《太平治迹统类》卷四为"八月癸未"，点校本应据补为"八月癸未"。

4. 卷二十，第 303 页

"四月丙戌，御制景灵赞颂刻石。"

按：底本"景灵"之后脱一"宫"字，《长编》卷八六、《玉海》卷三一均作"四月丙戌，御制景灵宫赞颂刻石。"点校本应据补一"宫"字，作"四月丙戌，御制景灵宫赞颂刻石"。

5. 卷二十，第 308 页

"十一月，诏加上东岳淑明后、南岳景明后、西岳肃明后、北岳靖明后、中岳贞明后之号，仍遣官祭告。"

按：底本"十一月"后脱"戊戌"二字，据《长编》卷七六此事系于"十一月戊戌",点校本应据补"戊戌"二字。

6. 卷二十,第 313 页

"又遣分献本宫之元中法师"。

按:底本"又遣"之后脱"官"一字,文义不通。《长编》卷八二作"又遣官分献本宫之元中法师……"点校本应据补"官"一字。

7. 卷二十一,第 334 页

"上令自择其代,承矩荐安抚使李允则"。

按:"安抚使"应为"安抚副使",底本脱"副"一字。《长编》卷六四作"上令自择其代,承矩荐安抚副使李允则",点校本应据补一"副"字而未补。

8. 卷二十二,第 349 页

"又云有宪官弹亿者"。

按:《长编》卷八〇作"又云有嗾宪官弹亿者",底本脱"嗾"一字,文意已改变,故点校本应据补一"嗾"字而未补。

9. 卷二十二,第 352 页

"内侍副知阎承翰"。

按:"内侍副"之后脱"都"一字,底本同。《长编》卷五一作"内侍副都知阎承翰",点校本应据补而未补。

10. 卷二十三,第 373 页

"得无□公议乎?"

按:"□"系"违"之阙漏,底本同。《长编》卷九八作"得无公议乎",点校本只是根据《长编》卷九八出了如下一条异同校记和一个关于"□"系"乖"字的推理:"《长编》卷九八作'得无公议乎'。按:《长编》显脱一字,故文意不通。此墨丁或当为'乖'字。'乖公议'即违背公议也。"《宋史全文》卷六作"得无违公议乎",点校本应据此以"违"补底本之"□"。

11. 卷二十四,第 386 页

"因令□诸州敕文所编录建隆以来敕文内寻出全本"。

按：《长编》卷九四作"因令于诸州敕文所编录建隆以来敕文内寻出全本"，点校本应据补一"于"字而未据补。

12. 卷二十四，第 388 页

"壬戌，知永兴军府朱巽、陕西转运使梅询并削一任，巽为护国节度使，询为怀州团练使，并不署州事。"

按：《长编》卷九六作"壬戌，知永兴军府朱巽、陕西转运使梅询并削一任，巽为护国节度副使，询为怀州团练副使，并不署州事。"显然底本脱两个"副"字，点校本应据补而未补。

13. 卷二十四，第 394 页

"谓岂有逆谋哉？第失奏山陵事耳。"

按：《长编》卷九八作"且谓岂有逆谋哉？第失奏山陵事耳"，底本脱"且"一字，点校本应据补而未补。

14. 卷二十四，第 394 页

"然帝新即位，诛大臣，骇天下耳目。"

按：《长编》卷九八作"然帝新即位，亟诛大臣，骇天下耳目"，底本脱"亟"一字，点校本应据补而未补。

15. 卷二十五，第 401 页

"因问孝先破之由"。

按：《长编》卷四六作"因问孝先破贼之由"，底本脱"贼"一字，点校本应据补而未补。

16. 卷二十五，第 401 页

"杨怀忠与巡检马贵攻南"。

按：《长编》卷四七、《太平治迹统类》卷五、《宋史》卷二七八《雷德骧传附子有终传》均作"杨怀忠与巡检马贵攻城南"，底本脱一"城"字，点校本应据补而未补。

17. 卷二十五，第 401 页

"然每攻城，则雨甚滑不能上"。

按：《长编》卷四七、《宋史》卷二七八《雷德骧传附子有终传》均作"然每攻城则雨甚,城滑不能上",底本脱一"城"字,点校本应据补而未补。另,此句应断句为"然每攻城则雨甚,城滑不能上"。

18. 卷二十五,第 409 页

"其将士程,俾冬初到彼,以春夏瘴毒故也。"

按:《长编》卷七二作"其将士计程,俾冬初到彼,以春夏瘴毒故也。"底本脱一"计"字,点校本应据补而未补。

19. 卷二十五,第 409 页

"孙正辞等以北兵不谙山川道路,因点集乡丁,目白芀子弟给兵器,使为向导。"

按:《长编》卷七二、卷八一、《建炎杂记》乙集卷一七均作"目曰白芀子弟",并且本书卷二六第 415 页对此事也有如下记述:"正辞尝料简乡丁,号白芀子弟,以其识山川险要,遂为乡道。"底本"目白芀子弟"系"目曰白芀子弟"之误,点校本应据《长编》等补一"曰"字而未补。

20. 卷二十六,第 415 页

"号白芀子弟,以其山川险要,遂为乡导"。

按:《长编》卷八一、《宋史》卷四九六《西南诸夷传》均作"号白芀子弟,以其识山川险要,遂为乡导",底本脱一"识"字,点校本应据补而未补。

21. 卷二十六,第 416 页

"北至晏江山"。

按:《长编》卷八一作"比至晏江北山",可见,底本"北"系"比"之误,点校本不仅据此应改"北"为"比",并应在"晏江"之后补"北"一字。

22. 卷二十六,第 417 页

"辛卯,以益州路转运使、兵部员外郎赵祯为工部郎中"。

按:《长编》卷八三将此事系于七月辛卯,点校本应据补"七月"二字,以免将"辛卯"混入上文"六月"的记事中。

23. 卷二十六，第 420 页

"克明遣猛士步与鬭"。

按：《长编》卷八八、《宋史》卷九五四《抚水州传》均作"克明遣猛士步涉与鬭"，底本脱"涉"一字，点校本应据补而未补。

24. 卷二十六，第 427 页

"率马衔山、兰州、龛谷、毯毛山、滔河州兵三万余入寇"。

按：滔河州，底本同。《长编》卷八八、《宋史》卷四九二《吐蕃传》均作"滔河、河州"，点校本应据补一"河"字而未补。

25. 卷二十六，第 429 页

"怀信又言镇戎军、环州约三百里，请置巡检一员"。

按：《长编》卷九七作"怀信又言镇戎军去原、环州约三百里，请置巡检一员"，底本删节过当，脱"去原"二字，点校本应据补而未补，致使本句文意失真。

26. 卷二十六，第 430 页

"守穽人间出"。

按：《宋史》卷四九二《吐蕃传》作"守穽人间出之"，文意最佳，点校本应据补"之"一字。

三　点校本应出校记而不出

1. 卷三，第 52 页

"独江州军校胡与则牙将宋德明杀刺史"。

按："与则"系"则与"的颠倒，底本同。《长编》卷一七作"独江州军校胡则与牙校宋德明杀刺史"，点校本应据此乙正"与"与"则"，而没有乙正。另，底本与《长编》有"牙将"与"牙校"的差异；"军校胡则"，《梦溪笔谈》卷九、《墨客挥犀》卷一均作"大将胡则"，《九朝编年备要》卷二又作"指挥使胡则"。点校本据此还应出两个异同校记。

2. 卷十八，第 267 页

"丙寅，以昭应役工宴丁谓以下"。

按:"昭应役工"底本同。《长编》卷七一作"丙寅,以昭应宫兴工,宴丁谓以下",文意优。点校本即使不据改,也应出异同校记。

3. 卷十八,第267页

"祚洪图于万叶"。

按:"万叶"底本与《长编》卷七一同,但《宋朝诸臣奏议》卷一二八作"万载",点校本应出异同校记。

4. 卷二十,第302页

"遣内侍于莱州采玉石造景灵圣像。"

按:"景灵圣像"底本同。《长编》卷八三作"景灵宫圣像",点校本即使不据补一"宫"字,也应出异同校记。

5. 卷二十一,第316页

"大中祥符二年十月甲午,诏诸路州、府、军、监、关、县择官地建道观,悉以'天庆'为额。"

按:"路州"底本作"州路",点校本乙正为了"路州",应出校勘记而未出。

6. 卷二十一,第333页

"以枢密直学士、户部员外郎刘综知并州,同管勾并代兵马事。"

按:"同管勾并代兵马事"底本作"司管勾并代兵马事",《长编》卷六五作"同管勾并代兵马事"。点校本既已校改"司"为"同",此处便应该出校记,但点校本未出校记。

7. 卷二十二,第342页

"不敢奏"。

按:"不敢奏"底本作"不敢奏奏",《长编》卷五二、《太平治迹统类》卷二六均作"不敢奏陈",点校本应据改而未改,只是删去了一个"奏"字,又没有出校记。

8. 卷二十二,第342页

"与同知枢密院陈尧叟游旧"。

按："游旧"底本同。《长编》卷五二作"有旧"，点校本出异同校记而未出。

9. 卷二十三，第 377 页

"乞与山陵已前一切内降文字，中外并不得施行。"

按："与"底本同，而《长编》卷九八作"乞于山陵已前一切内降文字，中外并不得施行"，点校本应出异同校记而未出。

10. 卷二十四，第 387 页

"高班胡元则"。

按："胡元则"底本同，但《长编》卷九六、《宋史》卷四六六《周怀政传》均作"胡允则"，点校本出异同校记而未出。

11. 卷二十四，第 388 页

"甲辰，入内押班郑志诚尝纳朱能音问，及披获表章，有请太子亲政之辞"。

按：《长编》卷九六作"甲辰，入内押班郑志诚尝纳朱能音问，及搜获表章，有请太子亲政之辞"，"披"系"搜"之误，点校本应据改而未改；"太子"底本作"大子"，点校本改为"太子"，但未出校勘记。

12. 卷二十四，第 388 页

"王先、李贵并断手足处斩"。

按："王先"，《长编》卷九六作"王光"，点校本即使不据改，也应该出异同校记。

13. 卷二十四，第 388 页

"能子件歌以幼不胜杖"。

按："件歌"系"伴歌"之误，底本同。《长编》卷九六作"能子伴歌以幼不胜杖"，点校本应据改而未改，或至少应出异同校记。

14. 卷二十四，第 391 页

"入内黄门永成"。

按：《长编》卷一一五作"入内黄门永诚"，点校本应据改而未改，或至少应出异同校记。

15. 卷二十四，第 393 页

"籍其家，弟侍禁、寄班祗侯允中决配柳州编管"

按："柳州"底本同。《长编》卷九八作"郴州"，点校本至少应出异同校记。

16. 卷二十四，第 394 页

"皆言曰与卿等议定"。

按：《长编》卷九八作"皆言已与卿等议定"，点校本至少应出异同校记。

17. 卷二十五，第 401 页

"笑谓殿前都指挥使范廷召曰……"

按："范廷召"底本作"范廷占"。《长编》卷四七作"范廷召"，点校本将"占"改为了"召"，应出校记而未出。

18. 卷二十六，第 426 页

"秦地控接三蜀，疆境甚远"。

按："疆"底本作"强"，点校本改正了，应该是据《长编》卷八七改，但点校本应出校记而未出。

19. 卷二十五，第 407 页

"王师即至，恐其趋容管。"

按：《长编》卷六六作"王师即至，臣恐其趋琼管"，《宋史》卷四九五《黎洞传》记载："唐故琼管之地，在大海南，距雷州泛海一日而至，其地有黎母山，黎人居焉。"可见唐宋时期的"琼管"指今海南省一带，而"容管"指广西南部一带，它们是两个不同的地理概念。因此，点校本此处应据《长编》出异同校记而未出。

四 点校本断句错误

1. 卷一，第 5 页

"王彦升遇通于路，跃马逐之，至第，第门不及掩，遂杀之，并其妻子、诸将。翼太祖登明德门。"

按：此句断句有误，"诸将"应该从下读，此句应断为"王彦升遇通于路，跃马逐之，至第，第门不及掩，遂杀之，并其妻子。诸将翼太祖登明德门。"

2. 卷四，第 59 页

"桂州刺史李承进亦奔遂，取昭州、桂州"。

按：《长编》卷一一作"桂州刺史李承进亦奔还，遂取昭州、桂州。"点校本即使不据《长编》补"还"一字，此句也应断为"桂州刺史李承进亦奔，遂取昭州、桂州"。

3. 卷十四，第 192 页

"罪人至京，请择清强官虑问。若显负沈屈，则量罚，本州岛官吏自今令只遣正身，家属别俟朝旨。"

按：此句断句不当。《长编》卷二二作"罪人至京，请择清强官虑问。若显负沈屈，则量罚本州岛官吏。自今令只遣正身，家属别竢朝旨。"可供参考。

4. 卷十四，第 194 页

"颇闻台中鞫狱，御史多不躬亲垂帘，雍容以自尊大。鞫按之任，委在胥吏，求民之不冤，法之不滥，岂可得也？"

按：此句断句有问题，《长编》卷二五作"颇闻台中鞫狱，御史多不躬亲，垂帘雍容，以自尊大。鞫按之柄，委在胥吏，求民之不冤，法之不滥，岂可得也？"而且有"鞫按之任"与"鞫按之柄"的差异，即使不据改，也应出异同校记。

5. 卷十九，第 295 页

"上奠献，悲泣感动。左右初至永昌陵遇雨，有司请徙板位，遥奠于门庑间，上不许。"

按：此句应断为："上奠献，悲泣感动左右。初至永昌陵遇雨，有司请徙板位，遥奠于门庑间，上不许。"

6. 卷二十，第 301 页

"乙卯，建安军铸玉皇圣祖、太祖、太宗尊像成，以修玉清昭应宫使丁谓为迎奉修宫使，李宗谔副之。"

按：此句不仅断句错误，而且有脱字。《长编》卷八〇作"乙卯，建安军铸玉皇、圣祖、太祖、太宗尊像成，以修玉清昭应宫使丁谓为迎奉，修宫副使李宗谔副之。"点校本应据补一"副"字。《宋史》卷八《真宗三》作"乙卯，建安军铸玉皇、圣祖、太祖、太宗尊像成，以丁谓为迎奉使。"据此应补一"使"字。全句应作"乙卯，建安军铸玉皇圣祖、太祖、太宗尊像成，以修玉清昭应宫使丁谓为迎奉使，修宫副使李宗谔副之。"

7. 卷二十一，第 327 页

"寻募其勇敢团结附大军为栅官，给铠甲。"

按："募"底本作"幕"，点校本系据《长编》卷四七、《宋史》卷一九〇改为"募"，应出校勘记而未出。另，此句断句有问题，宜断为"寻募其勇敢团结，附大军为栅，官给铠甲。"

8. 卷二十二，第 353 页

"及官收湛家，实无物"。

按：《长编》卷五一作"及官收湛赃，家实无物"，底本脱"赃"一字，点校本应据补而未补，并致断句有误。

9. 卷二十三，第 366 页

"八月，太子太保、判杭州王钦若自以备位东宫，请入朝。甲申，召之，徙知相州。太常卿寇準知安州。"

按：此句断句错误，应断为"八月，太子太保、判杭州王钦若自以备位东宫，请入朝。甲申，召之。徙知相州、太常卿寇准知安州。"即甲申召判杭州王钦若入朝，而太常卿寇准由知相州"徙"知安州，而不是王钦若徙知相州。

10. 卷二十三，第 376 页

"谓以不忠得罪，宗庙尚何议耶？"

按：此句断句不妥，应断为"谓以不忠得罪宗庙，尚何议耶？"

11. 卷二十五，第 402 页

"令辨之，曰：'某尝受伪署'、'某职不复推究'，即命左右捽投火中。"

按：此句断句不当，应断为"令辨之，曰某尝受伪署某职，不复推究，即命左右捽投火中"。

12. 卷二十五，第 407 页

"象州既被围，犹有封奏，而桂州独无，若何？邴真善守者！"

按：此句应断为"象州既被围，犹有封奏，而桂州独无。若何邴真善守者！"

13. 卷二十五，第 409 页

"令笃恩信，设方略，制御毋尚讨伐，以滋惊扰。"

按：此句应断为："令笃恩信，设方略制御，毋尚讨伐，以滋惊扰。"

14. 卷二十六，第 415 页

"又使臣宋贲屡规画溪洞事，适中机会，可迁其职，使知江安县令，怀信等每与同议。"

按：此句应断为"又使臣宋贲屡规画溪洞事，适中机会，可迁其职，使知江安县，令怀信等每与同议。"

五 底本不误，点校本误改

1. 卷一，第 4 页

"诸将无主，顾策太尉为天子"。

按："顾"显然系"愿"之误。底本、《长编》卷一、《宋史全文》卷一、《太平治迹统类》卷一均作"诸将无主，愿？太尉为天子"，点校本系误改。

2. 卷一，第 9 页

"升军州为团练，用守节为使。"

按："军州"系"单州"之误。底本、《长编》卷一、《宋史全文》卷一、《太平治迹统类》卷一均作"升单州为团练，用守节为使"，点校本显然系误改。

3. 卷三，第 52 页

"大吠非其主"。

按："大"显然系"犬"之误。底本、《长编》卷一七均作"犬吠非其主",点校本将"犬吠"误作"大吠",显然系误改。

4. 卷十八,第 267 页

"而清衷浚发"。

按："浚"系"濬"之误,底本和《长编》卷七一均作"而清衷濬发",改"濬"为"浚",显然系误改。

5. 卷十九,第 294 页

"遣官分尊庙内诸神"。

按："尊"系"奠"之误,底本与《长编》卷七五均作"遣官分奠庙内诸神",点校本却将"奠"误改为"尊"。

6. 卷二十,第 300 页

"遣内供奉官周怀政与本州岛长史规度兴作"。

按："长史"系"长吏"之误,底本、《长编》卷七九均作"遣内供奉官周怀政与本州岛长吏规度兴作"。点校本作"长史"系误改。

7. 卷二十一,第 331 页

"朕今参求要道,以儆励君臣"。

按："君"系"羣"之误。底本、《长编》卷七二均作"朕今参求要道,以儆励羣臣",可见,底本不误,而点校本误改"羣"为"君"。

8. 卷二十一,第 331 页

"及期则输赋之外,先偿逋员"。

按：底本、《长编》卷四四均作"及期则输赋之外,先偿逋负",可见,底本不误,而点校本将"负"误改为"员"。

9. 卷二十一,第 333 页

"今边境虽安,并要大臣镇抚"。

按："并"系"亦"字之误。底本、《长编》卷六五均作"今边境虽安,亦要大臣镇抚。"可见,底本不误,而点校本系误改。

10. 卷二十三,第 362 页

"陈绎《拜罢录》说止称丁谓"。

按:"说"系"亦"之误。底本、《长编》卷九五均作"陈绎《拜罢录》亦止称丁谓",点校本显然是误改。

11. 卷二十三,第 372 页

"已而知白侍钦若加厚,谓怒,故徙之"。

按:"侍"系"待"之误,底本与《长编》卷九七、《宋史》卷三一〇《张知白传》均作"待",显然点校本的"侍"是误改。

12. 卷二十五,第 398 页

"惟都巡检使刘绍荣昌刃格斗"。

按:"昌"系"冒"之误,底本、《长编》卷四六均作"冒刃格斗",可见底本不误,点校本将"冒"误改为"昌"。

13. 卷二十五,第 409 页

"旭率部兵百余,生擒其首领三人,斩数十级,而部下被伤者二几十人。"

按:底本、《长编》卷七二均作"旭率部兵百余,生擒其首领三人,斩数十级,而部下被伤者几二十人"。"二几十人"是二十多人,而"几二十人"是不到二十人,两者文意不同,底本不误,而点校本的"二几十人"系误改。

14. 卷二十五,第 409 页

"戊子,命合门祗候康训同官勾峡路驻泊公事,往慰抚之。"

按:"官"系"管"之误,底本作"管",点校本系误改。

15. 卷二十六,418 页

"梓州转运使、殿中侍御使寇瑊为侍御史,仍加一阶,以馈军之劳也。"

按:《长编》卷八三作"梓州路转运使、殿中侍御史寇瑊为侍御史,仍加一阶,以馈运之勤也。"(1)底本脱"梓州路"的"路"一字,点校本应据补"路"一字而未补;(2)"殿中侍御使"系"殿中侍御史"之误,点校本应据改而未改;(3)馈军之劳,底本作"馈[食+军]之劳",《长编》作"馈运之勤",可见点校本作"馈军之劳"系臆改。

16. 卷二十六,第 419 页

"殿直、合门祗侯马玉为同巡检兼安抚都监,并官勾溪洞事。"

按："官勾"系"管勾"之误。底本、《长编》卷八七均作"殿直、合门祗侯马玉为同巡检兼安抚都监，并管勾溪洞事"，可见点校本作"并官勾溪洞事"，系臆改致误。

六 底本颠倒，点校本不乙正

1. 卷二十一，第332页

"虽布其法于诸道，有即奉行者，亦未有即奉行者。"

按："未有"系"有未"之颠倒，《长编》卷四四作"虽布其法于诸道，有即奉行者，亦有未即奉行者。"点校本一仍底本之误，未将"未有"乙正。

2. 卷二十三，第369页

"而太子议政诏书及拯、利用等皆制格"。

按："皆制"系"制皆"的颠倒，底本同。《长编》卷九六作"而太子议政诏书及拯、利用等制皆格"，点校本应据此乙正而未乙正。

3. 卷二十五，第401页

"神卫军使丁万重代延顺据东城门楼"。

按：底本作"丁万重"，但《长编》卷四七、《宋史》卷二七八《雷德骧传附子有终传》均作"神卫军使丁重万代延顺据东城门楼"，底本"万重"系"重万"的颠倒，点校本应据此乙正而未乙正。

七 底本衍字，点校本不删除

1. 卷二十五，第404页

"发桂州、浔等州兵，趋柳城讨之。"

按：《长编》卷六六作"广南西路转运使舒贲移牒招抚，发桂、浔等州兵"，底本"桂州"的"州"一字衍，点校本应据此删此一"州"字而未删。

2. 卷二十六，第428页

"寻呼集令纳质于永康宁寨"。

按：《长编》卷八八作"寻呼集令纳质于永宁寨"，底本"永康宁寨"衍"康"一字，点校本应据《长编》卷八八删"康"一字而未删。

八　校记中的粗疏之误

1. 卷三，第53页

校勘记［六］《十国春秋》卷十八《南唐元宋光穆皇后钟氏传》

按："元宋"显然系"元宗"之误，《十国春秋》卷十八《南唐元宗光穆皇后钟氏传》，点校本将"宗"误作"宋"。

2. 卷二十三，第380页

"遣人至西京留守刘煜祈付其家"。

按："至"系"致于"之误，底本同；刘煜，底本作"刘□"。《长编》卷一〇三作"遣人致于西京留守刘烨，祈付其家"，点校本应据改"至"为"致于"而未改，应据改"刘□"为"刘烨"而误改为"刘煜"，并且点校本的校记为"刘煜　原本'煜'字为墨丁，据《长编》卷一〇四补。下二处同补。"将"《长编》卷一〇三"误作"《长编》卷一〇四"。

笔者只阅读了该点校本的前二十六卷，便发现上述多条错误和有待改进之处，笔者分析该点校本之所以出现上述诸多错误，主要有以下几个原因。

第一，点校者对宋朝官制和礼制不熟悉，致使底本中与官制、礼制有关的大量错误，点校本失校。宋朝宰执大臣被贬外任时，往往会带"某节度副使"的虚衔，普通升朝官被贬时往往会带"某州团练副使"的虚衔。不知道宋朝这种惯例，就容易出现将"节度副使"和"团练副使"的"副"字脱漏的错误。"使臣"误为"使成"，是不知道"使臣"是宋朝的小武官。"使知江安县令"，其实宋朝的"知某县"与"某县令"虽然都是一县之长吏，但在注授差遣时是有所区别的：资历浅者为"知某县"，资历高者为"某县令"，"知江安县"就是一个差遣了，其"令"字只能从下读，作"令怀信等每与同议"，这类错误便是由于对宋朝"知某县"与"某县令"的细微差异不了解，从而导致了断句的错误。"监并使臣"，其实是"监井使臣"之误，"使臣"是武官阶，"监井"是该使臣的具体差遣。更有底本不误，而点校本误改的，比较典型的如"管勾某某事"，点校本中不少误改为"官勾某某事"。至于将"廉车"臆改为"兼军"，则是不知道"廉车"是唐宋时人们对武官按察使的别称。"太祀"则是"大祀"之误，宋朝官方的祭祀分为大祀、中祀和小祀，而没有"太祀"一词（关于宋朝官方祭祀等级的划分，可以参考《宋史》卷九八《吉礼一》）。

第二，涉及一些古代的地理知识，对宋朝人是常识，但对于今人却是极其专精的历史地理问题。点校古籍时遇到这类问题，通常比较麻烦。比如"容管"和"琼管"，就是唐宋时期人们熟悉，而今人容易混淆不清的地理概念，哪个正确？这就要点校者下功夫搜集资料研究一番，而不是简单地校对一下就能解决的问题，而该点校本对此没有留意。

第三，点校者的粗疏。尽管古今语言差别不小，但有些流传下来的常用语言，古今还是相通的。比如"侍旦"实为"待旦"的形误；"诸将无主，顾策太尉为天子"，"顾"明显是"愿"的形误；"大吠非其主"，"大"显然是"犬"之形误；"大原"显然是"太原"之形误；"人类以济"，《长编》作"人赖以济"，点校本则把"赖"字误为了"纇"，又把"纇"转为了简体字"类"。点校本中出现这类比较浅显的错误，显然是因为点校者粗疏大意所致。

点校古籍，不仅要求点校者有非常丰富的文史知识，而且还必须要有精益求精的精神。否则，就难免出错。笔者希望能将其重新点校一次，奉献给史学界一个好的点校本。

白朴年谱汇纂*

都刘平**

摘　要：元曲在古代文体链条中素与唐诗、宋词并称，然与后两者相较，元曲作家的事迹却所知甚少。元杂剧发展的第一阶段即王国维所说的"蒙古时期"是元杂剧的黄金时代，名家名作辈出。这一时期，由于白朴独特的家世及与元好问的亲密联系，白朴的身世事迹较为完备，对他生平的翔实考证，可为元杂剧兴盛期作家的认知确立一个标杆。本文即在前人研究的基础上，以汇纂年谱的形式对白朴一生的事迹作编年研究。

关键词：元杂剧家；白朴；年谱汇纂

引　言

白朴年谱是元初杂剧家中材料最丰富的，近人所作年谱已有数种：苏明仁《白仁甫年谱》（1932）[①]、叶德均《白朴年谱》（1949）、郑骞《白仁甫年谱》（1971）、幺书仪《白朴年谱补证》（1983）、王文才《白朴年

---

* ［基金项目］河北大学燕赵文化高等研究院项目"元曲家传记资料汇纂整理与研究"（项目编号：2020D03）。

** ［作者简介］都刘平（1988—　），男，河北大学燕赵文化研究院、河北大学文学院讲师，硕士生导师，主要从事古代戏曲史研究。

① 参见苏明仁《白仁甫年谱》，燕京大学文学会《文学年报》1932年。

谱》(1984)、李修生《白朴年谱》(1990)、胡世厚《白朴年谱》(1991)及徐凌云《白朴年谱再补证》(1998)。可以说，白朴是元杂剧家的一把标尺，对他生平的研究或可对元初杂剧家群体的全面认识有着不可替代的作用。以上诸年谱，在材料的运用上固有详略之别，在文献的阐释上亦意见纷纭，故而有必要对诸家所提供的原始材料再度阅读，对前辈学者们的观点意见重新审视，其中确为有证可据的积极吸收利用，而对推测性主观意见则兼及众说，择取其最合理者。这是本年谱的目标及意义所在。在作年谱之前，先制"山西隩州白氏宗谱图"如下。

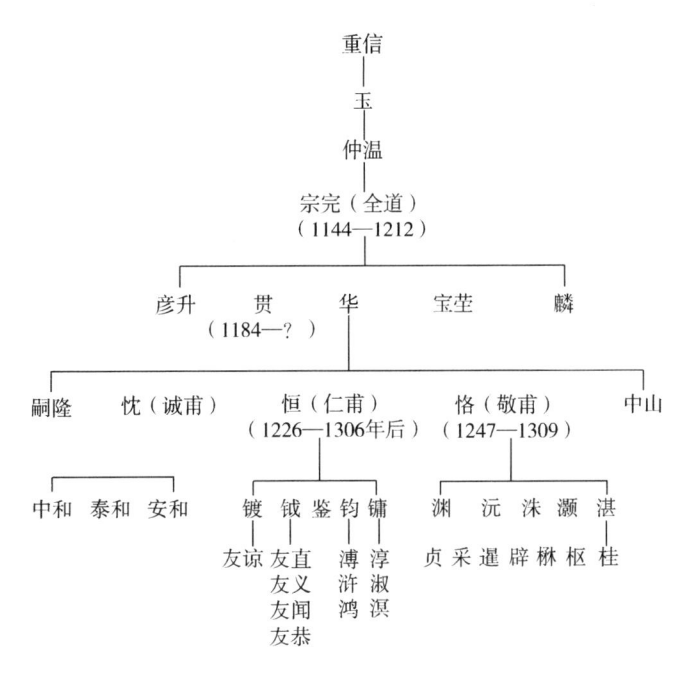

```
                    重信
                     │
                     玉
                     │
                    仲温
                     │
                  宗完（全道）
                  (1144—1212)
    ┌────────┬────┬────┬────────┬────┐
   彦升      贯   华   宝垒     麟
 (1184—?)
    │
 ┌──┬─────┬──────────┬──────────┬──┐
嗣隆 忱（诚甫） 恒（仁甫）  恪（敬甫）  中山
             (1226—1306年后) (1247—1309)
  │            │              │
┌─┬─┐    ┌─┬─┬─┬─┐    ┌─┬─┬─┬─┬─┐
中 泰 安   镀 钺 鉴 钧 镛   渊 沅 洙 灏 湛
和 和 和   友 友 溥 淳     贞 采 遥 辟 楸 枢 桂
           谅 直 浒 淑
           友 友 鸿 溟
           义 闻
              友
              恭
```

"宗谱图"所依据的主要材料有：元好问《遗山集》卷二十四《善人白公墓表》、袁桷《清容居士集》卷二十七《朝列大夫同佥太常礼议院事白公神道碑铭》及2000年安徽省六安市出土的《白氏宗谱》。按宋禧《题白太常三岁时手书卷后》诗序云："太原白应章，以其曾祖太常竹梧先生三岁时手书八卦名，及诸名公赞美诗文卷示玄僖。玄僖伏玩之际，乃知太常为一代伟人者，非独间气所钟。元遗山先生于其作字时，以七言古诗美之，大有期待，而果如其言。盖太常生有异质，实能成于问学故也。"① 这里所谓的"白太常"即白恪（字敬甫），曾任太常礼仪院佥事。由宋诗序知白恪号竹梧。又宋禧《赋白氏瓶中梅》诗序："太原白子芳都事，居其父无为太守丧时，常折梅一枝，树新陶器中，其华既落，而布叶结实，蔚然有生意。当世诸名公以诗文美之，既成钜轴矣。其子应章乃索予诗，辞不获，为成五十六字。"② 则白子芳系白恪孙辈，不知是否即上表所列之名贞、采、暹、辟、楸、枢、桂七人者之一，子芳当其字。

金哀宗正大三年/蒙古太祖二十一年/宋理宗宝庆二年丙戌（1226）一岁

生于汴京。王博文《天籁集序》："甫七岁，遭壬辰之难。"壬辰为金哀宗天兴元年（1232），上推七年，正是本年。

父华（字文举）为枢密院经历。（《金史》本传）

元好问为镇平令，时年三十七。（《金史》本传，施国祁《元遗山诗集笺注·年谱》——以下简称施《年谱》）

王博文四岁。王恽《秋涧集》卷六十四《御史中丞王公诔文》："大元至元二十五年岁在戊子秋八月十有一日，前礼部尚书、御史中丞东鲁王公薨于维扬之客舍。"诔文有"以公寿言，六十六秩"句，可知王博文生于金宣宗元光二年癸未（1223），是年四岁。

史天泽二十五岁。（《国朝名臣事略》卷七《丞相史忠武王天泽》）

杨果三十岁。（《国朝名臣事略》卷十《参政杨文献公果》）

金哀宗正大四年/蒙古太祖二十二年/宋理宗宝庆三年丁亥（1227）二岁

随父母居开封。

---

① 杨镰主编：《全元诗》第 53 册，中华书局 2013 年版，第 430 页。
② 杨镰主编：《全元诗》第 53 册，中华书局 2013 年版，第 431 页。

元好问为内乡令。(施《年谱》)

胡祗遹生。(《元史》本传)

王恽生。(《秋涧集》附录王公孺《太原郡公王公神道碑铭》)

金哀宗正大五年/蒙古拖雷监国/宋理宗绍定元年戊子（1228）　三岁

随父母居开封。

文举曾往归德（今河南商丘）视察修城工役，又往卫州（今河南汲县）经画卫州帅府与武仙之恒山公府合并事。《金史·哀宗本纪》："（至大）五年八月，增筑归德城，行枢密院拟工数百万。诏遣权枢密院判官白华喻以农夫劳苦，减其工三之二。又以节制不一，并卫州帅府于恒山公府，命白华往经画之。"

元好问以母丧罢官，居内乡白鹿原。(施《年谱》)

金哀宗正大六年/蒙古太宗元年/宋理宗绍定二年己丑（1229）　四岁

随父母居开封。

二月，文举权枢密院判官；五月，往邠州（今陕西邠县）处理军务。《金史·白华传》："（正大）六年，以华权枢密院判官。……五月，以丞相赛不行尚书省事于关中，蒲阿率完颜陈和尚忠孝军一千驻邠州，且令审观北势。如是两月，上谓白华曰：'汝往邠州六日可往复否？'华自量日可驰三百，应之曰'可'。……华如期而还。"

金哀宗正大七年/蒙古太宗二年/宋理宗绍定三年庚寅（1230）　五岁

随父母居开封。

五月，文举真授枢密院判官。《金史·白华传》："正大七年五月，华真授枢密院判官。上遣近侍局副使七斤传旨云：'朕用汝为院官，非责汝将兵对垒，第欲汝立军中纲纪，发遣文移，和睦将帅，究查非违。至于军伍之阅习，器仗之修整，皆汝所职。其悉力国家，以称朕意。'"

是年秋，蒙古太宗窝阔台率兵入陕西，攻凤翔。(《元史·太宗本纪》)

金哀宗正大八年/蒙古太宗三年/宋理宗绍定四年辛卯（1231） 六岁
随父母居开封。

是年正月，文举至阌乡喻行省完颜合达、移剌蒲阿进兵救凤翔；五月，赴楚州（今江苏淮安）视察军务。《金史·哀宗本纪》："正大八年春正月，大元兵围凤翔。遣枢密院判官白华、右司郎中夹谷八里门，喻行省进兵。合达、蒲阿以未见机会，不行。复遣白华喻合达、蒲阿将兵出关以解凤翔之围，又不行。"（参见《金史·白华传》）

是年八月，元好问自南阳县令内迁为尚书省掾。（凌廷堪《元遗山先生年谱》）

金哀宗天兴元年/蒙古太宗四年/宋理宗绍定五年壬辰（1232） 七岁
蒙古自是年正月底围攻开封，四月暂退，至秋复来，岁暮，攻势益急。十二月二十五日，哀宗自开封出奔河北，转赴归德。（《金史·哀宗本纪》）

四月十六日，枢密院并入尚书省，文举罢枢判；十二月初，复起为右司郎中；岁暮，从哀宗出奔。仁甫仍随母居开封。《金史·白华传》："（正大）九年，京城被攻，四月兵退，改元天兴。是月十六日，并枢密院归尚书省，以宰相兼院官，左右司首领官兼经历官，惟平章白撒、副枢合喜、院判白华、权院判完颜忽鲁剌退罢。忽鲁剌有口辩，上爱幸之。朝议罪忽鲁剌，而书生辈妒华得君，先尝以语撼之，用是而罢。"《金史·哀宗本纪》："（天兴元年）十二月丙子朔，以事势危急，遣近侍即白华问计，华对以纪季以酅入齐之义，遂以为右司郎中。"刘祁《归潜志》卷十一《录大梁事》："（正大九年）十二月，朝议以食尽无策，末帝（即哀宗）亲出东征。丞相塞不、平章白撒、右丞完颜斡出、工部尚书权参知政事李蹊、枢密院判官白华、近侍局副使李大节、左右司郎中完颜进德、张衮、总帅徒单百家、蒲察官奴、高显、刘奕皆从。"

元好问是年六月除左司都事（郝经《遗山先生墓志铭》、《金史》本传及《遗山集》卷三十七《南冠录引》）、东曹掾吏部主事（《遗山集》

卷二十七《赠镇南军节度使良佐碑》），冬为东曹掾知杂权都司（《赵闲闲真赞》），蒙古围城时，适在病中（《围城病中文举相过》）。

金哀宗天兴二年/蒙古太宗五年/宋理宗绍定六年癸巳（1233）　八岁

正月二十六日，开封守将崔立叛变，以城降元。二十九日，崔立拘随驾官吏家属于尚书省，又禁民间嫁娶，搜刮城中金银。①《金史·哀宗本纪》："天兴二年正月甲戌（二十九日），崔立阅随驾官属军民子女于省署，及禁民间嫁娶，括京城财。"又《崔立传》："立托以军前索随驾官吏家属，聚之省中，人自阅之，日乱数人，犹若不足。又禁城中嫁娶，有以一女之故，杀数人者。……又括在城金银，搜索薰灌，讯掠惨酷，百苦备至。郕国夫人及内侍高祐、京民李民望之属，皆死杖下。温屯卫尉亲属八人，不任楚毒，皆自尽。白撒夫人、右丞李蹊妻子，皆被掠死。"文举不仅随驾，且为要员，家属自然在被拘之列，仁甫失母，当亦在此时。王博文《天籁集序》："幼经丧乱，仓皇失母。"

元好问留汴京为左司都事、转行尚书省左司员外郎（《金史》本传），四月出京（《癸巳岁四月二十三日寄中书耶律公书》及《癸巳四月二十九日出京》），五月北渡。（《癸巳五月三日北渡》）仁甫失母，与姊随元好问北上。《天籁集序》："明年（癸巳）春，京城变，遗山遂挈以北渡。"白朴【水调歌头】（韩非死孤愤）序云："予儿时在遗山家，阿姊尝教诵先叔《放言》古，今忽白首，感念之馀，赋此词云。"元好问《放言》五古今存，见《遗山先生文集》卷二。

是年正月，文举奉哀宗命自归德往息州（今河南息县）送虎符，是月三十日，哀宗又遣文举往邓州（今河南邓县）召兵，遂留登。四月三十日，邓州节度使移剌瑗降宋，文举从之。宋署文举为制干，改任均州（今属湖北丹江口市）提督。自此居宋三年馀，至太宗八年丙申始得北归。《金史·完颜娄氏传》："完颜娄氏三人，皆内族也，时以其名同，故

---

① 崔立判降时间，《金史·哀宗本纪》《崔立传》及《元史·太宗本纪》，俱云正月。《金史·白华传》独云三月，或有误。

各以长幼别之。……天兴二年正月,河朔军溃,哀宗走归德。中娄室为北面总帅,小娄室左翼元帅,收溃卒及将军夹谷九十奔蔡州。蔡帅乌古论栲栳知其跋扈,不纳,遂走息州。息帅石抹九住纳之。时白华以上命送虎符于九住为息州行帅府事。"又《哀宗本纪》:"天兴二年正月乙亥(三十日),遣右宣徽提点近侍局事移剌粘古如徐州,相地形,察仓库虚实;白华如邓州召兵。……四月甲辰(三十日),邓州节度使移剌瑗以其城叛,与白华俱亡入宋。"《白华传》:"(天兴二年),上在归德。……适朝廷将召邓兵入援,粘古因举华谋同之邓,且拉其二子以往。上觉之,独命华行,而粘古改之徐州。华既至邓,以事久不济,淹留于馆,遂若无意于世者。会瑗以邓入宋,华亦从,至襄阳,宋署为制干,又改均州提督。后范用吉杀均之长吏,送款于北朝,遂因而北归。"《宋史·理宗本纪》:"端平三年(即蒙古太宗八年丙申)三月,襄阳北军主将王旻、李伯渊,焚城郭仓库,相继降北。四月癸丑(二十七),诏悔开边,责己。"

金哀宗天兴三年/蒙古太宗六年/宋理宗端平元年甲午(1234)　　九岁

是年文举在宋。

三月,仁甫随元好问羁管聊城。(施《年谱》)

是年正月初十日,宋、蒙古会师入蔡州(今河南汝南),哀宗自缢,金亡。(《金史·哀宗本纪》《元史·太宗本纪》《宋史·理宗本纪》)

蒙古太宗七年/宋理宗端平二年乙未(1235)　　十岁

文举仍在宋。

仁甫春仍在聊城,七月随元好问移济南。(《遗山集》卷三十四《济南行记》)

蒙古太宗八年/宋理宗端平三年丙申(1236)　　十一岁

是年夏,仁甫随元好问居冠氏(今山东冠县)。(《遗山集》卷三十四《东游略记》,《中州集》韩玉传)

是年三月，襄阳、均房等地北军叛宋降蒙古，文举遂得北归。详见1233年系年。

蒙古太宗九年/宋理宗嘉熙元年丁酉（1237）　十二岁

仁甫与相别五年（1232—1237）的父亲重聚。

李俊民有《白文举、王百一索句送行》诗。按王鹗（字百一）于天兴三年陷蔡州时，入蒙古万户张柔军幕（《元史》本传）。李俊民当金末猝变，即居乡间不出（《元朝名臣事略》）。王文才《年谱》认为三人相见，当是白华同王鹗北上，道经河南至山西晋城，与李相遇。诗有"伤心城郭来家鹤，过眼秋光赴壑蛇。弹铗歌中成老境，班荆话后各天涯"语，是金亡后之情境。元好问《遗山集》卷八《镇州与文举、百一饮》诗云："翁仲遗墟草棘秋，苍龙双阙记神州。只知终老归唐土，忽漫相看是楚囚。"从诗内容看，当是金亡后元、白初见之时。"只知终老归唐土"，是谓白华降宋；"忽漫相看是楚囚"，谓现在投诚蒙古。元好问是年八月自大名还太原（施《年谱》），诗正写在秋季，王文才《年谱》认为与李诗写在同一年。则仁甫当也在是年与父重逢。王博文《天籁集序》云："数年，寓斋北归，以诗谢遗山云：'顾我真成丧假狗，赖君曾护落巢儿。'居无何，父子卜筑于滹阳（即真定）。"文举有【满庭芳】《示刘子新》词："光禄池台，将军楼阁，十年一梦中间。短衣匹马，重见镇州山。内翰当年醉墨，纱笼在、高阁依然。今和夕，灯前儿女，飘荡喜生还。衣冠初北渡，几人能得，对酒常闲。算唯君日日，陶写余欢。得陇且休蜀，南山卧、白额黄班。茅檐低，男儿未老，勋业后来看。"（《永乐大典》卷一三三四四"示"字韵引《元寓斋》）词正作于"衣冠初北渡"，与儿女重逢之际。

蒙古太宗十一年/宋理宗嘉熙三年己亥（1239）　十四岁

郑骞《年谱》谓："此后约十年中，仁甫随父在真定家居读书，中间曾否他往，无可考。"

蒙古乃马真氏称制二年/宋理宗淳祐三年癸卯（1243）　十八岁

是年，元好问往来秀容、燕京间，并曾至赵州（施《年谱》），可能曾至真定。

蒙古定宗元年/宋理宗淳祐六年丙午（1246）　二十一岁

十二月，弟白恪生（袁桷《朝列大夫同金太常礼议院事白公神道碑铭》）。按文举原配已失，续娶罗氏当在真定。

蒙古定宗二年/宋理宗淳祐七年丁未（1247）　二十二岁

仁甫约是年成婚。

《遗山集》卷三十九《与枢判白兄书》："自乙巳岁往河南举先夫人旅殡，首尾阅十月之久，几落贼手者屡矣。狼狈北来，复以葬事往东平。连三年不宁居，坐是不得奉起居之间。吾兄亦便一字不相及，何也？……但近得仲康书报：铁山已娶妇，吾兄饮啖如平时。差用为慰耳。"铁山为仁甫乳名。乙巳为蒙古乃马真后称制四年（1245），由此下推三年，正是本年。

蒙古定宗三年/宋理宗淳祐八年戊申（1248）　二十三岁

是年春，张德辉偕元好问北谒潜邸，推忽必烈为儒教大宗师。（《蒙兀儿史记》卷八十五《张德辉传》）

是年夏，张德辉向忽必烈举荐白华等人，然未录用。苏天爵《国朝名臣事略》卷十《宣慰张公德辉》："上（即忽必烈）在王邸，岁丁未，遣使来召。……戊申，公释奠，致胙于王。……是年夏，公得告将还，因荐白文举、郑显之、赵元德、李进之、高鸣、李槃、李涛数人。"

蒙古海迷失氏称制二年/宋理宗淳祐十年庚戌（1250）　二十五岁

是年春离开京师，作【满江红】《庚戌春别燕城》词。

蒙古宪宗元年/宋理宗淳祐十一年辛亥（1251）　　二十六岁

是年秋冬，元好问在真定，其间曾往顺天，十二月为仁甫之祖撰《善人白公墓表》（《遗山集》卷二十四）。《墓表》云："岁辛亥十有二月，河曲白某持雁门李某所撰先大夫行事之状，请于某。"

蒙古宪宗二年/宋理宗淳祐十二年壬子（1252）　　二十七岁

是年冬仁甫往顺天，拜谒张柔妻毛氏，为赋【秋色横空】《咏梅》及【垂杨】（关山杜宇）二词。【秋色横空】词序云："顺天张侯毛氏，以太母命题索赋。时壬子冬。"【垂杨】词序云："壬子冬，薄游顺天，张侯毛氏之兄正卿，邀予往拜夫人。既而留饮，撰词一《咏梅》，以《玉耳坠金环》歌之；一《送春》，以《垂杨》歌之。词成，惠以罗绮四端。夫人大名路人，能道古今，雅好客。自言幼时，有老尼，年几八十，尝教以旧曲《垂杨》，音调至今了然。事与东坡《补洞仙歌》词相类。中统建元，寿春榷场中，得南方词编，有《垂杨》三首，其一乃向所传者，然后知夫人真承平家世之旧也。"

张柔妻毛氏与元好问继室为同族，但辈分长。《遗山集》卷四十《毛氏家训后跋语》云："某向在汴梁，妇翁提举以宗盟之故与君通谱牒，相好善已数十年矣。……己酉冬，某自燕还幕府，馆客勤甚。公夫人，予姨也。获观世德名氏，敢以芜辞继于王内翰之后。十一月二十六日姪婿河东元某敛衽书。"张柔妻毛氏为元好问姨辈，故白朴以"太母"称之。毛正卿，名居节，大名人，与张柔妻毛氏同族。毛氏兄弟名居谦、居政、居仁（《遗山集》卷二十八《潞州录事毛君墓表》），可知毛居节正卿与毛氏之关系。正卿曾协助张柔营建顺天府。《遗山集》卷三十三《顺天府营建记》："适衣冠北渡，得大名毛居节正卿，知其才干强敏，足任倚办，署为幕府计议官，兼领众役。"白朴与毛氏及正卿相识当由元好问引荐。

是年七月元好问入都，十月在真定，后与张德辉往东平。（《元史·张德辉传》）

蒙古宪宗四年/宋理宗宝祐二年甲寅（1254）　　二十九岁

白朴有【凤凰台上忆吹箫】《题阙》词，胡世厚考证作于是年，赠张柔（《白朴六词系年》）。是。词云："笳鼓秋风，旌旗落日，使君威震雄边。羡指麾貔虎，斗印腰悬。尽道多多益办，仗玉节、亳邑新迁。江淮地、三军耀武，万灶屯田。　戎轩、几回□□，□画戟门庭，珠履宝筵。惯雅歌堂上，起舞樽前。况是称觞令节，望醉乡有酒如川。明年看，平吴事了，图像凌烟。"

按《元史·张柔传》："辛亥，宪宗继位，换授金虎符，仍军民万户。甲寅，移镇亳州。"又《张弘略传》："弘略字仲杰，柔第八子也。有谋略，通经史，善骑射。尝从柔镇杞徙亳。"又《宪宗本纪》："四年甲寅，……张柔移镇亳州。……张柔以连岁勤兵，两淮艰于运粮，奏据亳之利。诏柔率山前八军，城而戍之。"《元朝名臣事略》卷六《万户张忠武王柔》："大河自汴已失堤障，南放分流为三，杞为中，南接涡涣，东连淮海，浩瀚无际。宋人恃地形之利，驻亳泗，犯汴洛，以窥河南。大帅察罕，以公威名，素为敌人所畏，奏公总诸军镇杞。公乃相地形以杀水势，筑为连城，分戍战士，结浮梁以通往来，远斥候以防冲突。津要既固，奸谋生折，濒河居民始得安矣。久之移镇亳社。亳去杞又五百里，四面皆黄流，非舟楫莫能至。公至之日，葺民居，建府第，城壁悉甃以甓，又为桥梁以通归德。人民垒集，商旅舟车往来如承平时。宋人睨视不敢犯。"与仁甫词"仗玉节，亳邑新迁，江淮地、三军耀武，万灶屯田"句相吻合，胡先生的观点可信从。

是年四月，元好问曾至真定（施《年谱》），以事往燕。冬，应严忠济召，往东平。（凌廷堪《元遗山先生年谱》）

蒙古宪宗七年/宋理宗宝祐五年丁巳（1257）　　三十二岁

是年元好问作《示白诚甫》诗。（李光庭《广元遗山年谱》卷下）

九月，元好问卒于获鹿，享年六十八。（施《年谱》）

蒙古世祖中统元年/宋理宗景定元年庚申（1260）　　三十五岁

是年仁甫可能曾至寿春（今安徽寿县）。

其【垂杨】词序云："中统建元，寿春榷场中得南方词编，有《垂杨》三首，其一乃向所传者。"郑骞《年谱》认为此句还有另一解读，即"为商人购得之，至北方售与仁甫"。且认为"详其文法语意"，以此说为"恰当"。

是年七月，史天泽以河南路宣抚使兼江淮诸翼军马经略使。（《元史·世祖本纪》《史天泽传》）

蒙古世祖中统二年/宋理宗景定二年辛酉（1261）　　三十六岁

仁甫辞史天泽之荐。

王博文《天籁集序》："中统初，开府史公将以所业力荐之于朝，再三逊谢，栖迟衡门，视荣利蔑如也。"《元史·世祖本纪》："中统二年四月，命宣抚司官：劝农桑，抑游惰，礼高年，问民疾苦。举文学才识可以从政，及茂才异等，列名上闻，以听擢用。"五月，史天泽拜中书右丞相，河南军民并听节制。（《元史·世祖本纪》《史天泽传》）

王文才、胡世厚《年谱》均认为仁甫是年已离家南游。依据是白朴【念奴娇】《壬戌秋泊汉江鸳鸯滩寄赠》词有"又今年孤负中秋明月"句，壬戌为下一年。又《古今图书集成·氏族典》卷五九三引《六安州志》："中统初，开府史公等屡荐不屈，遂渡江而游。"

蒙古世祖中统三年/宋理宗景定三年壬戌（1262）　　三十七岁

是年秋，泊舟汉水之鸳鸯滩，赋【念奴娇】《壬戌秋泊汉江鸳鸯滩寄赠》词。

《元史·史枢传》："乙卯（1255），败宋舟师于汉水之鸳鸯滩。"又史天泽侄史权于中统三年（1262）以屯田万户兼江汉大都督（《新元史》卷一三八）。《秋涧集》卷十六《哀大都督史公》诗序云："名权，中统初授江淮大都督。"诗有"威感荆蛮尽父风，士乐死怀羊傅爱"句。白朴

南游汉水，投靠的应是史权。鸳鸯滩在襄阳府光化县（今湖北老河口市）南二十里汉江中。（正德《光化县志》卷一）

蒙古世祖至元三年/宋度宗咸淳二年丙寅（1266）　　四十一岁

重九日，赋【石州慢】《丙寅九日，期杨翔卿不至，书怀，用少陵诗语》词。

王文才《年谱》据词内容认为是年仁甫曾游汴京。胡世厚《年谱》从之。郑《年谱》则主张其时仁甫在真定家居，依据是"明年在真定家居，既有确证"。按词的内容是怀古之作，"梦中鸡犬新丰，眼底姑苏麋鹿"云云，乃用故典，不必为游汴京而作。况是"用少陵诗语"，更不必亲历。又仁甫中统三年至汉江鸳鸯滩，北归必经河南，追记所见所思，亦在情理之中。杨翔卿其人俟考。

蒙古世祖至元四年/宋度宗咸淳三年丁卯（1267）　　四十二岁

在真定家居。八月，为真定路总管府作【春从天上来】《至元四年恭遇圣节，真定总府请作寿词》词，为忽必烈祝寿。

忽必烈生于蒙古太祖十年乙亥（1215）八月乙卯（二十八日），是年五十三岁（《元史·世祖本纪》）。据《元史·贾文备传》，是年贾文备任真定路总管，兼府尹。贾辅、贾文备父子为张柔部下，应与白朴相交匪浅，故仁甫当是应贾文备之请为世祖作寿词。

白朴有【水龙吟】《送史总帅镇西川，时方混一》词："壮怀千载风云，玉龙无计三冬卧。天教唤起，峥嵘才器，人称王佐。豹略深藏，虎符荣佩，君恩重荷。看旌旗动色，军容一变，鹏翼展、先声播。　我望金陵王气，尽消磨、区区江左。楼船万橹，瞿塘东瞰，徒横铁锁。八阵名成，七擒功就，南夷胆破。待他年画像，麒麟阁上，为将军贺。"胡世厚《白朴六词系年》、徐凌云《天籁集编年校注》（以下简称徐注）均考证该词作于是年，赠史天泽侄史枢。是。按《元史·史枢传》："至元四年，宋兵围开、达诸州，以枢为左壁总帅，佩虎符，凡河南、山东、怀孟、平阳、太原、京兆、延安等军悉统之，宋兵闻之，解去。"又《世祖本纪》："（至元）四年春正月甲午，陕西行省以开州新得复失，请益兵，敕平阳、延安等处签民兵三千，山东、河南、怀孟、潼川调兵七千人益之。……十一月，甲辰，立夔路总帅府，戍开州。"开州、达州皆在四川。四川宋时曾称西川路。清修《四川通志舆地》："宋乾德三年平蜀，置西川路。"又《读史方舆纪要·四川·瞿塘关》：宋景定五年（1264）守将徐宗武于白帝城下岩穴设拦江锁七条，立二铁柱，企图阻挡蒙古舟师顺江东下。故白朴词有"楼船万橹，瞿塘东瞰，徒横铁锁"句。另，《秋涧集》卷十三《十一月十三日宿滩宁梦总帅史子明见教》诗云："何时挥老泪，墓崿拜征西。"子明系史枢字，可证史枢确曾任"征西"总帅。又王恽【感皇恩】（叠嶂际清江）词序有"史公总帅子明命"句。

蒙古世祖至元六年/宋度宗咸淳五年己巳（1269）　四十四岁

正月，世祖命史天泽与枢密副使忽剌出师襄阳。二月，签民兵二万赴襄阳。（《元史·世祖本纪》）

是年仁甫曾往怀州（古名覃怀，今河南沁阳），与杨果、奥敦周卿赋【木兰花慢】《覃怀北赏梅，同参政西庵杨丈和奥敦周卿府判韵》词。杨果（1197—1271），字正卿，号西庵，祁州蒲阴（今河北安国市）人，《元史》卷一六三有传，是年正月十四日奉命出任怀孟路总管（《元史·世祖本纪》）。胡祇遹《送参政西庵公总管覃怀》诗有"沁园春早东风软"语，王恽《饯参政杨公出镇覃怀》诗有"人间桃李几春风"，"洛阳三月春如画"句。是年卒（《国朝名臣事略》卷十《参政杨文献公果》）。《遗山集》卷九有《寄杨弟正卿》诗，知元好问与杨果相交笃深。遗山与西庵既以兄弟相呼，故仁甫以"丈"称杨果。奥敦周卿（？—1297），女真族，名希鲁，以字行，号竹庵，晚号沧江，淄川（今山东淄博市）人。《元史》卷一五一有小传。是年为怀孟路判官。

【木兰花慢】《复用前韵，代友人宋子冶赋》，徐注认为也作于是年，时亦在怀州。宋子冶其人俟考。

元世祖至元八年/宋度宗咸淳七年辛未（1271）　　四十六岁

是年十一月，蒙古始改国号为元。(《元史·世祖本纪》)

元世祖至元十年/宋度宗咸淳九年癸酉（1273）　　四十八岁

二月，宋将吕文焕以襄阳降元。(《元史·世祖本纪》《宋史·度宗本纪》)

王鹗卒，年八十四。

元世祖至元十一年/宋度宗咸淳十年甲戌（1274）　　四十九岁

夏秋间，元世祖遣史天泽、伯颜率师大举侵宋。自襄阳南下，转趋鄂州（今属湖北），水陆并进。(《元史·世祖本纪》《伯颜传》及《史天泽传》)

七月，宋度宗崩，恭帝（瀛国公）即位，太后称制。(《宋史·度宗本纪》)

郑《年谱》认为仁甫是年可能随元军南下至襄阳。证据是白朴【西江月】《九江送刘牧之同知之杭》词作于至元十三年，词有"置酒昔登岘首，题诗今对匡庐"句。岘首，即岘山，在襄阳城南不远。嘉庆重修《大清一统志》卷三四六《襄阳府一》"形势"条引晋习凿齿《襄阳记》："檀溪带其西，岘山亘其南。"又"山川"条："在襄阳县南九里，一名岘首山。"说明仁甫在至元十三年前曾至襄阳，且置酒游览。襄阳在至元十年二月吕文焕降元前一直为宋兵把守，仁甫至岘山只能是十一年史天泽、伯颜率军南下之时。

按【西江月】《九江送刘牧之同知之杭》词作于至元十五年（1278），非至元十三年（详后文）。虽如此，郑氏之推测仍有极大的启发，因为至元十三年白朴在九江，十四年在岳阳，十五年又返九江（详后文），并没有至襄阳的迹象。另外，白朴有【水龙吟】《九月四日为江州总管杨文卿寿》词，按《元史·伯颜传》："（至元）十一年，大举伐宋。……（十月）甲子，次沙洋。乙丑，命断事官杨仁风招之，不应。……（十二月）己未，师次鄂州，遣吕文焕、杨仁风等谕之。"又《元史·阿剌罕传》："（至元十一年十月），取鄂州。阿剌罕同断事官杨仁风东略寿昌，得米四十万斛，遂统左翼军顺流东下，沿江州郡悉降，乃抚辑其人民。"杨仁风字文卿，仁甫既与文卿相识，而文卿正是伯颜等北军部队中的断事官。又《元史·贾文备传》：至元十一年，贾文备"乃从阿术先渡江，大军继之，遂取鄂、汉……守鄂州。"按贾文备至元二年任真定路总管，至元四年曾请白朴作祝忽必烈生诞词（【春从天上来】《至元四年恭遇圣节，真定总府请作寿词》）。而贾文备为张柔部下，白朴与张家关系亲密。这可作为仁甫本年随北军自襄阳南下经岘山的两个旁证。

元世祖至元十二年/宋恭帝德祐元年乙亥（1275）　五十岁

史天泽途中得疾北归，二月七日卒于真定，年七十四。

是年伯颜、阿术、阿里海牙三军会于鄂州，阿里海牙驻守鄂州，并向南攻略巴陵、岳州、潭州，伯颜、阿术则率大军继续东下（《元史·伯颜传》《阿术传》及《阿里海牙传》）。史格原属阿术部下，因在渡江夺鄂州中失利，遂留下从属阿里海牙，并在攻潭州中受伤，于至元十三年克潭州后留戍。（《元史·史格传》）

是年正月，江州守将吕师夔降元，伯颜以吕为江州守。

元世祖至元十三年/宋恭帝德祐二年丙子（1276）　五十一岁

二月，伯颜率军入临安，三月，执宋恭帝及太后北去。五月，宋益王昰即位于福州，改元景炎，是为端宗。（《元史·世祖本纪》《宋史·瀛国公本纪》）

是年仁甫在九江始识吕师夔。其【满江红】词序云："吕道山左丞觐回，过金陵别业。至元丙子，予识道山于九江，今十年矣。"道山，师夔号。（杨瑀《山居新语》）

是年冬，在九江又作有【木兰花慢】《丙子冬寄隆兴吕道山左丞》词。按《元史·世祖本纪六》："（至元）十三年秋七月，……以江东江西大都督知江州吕师夔、淮东淮西左副都元帅陈岩并参知政事。"立江西行省于隆兴在至元十四年。《元史·地理志五》："龙兴路"（即隆兴路）："（至元）十四年，改元帅府为江西道宣慰司、本路为总管府，立行中书省。"又《世祖本纪六》："（至元十四年秋七月）置行中书省于江西。"又《蒙兀儿史记》卷九十五《李恒传》："（至元十四年秋），江西始立行中书省，就拜（恒）参知政事。"隆兴于至元十二年降元，《元史·世祖本纪五》："（至元十二年十一月）己卯，宋都带等军次隆兴府，宋江西转运使、知府刘槃以城降。"当设官守在至元十三年，而置实际的官署在明年。

吕师夔与白朴，一为南人，一为北人；一系武将，一则文士。他们二人何以有密切交往，且白朴定居建康后与之仍有往来。徐凌云先生对此表示"实在搞不清"，是个"谜"。我们认为其真相在于白朴身在蒙古军中，且他所投靠的人是元军中极有分量的人物。《元史·伯颜传》："（至元十二年正月）丙戌，伯颜至江州，即以师夔为江州守。师夔设宴庾公楼，选宋宗室女二人，盛饰以献，伯颜怒曰：'吾奉圣天子明命，兴仁义之师，问罪于宋，岂以女色移吾志乎？'斥遣之。"吕师夔作为投诚的宋将，自然想竭力拉拢元军中的高级将领，以取得信任，而这些高级将领因对宋降将或存有戒心，往往不易接近，这样就需要从他们身边的亲近人物入手，以采取迂回手段。这或是吕师夔竭力与白朴打交道来往的真正用意与目的所在。再者，白朴的父亲白华由邓州降宋，至襄阳，后被任为均州提督，自金哀宗天兴二年（1233）四月末至宋端平三年（1236）三月，近三年。宋均州隶属襄阳府，辖境约相当于今湖北丹江口、十堰二市。而吕师夔的叔父吕文德、吕文焕兄弟在宋时先后守襄阳，他们彼此即便谈不上多深的交情，也必然相识。也正是因为这一层面的缘故，吕师夔打感情这张牌，借着上一辈的"交情"，极力与白朴靠近，再以他为桥梁取信于蒙古新主子。而在白朴一边，则多少有对自己父亲的"旧友"心怀尊崇，对其后代心生好感。且从白朴至元十四年游岳阳来看，他并没有随蒙古大军沿江东下，而是留在鄂湘赣一带。这样，结识吕师夔这样的高级将领，也可以解决生活需求的问题①。

元世祖至元十四年/宋端宗景炎二年丁丑（1277） 五十二岁

是年春，仁甫至岳阳，冬季离开，在彼留滞一年，作词四首。分别为：【水龙吟】《登岳阳楼，感郑生龙女事，谱大曲〈薄妹〉》；【绿头鸭】《洞庭怀古》；【满江红】《题吕仙祠飞吟亭壁，用冯经历韵》；【满江红】《用前韵，留别巴陵诸公，时至元十四年冬》。【水龙吟】《登岳阳楼，感郑生龙女事，谱大曲〈薄妹〉》有"洞庭春水如天"语，知春季已至岳阳。

仁甫为何在岳阳逗留一年之久，学界多无解释。我们认为，仁甫自九江至岳阳之行，很可能是为投奔史格而去。岳阳于至元十二年为阿里海牙攻下。《元史·阿里海牙传》："（至元）十有二年春三月，（阿里海牙）与（宋）安抚高世杰兵遇巴陵。……世杰败走，追降之于桃花滩，遂下岳州。"史格于至元十二年从阿里海牙攻潭州，十三年春拔，因受伤，遂留戍。《史格传》（附《史天泽传》）："俾从平章阿里海牙攻潭州……遂以军民安抚留戍。"又《世祖本纪六》："（至元）十三年春正月丁卯朔，克潭州。"仁甫至至元十三年始识吕师夔于九江，同年七月吕即走任隆兴；十四年春仁甫西行岳阳，然史格于上一年五月已从阿里海牙南下攻广西静江，仁甫可能至岳阳方才得知史格已离开潭州的消息，故只得逗留岳阳，于本年冬离开。《元史·世祖本纪六》："（至元十三年五月）辛未，命阿里海牙出征广西。""（秋七月）丁未，诏谕广西路静江府等大小州城官吏使降。"又《阿里海牙传》："（至元十三年十一月）……遂逼静江。"又《史格传》："入觐……从攻静江。"

弟敬甫除江南行御史台掾史（袁桷《朝列大夫同金太常礼议院事白公神道碑铭》），时行台置扬州。（《元史·世祖本纪》）

元世祖至元十五年/宋帝昺祥兴元年戊寅（1278） 五十三岁

四月，宋端宗殂，卫王昺即位。五月，改元祥兴。

---

① 参见都刘平《白朴行迹考》，《唐都学刊》2017年第5期。

叶德均、郑骞《年谱》均认为是年仁甫至扬州，依据是【木兰花慢】《灯夕到维扬》词，及【满江红】（行遍江南）词有"要烟花三月到扬州，逢人说"句。徐注认为仁甫至元十四年冬离开岳阳，十五年春至九江，且确认以下六首词写于本年，在九江。是。六词分别为：

（1）【西江月】《九江送刘牧之同知之杭》。按《元史·世祖本纪六》："（至元十四年）十一月庚子（十五日），命中书省檄谕中外，江南既平，宋宜曰亡宋，行在宜曰杭州。"可知南宋都城临安恢复杭州旧名在至元十四年十一月之后，而白朴至元十四年冬方才离开岳阳，故至九江应在至元十五年春。魏初《青崖集》卷二《出溢浦寄刘牧之》诗云："九江一月又吴东，千里青山半日风。昨晚看潮亭子上，一尊白酒与君同。"据宋陈舜俞《庐山记》："江州有青盆山，故其城曰溢城，浦曰溢浦。"可证牧之确曾在九江。刘牧之其人事迹不详，当也是南下之北人，除与白朴、魏初相识外，与侯克中、张之翰亦有交往。侯氏《艮斋诗集》有《宿酒成疾寄刘签事》《寄刘签事牧之、郭廷副邦彦》《寄刘牧之、霍清甫二廉访》及《他日刘牧之回持李鹏举书，并所和诗见寄，复用前韵答之》四诗。张氏有【沁园春】《送刘牧之同知归江南》词。

（2）【水龙吟】《九月四日，为江州总管杨文卿寿》词亦可作为仁甫是年在九江的证据。按《元史·地理志五》：江州在至元十四年才升为江州路，这样才会设总管府，而至元十四年白朴在湖南岳阳，冬季才返九江。故认定该词作于本年九月。杨文卿，名仁风，潞州襄垣人（王恽《秋涧集》卷八十《中堂事记》、李贤《大明一统志》），与王恽、姚燧均有交往。王有《简寄杨治中文卿》诗，姚《金同知沁南军节度使杨公传》乃为文卿父传。另外，据《元史·伯颜传》："（至元）十一年，大举伐宋，十月甲子，次沙洋。乙丑，命断事官杨仁风招之，不应。十二月，己未，师次鄂州，遣吕文焕、杨仁风等谕之"。又《阿剌罕传》："（至元）十一年十月，取鄂州。阿剌罕同断事官杨仁风东略寿昌，得米四十万斛，遂统左翼军顺流东下，沿江州郡悉降，乃抚辑其人民。"知杨文卿曾任元军断事官。

(3)【水调歌头】《至元戊寅，为江西吕道山参政寿》。《元史·世祖本纪七》："(至元十五年)秋七月丙申，以右丞塔出、左丞吕师夔、参知政事贾居贞行中书省事于赣州，福建、江西、广东皆隶焉。"

(4)【玉漏迟】《段伯坚同予留滞九江，其归也，别侍儿睡香，予亦有感》词可作为仁甫本年春季在九江的旁证。词有"睡香花正吐"句，"睡香"乃早春开放之花。

(5)【西江月】《李元让赴广东帅幕》。《元史·世祖本纪六》："至元十四年春正月癸巳，行都元帅府军次广东，知循州刘兴以城降。"又《世祖本纪七》："(至元十五年秋七月)，以江西参知政事李恒为都元帅，将蒙古、汉军征广。"又《李恒传》："(至元)十五年，益王殂，其枢密张世杰、陆秀夫等复立卫王昺，守广东诸郡，诏以恒为蒙古汉军都元帅经略之。恒进兵取英德府、清远县，败其制置凌震、运使王道夫，遂入广州，世杰等移屯崖山。"徐注认为李元让此行可能正是赴李恒帅府为幕僚（二人皆山东籍）。陶宗仪《书史会要补遗》："李处巽，字元让，东平人，至元间能小篆。"又陆友仁《研北杂志》卷下："刘时中言：李处巽元让乃高舜举之甥，舜举得篆法于党世杰，以授杨武子。武子以授元让，其来盖有自也。"李元让善书，故仁甫赠词有"陈琳檄草右军书"句。李元让与赵孟頫、姚燧亦有交往，赵《松雪斋文集》卷四有《送李元让赴行台治书侍御史》诗，姚《牧庵集》卷三十六【烛影摇红】词序云："新斋肃政李元让座间，任氏妇歌海棠开后之语，非专为海棠设，故别赋二首，录呈太初宣相时中。"至元二十七年任南台治书侍御史。(《至正金陵新志》卷六下《官守志二》)

(6)【贺新郎】(喜气轩眉宇)。词有"浪花滋浦，老我三年江湖客"句，据上引《庐山记》，滋浦正在九江，故可确认该词作于九江。又【朝中措】(东华门外软红尘)词亦有"三年浪走"句。仁甫至元十三年在九江结识吕师夔，至本年正是三年之久。词又有"□卢郎，风流年少，玉堂平步。……别后江头虹贯日，想君还东观图书府"句，李修生、胡世厚二位先生均认为此"卢郎"指卢挚。是。然又谓：时卢挚"赴任江东道提刑按察副使，途经九江"（李修生《卢疏斋集辑存·卢挚年谱》、胡世厚《白朴年谱》）。误。按王炎午《吾汶稿》卷一《上参政姚牧庵》："至元初年，翰林学士疏斋卢公巡行江南，谕有司求野史。此时南国初归，讳言节义，而翰林公归往匆匆，势必遗逸。"又姚燧《牧庵集》卷三《读史管见序》："宋社既墟，诏令湖南宪使卢挚以内翰籍江南诸郡在官四库精善书板，舟致京师，付兴文署。"可知至元间卢挚以翰林身份"巡行江南"，搜集图书。姚文所谓"湖南宪使"，是用卢挚后来的官称。这与白朴词"玉堂"，"想君还东观图书府"语相吻合①。

元世祖至元十六年/宋帝昺祥兴二年己卯（1279）　　五十四岁

二月，元兵攻取厓山，南宋亡。

郑《年谱》谓是年仁甫"踪迹当不出江浙一带"，依据是"去年到扬州，明年卜居建康"。按，去年（至元十五年）仁甫实在九江。

徐注认为是年仁甫由江西北返真定，准备举家南迁，途经扬州，沿京杭大运河北上的可能性最大，因而认定【木兰花慢】《灯夕到维扬》是该年元夕，白朴北返真定取道扬州时作。时弟白恪任江南行御史台掾史，在扬州。

徐注认为是年仁甫曾至大都。依据是白朴【风流子】词序云："丁亥秋，复得仲常书，有'楚星燕月，千里相望，何时会合，以副旧游'之语。就谱此曲以寄之。"词有"十年无定"句。仲常即王仲常（1238—1320），名思廉，真定获鹿人，幼拜元好问为师。《元史》卷一六〇有传。与王恽相交，王有《和枢院王仲常雪诗严韵》诗。丁亥为至元二十四年（1287），上推十年为至元十五年，但至元十五年白朴在九江，至元十六年始由江西北返真定，途经扬州，沿京杭运河至大都，丁亥年所作之【风流子】词"十年无定"盖举成数。又据【木兰花慢】《为乐府宋生

---

① 参见周清澍《卢挚生平及诗文系年再检讨》，《中华文史论丛》2014年第4期。

赋，宋字寿春，燕城好事者为渠写真，手捻荼䕷一枝》词"留得一枝春在"句，及题目提及"荼䕷"，可知白朴至大都时已暮春①。按：元夕在扬州，暮春至大都，在时间逻辑上没有问题。据《元史·王思廉传》，思廉自至元十年（1273）授符宝局掌书后，至成宗大德三年（1299）一直任京官，故仁甫至元十六年至大都时，得与之相聚。

又【水龙吟】《幺前三字用仄韵者，见田不伐〈口芋呕集〉，水龙吟二首皆如此。田妙于音，盖仄无疑，或用平字，恐不甚协。云和署乐工宋奴伯妇王氏，以洞箫合曲，宛然有承平之意，乞词于予，故作以赠。会好事者为王氏写真，末章及之》词，徐注也认定为本年重游大都时所作，词有"邂逅京都儿女"语。

郑骞《年谱》认为《天籁集》"全集绝无重返故乡作品。据此可知，自本年（指1280年）至大德丙午（大德十年，1306），将近三十年中，仁甫踪迹似始终在江浙一带，未回北方"。则失之细察。且揆以常情，白朴决定卜居金陵前后必然要返乡接取家属，因为在此之前，他一直处于漫游的生存状态，且极有可能在南下攻宋的蒙古军中，不大可能携带家眷。其【朝中措】词云："三年浪走，有心遁世，无地栖身。何日团圞儿女，小窗灯火相亲。"可为一旁证。

元世祖至元十七年庚辰（1280）　　五十五岁

是年携家人卜居建康，赋词多首。

【夺锦标】词序云："庚辰卜居建康"。【水调歌头】《初至金陵，诸公会饮，因用〈北州集·咸阳怀古〉韵》、【水调歌头】《咸阳怀古，复有前韵》、【水调歌头】《诸公赓前韵，复自和数章，戏呈施雪谷景悦》、【水调歌头】《感南唐故宫，就隐括后主词》及【水调歌头】（朝花几时谢）五词，牌调、用韵均相同，故徐注认为皆作于初至金陵之时。另外，据《初至金陵，诸公会饮，因用〈北州集·咸阳怀古〉韵》"赋朝云，

---

① 元好问《酴醿》："拟借浓阴作罗幌，玉缨多处卧残春。"又王恽【木兰花慢】《赋酴醿》："开较晚，尽春融。"（《全金元词》下册，第664页）

歌夜月，醉春风"句，可知仁甫是年春已到达金陵。

又【满江红】《重阳后二日，王彦文并利用、秦山甫相过小饮》词，胡世厚考证作于是年，白朴迁居建康后（《白朴六词系年》）。题中的"利用"，叶德均《白朴年谱》考证为王利用，《元史》有传。王彦文生平事迹俟考。秦山甫为秦长卿从子，官至建康府判官。《元史·秦长卿传》："是时尚书省立，阿合马专政，长卿上书曰：'……其性似赵高，其事似汉董卓……'（阿合马）由是大恨长卿。除兴和宣德同知铁冶事，竟诬以折阅课额数万缗，逮长卿下吏，籍其家产偿官，又使狱吏杀之。……长卿从子山甫为建康府判官，闻长卿冤状，即日弃官去，累荐不起以卒。"《阿合马传》："（至元）十六年……明年（至元十七年），阿合马尝奏宜立宗正府。……时阿合马在位日久，益肆贪横，援引奸党郝祯、耿仁，骤升同列，阴谋交通，事事蒙蔽……有宿卫士秦长卿者，慨然上书发其奸，竟为阿合马所害，毙于狱。"又《世祖本纪》："（至元）十七年六月，阿合马请立大宗正府。……秋七月戊午，从阿合马言，以参知政事郝祯、耿仁并为中书左丞。十九年三月，益都千户王著，以阿合马蠹国害民，与高和尚合谋杀之。"从以上所引材料看，秦山甫与白朴"重阳后二日"在建康"小饮"只有两个时段：一是至元十七年，一是至元十八年，因为至元十九年三月阿合马即被杀。秦长卿被害在十七年秋七月戊午后，则山甫得知消息当在"重阳后二日"以后，"即日弃官去"，不然也不会有心情觅友小饮。故定该词作于至元十七年（1280）九月十一日。

元世祖至元十八年辛巳（1281）　　五十六岁

敬甫是年授从事郎、江东建康道提刑按察司经历（袁桷《朝列大夫同佥太常礼议院事白公神道碑铭》）。该任时，卢挚有《与白敬夫经历》书，举荐乃舅。书云："某记事顿首再拜某吾友执事：自车从如浙，久不接音问，可胜向仰。少意有沈其姓，而鉴名者，占籍馀杭。其人解事有干局，素慎行检，不肖所娶吴氏之尊舅也。鉴知不肖与执事有葭莩之亲，欲得鄙言为先，容获趋承执事，夤缘威望，少得一小小名色，以为户门计。不肖因知吾友职在宪幕，不可以区区衷曲相浼。所谓执事之权，吾友其无游目馀刃之地术也。切祷切祷，不宣。"（《中州启劄》卷四）白敬甫之妻卢氏，乃卢挚之妹，故书云"不肖与执事有葭莩之亲"。

元世祖至元二十二年乙酉（1285）　六十岁

是年在金陵曾与吕师夔相聚，作【沁园春】《吕道山左丞觐回，过金陵别业，至元丙子，予识道山于九江，今十年矣》词。至元丙子为至元十三年，下推十年正是本年。

徐注认为【沁园春】《送按察司合道公赴浙东任》词作于是年。依据是白朴另有【木兰花慢】《戊子秋送合道监司赴任秦中》，两词中的合道当是一人。戊子为至元二十五年。【木兰花慢】词有"倦区区游宦，便回棹谢山阴"句，盖由浙东迁调秦中。又据《元史·选举三·铨法中》："内任官以三十月为满，外任官以三岁为满。"故推定合道赴浙东按察司在是年，白朴赋【沁园春】词送别。

元世祖至元二十三年丙戌（1286）　六十一岁

四月，作【水调歌头】，序云："丙戌夏四月八日，夜梦有人以'三元秘秋水'五言谓予，请三元之义，曰：'上、中、下也。'恍惚玩味，可作《水调歌头》首句，恨秘字之义未详。后从相国史公欢游如平生，俾赋乐章，因道此句，但不知秘字何义？公曰：'秘即封也。'甫一韵而寤，后三日成之，以识其异。"

又有【水调歌头】《予既赋前篇，一日举示京口郭义山，义山曰：此词固佳，但详梦中所得之句，元者应谓水府，今止咏甲子及〈秋水篇〉事，恐未尽也，因请再赋》。郭义山，《至顺镇江志》卷十八传："郭景星，字元德。镇江人。宋咸淳五年以乡试待补贡太学生，归附初，翰林王构、编修李谦使江南选佳士，郡守以为荐，以亲老辞不行。后大司农燕公楠、提刑赵文昌到，荐于省，授淮海书院山长，调湖州路长兴州儒学教授。秩满改教乡校，以从仕郎、台州路黄岩州判官致仕。……卒年七十九。自号义山。有《寓意斋文集》及集前哲嘉语若干卷藏于家。"

又有【满江红】《同郑都事处，复用前韵退讫所租学田》。"复用前韵"，指用同调《重阳后二日王彦文并利用秦山甫相过小饮》韵。徐注谓该词最迟不能超过是年秋天（词有"满庭秋草"句）。按《元史·世祖本纪十一》：至元二十三年二月，"江南诸路学田昔皆隶官，诏复给本学，以便教养"。又《刑法二·学规》："诸赡学田土，学官职吏或卖熟为荒，减额收租，或受财纵令豪右占佃，陷没兼并及巧名冒支者，提调官究之。"郑都事，事迹俟考。胡世厚《白朴交游考》认为可能即郑元。元字长卿，吴郡人，与郑元祐同宗。其事迹见郑元祐《遂昌杂录》及《寄郑长卿》诗，但未提及郑元曾任都事，故尚存疑。

又【水调歌头】《冬至，同行台王子勉中丞、韩君美侍御、霍清夫治书，登周处读书台，过古鹿苑寺》，徐注定于本年，时在金陵。是。

按张之翰《沁园春》词序云："不肖掾内台，时西溪王公为侍御史，遵晦韩兄为监察御史，恕斋霍兄为前台掾。……至元甲申（二十一年）春，不肖以南台里行求去，退居高沙。又二年（至元二十三年）冬十月，迫以北归，由维扬至金陵，别行台诸公。适西溪、柳溪拜中丞，遵晦擢侍御，颐轩、恕斋授治书。"又《至正金陵新志》卷六下《官守志二》："御史中丞"栏有王博文（字子勉），注云："正议（大夫），至元二十三年上。"又同卷"侍御史"栏载韩彦文（字君美），注云："中顺（大夫），至元二十三年上。"可知王博文等在至元二十三年调任江南诸道行御史台，因初至，故而有兴致游览。又据王恽《秋涧集》卷十九《梦王尚书子勉，时罢中丞，在扬州》自注："丁亥八月二日"，丁亥为至元二十四年。丁亥八月王博文已罢中丞，知仁甫【水调歌头】《冬至，同行台王子勉中丞、韩君美侍御、霍清夫治书，登周处读书台，过古鹿苑寺》词只能作于至元二十三年冬至，而不能是至元二十四年冬至，亦可知霍清夫任南台治书侍御史也只能在至元二十三年①。

---

① 《至正金陵新志》卷六下《官守志二》："治书侍御史"栏有霍肃（字清甫），注云："奉议（大夫），至元二十四年上。"误。

王博文（1223—1288），字子勉，号西溪。东鲁人，徙彰德（今河南安阳市）。曾从元好问受学，与王恽、胡祗遹等交往深厚。王氏【感皇恩】词序云："至元十七年八月八日为通议西溪兄寿。三十年前，西溪授馆苏门赵侯南衙，予始相识。时初夏桐阴满庭，故有南衙清昼之句。"又《御史中丞王公诔文》云："大元至元二十五年岁在戊子秋八月十有一日，前礼部尚书、御史中丞东鲁王公薨于维扬之客舍，友生王恽谨遣子某致奠以不腆之文诔焉。"又有《中丞王公祭文》《路祭中丞王兄永诀文》。胡氏《祭中丞子勉文》云："我年十七，君冠而婚。君来自东，识我先人。命我以兄，事君如神。……四海知君，莫如我真。群贤爱君，莫如我亲。"此外，卢挚《西溪赞序》谓："西溪公，名博文，字子勉。宏裕有蕴，中朝号称厚德。其言论风旨，学殖文采，士论归焉。尝五居监司、七至侍从，扬历馀卅年。顷由礼部尚书、大名总管，为御史中丞，行台江南云。"与张之翰亦相识，上引张氏【沁园春】词即证。

韩彦文，字君美，号遵诲。祖籍郾城，出生大都。与王恽、魏初、张之翰等交往甚密。王恽【木兰花慢】词序："宪台诸公九日登高韩墅远风台，侍御继先首唱乐府，诸公赓和，以纪雅集之盛。予时移病在告，既而君美御史以严韵见征，勉为续貂。"又《秋涧集》卷三十七《韩氏遵诲堂后记》："燕今为大都会，世家钜族，飘轻裾，荫华穰，非不侈而盛也。及论夫居室，善而内有则者，韩氏为足称。长即总管通甫，次即君美判府。予御史里行，在燕者凡三年，用是交好甚款，知为人甚详，修身齐家、读书、治生、礼宾客、应外务，一以忠信孝弟为主。"魏初《青崖集》卷五有《遵诲堂铭并序》。张之翰有【沁园春】（四海交亲）词。

霍肃，字清甫，号恕斋。祖籍唐山，徙居裕州。与胡祗遹、侯克中、刘敏中、张之翰等均有交往。胡有《送霍佥事序》《霍佥事世德碑铭》诗，侯有《寄刘牧之、霍清甫二廉访》诗，刘有《霍清甫提刑同登登州蓬莱阁》《霍清甫留宿上都宣徽后亭》诗，张有【沁园春】（四海交亲）词。

是年吕文焕请老还乡，仁甫赋【沁园春】《十二月十四日，为平章吕公寿》词。《元史·世祖本纪十一》：至元二十三年春正月，"吕文焕以江淮行省右丞告老，许之，任其子为宣慰使。"从"平章事，便急流勇退，黄阁难留"句看，该词应作于吕文焕告老不久。

元世祖至元二十四年丁亥（1287）　　六十二岁

王博文为《天籁集》作序，末署云："至元丁亥春二月上休日，正议大夫、行御史台中丞、西溪老人王博文子勉序。"

王博文此时任江南行御史台中丞，治所在建康。《元史·百官志》："至元十四年，始置江南行御史台于扬州，寻徙杭州，又徙江州。二十三年迁于建康。"是年八月，王博文罢南行台中丞。王恽《秋涧集》卷十九《梦王尚书子勉，时罢中丞，在扬州》诗自注："丁亥八月二日"。

秋，得友人王思廉（字仲常）书，赋【风流子】《丁亥秋，复得仲常书，有"楚星燕月，千里相望，何时会合，以副旧游"之语，就谱此曲以寄之》词。

弟恪改任浙西提刑按察司经历，迁平江。袁桷《同金太常礼议院事白公神道碑铭》："（至元）二十四年，改浙西提刑按察司经历，迁平江，丁母罗夫人忧。以夫人丧于吴，将终老焉。"

有学者谓是年仁甫或由其弟结识陈深。（徐注、胡世厚《白朴交游考补》）按：陈深有【沁园春】《次白兰谷韵》、【水龙吟】《寿白兰谷》词两首，从《寿白兰谷》词"此翁疑是香山，老来愈觉才情富"句看，二人似交情匪浅。郑元祐为陈深子陈植作墓志铭云："始予东人吴，识其尊人宁极先生。……予与先生有维私之契，而先生长予廿馀年。"（《慎独陈君墓志铭》）陈深别号宁极。假若陈深长郑元祐二十五岁，则陈深生年在至元五年（1268）。《墓志铭》载陈植"至正壬寅辜月五日卒，享年七十。"可知植生卒年为1293—1362年，则陈深二十六岁得子，亦合乎常情。《元诗选》初集陈深小传："郑元祐志其子叔方墓，称与子微（陈深字子微）为僚婿，而子微长三十馀年。"检核郑氏原文，知《元诗选》陈深传实误。又《古今图书集成·文学典·陈深传》："按《吴县志》，……天历间，以能书荐，潜匿不出。年逾八十，学益超卓，自名其斋曰'清全'。卒年八十有五。"则卒年在至正十二年（1352）。陶宗仪《书史会要补遗》："陈深字子微，号宁极，吴中人，学古不群，为名流所尚，草书步骤急就。"清邵远平《元史类编》卷三十六："陈深字子微，号清全，世居平江。宋亡，即谢去举业，沉潜问学，著《读易编》、《读诗编》及《读春秋编》十二卷，原本左胡，采撷群说。与人高谭遗经，亹亹不倦，为一时耆宿。天历间，圭章阁臣以能书荐，匿不出。所著诗文名《宁极斋稿》。"白朴年长陈深四十余岁，且身为南人，又不仕新朝，本无与仁甫结识之机缘。按白朴【西江月】《李元让赴广东帅幕》盛赞李元让书法，喻之为"陈琳檄草右军书"，而陈深正以书法见称："草书步骤急就"。二人相识的契机或在此。

元世祖至元二十五年戊子（1288）　六十三岁

是年秋作【木兰花慢】《戊子秋，送合道监司赴任秦中，兼简程介甫按察》词。合道事迹不详。程介甫，名思廉，《元史》卷一六三有传。《国朝文类》卷六十九载录王思廉《河东廉访使程公神道碑》："公始知读书，从枢判白公学，故文笔议论，皆有师法。"白朴在真定时当已结识程介甫，且二人交情应非一般。程介甫是年任陕西汉中道提刑按察使，合道铨调秦中，与之同衙为官，故送合道亦"兼简程介甫"。

八月十一日，挚友王博文卒于维扬，享年六十六。（《秋涧集》卷六十四《御史中丞王公诔文》）

元世祖至元二十六年己丑（1289）　六十四岁

是年曾至扬州，送胡祇遹、王恽赴任浙右、闽中，赋【木兰花慢】词，序云："己丑送胡绍开、王仲谋两按察赴浙右、闽中任。时浙宪置司于平江，故有向吴亭句。"词有"相逢广陵陌上，恨一樽，不尽古人情"语。《元史·本纪第十五》：至元二十六年五月，"行御史台复徙于扬州，浙西提刑按察司徙苏州"。

叶德均《年谱》引柳贯《柳待制文集》卷十五《婺源州重建晦庵书

院记》:"至元二十六年江东按察副使卢公挚行部次县,恶焉愧之,方议经始书院。"认为白朴【水龙吟】《送张大经御史,就用公九日韵,兼简卢处道副使使宁国,置按察司时》(自注:"卢号疏斋")词,"虽不能确证为何年作,当距(至元)二十六年不远也"。按张之翰【水龙吟】《张大经寓第牡丹》词:"旧时来往燕都,为花常向花前醉。……曾见君家,后园深处,满栽姚魏"。张大经或为大都人,喜植牡丹。刘因《张大经画赞》云:"眉之扬然,若将远游;目之凝然,若有深忧。其清雄俊逸者,在骨之奇;果决通达也,如髯之虬。有欲验夫襟怀志趣之高,与其文章政事之美者,于兹焉而求之。"刘因还有【西江月】《送张大经》词。此外,赵孟頫有【水调歌头】《和张大经赋盆荷》词,刘敏中有【水龙吟】《同张大经御史赋牡丹》词。

元世祖至元二十八年辛卯(1291)　六十六岁

二月三日,与李景安游杭州,赋【永遇乐】《至元辛卯春二月三日,同李景安提举游杭州西湖》词。

《至顺镇江志》卷十八:"李浩,字景安,金坛人。至元二十三年寻访行艺高尚之士,郡以浩应,选授承务郎、江东道儒学提举。再调承直郎、湖广儒学提举。"李景安与张之翰亦有交往,张有《西冈李存畎洎弟景安访余山中以诗为别》。

元世祖至元二十九年壬辰(1292)　六十七岁

郑骞《年谱》考证敬甫是年或授福建宣慰司经历。

袁桷《白公神道碑铭》:"(至元)十八年,授从事郎、江东建康道提刑按察司经历。改荆湖占城等处行省都事。时荆湖省臣某,括财恣威福,君度不可与共事,辞不拜。后果受诛。二十四年,改浙西提刑按察司经历,迁平江。……会诏举不附权臣自晦者,有以君辞荆湖事荐于上,除福建宣慰司经历。……三十一年,丞相太傅公为湖广平章,君时为都事。俾陈枢密院及本省便利,待丞相入觐有旨,先其奏,复升员外郎。"

按《元史·世祖本纪》：至元二十八年五月甲辰，"要束木以桑哥妻党为湖广行省平章。至是，坐不法者数十事，诏械致湖广省诛之。辛亥，诏以桑哥罪恶系狱按问，诛其党要束木、八吉等。……秋七月丁巳，桑哥伏诛。"知《神道碑》所谓"时荆湖省臣某"，即要束木。则敬甫除福建宣慰司经历应在至元二十八年五月要束木被诛之后，三十一年调湖广行省都事、员外郎之前。故系是年或明年。侯克中《艮斋诗集》卷五《白敬甫经历有闽中之行》诗云："里巷亲情未易疏，岂期岁晚别中吴。"克中亦真定人，与敬甫同乡，故有"里巷亲情"语。敬甫赴闽中，从苏州出发，故有"别中吴"句，知其时克中亦在苏州。

元世祖至元三十年癸巳（1293）　六十八岁

仁甫长子是年应举及第。《白氏宗谱》："仁甫公长子，讳铤，字景宣，行三。……至元癸巳应举茂才异等，擢用，累官至宣授嘉议大夫、江西道肃政廉访司副使。"

秦山甫卒。（《新元史·秦长卿传》）

胡祗遹卒，享年六十七。（《元史·胡祗遹传》）

元世祖至元三十一年甲午（1294）　六十九岁

敬甫任湖广行省都事、员外郎。（袁桷《白公神道碑铭》）

正月，元世祖崩。四月，成宗即位。（《元史·世祖本纪》）

元成宗大德二年戊戌（1298）　七十三岁

敬甫任湖广行省理问官。（袁桷《白公神道碑铭》）

元成宗大德四年庚子（1300）　七十五岁

敬甫调江西行省理问、翰林院待制、同金太常礼仪院事（袁桷《白公神道碑铭》）。程钜夫《雪楼集》卷二十七有《送白敬父赴江西理问》诗。

元成宗大德五年辛丑（1301）　　七十六岁

吕师夔卒，享年七十二。

元成宗大德八年甲辰（1304）　　七十九岁

王恽卒，享年七十八。（《元史·王恽传》）

贾文备卒。（《蒙兀儿史记·贾文备传》）

元成宗大德十年丙午（1306）　　八十一岁

是年秋，至扬州，赋【水龙吟】《丙午秋到维扬，途中值雨，甚快然》词。此为白朴行迹叮考的最后一年，有学者认为其卒年当在是年后不久。（胡世厚《白朴卒年考辨》）

方志金石文献的文化精神*
——以明清至民国直隶方志为中心

张志勇　马吉兆**

摘　要：方志是保存古代金石文献的大宗。金石文献被选入方志，是继文章被"托诸金石"之后，后世对其价值和代表性的再次确认。明清至民国直隶方志文献中的金石碑刻，包蕴着民本思想、对人的主体精神的高扬、理性中和与崇实务本的精神、勇敢担当等诸多优秀的中国文化精神。方志金石文献与经典典籍的互相参证，可为学术研究和文化自信的树立，激活一座蕴藏着海量真切、鲜活材料的资源宝库。

关键词：方志；金石文献；文化精神；直隶

"恐高岸为谷，大海在田，托诸金石，冀无忘焉。"[1] 古人把文章铸刻于金石，以求克服光阴的侵蚀，让有意义、有价值的人和事可以穿越时空、垂于后世，从而对抗和超越"节物风光不相待，桑田碧海须臾改"的现实悲剧。

方志是保存古代金石文献的大宗。今天，在诸如《汉魏南北朝墓志

---

* ［基金项目］河北大学燕赵文化高等研究院重点项目"京津冀方志文学史料辑考"（项目编号：2020026）。

** ［作者简介］张志勇（1971— ），男，河北大学燕赵文化高等研究院、河北大学文学院教授，博士生导师，主要从事中国古代文学研究；马吉兆（1977— ），男，河北大学文学院博士生，秦皇岛职业技术学院讲师。

[1]　周绍良：《唐代墓志汇编》（上），上海古籍出版社1992年版，第311页。

汇编》《隋唐五代墓志汇编》《新中国出土墓志》等大型墓志文献汇编和《全唐文》等大型断代文章总集及其补遗、补编之作陆续整理面世后，可以说，中古以前有研究价值的金石文献已经得到了尽可能全面的呈现，但是，各地方志中所保存的宋辽金元以后的金石文献，特别是数量庞大的明清至民国以来比较晚近的金石碑刻，包含着极为丰富多元的历史文化信息，仍远未得到充分的研究和挖掘。

方志中的"金石志"实际相当于一种文章选本。正如罗素所说，"选择就包括着在事实中间有一种价值标准"[1]，由于方志纂修多由当地官员和知名学者主持，他们在纂修过程中对金石文献的取舍，体现的是当时官方、主流的意识形态和衡量标准。可以说，金石文献被选入方志，是继文章完成并被"托诸金石"之后，后世对其价值和代表性的再次确认。

明代的北直隶，清代乃至民国北洋时期的直隶省，地处京畿，主持、参与方志编纂的地方官员、士子中多有名臣和文学名家，涌现出不少编排精良、资料详赡的方志精品，如晚清古文大家吴汝纶主修的《深州风土记》，清末民国著名学者、方志编纂家王树枏主修的《冀县志》等，对当地金石文献的搜罗、遴选，均极为用心，极见功力。正如佛家"月印万川"之理，以区域方志金石文献作为考察对象虽有局限，但直隶这一地处京畿腹心的文化相对发达地区，其金石文献中无疑包蕴着丰富的历史文化基因，具有较高的代表性和研究价值。

"金石之功，寒暑不变，以兹稽古，庶不失真。"[2] 本文试以明清至民国直隶方志为中心，对方志金石文献所包蕴的文化精神、寄托之民族心曲作出揭示和阐发。

1. "先成民而后致力于神"：方志金石文献中的民本思想

传统儒家的祭祀观比较复杂，儒家学者们一方面对鬼神之有无持不置可否的消极态度；另一方面，又对祭祀天地、祖先等仪式活动高度重视，这是客观存在的历史传统，亦是有人判定儒家亦属宗教或特别强调

---

[1] ［英］罗素：《论历史》，何兆武等译，广西师范大学出版社2001年版，第3页。
[2] （宋）郑樵撰，王树民点校：《通志二十略》，中华书局1995年版，第9页。

儒学之宗教性特征的主要依据之一。从方志金石文献来看，首先，大量关于修建文庙、先贤祠的碑记，应属典型的儒家祭祀文化范畴；其次，墓表、墓志、神道碑等，也是儒家慎终追远观念和祖宗祭祀的产物；最后，像北岳庙、八蜡庙等对山岳、农神等神祇的祭祀与道教或各种民间信仰相杂糅，但也与先秦儒家经典里的山岳祭祀、蜡祭等有着千丝万缕的联系，可以说已经水乳交融，难分彼此。在此，我们无意深入探究儒家祭祀的具体内容和性质，而是力图通过对方志文献中相关金石碑志的研读，揭橥儒家对待传统祭祀的态度以及其中所体现出的明确的民本思想。

古代儒家学者对于民间信仰中形形色色的祠庙，判定其利害是非，决定支持鼓励还是废除禁止，最便利的标准是看其在经典中是否有据；若于经典中无明确依据，再主观判断其是否能庇护百姓。无论哪种情况，以民为本都是其核心意思。正如明王三余《重修真武庙记》引经据典云："孔子云'非其鬼而祭之，谄也。'传云'先成民而后致力于神'，岂不然乎？"① 自先秦以迄明清，中国人早有明确一贯的认识：如果安顿不好苍生百姓（"成民"），侥幸希望天地、鬼神、祖先的福佑是无意义和不可能的。

八蜡，是古代中国人所祭祀的八种与农业有关的神祇。虽然这些稀奇古怪的神祇今天看来荒诞不经，但由于农业在中国人心目中的无上位置，且八蜡之说于祀典有征（《礼记》云："八蜡以祀四方，四方不顺成，八蜡不通，以谨民财也。"②），故八蜡庙在古代不属淫祠之列。明嘉靖年间安平知县郭某有"循吏"之名，擢升河间知府后安平士民为其立《郭侯遗爱碑记》，指出"禁废淫祠"是其在安平的德政之一："民俗尚鬼信巫，好佛事缯赛，非鬼动费不赀，侯悉禁之。"③ 正是这位大力禁止鬼巫之费的"郭侯"，曾主动召集当地人修葺八蜡庙，其理由也是认为蜡神与

---

① 康熙《安平县志》卷8《艺文志》，载《中国地方志集成·河北府县志辑》，上海书店出版社2006年影印本，第51册，第523页。
② 《礼记正义》卷25《郊特牲》，北京大学出版社1999年标点本，第806页。
③ 康熙《安平县志》卷8《艺文志》，载《中国地方志集成·河北府县志辑》，上海书店出版社2006年影印本，第51册，第521页。

百姓福祉息息相关：

> 谋诸僚属曰："敬神所以庇民，神祠不修，恶在庇为？朔望所以敬神，祠远莫及，恶在敬为？况蜡神之于民，其德之也深，其报之也宜隆。"（刘鉴《福民祠记》）①

同时，反对民间淫祀的郭某之所以高度重视八蜡之祭，也是于古有征的缘故：

> "土反其宅！水归其壑！昆虫毋作！草木归其泽！"此古昔圣王祭神之意也……郭公以牧民为职，民以衣食为命，修八蜡庙所以为民祈食也。②

于古有征，有益斯民，八蜡神的崇祀自然也就名正言顺、备受重视了。再如清陈宗石《重修药王庙记》一文，起笔即开宗明义：

> 尝读汤潜庵先生（按：指汤斌，清康熙朝名臣、理学家）禁淫祠奏议，不禁敛手赞叹曰"是诚正人心、维世教之大关键也！"心窃慕焉。余莅南平三载，惟思缮城隍以固疆圉，葺学官以振士气，其他颓祠圮庙置弗问，亦服膺先生之意也。③

陈氏完全赞同汤斌禁除淫祠之主张，但在他看来，城隍庙、孔庙以及后文将正面论及的药王庙当然不属淫祠之列，其理由为"间尝考之祀

---

① 康熙《安平县志》卷8，载《中国地方志集成·河北府县志辑》，上海书店出版社2006年影印本，第51册，第519页。
② 康熙《安平县志》卷8，载《中国地方志集成·河北府县志辑》，上海书店出版社2006年影印本，第51册，第520页。
③ 康熙《安平县志》卷8，载《中国地方志集成·河北府县志辑》，上海书店出版社2006年影印本，第51册，第537页。

典,凡生而能捍灾御难,有益于斯民者,俾得庙祀"。"有益于斯民",就是药王庙获得承认和支持的依据。作者在下文肯定了药王庙"捍灾御难"的属性后,更进一步深刻指出,当地人之所以重视药王庙、重修药王庙,可能正是因为不肯认真精研医书,本地缺乏良医的缘故:

> 独慨安邑中人,人不知医,医不知药,以药试病,以病试医,不思博读《本草》《素问》诸书,究其精微以起疲癃,而亟亟于庙貌之维新者,岂以世罕良医,将以求神之默佑而医学罔施乎? 吾亦姑置勿论。但愿神之居是庙者,毋虚村民重修之义,赛祀之诚,庶几长享庙祀,不为潜庵先生议毁之所及可也。①

虽然作者最终取调和态度,为重修药王庙撰写碑记,但以上内容已经表明其理性态度:通过把祭祀药王归因于"人不知医,医不知药",将话题拉回到人事,认为是人间的医疗事业做得不够,而对待民间信仰的这种"姑置勿论"的调和态度,仍是本于尊重民意、为民祈福的本心。

还有些清醒的儒家知识分子,进一步表达了对宗教信仰实质的深入理解,认为老百姓向各种神灵祈祷,不过是人面对命运的限定和人生的困厄,宣泄苦痛、呼喊正义、祈望救助的一种方式而已,并且对这种出自人性、人情的自然表达和呼喊予以充分认可,如明张仲贤《徐召村重修东岳庙记》:

> 水旱焉为之祈祷,疾病焉为之呼告,凡几百不平于心、有抑于人者,必指山致祝,倾心对神,推丐神之休咎庇佑之,如子弟之疾痛灾苦而呼泣诸父母也。神之应否,虽未可必,此固民心秉彝之。

---

① 康熙《安平县志》卷8,载《中国地方志集成·河北府县志辑》,上海书店出版社2006年影印本,第51册,第537页。

天有不可昧者，故凡建祠崇祀事，其以是而已。①

依张仲贤，人面对水旱、疾病等各种不平时，如同儿童受到委屈时到父母面前哭诉一般"倾心对神"，此时的神灵不过相当于人格化的大自然而已。正如邓小军在论杜甫诗时所指出的："当人处于悲剧命运、忧患意识中时，大自然乃是人汲取精神的生机，复苏悲怆的心灵，克服悲剧命运，超越忧患意识的一大力量源泉。"② 一方面，在传统的信仰和祭祀活动中，虽然大自然母亲和人间的父母一样很可能也没办法解决问题（"神之应否，虽未可必"），但痛苦绝望时的呼救和祈望乃是人生而具有的天性（"民心秉彝之"）；另一方面，如神灵般高高在上者亦理应负有给予救助和照拂的责任，困穷者的生存权应该得到保证（"天有不可昧者"）。

"民心秉彝之"这样的表达，化用自《诗经·大雅·烝民》"天生烝民，有物有则。民之秉彝，好是懿德"③ 的句子，等于肯定了呼救和祈望是人的"懿德"。"天有不可昧者"则暗含了"危者使平""百物不废"的"天道"④。

如果说鼓励人们不依赖神的保佑，凡事反求诸己，显示了儒家文化刚健理性的一面，那么在此，认可人在疾痛灾苦降临的困厄之际、在最脆弱绝望之时的呼救和祈望，是天赋予人的"懿德"，并肯定"天道"应保证弱者的生存权利，则是儒家文化中温柔敦厚的一面，显示出儒家对人的同情和体贴，对正义的回护。因而，这种渴望通过人格化的自然神消除灾难、获得生命赓续的"懿德"，实与孟子的人性本善和宋儒关于"生之性，便是仁""活者为仁，死者为不仁"的论断紧紧相连，最终共同指向于"以人为本"的中国文化精神。

---

① 万历《安平县志》卷5，载《明代孤本方志选》，线装书局2000年影印本，第9册，第115—116页。
② 邓小军：《唐代文学的文化精神》，文津出版社1993年版，第189页。
③ 程俊英：《诗经译注》，上海古籍出版社1985年版，第591—592页。
④ （唐）孔颖达：《周易正义》卷8《系辞下》，北京大学出版社1999年标点本，第319页。

2. "不求神神自佑之": 对人的主体精神的高扬与理性中和、崇实务本的民族精神

正如前引陈宗石《重修药王庙记》通过感慨"世罕良医"回到孔子的"反求诸己",古代官员、士子应宗教人士或当地百姓之请,撰写祠庙碑文之时,深知讨好神并不能替代修身、修德,供奉圣贤、祭祀鬼神的意义在于效法前贤,激发自己内在的精神力量。张翀《明饶阳庙学碑》云:"君子之求学以至乎圣人之道,固无关于祠庙兴废,苟奋然饬躬励行,以圣人为可师,则其道日进于高明。"① 即表明,重要的是向圣人学习,奋然饬躬励行,相比之下,祠庙的兴废实际是次要的、第二义的。

对待儒家祠庙里的榜样是这样,宗教寺观里的神仙亦当作如是观,因为宗教里的鬼神也理应是正直的,不会因享用"非类之祭"而福佑"奸回之人"。明王三余《重修真武庙记》:

> 盖幽明一理,正直为神,鬼神有灵,必不享非类之祭,必不福奸回之人,则人之不务修德而欲徼福于神者,惑之甚者也。孔子曰:"获罪于天,无所祷也。"岂予今日修庙之本心哉!予故表而出之,见予今日之举非敢徼福,且以告世之不务修德而徒谄于神者。②

奉训大夫、深州知事李鸿《明真武庙碑》同样阐明官员不能因捐俸修庙而忽略做人为政的根本乃在于修德、齐民:

> ……斥俸钱助成庙功,非有所徼事神宜尔。若乃齐民弗智,而惑于妄祷,不返观内照,惟德于神,至可悲夫!使为臣而忠,为子而孝,兄友弟恭,交友有信,为下而不犯法,虽不求神神自佑之。③

---

① (清)吴汝纶:《深州风土记》"记十一下",载《中国地方志集成·河北府县志辑》,上海书店出版社2006年版,第52册,第196页。
② 康熙《安平县志》卷8,载《中国地方志集成·河北府县志辑》,上海书店出版社2006年影印本,第51册,第523页。
③ 《深州风土记》"记十一下",载《中国地方集成·河北府县志辑》,上海书店2006年版,第52册,第196页。

以上两段引文同样包含民本思想，但重点在于强调官员应反求诸己，捐资修庙祈求神仙实际是妄祷、妄求，根本还是要靠返观内照、恪尽职守来"自求多福"，这是对官员主体精神之激发和高扬，也体现出理性中和、崇实务本的民族精神。

　　徐复观在《中国艺术精神》中指出："宗教必转向于道德，立基于道德，然后才能完全从迷信、偏执中脱出，给人生以安顿，消劫运于无形。"[1] 从前述方志金石文献中可以看到，古代儒家知识分子通过对各类祠庙意义的阐发和修正，正是将宗教和各类民间信仰统一到"以神道设教"的框架之下，突出其教谕意义，消解其迷信、偏执的一面，从而在一定程度上让宗教和民间信仰充实了道德的内容，助长、安定道德的力量。实际上，这种集体性的悄然进行的近乎自觉的转化，是一个极富意味的文化现象，有助于我们考察儒释道在中国历史上可以长久谐和共融的深层原因和丰富表现。

　　理性中和、崇实务本的精神，在方志中比比皆是的孝子碑记、贞妇祠记一类碑刻中亦有体现。晚清桐城文派名家方宗诚《彭孝女碑记》讲述一位景州知州的女儿，事母甚孝，在母亲去世后登景州开福寺舍利塔跳塔殉母的经历。彭孝女的故事中蕴藏着中华文化中备受尊崇的"孝"的精神，但以身殉母的极端行为显然并不可取。作者应当地之请，为孝女祠做碑记，在文中肯定孝义之心的同时，重点记述彭孝女生前侍奉病母的具体孝行，并探讨了古人言"孝"的真义，指出纪念彭孝女，重在"兴起人孝义之心"，"感愧人不孝不义之情"，而绝非鼓励以身殉母的极端行为：

　　　　昔子夏言事父母竭力，事君致身。古无有必以致身于其亲为孝者，然而古今所传孝义往往有其事不可为天下后世法，而其行有可以兴起人孝义之心，而可因以感愧不孝不义之情者：北宫女之撤环

---

[1]　徐复观：《中国艺术精神》，广西师范大学出版社2007年版，第7页。

不嫁，木兰之代父从军，是其可谓女子之庸行，而书传皆称其孝，则以真性之激烈，固足令千载下感动而唏嘘也。孝女殉母后，景州人士欲建立祠堂而属予为记，予惧不善学者或徒以一死为孝也，因记其事而发兹论焉。①

肯定彭孝女"真性之激烈"，同时指出"其事之不可为天下后世法"，孝女行为贵在其孝亲之心，警惕孝女祠之创建可能产生"以一死为孝"的误导，碑文体现出作者处事的理性、冷静以及中和、雅正的作文态度。

3. "不欲以一毫挫于人"：从直隶方志金石文献看儒家"三达德"中的"勇"

如果说祠庙碑刻文中强调民本思想、肯定困厄中的人有呼救和祈望的本能及获得救助之权利，是回应了儒家"三达德"（《礼记·中庸》："知、仁、勇三者，天下之达德也。"②）中的"仁"，高扬人的主体精神，崇实务本、理性中和精神回应了其中的"智"，那么直隶方志金石文献中常常大力褒扬的刚健、担当、信义、自强等人格精神，则体现儒家文化对"勇"的重视和追求，同时亦与"自古多感慨悲歌之士"的燕赵人文精神深刻契合。

古代直隶既有深厚的儒家文化传统，又颇存尚武之风，其人多以慷慨刚直自任并相互号召、砥砺。如明太仆寺卿孙绪乡居时自费修缮庙学，反招"邀誉"之讥，有人担心其越俎代庖，可能引起地方官的嫉恨，孙氏对这些"恶非己功而忌人成事"的议论不屑一顾，答复云"古以悲歌感慨称燕赵，挥金赴义盖其余事"，并相信后世必有"英俊之士、卓荦之才，悲歌感慨于吾之后"，此是以慷慨自任并期望后学的例子③；明末孙

---

① 民国《景县志》卷8，载《中国地方志集成·河北府县志辑》，上海书店 2006 年版，第 50 册，第 459 页。
② 《礼记正义》卷 52《中庸》，北京大学出版社 1999 年标点本，第 1441 页。
③ 光绪《故城县志》卷 9《文翰》，《中国地方志集成·河北府县志辑》，上海书店出版社 2006 年版，第 54 册，第 471—473 页。

承宗为武强县所撰《重修关帝庙碑记》揭示燕冀之人对关羽更多一份崇敬，武强"士人雅负朔气""多义烈"①；清人李道光任武强知县，重修庙学并撰《重修庙学记》，开篇即云："武遂，古赵地也。古云燕赵多感慨悲歌之士，余于斯地有席珍之慕焉。"② "席珍"语出《礼记·儒行》"儒有席上之珍以待聘，夙夜强学以待问"③，作者以久闻燕赵多士而对武强人才有所期待，也是对当地慷慨士风的尊重和推许。从方志金石文献中屡见不鲜的类似书写可以看到，许多直隶作家在地域文化传统的影响下，确乎对豪杰、刚勇型的人格存有一种先天、自觉的认同和执念，而这种悲歌慷慨的传统，也就在本地人的自我认同和客籍作者的期待推许中不断得以强化和传承。

勇敢担当，是儒家理想人格中与"仁"和"智"鼎足而立的宝贵品格，方志金石文献对此种人格精神多有揄扬，特别是一些墓志作品记录了许多不惧危难，为国家、为朋友挺身而出的言行事迹，勾画出可歌可泣的英雄先贤群像。元初人王纲在湖南力革弊政，严惩不法，后奉命按察岭南不避炎疠，抱病而往，最终客死于途：

> 湘俗富饶，轻悍善讼，且附款未久，守令利其地，率皆赃贿自恣。公力革其弊，犯者痛绳以法，迄满秩一道帖然。广东命下，或劝以岭海炎疠宜勿行。公曰："使受天子命恤彼氓，若以炎疠弃之，谁当往者？"既至，宿疾作，还至潭州，以至元二十四年七月十六日卒旅次。（王构《元提刑按察使王公神道碑》）④

有人不避炎疠，亦有人不避疆场。明嘉靖二十九年（1550）八月，俺答汗大举入寇，攻古北口，掠通州，分掠畿甸州县，兵临北京。在

---

① 道光《武强县新志》卷12《艺文志》，载《中国地方志集成·河北府县志辑》，上海书店出版社2006年版，第52册，第631—632页。
② 道光《武强县新志》卷12《艺文志》，第642页。
③ 《礼记正义》卷59《儒行》，北京大学出版社1999年标点本，第1578页。
④ 《深州风土记》"记十一中"，北京大学出版社1999年标点本，第167—168页。

"人皆畏避"之际,吏部侍郎刘鉴主动请行,赴前线调度粮草供应军需:

> 岁庚戌,北虏犯顺,直逼神京,援兵云集待哺,本部选曹属调饷,人皆畏避,公独奋然请行,冒锋镝,抵大通桥,调给粮饷哺军,远近帖然。(梁梦龙《明吏部郎中刘公墓表》)①

勇敢担当,体现于抱病远行或奔波疆场的生死考验,亦体现于和平时期敢于坚守原则,不畏权贵。孙绪《故城大尹党公墓表》对成化、弘治间担任故城知县的陕西富平人党世杰的刚毅品格极表钦佩:

> 故城本小邑,当南北水陆之冲,公帑民力竭于送迎,甚不堪。公抵任首为急务,每愀然举以告人曰:"是岂可坐视!当以死拒之,以纾吾民。"民未敢谓然。未几,中使数辈舟过河下,巨艖如林,估客盐商附之,挽夫多至千数。群噪于庭,或朴吏示威。公徐起视其符,应需外莫肯加毫发,谓其长曰:"我秦人也,身可杀,法不可破。汝曹欲于此地觅死耶?"棱角斩斩,呼诧可长,乃相顾罔然,吐舌缩颈以去。继来者知其未易挟以威,相戒勿犯,夜中默默去。数十年之蠹一旦谈笑剔除,民乃翕服。②

坐享商贾云集之利,亦多迎来送往的骚扰之苦,这是故城作为运河城邑多年以来的常态,所以党世杰最初表示将"以死拒之,以纾吾民"时无人敢信,当这个小小的县官果真拿出不怕死的勇气以捍卫一级政府的尊严和权力时,趾高气扬、不可一世的宦官竟"相顾罔然,吐舌缩颈以去",一切不必要的骚扰随之绝迹。作者在该文中列举党氏多次不畏强暴、正直担当的壮行后,盛赞他"大艰阻不避,有国士风,遇事敢为,

---

① 《深州风土记》"记十一下",北京大学出版社1999年标点本,第204页。
② 光绪《故城县志》卷10《文翰》,载《中国地方志集成·河北府县志辑》,上海书店出版社2006年版,第54册,第517页。

心胆才力足以荷负","不欲以一毫挫于人,而气节壁立,驾一世,吞万变,直与夫秋空华岳相上下。"①

重义轻利,急人之难,也是儒家之"勇"的重要内涵。明末清初著名学者仇兆鳌撰《乡贤若水贾公合葬墓志铭》,墓主贾若水以"治家朴素而多慷慨好义之举"闻名,墓志记其见义勇为之举甚多,堪为古代善良开明乡绅的楷模,也堪为儒家所推崇之"勇者"的典型:

> 值水旱疾疫踵门告贷者,必各遂其请而去,力不能偿,辄焚其券,终无德色……广川有韩姓者,与公为患难交,为之授田宅,定室家,殁而经纪其丧,而俾子就学泮宫。有某姓者,侵用官物,鬻子以偿,公出钱赎归,俾得父子完聚。鼎新之初,圈田令下,德州有田八百余顷,匿不以闻,而移拨于故城。公赴部辨资,厘正疆界。以故,八里之中得世世蒙业。甲子岁荒,阖邑穷户数千丁救死不赡,且复困于徭役,立白邑侯,代输八百余金,停其追呼,人得免于逃亡。②

综上所述,方志金石文献经前代刻石者和后世方志编纂者的双重确认,包含了古代社会主流的意识形态和价值判断。本文以直隶方志金石文献为例所阐发的种种思想内涵,当然远不是方志金石所寄托的文化精神之全部,此外,比如历代屡次重修庙学的碑记中所体现的儒家文化本位,墓志、墓表中体现出的"积善之家必有余庆"的"世泽"观念,各地祠庙碑记中体现出的天人合一思想,先贤祠、忠烈祠中体现出的家国情怀和见贤思齐的进取精神,儒释道三家和谐共处中的宽容中和态度,等等,皆可以从丰富的方志文献细读中得出更深入的认识和更切己的感受。当我们沉潜下来,认真对待古人留下的这些大部分尚处在沉睡状态

---

① 光绪《故城县志》卷10《文翰》,载《中国地方志集成·河北府县志辑》,上海书店出版社2006年版,第54册,第519页。
② 光绪《故城县志》卷10《文翰》,载《中国地方志集成·河北府县志辑》,上海书店出版社2006年版,第54册,第533页。

的地方文献资源，如同取出土文物文献与书面典籍文献的相互印证一样，完全可以将这些地方的、民间的，或是草根的材料，与从经典典籍中解读出的历史文化信息相互参证，从而为学术研究和文化自信的树立，激活一座蕴藏着海量真切、鲜活材料的资源宝库。与此同时，也开启一道与前人对话的门，帮助我们穿越寥廓时空，对曾经执着地把他们认为有意义、有价值的人和事托诸金石，垂于后世，以期对抗和超越现世局限的无数历史前人，做出一个回应。

文旅融合研究

京津冀生态文化旅游产业融合发展与空间分异研究[*]

成新轩 户艳领 石丽君[**]

摘 要：生态文化旅游产业的融合发展是推进旅游产业由规模增长转向高质量发展的关键。文章构建了涵盖旅游、文化、生态三个系统的评价指标体系，运用面板熵值模型展开京津冀生态文化旅游产业发展水平评价，在此基础上运用非等权耦合协调模型计算生态、文化、旅游系统的耦合协调度，并从空间角度运用泰尔指数分析了区域间耦合协调差异的根源。研究结果表明，2009—2019年京津冀旅游产业、文化产业和生态环境的发展水平稳步提升，但2019年京津冀13个市中46.15%为旅游产业滞后型，53.85%为文化产业滞后型；京津冀旅游产业、文化产业和生态环境三个系统之间存在明显的耦合互动发展关系，耦合协调度逐年提升，但整体发展尚未达到协调阶段；空间分异分析表明京津冀耦合协调度整体上的差距更多来源于河北省与北京市、天津市三地的组间差距，即组间差异大于组内差异。基于实证分析，文章探索了进一步促进生态文化旅

---

[*] [基金项目] 河北大学燕赵文化高等研究院项目"京津冀生态文化旅游产业发展"（2020W04）；国家社会科学基金项目"京津冀生态涵养区土地价值核算及生态补偿研究"（16BJY027）；河北省教育厅人文社会科学研究重大课题攻关项目"京津冀生态资产价值核算及生态补偿协同发展研究"（ZD202113）。

[**] [作者简介] 成新轩（1968— ），女，河北大学燕赵文化高等研究院、河北大学经济学院教授、博士生导师，主要从事世界经济和区域经济一体化研究；户艳领（1977— ），男，河北大学经济学院教授、博士生导师，主要从事资源管理工程研究；石丽君（1998— ），女，河北大学经济学院研究生，主要从事生态统计研究。

游产业的融合和协同发展的路径。

关键词： 生态文化旅游；产业；融合；空间

一　引言

旅游与文化、生态的融合是旅游产业发展中的新产业形态，旅游业融入生态、文化因素提升了景区的绿色健康内涵与历史人文底蕴，提升了旅游者对旅游产品的精神享受。旅游开发与生态文明建设耦合是旅游业与生态文明建设相互影响、相互交叉、相互渗透产生新的旅游产业要素和旅游产业形态的过程，具有天然的耦合性[①]。生态文化旅游产业不是单一的文化产业、生态产业或旅游产业，而是生态、经济、文化、技术等相互融合的产物[②]。将文化—环境—旅游看成一个内涵广泛、结构复杂且具耦合特征的开放性系统[③]，探讨旅游产业与文化产业、生态环境的耦合协调关系，有利于促进地区旅游产业的可持续发展、加强生态环境保护和文化创造性转化[④]。深度推进生态、文化、旅游元素的融合发展，进一步挖掘文化与自然资源优势，发展生态文化旅游产业，是推进旅游产业由规模增长转向高质量发展、实现区域产业转型升级的关键。

年鉴数据显示，2009—2019年京津冀旅游业发展迅速，三地旅游总收入年平均增长率分别达到9.81%、15.40%、29.34%，规模以上文化服务企业营业收入在2013—2019年，年均分别增长23.38%、21.68%、18.39%。然而，旅游产业发展中还存在旅游产品的生态文化挖掘与开发不够且特色不够突出，文化产业、生态环境融合程度低等问题，这些问

---

① 参见苏永波《旅游开发与生态文明建设耦合路径研究——基于主辅嵌入视角》，《系统科学学报》2019年第27卷第3期。

② 参见郭锴《生态文化旅游产业环境与培育路径》，《环境保护与循环经济》2017年第37卷第2期。

③ 参见孙云娟《少数民族地区生态文化旅游发展——以恩施土家族吊脚楼村寨为例》，《社会科学家》2020年第4期。

④ 参见陈思玮、傅云新《旅游—文化—环境耦合协调发展分析和预测——以广东省为例》，《全国流通经济》2020年第33期。

题严重阻碍了旅游产业发展的步伐。因此，科学评价融入文化、生态系统的生态文化旅游产业，对于精准把握产业融合现状，定位区域内各自发展优势和短板具有现实紧迫性，有助于延伸产业链条。基于此，本文依据系统理论，设计涵盖旅游、文化、生态系统的综合评价指标体系，综合运用面板熵值模型核算京津冀生态文化旅游产业发展水平，定位发展中的短板，进而运用非等权的耦合协调模型测度产业发展中生态、文化、旅游三系统之间的耦合程度，进一步探索优化生态文化旅游产业融合发展路径。

二 文献综述

生态文化旅游产业的发展评价是准确把握产业发展质量、定位各地区发展短板、测度系统间融合程度的基础。实现文化旅游产业的高质量发展，要探索文化旅游资源的价值评估，包括社会价值评估和经济价值评估，二者相辅相成[①]。旅游业方面，以往文献构建了多维度评价指标体系对旅游业发展质量进行测算与评价，如从旅游业发展环境、游客、企业、旅游产业发展和旅游目的地等方面构建旅游业发展质量评价指标体系[②]；从资源条件、环境条件和旅游条件三大方面构建旅游资源综合评价指标体系[③]。文化产业的发展质量方面，以往文献也进行了多方面的测算，如从产业效率、文化创新、协调发展、发展环境和对外开放5个维度构建文化产业高质量发展指标体系[④]；从市场需求、生产要素、政府行为、产业水平4个方面构建文化产业发展指标体系[⑤]。生态环境方面，自

---

① 参见张小乙《加快文化旅游产业高质量发展》，《经济日报》2019年8月9日第15版。
② 参见宋长海《旅游业发展质量评价指标体系构建与指数编制方法》，《统计与决策》2016年第5期。
③ 参见刘春健《基于层次分析法的民族地区旅游资源评价——以甘南州为例》，《统计与管理》2020年第35卷第4期。
④ 参见袁渊、凡《文化产业高质量发展水平测度与评价》，《统计与决策》2020年第36卷第21期。
⑤ 参见陆伟、王玉琦《西藏文化产业指标体系构建研究——基于层次分析法和熵权法的对比实证分析》，《西藏民族大学学报》（哲学社会科学版）2020年第41卷第1期。

然旅游资源经济价值是满足人们某种心理或生理的需求，是一种集经济、社会和生态效益于一体的综合效益[①]。有学者从区域植被要素、土壤要素、气候要素、生态系统要素、污染负荷等方面构建生态环境质量综合评价指标体系[②]。研究方法上常见有模拟市场法、旅行费用法和条件价值法、线性加权法、熵值法、加权 TOPSIS，评价构成上将环境因素、消费者主观因素逐步纳入评价体系，但涉及产业耦合和空间差异等方面的考虑尚显不足，并且综合旅游、文化、生态三方面价值核算的研究还很少见。

生态文化旅游产业作为一个新兴产业形态，产业发展中生态、文化、旅游三个系统的深度融合与协调是推进产业高质量发展的关键，以往文献多见于旅游与文化、旅游与环境之间的融合和制约因素研究。对于大多数地区而言，文化成为影响旅游业发展的关键性因素之一，世界的旅游活动中约有 37% 为文化旅游活动[③]，旅游产业的经济性与文化性相辅相成，二者融合发展是一个以文化带动旅游发展、以旅游促进文化发展的过程[④]，文化产业对旅游产业的影响超过了旅游产业对文化产业的影响[⑤]。建构文化的身份认同与集体记忆，增强其吸引物属性并使之成为旅游资源，是践行文旅融合的第一层次路径[⑥]。推动"文化+绿色生态旅游"协同发展的制约性因素主要有亟须树立城市文化旅游形象、生态文化旅游产业结构相对单一、旅游服务者人文素养有待提升等[⑦]。陈思

[①] 参见陈浮、张捷《旅游价值货币化核算研究——九寨沟案例分析》，《南京大学学报》（自然科学版）2001 年第 3 期。

[②] 参见彭宗波、关学彬、蒋英《海南中部山区生态环境质量综合评价指标体系》，《环境科学与技术》2018 年第 41 卷第 S1 期。

[③] 参见徐翠蓉、赵玉宗、高洁《国内外文旅融合研究进展与启示：一个文献综述》，《旅游学刊》2020 年第 35 卷第 8 期。

[④] 参见黄永林《文旅融合发展的文化阐释与旅游实践》，《人民论坛·学术前沿》2019 年第 11 期。

[⑤] 参见程鹏、汪艳《灰色关联下文化产业和旅游产业融合发展研究》，《蚌埠学院学报》2020 年第 9 卷第 6 期。

[⑥] 参见王晓晓、曾晓茵、张朝枝《仿古商业街区的文化氛围生产与游客体验——基于张家界溪布老街的探索性研究》，《旅游科学》2020 年第 34 卷第 4 期。

[⑦] 参见常淑云、刘金英《黑龙江省绿色生态文化旅游发展模式探究》，《文化创新比较研究》2020 年第 4 卷第 6 期。

玮等[1]运用耦合协调模型与灰色预测模型，分析预测广东省生态环境、文化产业和旅游产业耦合协调发展的情况，研究表明系统耦合协调发展趋势较好，但系统间相互带动能力仍处于有限水平；李永平[2]运用TEE系统耦合协调评价模型对山西省旅游产业、区域经济与生态环境的协调发展进行量化分析，研究结果表明各产业之间已由负相关转变为较同步的协调一致性，但总体发展水平欠佳。

国内旅游产业融合研究仍存在研究内容分散、尚未形成体系等问题，未来研究应注重旅游产业融合的空间动态演化、旅游产业融合度与融合效应评价标准等方面[3]。研究空间上，以往研究围绕省市范围展开了大量研究[4]，但以京津冀燕赵文化圈为研究区域的文献还很少见，鉴于各地区生态文化旅游发展的差异，从京津冀整体上开展综合研究是促进优势互补、推进产业协同发展的必然要求。研究视角上，以往文献缺少区域之间的时间和空间多角度的对比和协同分析，而且关于生态、文化、旅游的协同融合发展研究更显不足。研究内容上，融合生态、文化、旅游三系统的综合发展评价尚缺乏足够的关注，涉及三者之间的耦合协调以及产业分异研究更是鲜见，并且耦合模型构建中以往文献常使用等权法来分析不同系统的综合得分，容易忽视系统中不同子系统所发挥的不同作用。基于此，本文将耦合分析纳入研究体系，从时间和空间两方面揭示区域间旅游发展的耦合关系，进而在协同角度上探索不同地区之间产业发展优势互补，探索旅游产业与生态、文化高度融合的思路。

---

[1] 参见陈思玮、傅云新《旅游—文化—环境耦合协调发展分析和预测——以广东省为例》，《全国流通经济》2020年第33期。

[2] 参见李永平《旅游产业、区域经济与生态环境协调发展研究》，《经济问题》2020年第8期。

[3] 参见程瑞芳、张美琪《旅游产业融合研究（2007—2019）：综述与展望》，《商业经济研究》2020年第8期。

[4] 参见陈思玮、傅云新《旅游—文化—环境耦合协调发展分析和预测——以广东省为例》，《全国流通经济》2020年第33期；参见李永平《旅游产业、区域经济与生态环境协调发展研究》，《经济问题》2020年第8期；参见张乙喆《京津冀协同发展背景下唐山文化旅游产业发展路径研究》，《企业改革与管理》2019年第15期。

三　研究方法与数据说明

（一）生态文化旅游产业发展水平评价的面板熵值模型

熵值法作为一种客观赋权法，在指标赋权和综合评价等方面具有很强的适用性，在多个领域的研究中被广泛采用。熵值法的原理是通过计算指标数值的变异程度来确定其在评价体系中的重要性，数据越有序，变异程度越大，不确定性也越小，从而信息增益越大，熵值越小，权重越大。本文采用面板熵值法计算各指标的权重，在一定程度上避免主观赋值方法的缺陷，计算步骤如下所示[①]。

1. 指标选取

面板数据选取了 s 个评价指标，q 个年度样本，r 个省市，$X_{\theta ij}$ 表示第 θ 年省份 i 的第 j 个指标。

2. 数据预处理

由于指标的量纲不一致，需要先进行标准化处理。由于存在负向指标，故论文采用极差标准化法。其中，由于存在部分原始数据标准化值为 0 的问题，取对数无意义，故将标准化结果整体正向平移 0.001 个单位。标准化公式如下：

$$x'_{\theta ij} = \frac{x_{\theta ij} - x_{min}}{x_{max} - x_{min}} \quad （正向指标标准化） \qquad (1)$$

$$x'_{\theta ij} = \frac{x_{max} - x_{\theta ij}}{x_{max} - x_{min}} \quad （负向指标标准化） \qquad (2)$$

x_{max} 和 x_{min} 代表京津冀地区 2009—2019 年中各个指标的最大值和最小值。

3. 计算第 θ 年省份 i 的第 j 个指标比重 $p_{\theta ij}$

$$p_{\theta ij} = \frac{x'_{\theta ij}}{\sum_{\theta} \sum_{i} x'_{\theta ij}} \qquad (3)$$

[①] 参见郭显光《熵值法及其在综合评价中的应用》，《财贸研究》1994 年第 6 期；方叶林、黄震方、张宏等《省域旅游发展的错位现象及旅游资源相对效率评价——以中国大陆 31 省市区 2000—2009 年面板数据为例》，《自然资源学报》2013 年第 28 卷第 10 期；张琰飞、朱海英《西南地区文化演艺与旅游流耦合协调度实证研究》，《经济地理》2014 年第 7 期。

4. 测度第 j 项指标的熵值 e_j

$$e_j = IK \sum_{\theta} \sum_{i} p_{\theta ij} \ln(p_{\theta ij}) \tag{4}$$

其中 K 为玻尔兹曼常数，$K = 1/\ln(rq)$，本次研究的是京津冀 13 个市，年度样本数为 2009—2019 年共 11 年，所以 q 取值为 11，r 取值为 13。

5. 测度第 j 项指标的变异系数 g_j

$$g_j = 1 - e_j \tag{5}$$

其中，g_j 越大，该项指标对最终评价结果的影响越大。

6. 测度第 j 项指标权重 w_j

$$w_j = \frac{g_j}{\sum_{j=1}^{n} g_j} \tag{6}$$

$\sum_{j=1}^{m} w_{x_j} = 1$；$\sum_{j=1}^{n} w_{y_j} = 1$；$\sum_{j=1}^{l} w_{z_j} = 1$，$w_{x_j}$ 为旅游产业第 j 项指标、w_{y_j} 为文化产业第 j 项指标、w_{z_j} 为生态环境系统第 j 项指标。

7. 测度得分

根据各项指标的权重乘以标准化后数据矩阵即可得到不同样本在各个指标的得分情况。计算公式为：

$$F_{\theta ij} = \sum w_j x'_{\theta ij} \tag{7}$$

本次研究在计算出京津冀不同年度样本下各个指标的得分情况后，将子系统各个指标的得分情况进行线性加总，即可得出各个子系统得分值。

(二) 旅游产业、文化产业与生态环境耦合协调测度模型

1. 耦合度模型

通过测度耦合度可以很好地描绘系统间的作用大小和相互联系强度，耦合度与联系强度成正比例。借助耦合模型用来分析京津冀自身旅游产业、文化产业与生态环境之间的协调关系，计算公式如下①。

---

① 参见生延超、钟志平《旅游产业与区域经济的耦合协调度研究——以湖南省为例》，《旅游学刊》2009 年第 24 卷第 8 期；参见刘定惠、杨永春《区域经济—旅游—生态环境耦合协调度研究——以安徽省为例》，《长江流域资源与环境》2011 年第 20 卷第 7 期。

$$C = \left(\frac{F_1 \times F_2 \times F_3}{\left(\frac{F_1 + F_2 + F_3}{3} \right)^3} \right)^{\frac{1}{3}} \tag{8}$$

其中，F_1、F_2、F_3 分别为熵值计算得到的旅游产业、文化产业与生态环境系统的评价得分。耦合度 C 仅仅反映旅游产业、文化产业与生态环境的相互作用强度，耦合度越大，说明旅游产业、文化产业与生态环境的相互影响越大。耦合度 C 并不能评价系统间相互作用的发展水平，比如旅游产业、文化产业与生态环境发达地区或者旅游产业、文化产业与生态环境落后地区都可能表现出较高的耦合度。因此需进一步计算耦合协调度。

2. 非等权的耦合协调度模型

计算耦合协调度①，首先需要计算旅游产业、文化产业与生态环境系统发展的综合指数，计算公式如下。

$$T = \alpha F_1 + \beta F_2 + \gamma F_3 \tag{9}$$

其中，T 是旅游产业、文化产业与生态环境系统发展的综合指数，是旅游产业、文化产业与生态环境加权求和得到，α、β 和 γ 为待定系数。

旅游产业、文化产业与生态环境存在复杂的作用关系，旅游产业来自文化、环境、投资、劳动、政策等诸多方面的推动，文化产业与生态环境也是如此。因此，本文对权重计算方法进行了改进，依据熵值模型计算结果将旅游、文化与生态环境系统分别得到的指标权重之和作为待定系数的权重，并将指标数量因素考虑进来以消除指标数量多少对计算结果的有偏影响，从而进一步测度模型中待定系数的精确数值。

$$\alpha = \frac{\sum_{j=1}^{m} W x_j / m}{\sum_{j=1}^{m} W x_j / m + \sum_{j=1}^{n} W y_j / n + \sum_{j=1}^{l} W z_j / l} \tag{10}$$

$$\beta = \frac{\sum_{j=1}^{n} W y_j / n}{\sum_{j=1}^{m} W x_j / m + \sum_{j=1}^{n} W y_j / n + \sum_{j=1}^{l} W z_j / l} \tag{11}$$

---

① 参见翁钢民、李凌雁《中国旅游与文化产业融合发展的耦合协调度及空间相关分析》，《经济地理》2016 年第 36 卷第 1 期。

$$\gamma = \frac{\sum_{j=1}^{l} W z_j / l}{\sum_{j=1}^{m} W x_j / m + \sum_{j=1}^{n} W y_j / n + \sum_{j=1}^{l} W z_j / l} \quad (12)$$

$$W x_j + W y_j + W z_j = 1 \quad (13)$$

其中，j 为旅游产业、文化产业与生态环境系统的评价指标个数，m 为旅游产业评价指标的个数，n 为文化产业评价指标的个数，l 为生态环境评价指标的个数；三个系统合并计算出来的，$W x_j$ 为旅游产业第 j 项指标的权重，$W y_j$ 为文化产业第 j 项指标的权重，$W z_j$ 为生态环境第 j 项指标的权重，$W x_j$、$W y_j$ 和 $W z_j$ 用的是三个系统合并分析下计算的权重，即各指标变异系数 g_j 除以三个系统所有指标的变异系数和得到。

$$D = \sqrt{C \times T} \quad (14)$$

3. 耦合协调度的等级划分

通过相关文献阅读并结合生态文化旅游发展情况，对旅游产业、文化产业与生态环境协调发展度的评价范围进行简单确定，便于后续分析。本文采用由廖重斌[1]提出的"十分法"对耦合协调度进行详细的划分，具体如表1所示。

表1　　　　　　　　协调度等级划分

协调度区间	协调阶段	含义	协调度区间	协调阶段	含义
0—0.1	1	极度失调	0.5—0.6	6	勉强协调
0.1—0.2	2	高度失调	0.6—0.7	7	初级协调
0.2—0.3	3	中度失调	0.7—0.8	8	中级协调
0.3—0.4	4	轻度失调	0.8—0.9	9	良好协调
0.4—0.5	5	濒临失调	0.9—1.0	10	优质协调

（三）旅游产业、文化产业与生态环境的空间差异核算

泰尔指数可以衡量不同地区之间的差距，也可以用来反映区域之间

---

[1] 参见廖重斌《环境与经济协调发展的定量评判及其分类体系——以珠江三角洲城市群为例》，《热带地理》1999年第2期。

的差异状态。泰尔指数越小，区域之间差异越小，反之差异越大。通过泰尔指数对京津冀生态文化旅游产业三个系统的耦合协调度进行深入分析，整体上测度区域间的动态差异。更重要的是探究京津冀区域整体上的耦合协调差异的具体根源，即来自组间（京津冀三地之间）和组内（河北省内部各城市之间）的作用程度。从而进一步判断出区域差异是来自区域间还是区域内部，为提出更有针对性的政策建议提供依据，具体公式如下①。

泰尔指数的公式为：

$$T = \frac{1}{n} \sum_a \frac{D_a}{D} \ln \frac{D_a}{D} \tag{15}$$

进一步分解为直接以组间泰尔指数和组内泰尔指数的加权求和，具体公式为：

$$T = T_B + T_W \tag{16}$$

$$T_B = \sum_a \frac{D_a}{D} \ln \frac{\frac{D_a}{D}}{\frac{P_a}{P}} \tag{17}$$

$$T_W = \sum_a \frac{D_a}{DY} \frac{\sum_b \frac{D_{ab}}{D_a} \ln \left(\frac{D_{ab}}{D_a} \right)}{\frac{1}{P_a}} \tag{18}$$

其中，某区域的组内泰尔指数的公式为：

$$T_{Wa} = \frac{\sum_b \frac{D_{ab}}{D_a} \ln \left(\frac{D_{ab}}{D_a} \right)}{\frac{1}{P_a}} \tag{19}$$

其中，T 为泰尔指数；T_B 为组间泰尔指数，即京津冀三地之间耦合

---

① 参见许永兵、罗鹏《京津冀城市群的经济发展质量评价》，《河北大学学报》（哲学社会科学版）2020年第45卷第4期；参见张国俊、王珏晗、吴坤津等《中国三大城市群经济与环境协调度时空特征及影响因素》，《地理研究》2020年第39卷第2期。

协调度的差异；T_{Wa} 为组内泰尔指数，即第 a 区域内城市间耦合协调度的差异；n 为区域数，即 $n=3$；$\overline{D}$ 为京津冀耦合协调度的平均值；D_a 为第 a 区域的耦合协调度；D_{ab} 为第 a 区域中的第 b 市的耦合协调度；P 为京津冀的城市数，即 $P=13$；P_a 为第 a 区域的城市数。

（四）指标体系构建与数据来源

1. 指标体系构建

为测度旅游产业、文化产业和生态环境的耦合协调度，首先需要科学测度三个系统历年的综合发展水平。运用面板数据熵值模型对京津冀地区旅游产业、文化产业和生态环境三个系统进行科学评价，为进一步耦合协调测度奠定基础。参考以往文献和目前京津冀生态文化旅游产业发展的区域特点，论文进一步完善评价指标体系，旅游产业系统分别从经济效益和设施建设两个方面筛选 8 个指标，评价旅游产业的产出水平与长期发展基础；文化产业系统筛选 5 个指标评价文化产业的既有规模和经营质量；生态环境系统从环境治理、环境压力两个方面筛选 8 个指标评价环境承载与可持续发展状况（见表2）。

表2　京津冀旅游产业、文化产业与生态环境系统发展水平评价指标

系统	一级指标	解释指标	代码	指标属性
旅游产业	经济效益	旅游总人数（万人）	x_1	正
		国内旅游收入（亿元）	x_2	正
		国际旅游外汇收入（百万美元）	x_3	正
		旅游收入占第三产业增加值的比重（%）	x_4	正
	设施建设	旅游业相关从业人员（人）	x_5	正
		3A级以上景区数（个）	x_6	正
		公路里程（千米）	x_7	正
		公路客运量（万人）	x_8	正
文化产业		单位公共图书馆图书总藏量（千册）	y_1	正
		公共图书馆的个数（个）	y_2	正
		高等学校在校学生数（人）	y_3	正

续表

系统	一级指标	解释指标	代码	指标属性
文化产业		教育预算支出	y_4	正
		文化、体育和娱乐业从业人员（人）	y_5	正
生态环境	环境治理	一般工业固体废物综合利用率（%）	z_1	正
		人均公共汽车拥有量（辆/万人）	z_2	正
		生活垃圾无害化处理量（万吨）	z_3	正
		城市建成区绿化覆盖率（%）	z_4	正
		人均绿地面积（平方米/人）	z_5	正
	环境压力	工业废水排放量	z_6	负
		工业二氧化硫排放量	z_7	负
		工业烟尘排放量	z_8	负

注：旅游收入占第三产业增加值的比重=（国内旅游收入+国际旅游收入）/第三产业增加值；人均公共汽车拥有量=公共汽车拥有量/地区总人口数；人均绿地面积=绿地面积/地区总人口数。

2. 数据来源

本文以2009—2019年为研究的样本期间，以京津冀13个城市为研究区域，构建面板数据进行分析。数据主要来源于2010—2020年《河北经济年鉴》《天津统计年鉴》《北京统计年鉴》《中国统计年鉴》《中国旅游统计年鉴》《中国文化和旅游统计年鉴》。同时，对于缺失数据一部分借鉴各省的统计公报进行了填补，另一部分则由平均增长率计算得到。

四 实证结果及分析

（一）京津冀生态文化旅游系统发展水平指数

基于面板熵值模型得到各评价指标权重，进而根据标准化数据计算得到旅游产业、文化产业和生态环境三个系统的发展指数，由此对京津冀13个市的旅游产业、文化产业与生态环境发展水平进行分析。表3显示，京津冀旅游产业、文化产业与生态环境系统的发展水平2009—2019年总体处于上涨的趋势，并且生态环境的发展水平大多在文化产业和旅游产业之上。2009—2019年，北京市的三个系统中，生态环境和旅游产业的发展水平常排在后边，其中2016—2019年旅游产业始终低于生态环境和文化产业的发展水平，为旅游产业滞后型。天津市近两年也转变为旅游产业滞后型。同样地，石家庄市、唐山市、沧州市、廊坊市近几年也属于旅游产业滞后型。而近几年秦皇岛市、邯郸市、邢台市、保定市、张家口市、承德市、衡水市7个地级市则表现为文化产业滞后型。由此可见，京津冀地区生态文化旅游产业发展系统中子系统发展水平存在区域差异，因此要针对各市的自身特点推进生态文化旅游产业的融合发展。

将京津冀13个市进行纵向比较可知，旅游产业、文化产业和生态环境均处于正向增长的态势。文化产业方面，河北省的发展水平相对较低，11个地级市中9个市文化产业发展水平都在0.1以下，仅石家庄市和保定市在0.1以上；北京市的文化发展水平最高，为0.993，年平均增长率为3.83%，其次是天津市，2019年文化发展水平为0.376，年平均增长率为4.59%，由此可见除北京市外，其余12个市的文化产业发展水平还存在很大空间，亟须进一步提升。旅游产业的状况与文化产业类似，北京市位于首位，2019年的发展水平为0.843，年平均增长率为2.13%；其次是天津市、承德市。生态环境发展水平中北京市、天津市、石家庄市的生态环境发展水平位于前三名。这表明各省市的旅游、文化、生态系统虽然已经在不断发展，但是省市之间的综合发展水平仍存在明显的差异，省市之间发展并不平衡，特别是河北省的生态文化旅游产业远远落后于北京市和天津市（见表3）。

表3　　京津冀13个市生态文化旅游系统历年发展水平指数

		2009	2010	2011	2012	2013	2014	2015	2016	2017	2018	2019
北京	旅游	0.683	0.742	0.794	0.811	0.728	0.727	0.741	0.779	0.801	0.839	0.843
	文化	0.682	0.694	0.728	0.768	0.811	0.820	0.869	0.898	0.926	0.948	0.993
	生态	0.676	0.655	0.648	0.660	0.692	0.728	0.664	0.797	0.845	0.848	0.876
天津	旅游	0.183	0.203	0.244	0.287	0.322	0.342	0.367	0.388	0.420	0.314	0.341
	文化	0.240	0.259	0.276	0.305	0.335	0.350	0.292	0.297	0.352	0.358	0.376
	生态	0.282	0.266	0.282	0.288	0.306	0.330	0.337	0.377	0.417	0.405	0.405

续表

		2009	2010	2011	2012	2013	2014	2015	2016	2017	2018	2019
石家庄	旅游	0.054	0.059	0.067	0.080	0.085	0.085	0.096	0.101	0.114	0.130	0.142
	文化	0.162	0.172	0.177	0.192	0.194	0.193	0.191	0.200	0.204	0.219	0.237
	生态	0.212	0.216	0.206	0.180	0.215	0.219	0.233	0.260	0.289	0.285	0.258
唐山	旅游	0.038	0.043	0.049	0.057	0.063	0.055	0.059	0.067	0.076	0.085	0.095
	文化	0.051	0.053	0.059	0.069	0.066	0.070	0.073	0.073	0.078	0.082	0.098
	生态	0.160	0.171	0.158	0.156	0.177	0.177	0.199	0.197	0.204	0.212	0.214
秦皇岛	旅游	0.033	0.039	0.042	0.047	0.052	0.055	0.062	0.075	0.085	0.096	0.113
	文化	0.028	0.031	0.036	0.056	0.059	0.056	0.082	0.061	0.059	0.059	0.063
	生态	0.208	0.231	0.213	0.193	0.212	0.248	0.197	0.241	0.228	0.238	0.243
邯郸	旅游	0.036	0.043	0.051	0.058	0.064	0.058	0.064	0.073	0.084	0.095	0.104
	文化	0.050	0.051	0.054	0.057	0.061	0.056	0.059	0.059	0.061	0.064	0.067
	生态	0.177	0.216	0.206	0.190	0.210	0.223	0.244	0.262	0.238	0.224	0.228
邢台	旅游	0.025	0.028	0.031	0.038	0.042	0.040	0.042	0.047	0.056	0.061	0.067
	文化	0.033	0.034	0.037	0.041	0.041	0.041	0.045	0.045	0.049	0.051	0.054
	生态	0.164	0.191	0.145	0.117	0.146	0.163	0.172	0.188	0.183	0.186	0.226
保定	旅游	0.059	0.065	0.071	0.084	0.087	0.090	0.106	0.114	0.126	0.134	0.151
	文化	0.079	0.082	0.082	0.078	0.106	0.084	0.093	0.106	0.096	0.102	0.107
	生态	0.133	0.152	0.140	0.108	0.156	0.161	0.183	0.206	0.150	0.219	0.223
张家口	旅游	0.036	0.041	0.048	0.055	0.065	0.070	0.077	0.098	0.114	0.126	0.140
	文化	0.028	0.029	0.035	0.039	0.031	0.039	0.047	0.034	0.045	0.045	0.048
	生态	0.119	0.146	0.124	0.132	0.168	0.174	0.205	0.154	0.206	0.170	0.173
承德	旅游	0.045	0.049	0.057	0.063	0.069	0.073	0.081	0.100	0.114	0.135	0.152
	文化	0.023	0.023	0.026	0.030	0.027	0.030	0.031	0.033	0.034	0.036	0.038
	生态	0.178	0.184	0.174	0.177	0.188	0.181	0.194	0.204	0.198	0.177	0.181
沧州	旅游	0.021	0.024	0.027	0.030	0.032	0.029	0.032	0.034	0.037	0.039	0.043
	文化	0.029	0.032	0.035	0.040	0.042	0.051	0.050	0.057	0.057	0.063	0.069
	生态	0.131	0.149	0.124	0.099	0.152	0.154	0.163	0.171	0.149	0.158	0.162
廊坊	旅游	0.017	0.019	0.021	0.023	0.025	0.028	0.033	0.038	0.084	0.052	0.059
	文化	0.040	0.039	0.045	0.048	0.044	0.045	0.065	0.070	0.072	0.069	0.074
	生态	0.155	0.156	0.155	0.134	0.163	0.163	0.159	0.211	0.179	0.181	0.191
衡水	旅游	0.007	0.009	0.011	0.013	0.016	0.016	0.018	0.021	0.026	0.031	0.034
	文化	0.012	0.013	0.016	0.018	0.017	0.020	0.022	0.021	0.024	0.024	0.026

续表

		2009	2010	2011	2012	2013	2014	2015	2016	2017	2018	2019
衡水	生态	0.141	0.165	0.132	0.111	0.172	0.144	0.151	0.154	0.173	0.166	0.167

（二）耦合协调分析

运用耦合协调模型对旅游产业、文化产业和生态环境子系统得分进行研究分析，可以得到三大产业历年来的耦合度、耦合协调度情况。本文将旅游、文化和生态环境系统选取的指标带入熵值模型，依据各指标权重汇总形成生态文化旅游产业三个系统的指标权重之和作为耦合协调模型中 α、β 和 γ 的取值，计算结果为 0.4483、0.4304、0.1213。

1. 旅游产业、文化产业和生态环境耦合协调度的区域比较

从耦合度结果看，2019 年京津冀 13 个市的旅游产业、文化产业和生态环境的耦合度中仅衡水市在 0.8 以下，但其在 2009—2019 年整体为上涨趋势，表明三个产业之间相互依赖、相互作用的程度正在逐年增强。其余 12 个市在 2019 年均在 0.8 以上，表明系统之间有较强的相关性，这也就反映出旅游产业、文化产业和生态环境存在耦合互动的发展关系，三者相互影响较大（见表 4）。

表 4　　2009—2019 年京津冀 13 个市旅游产业、文化产业和生态环境系统的耦合度

	2009	2010	2011	2012	2013	2014	2015	2016	2017	2018	2019
北京	1.000	0.999	0.997	0.996	0.998	0.998	0.994	0.998	0.998	0.998	0.998
天津	0.985	0.993	0.998	1.000	0.999	1.000	0.996	0.993	0.997	0.995	0.998
石家庄	0.860	0.872	0.898	0.931	0.925	0.924	0.937	0.930	0.932	0.951	0.968
唐山	0.816	0.823	0.870	0.904	0.885	0.874	0.861	0.878	0.893	0.902	0.928
秦皇岛	0.640	0.653	0.707	0.807	0.805	0.763	0.881	0.823	0.844	0.843	0.860
邯郸	0.779	0.754	0.799	0.842	0.839	0.801	0.796	0.794	0.837	0.867	0.876
邢台	0.695	0.673	0.777	0.865	0.828	0.791	0.798	0.788	0.828	0.839	0.810
保定	0.945	0.936	0.957	0.991	0.970	0.956	0.956	0.954	0.984	0.951	0.956
张家口	0.812	0.774	0.857	0.870	0.790	0.826	0.825	0.842	0.836	0.871	0.874

续表

	2009	2010	2011	2012	2013	2014	2015	2016	2017	2018	2019
承德	0.694	0.694	0.746	0.773	0.742	0.774	0.773	0.780	0.794	0.818	0.819
沧州	0.712	0.710	0.788	0.870	0.785	0.780	0.782	0.794	0.838	0.843	0.858
廊坊	0.673	0.684	0.715	0.773	0.730	0.749	0.816	0.777	0.919	0.861	0.871
衡水	0.432	0.430	0.537	0.627	0.527	0.597	0.616	0.623	0.636	0.673	0.695

耦合度难以反映多个系统间的相互作用水平或整体层次。因此，需要计算耦合协调度来反映旅游产业、文化产业和生态环境是处于高水平的相互促进还是低水平的相互制约。

从耦合协调度来看，京津冀13个市旅游产业、文化产业和生态环境的耦合协调度呈现出增强的趋势。北京市的耦合协调度历年的排名均是最高的，从2009年的0.826增长到2019年的0.954，年平均增长率为1.45%，表明北京市生态文化旅游产业的融合发展无论是从宏观政策还是微观决策来说，应对措施都较为得当，发展态势积极向上；其次是天津市，耦合协调度从2009年的0.465增长到2019年的0.602，年平均增长率为2.62%；河北省的11个地级市在2019年耦合协调度依旧没有迈入协调的门槛，低于0.5，这表明各市的旅游产业、文化产业和生态环境系统虽然已经不断发展，但是仍处于低水平的耦合协调阶段。其中，石家庄市在河北省最高，从2009年的0.321增长到2019年的0.436，年平均增长率为3.11%，衡水市为河北省最低，但平均增速较高，从2009年的0.105增长到2019年的0.179，年平均增长率为5.48%（见表5）。

表5　京津冀13个市旅游产业、文化产业和生态环境历年耦合协调度

	2009	2010	2011	2012	2013	2014	2015	2016	2017	2018	2019
北京	0.826	0.843	0.863	0.878	0.871	0.875	0.884	0.911	0.927	0.941	0.954
天津	0.465	0.483	0.512	0.543	0.570	0.586	0.574	0.587	0.624	0.585	0.602
石家庄	0.321	0.332	0.344	0.361	0.370	0.370	0.379	0.389	0.403	0.422	0.436
唐山	0.218	0.228	0.241	0.259	0.263	0.258	0.266	0.274	0.287	0.299	0.321
秦皇岛	0.182	0.196	0.206	0.235	0.245	0.245	0.277	0.271	0.277	0.286	0.304
邯郸	0.215	0.225	0.239	0.249	0.260	0.249	0.258	0.267	0.278	0.290	0.301

续表

	2009	2010	2011	2012	2013	2014	2015	2016	2017	2018	2019
邢台	0.177	0.184	0.192	0.205	0.212	0.209	0.217	0.223	0.238	0.246	0.256
保定	0.269	0.278	0.284	0.289	0.317	0.303	0.324	0.341	0.338	0.352	0.367
张家口	0.187	0.194	0.209	0.224	0.222	0.239	0.256	0.256	0.282	0.290	0.302
承德	0.189	0.194	0.208	0.221	0.220	0.228	0.238	0.256	0.267	0.282	0.295
沧州	0.164	0.174	0.182	0.192	0.200	0.204	0.213	0.219	0.223	0.232	0.243
廊坊	0.172	0.174	0.184	0.191	0.191	0.197	0.225	0.238	0.288	0.254	0.267
衡水	0.105	0.113	0.122	0.130	0.136	0.141	0.149	0.152	0.165	0.172	0.179

根据图1可以发现，京津冀13个市旅游产业、文化产业和生态环境历年耦合协调度在2009—2019年是呈波浪式缓慢上升趋势。其中，耦合协调度由高到低依次是北京市、天津市和河北省的11个地级市，并且区域差距明显。同时，各市旅游产业、文化产业和生态环境的耦合协调度在2019年的数值跨度为0.1—1，共涉及9种协调类型，中度失调和轻度协调为主要协调状态，2019年处于失调水平的城市占比仍超过一半以上，表明京津冀大部分市的旅游产业、文化产业与生态环境三个系统的协调程度处于较低水平。

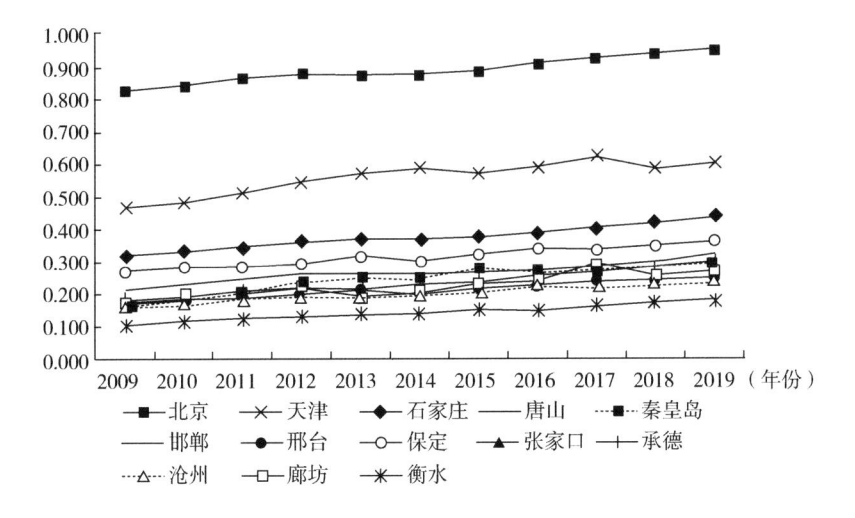

图1 京津冀13个市旅游产业、文化产业和生态环境系统耦合协调度发展趋势

从各市角度看,2009—2015年北京市处于良好协调水平,其后2016—2019年上升至优质协调阶段;天津市的耦合协调度经历了失调到协调的发展过程,其中2009—2010年处于濒临失调阶段,2011—2019年这九年间除2017年、2019年处于初级协调阶段外,其余年份均处于勉强协调阶段。河北省2019年依旧没有进入协调阶段,并且与协调阶段存在一定的距离。

2. 京津冀旅游产业、文化产业和生态环境耦合协调度的总体分析

从耦合度来看,京津冀地区总体旅游产业、文化产业和生态环境的耦合度均在0.9以上,表明子系统之间相互依赖、相互作用的程度相对较高。从综合评价指数看,京津冀之间总体旅游产业、文化产业和生态环境的综合水平从2009年的0.152增长到2019年的0.216,年平均增长率为3.58%。从耦合协调度来看,京津冀地区总体的耦合协调度表现出逐年上升的特征,从2009年的0.379增长到2019年的0.46,年平均增长率为1.96%(见表6)。与上表(表5)进行对比可以发现,2009—2019年河北省11个地级市的耦合协调度均低于总体平均水平,而北京市和天津市均高于总体平均水平,因此需要进一步加强京津冀地区之间的区域旅游合作,推动协同发展。

表6　京津冀总体旅游产业、文化产业和生态环境耦合协调度

年份	耦合度	T	耦合协调度
2009	0.940	0.152	0.379
2010	0.943	0.161	0.389
2011	0.965	0.159	0.392
2012	0.981	0.160	0.396
2013	0.967	0.177	0.413
2014	0.964	0.181	0.418
2015	0.969	0.186	0.424
2016	0.963	0.199	0.438
2017	0.971	0.205	0.447
2018	0.973	0.208	0.450
2019	0.977	0.216	0.460

京津冀总体上旅游产业、文化产业和生态环境耦合协调度在2009—2019年变化不大，耦合协调度一直处于失调阶段，其中2009—2012年为轻度失调阶段，2013—2019年为濒临失调阶段。

3. 耦合协调度区域差异分析

从2009—2019年泰尔指数的变化趋势来看，京津冀总体泰尔指数逐年下降，由2009年的0.138降低到2019年的0.098，年平均增长率为-3.36%，表明京津冀13个市间旅游产业、文化产业和生态环境的耦合协调度的差距呈缩小态势。同时，河北省组内泰尔指数也呈现出逐年下降的趋势，由2009年的0.036下降到2019年的0.023，年平均增长率为-4.38%，说明河北省内部的旅游产业、文化产业和生态环境的耦合协调度差距正在逐渐缩小，但是数值较低且变化较为平缓，说明河北省内城市的耦合协调度较为均衡，差距不大（见表7）。

表7　　　　　　　　京津冀耦合协调度泰尔指数及其分解

年份	京津冀泰尔指数	河北省组内泰尔指数
2009	0.138	0.036
2010	0.134	0.034
2011	0.129	0.031
2012	0.121	0.029
2013	0.113	0.031
2014	0.113	0.027
2015	0.108	0.026
2016	0.108	0.025
2017	0.101	0.022
2018	0.103	0.023
2019	0.098	0.023

虽然京津冀整体上泰尔指数和河北省组内泰尔指数均呈现下降的趋势，但明显整体上泰尔指数远远大于河北省组内泰尔指数，表明整体上的耦合协调度差距更多来源于河北省与北京市、天津市三地的组间差距。

五　结论与建议

（一）研究结论

本文构建了涵盖旅游、文化、生态三系统的评价指标体系，运用面板熵值模型展开京津冀生态文化旅游产业发展水平评价，依据系统发展综合指数和各系统在产业融合发展中的不同作用调整常用的等权赋值形式，运用非等权的耦合模型计算生态、文化、旅游系统的耦合协调度，并计算泰尔指数分析区域耦合协调度差异及根源。主要结论如下。

1. 2009—2019年京津冀旅游产业、文化产业和生态环境的发展水平稳步提升，但是2019年京津冀的13个市中46.15%为旅游产业滞后型，53.85%为文化产业滞后型，旅游产业和文化产业存在一定的短板制约了耦合协调度的提升，旅游产业、文化产业对生态环境的驱动力不足，不利于生态文化旅游产业的融合发展。

2. 京津冀旅游产业、文化产业和生态环境三个系统之间存在明显的耦合互动发展关系，耦合协调度逐年提升，但整体发展尚未达到协调阶段。旅游产业、文化产业和生态环境建设整体低协调水平影响了生态文化旅游产业的融合发展。

3. 京津冀的13个市之间的协调度存在差异和不平衡，尚未实现同步协调发展。北京市居第一，其次是天津市和河北省的11个地级市。同时泰尔指数表明京津冀耦合协调度差距主要是由于北京市、天津市和河北省之间的旅游产业、文化产业和生态环境的耦合协调度差距所引起的，即组间差异影响大，这也表明应高度重视生态文化旅游产业发展的区域间差异，在生态、文化、旅游子系统融合的同时也要推进区域间的协调发展。

（二）建议

1. 促进文化产业和生态建设与旅游产业的充分融合

2009—2019年，京津冀旅游产业、文化产业和生态环境子系统整体发展水平有了提升和改善，但生态、文化、旅游三系统的融合还有很长的路要走，产业融合发展中应注重旅游产生、文化产业的经济效益与生态的环境效益相互促进。一是打造特色旅游文化产业品牌，提升文化、环境高质量发展品质；文化产业方面充分利用大数据、数字信息技术对传统的文化产业进行改造升级，通过区域间文化产业合作等措施加强京津文化产业的区域带动力。二是充分发挥生态环境的吸引作用，将文化内涵深度根植于生态和旅游的融合中。三是加强旅游产业、文化产业的生态内涵，丰富和创新生态、文化元素融入旅游产业的发展形式，形成一批示范带。

2. 突出环境优势，大力发展乡村生态文化旅游产业

针对耦合协调度相对落后的津、冀地区，天津市和河北省要利用自身优势，提高京津冀旅游产业、文化产业和生态环境的耦合协调度。实证结果显示，天津市和河北省各市在旅游产业、文化产业和生态环境系统的融合发展中主要表现为旅游产业滞后型和文化产业滞后型，但其自身具有自然资源和生态环境优势。对此要发挥生态涵养区、生态支撑区等生态产品集中供给区的生态优势，充分拓展"旅游+"和生态产品价值，充分挖掘古村落、民俗、传统文化和曲艺等文化优势，带动这些地区的乡村旅游产业，形成更具吸引力的生态文化旅游品牌，同时积极学习生态文化旅游产业发展典型地区的经验，提升乡村旅游产业的多元化、协同化水平，同时加强城市旅游与乡村旅游的无缝对接。

3. 缩短区域差距，因地制宜实行地域特色融合发展

实证分析显示，京津冀生态文化旅游融合发展中区域间的差异相对更大，因此天津市和河北省应在充分利用自然资源和文化资源优势基础上将其转化为生态文化旅游产业的强劲动力，天津市充分利用海河文化和湿地资源，形成津味生态文化旅游特色品牌；河北省充分发挥红色旅游资源、地域广阔的区域民俗文化资源、大运河文化带、塞罕坝森林资源、张家口坝上湿地资源等优势，推进旅游、文化和生态环境深度融合。在各自发挥优势的基础上通过区域协同弥补自身短板，形成合作化产业

发展模式，如京津的优势旅游企业积极与河北省旅游企业、景区合作，一方出经验、管理；另一方提供生态、文化优势，形成跨区域的综合型旅游品牌。此外，还要加强区域间旅游人才的培养，通过交流、培训等措施培养更多的生态文化旅游产业从业人才，带动产业发展。

非物质文化遗产的公法保护路径:从政府主导迈向多元主体协同[*]

李 芹[**]

摘 要:从非物质文化遗产的文化本位性和公共物品属性出发,有必要采取以国家作为后盾的公法保护路径。当前我国非物质文化遗产公法保护模式呈现出以政府为主导的特征,这在实践中陷入了一定困境。自上而下的政府主导与自下而上的文化生发过程存在紧张关系,经济效益导向的政府行为逻辑难免造成非物质文化遗产过度商品化,也容易走向"重申报、轻保护"的怪圈。结合不同主体在知识、信息、能力等方面的优势来看,应当明确非物质文化遗产所属社区的主导作用,由政府发挥引导者与协调者角色,推动学校、研究机构、行业协会、新闻媒体等社会力量参与其中,建构多元主体协同的非物质文化遗产公法保护模式。

关键词:非物质文化遗产;公法保护;多元主体

非物质文化遗产不仅仅是优秀传统文化的组成部分,也是联结民族情感、维系国家统一的重要基础。从国务院多部委联合启动的中国民族

---

[*] [基金项目]河北省社会科学基金资助项目"私主体参与公共治理的行政法治保障研究"(HB20FX013)。

[**] [作者简介]李芹(1990—),女,河北大学法学院副教授、硕士生导师,主要从事行政法学研究。

民间文化保护工程到全国人民代表大会常务委员会批准《保护非物质文化遗产公约》，从《非物质文化遗产法》的制定到各地方出台的非物质文化遗产保护条例，我国已经基本形成了非物质文化遗产的法律保护规范体系。在法治保障的基础上，我国非物质文化遗产保护水平持续提升，全社会对非物质文化遗产的传承意识也有了质的转变，建立了国家、省、市、县四级非物质文化遗产代表性项目名录体系，认定代表性项目10万余项，认定各级代表性传承人9万多人。截至目前，我国共有42项非物质文化遗产项目被列入联合国教科文组织相关名录名册，居世界第一。①

以建设社会主义文化强国作为根本出发点和落脚点，中共中央"十四五"规划和2035年远景目标纲要提出，要"强化重要文化和自然遗产、非物质文化遗产系统性保护"。2021年8月，中共中央办公厅、国务院办公厅印发的《关于进一步加强非物质文化遗产保护工作的意见》明确了"到2025年，非物质文化遗产代表性项目得到有效保护"，"到2035年，非物质文化遗产得到全面有效保护"的目标。这就要求我们重新审视非物质文化遗产的法律保护路径，以实现非物质文化遗产的系统性保护和全面有效保护为目标，探寻不同主体在非物质文化遗产保护过程中的角色。

一 非物质文化遗产公法保护的逻辑起点

国内外实务与学术界就非物质文化遗产的法律保护已达成共识，但具体采公法保护模式还是采私法保护模式目前尚存争议。从非物质文化遗产的基本属性出发，结合非物质文化遗产的文化本位性和公共性来看，有必要采取以国家作为后盾的公法保护路径。

（一）文化权与国家保护义务

文化本位性是非物质文化遗产的核心属性。从概念上看，非物质文

---

① 参见郑海鸥《中国非物质文化遗产保护令人瞩目》，《人民日报》2021年6月12日第8版。

化遗产属于文化的下位概念。① 尽管不同学科或领域对文化的定义存有差异，但基本共识在于，文化是某个社会或某个群体不同精神、内涵和情感特点的复合体。着眼于文化概念内核予以分析，非物质文化遗产属于文化范畴，而且是与民众生活紧密相关的文化现象，具体指称各族人民世代相承的、与民众生活息息相关的各种传统文化表现形式和文化空间，记载着历史上不同时期的政治、经济、历史和生活等情况及其心理结构、审美取向、日常生活、民风民俗等独特的文化内涵。② 从表现形式上看，非物质文化遗产是民族民间文化的重要载体，其涵盖范围甚广，具体包括音乐、舞蹈、戏剧、曲艺和杂技等表演艺术，民俗活动、礼仪、节庆，传统技艺、医药和历法，传统体育和游艺，有关自然界和宇宙的民间传统知识和实践，传统手工艺技能等。

由于文化本身的相对性和群体性特征，其是否能够成为一项个人所属的权利曾争论不断，但自 1948 年联合国大会通过并颁布《世界人权宣言》开始，文化权逐渐获得国际层面的认可，成为与政治权利、经济权利并列的三项基本权利之一。《世界人权宣言》第 27 条规定，人人有权通过国家的努力和国际合作，实现自己的文化权利，文化权利是他或她的尊严和人格自由发展中不可剥夺的一部分。1966 年通过的《经济、社会和文化权利国际公约》进一步明确了文化权的范围以及各缔约国的保护义务。该公约第 15 条规定，人人有权参加文化生活，享受科学进步及其应用带来的利益，以及对其本人的任何科学、文学或艺术作品所产生的精神上和物质上的利益受保护。同时，公约还要求各缔约国采取必要措施来保存、发展和传播科学和文化，确保充分实现文化权。

随着我国加入《经济、社会和文化权利国际公约》，日益重视文化权这项新兴人权。我国《宪法》中有关文化的规范内容散见于宪法序言、总纲、公民的基本权利和义务等各个章节。其中关于文化权的最直接、

---

① 参见孙昊亮《非物质文化遗产的公共属性》，《法学研究》2010 年第 5 期。
② 参见刘世臻《试论非物质文化遗产的公共社会性质》，载余益中《广西公共文化服务体系建设理论研讨会论文集》，广西民族出版社 2009 年版。

最清晰的表述当数第 47 条,该条规定:"公民有进行科学研究、文学艺术创作和其他文化活动的自由。国家对于从事教育、科学、技术、文学、艺术和其他文化事业的公民的有益于人民的创造性工作,给以鼓励和帮助。"尽管从历史沿革上看,该条并非我国履行国际公约缔约国义务的结果,但自 2011 年最终批准加入《经济、社会和文化权利国际公约》之后,我们对文化权在当代人权体系中的地位以及文化权的内涵都有了新的理解。① 结合《宪法》第 47 条以及宪法文本中其他文化规范来看,《宪法》中规定的文化权涉及文化表现权、文化保障权、文化平等权和文化参与权,② 具体包括参与文化事务管理、接受教育和培训、享受公共文化服务、参与文化活动、进行文化创造、文化平等且受尊重、文化成果受保护等方面的内容。

文化权属于受宪法认可的基本权利,国家自当负有保障此项基本权利的义务。具体到非物质文化遗产方面,国家的保护义务主要体现为如下几个层次:③ 其一,文化权的防御权功能对应着国家的消极义务,即应当尊重非物质文化遗产,避免非物质文化遗产受到公权力的侵蚀。例如,中央和地方政府在加快推进城镇化过程中,不得破坏传统村落,尤其是与非物质文化遗产文化实践息息相关的生活空间。其二,文化权的受益权功能对应着国家的给付义务,据此国家在非物质文化遗产保护过程中应当承担更为积极的角色。不仅仅是公权力主体的行为可能破坏非物质文化遗产,个人或组织等私主体,尤其是非物质文化遗产所属社区之外的主体也可能会歪曲篡改非物质文化遗产。例如,出于商业利益,不少人通过现代高清打印技术在画布上直接打印唐卡的绘图,这严重歪曲了藏族传统唐卡的绘制工艺,也损害了唐卡作为藏族文化瑰宝的文化价值。对此,作为保护者的国家应当采取相应措施,避免非物质文化遗产遭遇

---

① 参见黄明涛《宪法上的文化权及其限制——对"文化家长主义"的一种反思》,《浙江社会科学》2015 年第 12 期。

② 参见贾宸浩、相焕伟《宪法上的文化权利:我国文化政策法治化的根基》,《山东大学学报》(哲学社会科学版) 2014 年第 3 期。

③ 参见张翔《基本权利的规范建构》,法律出版社 2017 年版。

扭曲或破坏。其三，文化权的客观价值秩序功能对应的是国家的保护义务，这要求国家就非物质文化遗产的保护与传承提供组织保障和制度保障。国家应当通过立法明确承担非物质文化遗产传承与保护职责的政府部门，并结合非物质文化遗产的特征设计非物质文化遗产项目名录、非物质文化遗产传承人认定等具体机制。

(二) 非物质文化遗产的公共物品属性与"公地悲剧"倾向

非物质文化遗产具有公共性，与权属归于特定个人的私人物品不同，属于公共物品。非物质文化遗产是人们在长期生产、生活实践中创造的，不同于现代著作权法意义上由个人创作形成的作品，它的价值和文化影响力均由族群、群体甚至是全体人民共享，而非专属于某一个体。非物质文化遗产是中华民族智慧与文明的结晶，是连接民族情感的纽带和维系国家统一的基础，其中蕴含着中华民族特有的精神价值、思维方式、想象力和文化意识，是维护我国文化身份和文化主权的基本依据。不论是联合国教科文组织的《保护非物质文化遗产公约》，还是国务院发布的《关于加强文化遗产保护的通知》和《关于加强我国非物质文化遗产保护工作的意见》，抑或《非物质文化遗产法》，均将维护国家或民族的公共利益作为非物质文化遗产的核心取向，重在维护文化多样性，继承和弘扬中华民族优秀传统文化，增强群体认同感，满足人们日益增长的精神文化需求。①

作为公共物品，非物质文化遗产具有非排他性和非递减性，容易被滥用而引发"公地悲剧"。非排他性意味着，某个群体在享受非物质文化遗产的同时，无法排除他人同时享受该非物质文化遗产，或者虽可排除他人使用，但成本过于高昂导致排除实际上不可行。换言之，非物质文化遗产无法专属于某个个体。非递减性则是说，某个个体或群体享受非物质文化遗产，并不会导致非物质文化遗产本身的价值减损，因而更多

---

① 参见全国人民代表大会常务委员会法制工作委员会编《中华人民共和国非物质文化遗产法释义》，法律出版社 2011 年版。

人共享该非物质文化遗产的成本为零。[1] 在非物质文化遗产保护被提上日程的同时，非物质文化遗产的经济价值也不断凸显，"大跃进"式的开发和利用难免会造成"公地悲剧"。由于参与开发和利用非物质文化遗产的每一个主体都力图实现自身利益的最大化，这必然会损害集体利益。[2] 此外，非物质文化遗产的无形性导致"搭便车"式的不合理利用现象更为严重。与自然遗产或文化遗产等有形的文化财产相比，无法通过确定物理边界的方式排除他人控制与利用非物质文化遗产。非物质文化遗产传承社群以外的主体无须得到事前允许或支付费用，便可通过询问、学习、模仿等方式获取某项非物质文化遗产。[3]

单凭市场机制难以解决"搭便车"式的不合理开发利用非物质文化遗产的难题，以适当政府介入为主的公法保护模式必不可少。对于"搭便车"难题，经济学理论给出的一种方案是将"搭便车"者获得的利益分配给非物质文化遗产的生产者。例如，针对参观非遗景区或保护区的消费者收取费用。但除此之外，在绝大多数场景之下直接向非物质文化遗产的受益者收取费用则很困难甚至是完全行不通。[4] 另一种解决思路认为，"公地悲剧"的产生根源在于所有权不明，由此主张通过明晰非物质文化遗产的产权以走出"公地悲剧"。此方案对于有形的公共物品尚且有效，例如，通过私有化的方式让放牧人用围栏将自家牧场与他人牧场区分开来，令其为自家牧场负责，可以避免其过度放牧。[5] 但是，对于无形的非物质文化遗产而言，明晰产权的私法模式恐怕行不通。相对而言，以政府适当介入为主的公法保护模式并以国家强制力为后盾展开制度设

---

[1] 参见〔美〕罗伯特·弗兰克《微观经济学》，李绍荣等译，中国财政经济出版社 2005 年版。
[2] 参见谭宏《"公地悲剧"与非物质文化遗产保护》，《上海经济研究》2009 年第 2 期。
[3] 参见肖艺能《西藏非物质文化遗产保护与利用的公法—软法—私法混合管理模式探讨》，《西藏大学学报》（社会科学版）2019 年第 1 期。
[4] 参见杨长海《非物质文化遗产保护与法律工具选择——一种法经济学的分析》，《天津法学》2015 年第 4 期。
[5] 参见鲁春晓《非物质文化遗产开发与"公地困局"问题研究》，《东岳论丛》2014 年第 10 期。

计,防止未经许可滥用非物质文化遗产资源的行为,在相当程度上可以解决非物质文化遗产保护过程中的"搭便车"问题。

二 政府主导型非物质文化遗产公法保护模式的现实困境

结合《非物质文化遗产法》以及各地有关非物质文化遗产保护的规范来看,我国非物质文化遗产保护模式呈现出以政府为主导的特征。在保护主体方面,历经了从多头管理到文化主管部门牵头的统一管理,2008年机构改革之后,文化部设立非物质文化遗产司,由其组织开展非物质文化遗产保护工作,承办国家级非物质文化遗产代表项目的申报与评审等工作。在保护机制方面,以政府为主导的行政确认和行政指导贯穿于从非物质文化遗产代表性项目遴选、代表性传承人认定到非物质文化遗产开发利用全过程。政府主导型公法保护模式在非物质文化遗产保护工程初期尚能发挥立竿见影的效果,却不一定利于非物质文化遗产的系统性、长期性和有效性保护。透过非物质文化遗产保护实践来看,政府主导型公法保护模式的现实困境日渐凸显。

(一)自上而下的保护模式与自下而上的文化生发过程存在紧张关系

不论是文化人类学理论,还是民间民俗文化田野调查,均表明非物质文化遗产的生发过程是自下而上的。首先,特定群体或者说社区的自愿选择和接受是形成非物质文化遗产的必要条件。非物质文化遗产的形成往往源于特定群体或社区民众日常生活中的点点滴滴,正是日常生活场景赋予了创造者灵感,再现他们的生产或生活模式,经过群体的不断实践,久而久之形成了世代相传的文化。[1] 其次,非物质文化遗产的形成过程是无意识的。与特定目的驱使下有意识的文化创造不同,民间民俗文化的形成过程通常是无意识的,即实践者不自觉地将本地生活、生产中的各种因素杂糅在一起,组成一种源于实践又不同于以往的新实践。

---

[1] 参见[英]马林诺夫斯基《文化论》,费孝通等译,中国民间文艺出版社1987年版。

之所以称之为无意识,主要是强调整个过程体现为一种自在的生活或生产实践,并不是为了展示给外人。① 最后,非物质文化遗产的生命力源于地方性知识而非任何其他人为因素。非物质文化遗产并非一成不变,其传承与发展依存于当地的历史、自然环境、言语模式、家庭结构、社区结构、民族艺术和服饰风格等社会生活环境,与此种环境互为对象,并随着环境的变化而变化。针对贵州非物质文化遗产的调查便指出,独特的地形地貌形成了贵州相互分割、相互独立的地理结构,这些差异形成了不同的生产和生活方式,并逐步催生出区域之间文化层面的差异性。地理条件的限制,加之交通障碍,客观上也使得长期孕育的区域性文化得以保存,形成相对独立、自成一体的文化形态,加之外来经济文化的影响力较小,当地非物质文化遗产的原生状态才较为稳定。②

然而,以《非物质文化遗产法》为基础构建起的公法保护模式却呈现出政府自上而下主导的特征,与自下而上的文化生发过程存在相当程度的紧张关系。哪些非物质文化遗产值得且应当被纳入保护范围往往由政府来确定。不论是选择标准的界定,还是遴选过程,政府均占据主导角色,非物质文化遗产实践者的声音有限。根据《非物质文化遗产法》第3条、第18条的规定,是否"体现中华民族优秀传统文化,具有重大历史、文学、艺术、科学价值",决定了某项民俗民间文化是否能被列入非物质文化遗产代表性项目名录。时任文化部部长在非物质文化遗产保护工作部际联席会议上的讲话也进一步明确了此标准,其强调"我们保护的是具有历史、文化、科学价值和珍贵、濒危的非物质文化遗产,这些非物质文化遗产要有利于增强中华民族的文化认同,有利于维护国家统一和民族团结,有利于促进社会和谐。我们不保护民俗和民间信仰中那些落后、消极的因素"。③ 被纳入代表性项目名录可谓当前非物质文化

---

① 参见刘正爱《谁的文化,谁的认同?——非物质文化遗产保护运动中的认知困境与理性回归》,《民俗研究》2013年第1期。
② 参见申茂平编著《贵州非物质文化遗产研究》,知识产权出版社2009年版。
③ 在非物质文化遗产保护工作部际联席会议上的讲话,http://www.gov.cn/gzdt/2010-11/25/content_1753164.htm,2021年2月1日。

遗产保护模式的起点。结合遴选与评审程序来看，究竟何种非物质文化遗产能够体现中华民族优秀传统文化，哪些具有重大历史、文学、艺术、科学价值，哪些有助于增强中华民族的文化认同，有利于维护国家统一和民族团结，有利于促进社会和谐，也主要是由政府相关主管部门和专家来判断的。[①] 一旦判断不当，则会将值得保护的非物质文化遗产项目拒之门外。有调查表明，发端于农业文明时代的许多民间信仰往往被误认为封建迷信，致使这些非物质文化遗产项目没能通过代表性名录评审。[②]

（二）经济效益导向的政府行为逻辑容易导致非物质文化遗产过度商品化

GDP 锦标赛的存在，地方政府的行为逻辑往往遵循经济效益导向，这使得作为地方资源优势的非物质文化遗产面临过度开发与过度利用的风险。中央政府的各种激励机制充分调动起了地方政府发展经济的积极性，随着地方经济发展竞争越来越激烈，地方政府不得不充分挖掘和利用本地优势和资源禀赋。[③] 在非物质文化遗产不断升温的背景下，其无疑成为地方政府的文化资源优势。近年来，不少地方政府不仅忙于非遗申报，也纷纷建设非遗博物园、产业园，主办非遗博览会、峰会论坛。不可否认，地方政府的积极性和主动性的确有利于非物质文化遗产的传承。但非遗热背后可能隐藏着过度开发和利用的风险，甚至可能打着非物质文化遗产保护的旗号，实则损害其独特的文化价值，这在非物质文化遗产与旅游开发相结合的过程中体现得最为明显。近年来，各地纷纷以非物质文化遗产为依托打造旅游品牌。非遗与旅游融合发展本身值得肯定，但如何融合发展以及融合发展过程中如何避免侵蚀文化价值则值得理性

[①] 参见刘正爱《谁的文化，谁的认同？——非物质文化遗产保护运动中的认知困境与理性回归》，《民俗研究》2013年第1期。

[②] 参见戴廉《非物质文化遗产保护的困惑》，《瞭望》2005年第30期。

[③] 参见王有强、卢大鹏《地方政府经济行为：激励制度与科学发展》，《中国行政管理》2010年第2期。

思考。以云南省大理白族自治州的情况为例,"三道茶""绕三灵""三月街"等经国务院批准均被列入国家级非物质文化遗产代表性项目名录,却因过度追逐经济利益在旅游业发展过程中渐渐失去其本来面目。"三道茶"原本是当地人待客的一种习俗,现如今与本地人的日常生活关系不大,反而成了吸引游客的招牌。再如,为了满足外地游客探密猎奇的心理,"绕三灵"中的敏感元素不断被放大,淡化甚至是歪曲了其本来的文化内涵与价值。外地游客慕名来参加"三月街"民族节,但三月街上真正带有当地民族特色的商品却越来越少。

非物质文化遗产与商品化路径并非二元对立,值得警惕的是,盲目开发和利用本质上会将文化客体化。从非物质文化遗产的特征来看,它似游离于物质之外,其实又与物质无法分割,实物是非物质文化遗产的重要载体,体现着传承人的精湛技艺。[1] 由此来看,通过将非物质文化遗产物质化为具体的文化产品推向文化消费市场,让人们使用和鉴赏具体的文化产品,无疑可以扩大非物质文化遗产的受众范围,有助于非物质文化遗产的传播。然而,如果完全以发展地方经济和追求政绩为目的,为了迎合消费者的文化需求,加工、篡改、伪造非物质文化遗产,将本地的非物质文化遗产包装得面目全非,则是将非物质文化遗产作为被消费的文化客体,而非受保护的文化主体。[2] 能够被称为非物质文化遗产的是那些人类在历史上创造并以活态形式传承至今的传统知识与经验、传统技艺与技能,这些文化形成过程的核心特征是作为主体主动地塑造人而不是作为客体被动地迎合人。[3]

久而久之,过度开发和利用过程中的文化客体化现象会导致非物质文化遗产失去本真性,与非物质文化遗产保护目的背道而驰。所谓"本真性",主要是指要保持非物质文化遗产的真实性或原真性,尊重其历史

---

[1] 在非物质文化遗产保护工作部际联席会议上的讲话,http://www.gov.cn/gzdt/2010-11/25/content_1753164.htm,2021年2月1日。

[2] 参见蒋万来《传承与秩序:我国非物质文化遗产保护的法律机制》,知识产权出版社2016年版。

[3] 参见孙昊亮《非物质文化遗产的公共属性》,《法学研究》2010年第5期。

原貌，换言之，其在历史上原来是何种形式和内涵，就应当按照何种形式和内涵予以传承和传播，否则就可能是打着保护的名义破坏非物质文化遗产。本真性原则可谓非物质文化遗产保护所需遵循的一项基本原则，早在1964年5月通过的《国际古迹保护与修复宪章》（International Charter for the Conservation and Restoration of Monuments and Sites）便确立了真实性原则，其中强调"传承原真性的全部信息是我们的职责"。1994年12月，世界遗产委员会召开第18次会议，通过了《关于本真性的奈良文件》（The Nara Document on Authenticity），考虑到文化多样性，确立了较为宽泛的"本真性"原则，即不仅考虑纪念物的材料，也考虑其设计、形式、用途和功能、诠释和技术，以及所衍生出来的精神和影响。[1] 我国也在立法层面确立了真实性原则。根据《非物质文化遗产法》第4条和第5条的规定，保护非物质文化遗产，应当注重其真实性、整体性和传承性，禁止以歪曲、贬损等方式使用非物质文化遗产。由此可见，非物质文化遗产与旅游发展等商业模式相结合并非不可，但要以保持非物质文化遗产的本真性为前提。倘若地方政府将本地非物质文化遗产当作文化资本的话，很可能会片面追求经济效益，而忽视了非物质文化遗产的保护目的及其文化价值。

（三）政府主导型保护模式容易走向"重申报、轻保护"的怪圈

21世纪以来，全国范围内掀起了非物质文化遗产申报热潮。积极申报非物质文化遗产本值得提倡，但是真正需要审视的是申遗热背后隐藏的目的。面对南京"六合猪头肉"申遗引发的质疑，国家非物质文化遗产专家委员会委员、南京大学徐艺乙教授曾理性地提醒道，非物质文化遗产的门类丰富多元，关键之处并不在于"六合猪头肉"本身是否适合申遗，而是要审视其在文化传承方面的贡献何在。倘若不是带着传承非物质文化遗产的使命感而提出申请，自然可能造成啼笑

---

[1] 参见刘晓春《非物质文化遗产的本真性问题》，载宋俊华等《文化对话：中美非物质文化遗产论坛》，中山大学出版社2017年版。

皆非的结果。① 换言之，为了申遗而申遗，或是出于广告效应、经济效应等不当目的而申遗，往往一旦申报成功，便将其束之高阁。例如，某地小磨香油经批准被列入非物质文化遗产名录，申报时注明的生产工艺是石磨，但申遗结果尘埃落定之后，实际生产过程中使用的却是现代化机械设备，摆在磨坊里的石磨只不过是用来申遗的道具而已。② 事实上，列入非物质文化遗产名录并不意味着保护工作的结束，如何落实各项实质性保护措施才是关键。

从制度设计面向来看，政府主导型非物质文化遗产保护模式加剧了"重申报、轻保护"的现象。一方面，非物质文化遗产代表性传承人的认定机制容易导致利益分配之争，抑制一般性传承人的积极性。从广义而言，只要是某项非物质文化遗产的系统掌握者，且对其传承与发展具有一定影响的主体均属于此非遗项目的传承人。但目前的制度设计仅认定代表性传承人。换言之，经国家或地方有关机构认定的通常是非物质文化遗产传承的代表性人物或领军性人物。③ 而且，实践中针对某项非物质文化遗产，同一级别的代表性传承人原则上只有一位。由于只有代表性传承人能够获得经费、技术和空间等方面的支持，因而，到底谁才有资格作为代表性传承人，往往会在传承者之间引发争执。④ 如果传承人认定过程中因利益驱动引发的内部纷争不能得以妥善处理，很可能会抑制人数众多的一般性传承人的积极性。另一方面，针对非物质文化遗产的保护情况，尚未建构起合理的评估体系。联合国教科文组织定期更新的《实施〈保护非物质文化遗产公约〉业务指南》⑤ 以及 2015 年通过的

---

① 南京六合猪头肉拟申遗引发争议，http://city.sina.com.cn/travel/t/2012-04-28/100729580.html，2021 年 2 月 10 日。
② 参见刘正爱《谁的文化，谁的认同？——非物质文化遗产保护运动中的认知困境与理性回归》，《民俗研究》2013 年第 1 期。
③ 参见邹珺《民族非物质文化遗产保护与传承》，吉林大学出版社 2016 年版。
④ 参见刘正爱《在田野中遭遇"非遗"》，《石河子大学学报》（哲学社会科学版）2016 年第 3 期。
⑤ United Nations Educational, Scientific and Cultural Organization, *Operational Directives for the Implementation of the Convention for the Safeguarding of the Intangible Heritage*, September 10, 2020.

《保护非物质文化遗产的伦理原则》均强调评估应当贯穿始终,从非物质文化遗产的遴选认定,到具体保护计划,再到保护现状及其可持续性等非物质文化遗产保护的全过程。[①] 目前我国《非物质文化遗产法》规定的评估工作仅限于申报阶段,具体体现为,组织专家评审小组和专家评审委员会评估推荐或建议列入代表性项目名录的非物质文化遗产项目的价值。近年来,非物质文化遗产资源较为丰富的地方结合实践经验尝试建构评估制度,但依旧存在一些局限性。例如,根据《大理白族自治州非物质文化遗产保护条例》和《怒江傈僳族自治州非物质文化遗产保护条例》的相关规定,评估内容仅限于代表性项目保护单位开展保护工作情况以及代表性传承人开展传承情况,评估结果主要是作为责任单位和代表性传承人资格、给予传习补助的主要依据。《福建省非物质文化遗产条例》似乎试图建构贯穿全过程的评估制度,要求县级以上地方人民政府文化主管部门定期对本级代表性项目的保护情况进行评估,但评估结果及其法律效果却依旧局限于代表性传承人或者保护单位资格问题方面。

三 迈向多元主体协同保护:非物质文化遗产保护过程中各方主体的角色

政府主导型保护模式与非物质文化遗产的传承与发展存在一定张力,久而久之,还有可能对非物质文化遗产造成保护性破坏。结合域外国家或地区以及其他领域较为成功的经验来看,重新审视政府、社区、社会力量等主体的角色,充分调动各方面的力量,推动形成非物质文化遗产保护合力,建构多元主体协同保护模式,可谓因应之道。

(一) 明确非物质文化遗产所属社区的主导作用

任何非物质文化遗产项目总是与特定地域范围内的人群密不可分的。非物质文化遗产所属社区,主要是指直接或间接参与相关非物质文化遗

---

① 参见许雪莲、李松《非物质文化遗产保护中的评估机制与实践》,《中南民族大学学报》(人文社会科学版) 2019 年第 5 期。

产项目的传承和传播，并认同该非物质文化遗产项目是其文化遗产的一部分的人群。[1] 从地域范围来看，社区有大小之分，可以小到村、镇、街道、居民小区，可以指称乡、县、市，也可以大到省、国家。作为非物质文化遗产归属对象的社区通常以较小范围的村落为单位。即便非物质文化遗产项目的申报地区和单位往往是县、区，但非物质文化遗产的具体实践场域则是村、镇、街道等更小的民众生活空间。[2]

非物质文化遗产的传承与保护应当以所属社区为中心，由所属社区发挥主导作用。主要原因在于：第一，社区认同与参与是传承和保护非物质文化遗产的原动力。相对于非物质文化遗产所属社区而言，不论是文化主管部门等政府主体，还是研究非物质文化遗产的专家学者，均属于外部主体。即便这些外部主体以传承和保护非物质文化遗产作为出发点，其采取的各种措施也可能不符合非物质文化遗产的传承和保护规律，不符合所属社区民众的认知。[3] 倘若各种举措不能获得当地民众的认同，就难以调动起他们参与非物质文化遗产传承与保护实践的积极性，甚至会产生适得其反的效果。反之，由所属社区民众来保护非物质文化遗产，则可以在相当程度上减少保护的盲目性、片面性和机械性，避免外部主体的保护性破坏行为。第二，基于尊重文化主体的原则，应当以所属社区为中心来传承和保护非物质文化遗产，避免社区民众沦为政府主导型保护模式下的被动参与者和冷漠旁观者。非物质文化遗产是社区民众创造、享有和实践的文化，即便是顺应时代的变化来发展非物质文化遗产也应当出于社区民众的自主选择。社区民众对自己的生产生活方式、社会交往礼仪、节日庆典活动具有主导权，他们在这片土地上的活动形成了他们的传统，非物质文化遗产只有在这样的环境中才能焕发出生机

---

[1] 参见杨利慧《以社区为中心——联合国教科文组织非物质文化遗产保护政策中社区的地位及其界定》，《西北民族研究》2016年第4期。
[2] 参见黄涛、郑文清《非物质文化遗产保护工作中社区认同的内涵与重要性》，《中国人民大学学报》2018年第1期。
[3] 参见黄涛、郑文清《非物质文化遗产保护工作中社区认同的内涵与重要性》，《中国人民大学学报》2018年第1期。

和活力。① 倘若非物质文化遗产保护不以所属社区为中心，社区民众便无法左右自身文化的发展，由此形成的文化也就很难说是归属于该社区的文化。第三，所属社区是非物质文化遗产得以滋生扎根和延续的土壤，明确所属社区民众的主导地位，有利于非物质文化遗产传承和保护的有效性和可持续性。非物质文化遗产的传承与保护并非社区民众日常生活之外的表彰或作秀，而是润物细无声地融入社区民众日常生活之中。换言之，非物质文化遗产的传承与保护自然应当由所属社区民众来完成。

在国际非物质文化遗产保护领域，从联合国教科文组织2003年颁布的《保护非物质文化遗产公约》到2015年出台的《保护非物质文化遗产伦理原则》，以所属社区为中心的传承和保护理念已逐渐成为共识。《保护非物质文化遗产公约》明确了非物质文化遗产传承与保护过程中社区参与的重要性。公约前沿写道"承认各社区，尤其是原住民、各群体，有时是个人，在非物质文化遗产的生产、保护、延续和再创造方面发挥着重要作用，从而为丰富文化多样性和人类的创造性做出贡献"，第15条再次强调"缔约国在开展保护非物质文化遗产活动时，应努力确保创造、延续和传承这种遗产的社区、群体，有时是个人的最大限度的参与，并吸收他们积极参与有关管理工作"。但值得注意的是，公约中关于社区参与的规定仅限于这两处，主要内容还是规定各国政府如何展开非物质文化遗产传承与保护工作。这似乎表明，非物质文化遗产传承与保护过程中应当以政府为主，社区参与为辅。以此公约为指导性文件，各缔约国在展开非物质文化遗产传承与保护工作时也普遍出现政府部门大包大揽、社区参与明显不足的现象。联合国教科文组织保护非物质文化遗产政府间委员会注意到此现象，反复探究社区参与不足的原因。事实上，《保护非物质文化遗产公约》之所以没有大篇幅规定社区参与内容，并非其不重视社区参与，而是因为公约主要是面向各国政府的文件，是由各

---

① 参见赵博文《少数民族非物质文化遗产社区主导发展研究》，《社会科学家》2019年第8期。

国政府来签署的,其内容必然会围绕政府行为而展开。[1] 为了纠偏这种误解,扭转各缔约国在非物质文化遗产保护实践中以政府为中心的保护模式,联合国教科文组织保护非物质文化遗产政府间委员会于 2015 年制定并出台了《保护非物质文化遗产伦理原则》,明确了以所属社区为中心的非物质文化遗产保护理念。《保护非物质文化遗产伦理原则》第 1 条便规定,"社区、群体或有关个人应在保护其自身非物质文化遗产中发挥首要作用",而《保护非物质文化遗产公约》前沿则强调社区发挥着"重要作用"。从"重要作用"到"首要作用",本质上彰显了所属社区在非物质文化遗产传承与保护过程中的主导地位。

(二) 政府重在发挥引导与协调作用

明确非物质文化遗产所属社区的主导地位,强调所属社区民众的话语权,并非否认政府的职责,而是应重新审视政府在非物质文化遗产传承与保护方面的角色。对此,人类学研究领域的主客位知识观提供了一个有益的分析视角。主位知识重在提高本地提供消息的人的地位,基于本地人的描述和分析作最终的判断。客位知识则是提高旁观者的地位,基于旁观者在描述和分析中使用的范畴和概念作最终的判断。[2] 从非物质文化遗产保护领域来看,处于主位的是非物质文化遗产所属社区民众的认知和观点,而政府的观点或看法则属于客位。换言之,由于信息的不对称,主客位观点之间往往存在一定的分歧。倘若以处于客位的政府的观点或看法为中心来传承和保护非物质文化遗产,原本的文化主体反而会沦为客体,即便设计相应的参与机制,也难逃主客位颠倒困境。因而,在非物质文化遗产传承和保护方面,政府应该改变过去大包大揽的做法,减少自上而下的不当干预。

---

[1] 参见黄涛、郑文清《非物质文化遗产保护工作中社区认同的内涵与重要性》,《中国人民大学学报》2018 年第 1 期。

[2] 参见 [美] 马文·哈里斯《文化唯物主义》,张海洋、王曼萍译,华夏出版社 1989 年版。

结合政府在知识、信息、资源和能力等方面的具体情况，其在多元主体协同保护非物质文化遗产过程中应当发挥引导者与协调者的角色。作为引导者，政府的职责重在促使人们了解并认识非物质文化遗产蕴含的历史、文学、艺术和科学等方面的价值。即便是非物质文化遗产所属社区的民众，往往也要在与外部主体交往过程中才足以认知当地文化的价值。如上所述，非物质文化遗产通常是所属社区民众在生产生活中创造的，其本身便是人们日常生产、生活的基本组成部分，当地民众往往不会关注其额外的文化价值。作为外部主体，政府应当加强与非物质文化遗产所属社区的沟通交流，促使当地民众通过他者的眼光发现当地文化的价值。[①] 作为协调者，政府的职责重在推动非物质文化遗产所属社区、企业、学校、行业协会等主体之间的对话，为多元主体之间的文化对话搭建桥梁。

（三）充分发挥社会力量传承和保护非物质文化遗产的协同作用

对于非物质文化遗产的传承与保护而言，学校、研究机构、企业、新闻媒体、行业协会等社会力量也能够且应当发挥一定作用。社会力量对于非物质文化遗产保护所需的良好社会氛围的营造、充沛资金的投入、理论研究的推进、后继人才的培养、相关行业的自律、政府行为的约束、保护行为的规范等，都能起到相当的促进作用。[②] 与非物质文化遗产所属社区、政府相比，社会力量的优势主要体现为：第一，学术研究者具有深厚的学识积累和较为中立的判断力量，能够充分考察国际社会保护非物质文化遗产的先进理念和具体方式，探寻符合我国国情的保护理念和保护方式；第二，学校、新闻媒体、行业协会等主体在非物质文化遗产人才培养、知识传承与文明重塑等方面发挥着至关重要的作用；第三，

[①] 参见安德明《非物质文化遗产保护中的社区：涵义、多样性及其与政府力量的关系》，《西北民族研究》2016年第4期。

[②] 参见张兆林等《非物质文化遗产保护领域社会力量研究》，中国社会科学出版社2017年版。

依托互联网,新媒体的兴起可以在相当程度上增加传播的深度和效度,尤其是新媒体的即时交互特征,可以加深受众对非物质文化遗产的认识,方便受众之间、受众与非遗传承人之间的沟通交流。具体而言,社会力量可以通过如下方式参与非物质文化遗产的传承与保护工作。

首先,为非物质文化遗产的传承和保护提供人才支撑。部分非物质文化遗产项目的专业性较强、技术水平较高,传统的师徒单传、口耳相传的传承人培养模式不仅周期长,而且有相当程度的不确定性。借助于企业、高等院校、研究机构、行业协会等社会力量,有助于创新传承人培养模式,为非物质文化遗产发展提供人才支撑。详言之,通过企业联手职业教育学校,可以拓展传承人才培养渠道,在一定程度上扭转代表性传承人年事已高却后继乏人的困局。例如,上海市静安区搭建项目保护单位、非遗保护中心、逸夫职校三方合作平台,培育中式服装传承人。逸夫职校与非遗企业签订合作协议,根据协议内容,企业在学校挂牌成立非遗传习所,逸夫职校将中式服装制作技艺列入教学大纲,各方主体根据中式服装制作技艺工艺标准及实际教学状况,合作编写教科书。逸夫职校学生拜"龙凤旗袍""亨生西服""鸿翔女装"三个非遗项目的代表性传承人为师,直接到企业学艺、实习。静安区非遗保护中心通过建立跟踪评价体系,以"传承之星"等荣誉称号嘉奖优秀学生。

其次,将非物质文化遗产的传承融入学校教育和社会教育中,增强人们对非物质文化遗产的心理认同。与专业性较强的传承人培养不同,非物质文化遗产的教育普及重在让人们领略非物质文化遗产的魅力,提升人们对非物质文化遗产的普遍认知。为此,传统报纸杂志、电视台、网络平台以及微信、微博等新媒体应当加强非物质文化遗产宣传工作,结合各种节庆日展示非物质文化遗产,营造非物质文化遗产保护的社会氛围;学术研究机构、图书馆、文化馆、博物馆等公共文化主体可以设立展示场所,举办公益性活动展示非物质文化遗产;学校可以组织形式多样的课堂教学和社会实践活动,将非物质文化遗产相关内容融入教材与课堂。在此方面,上海市探索出了一定的经验。2017 年,上海市非物质文化遗产保护中心评选出的 65 个非物质文化遗产传承优秀案例中有 15 个是关于教育普及的。这 15 个案例探索出了非遗进校园展演活动、非遗与高校课程建设相结合、非遗展馆行活动、乡土文化课程实践活动、非遗社区活动、非遗传承人面向大众的传习活动等多元化教育普及方式。以徐行小学的草编文化实践活动为例,学校致力于建设符合地域性、民族性、传统性特点的校园文化。充分利用独特的地域资源,把徐行镇的非遗草编文化引进校园,开展"巧手织梦传非遗"实践活动。分年级编制草编教材,创建草编博物馆,设计布置草编图腾和民俗长廊,以草编文化为元素布置教室,让学生认知家乡文化,学会工艺技能,传承和发展家乡草编,同时结合寒暑假草编之旅,把草编文化带出校园,以此不断辐射社会,传承和弘扬传统文化。①

最后,以企业为主的社会力量可以为非物质文化遗产的传承与保护提供技术支撑,推动非物质文化遗产与科技深度融合,更好地满足人民精神文化生活新期待。以大数据技术为例,其为非物质文化遗产的信息管理、传承与保护注入了新活力。在大数据时代,非物质文化遗产资源被数据化,不再沉睡于数据库、博物馆、传习所等物理空间,传承方式可以突破时间和空间限制,通过动态的数字化传承场景,实现沉浸式体验,与社会大众积极互动。② 2019 年 4 月,抖音发起了"非遗合伙人"计划,挖掘年青一代对非物质文化遗产的了解和好奇心,让更多人看见非物质文化遗产,全方位助力非物质文化遗产的传播。此项计划主要包括三方面内容:首先是帮助传承人提升现代化传播能力;其次,结合现有平台开放能力,推动全社会参与非遗传播;最后,考虑到非遗鲜明的区域特征,通过合作地方非遗话题和地方非遗文创产品,挖掘非遗的文化和市场价值。截至 2020 年 6 月 13 日,数据显示,抖音已涵盖 1318 项

---

① 参见上海市非物质文化遗产中心编《上海市非物质文化遗产保护工作优秀实践》,上海交通大学出版社 2018 年版。
② 参见高山、谈国新《大数据驱动的非物质文化遗产管理范式转变研究》,《图书馆》2020 年第 11 期。

国家级非遗项目，涵盖率高达 96%，相关视频数量超过 4800 万个，播放超过 2000 亿次，获得点赞超过 64.8 亿次。[①] 2020 年 5 月，腾讯云与甘肃省文旅厅达成合作，共建甘肃省非物质文化遗产大数据平台，实现甘肃省非物质文化遗产资源的数字化整合，致力于解决非物质文化遗产保护的难点。

[①] 《抖音非遗大数据：年轻人为非遗点赞 64.8 亿次》，http://www.ihchina.cn/news_1_details/21074.html，2021 年 4 月 10 日。

文化体系和生活街区融合视域下的城市街区"微改造"策略:以保定西大街"新颜值"建设为例*

杨秀丹 王 宁 任常青**

摘 要:当前人们对城市空间的要求从对物质空间的满足转向对精神文化空间的期许。历史文化街区作为城市最独特的文化标识,承载着一座城市的历史记忆,对其进行"微改造"在活化街区经济、保护历史建筑、传承城市文化、提升城市品质、塑造城市特色等方面发挥着至关重要的作用。本文基于城市文化体系、文化场景理论和生活街区理念及项目实践,以保定著名历史文化街区——西大街为例,挖掘其蕴含的物质文化层面和精神文化层面的价值,剖析街区现状,提出机制—空间—文化—经济四维街区更新策略,以期为其他历史文化街区"微改造"工作提供新的思路和方法。

关键词:城市文化;生活街区;保定;西大街

---

* [基金项目] 雄安新区哲学社会科学项目"文旅融合视域下雄安城市公共空间建设研究"(XASK20200045);2021年河北大学研究生案例库项目"文旅融合视域下图书馆阅读推广空间建设案例库研究"。

** [作者简介] 杨秀丹(1970—),女,博士,河北大学管理学院教授,研究方向为智慧城市与数据治理;王宁(1996—),女,河北大学管理学院硕士研究生;任常青(1998—),男,河北大学管理学院硕士研究生。

一　引言

联合国教科文组织发布的《文化：城市未来》全球报告（2016）中指出，现代城市空间应以文化为中心，城市的可持续发展与环境塑造都需要文化元素的参与[①]。城市是文化的容器、社会文化的孕育场所，文化则是城市和人之间的介质。整合文化、商业、个体生活空间从而打造高品质、有特色、高效益、有活力的城市公共空间是城市建设的重点。保定市提出打造"国际文化旅游名城"的新要求，明确提出结合古城区保护改造修缮工程，加大古街古巷、民居建筑、文物古迹的保护和建筑风貌控制，将古城文化融入城市建设，打造开放式5A景区，构建城市文化体系。2021年8月，保定政府工作报告中指出，保定将实施3.94平方千米的古城保护利用开发工程，有序恢复和保护古城原貌，重塑东西大街、城隍庙街等历史文化街区，让"历史文化名城活起来"[②]。同年10月，保定市政府开启主城区聚焦城市管理"新颜值"行动，目的是全力以赴把保定建设好、建漂亮，不断提升城市承载力和竞争力。

历史文化街区指的是具有一定规模保存较好的文物建筑及以传统建筑群为主体构成的地区、地段或区域的传统物质环境，具有一定的历史、科学、文化价值[③]。2002年首次修订的《中华人民共和国文物保护法》，采用历史文化街区这个概念，并且把历史街区正式纳入不可移动文物范畴。

历史文化街区是一座城市的社会生活变迁在空间上的缩影。它既是当代社区居民赖以生存和生活的基本空间，同时在某种程度上又承担着一定时期人们生活方式和风俗习惯的记忆，展示着城市生活居住方式的

[①] UNESCO, Culture: urbanfuture [2021-05-18], http://openarchive.icomos.org/1816/1/245999e.pdf.

[②] 《激情奋进"十四五"再造一个新保定——在保定市第十六届人民代表大会第一次会议上的政府工作报告》，http://www.baoding.gov.cn/content-159-315531.html [2021-12-28]。

[③] 参见陈媛媛《商业街区公共设施设计的新思路》，《包装工程》2019年第20期。

自然演进，是"活的历史地图"，具有永续利用的动态性①。西大街作为古城保定的历史文化名街，具有较强的地域文化特色，传承着保定的文化历史，是城市文化变迁的见证者，也是保定城市风貌的代表。在保定城市不断发展的过程中，人们对历史文化、街道功能和生活街区认识和理解存在一定局限，西大街的历史建筑、街区和经济结构未能从整体上进行规划和保护，使得西大街作为展示保定历史文化的窗口未能很好得到实现。西大街街区的保护与再造迫在眉睫。

二 城市街区"微改造"理论与价值分析

(一) 城市街区"微改造"理论与实践

1. 城市文化体系

马林诺夫斯基提出文化包含和调节着一切社会科学②。文化作为复杂的社会现象，包含着价值观、行为规范和物质实体三要素。其中，价值观反映着人们的理想愿望，并通过物质实体进行实际表达，如城市随处可见的各种价值符号；行为规范是指导人们遵守城市实体环境中生活生产方式的规则和原则③。

城市通过物质聚集构建影响着人类交往活动，并通过有形物质形态载体和无形意识形态载体，逐渐形成"城市的灵魂"，即城市文化。城市文化分为物质文化、制度文化和精神文化。物质文化是满足人类生产生活所需而创造的物质产品及精神文化，是文化的表层。制度文化是人类在一定历史条件下形成的社会关系及规范体系，是文化的中层。精神文化是人类改造自然和社会过程中的思维活动，是文化内核④。三个层

---

① 参见夏健、王勇《从重置到重生：居住性历史文化街区生活真实性的保护》，《城市发展研究》2010年第2期。
② 参见 [英] 马林诺夫斯基《文化论》，费孝通译，中国民间文艺出版社1987年版。
③ Knox, Paul, Steven Pinch, *Urban Social Geography: An Introduction*, Edinburgh: Pearson Educational Limited, 2000 (Fourth Edition), pp. 53 – 63.
④ 参见赵委委《技术发展与个体精神世界的建构》，硕士学位论文，中共中央党校，2019年。

次共同构成了城市有机的文化系统。物质文化是交流和沟通的媒介，通过有意识、有目的建构的符号，具有相当的可识别性。人们基于表层文化进行沟通，获得精神体验，形成有认同感的城市公共空间，并形成个体对城市结构的认知，即城市文化意象[1]。城市文化体系的分类如图1所示。

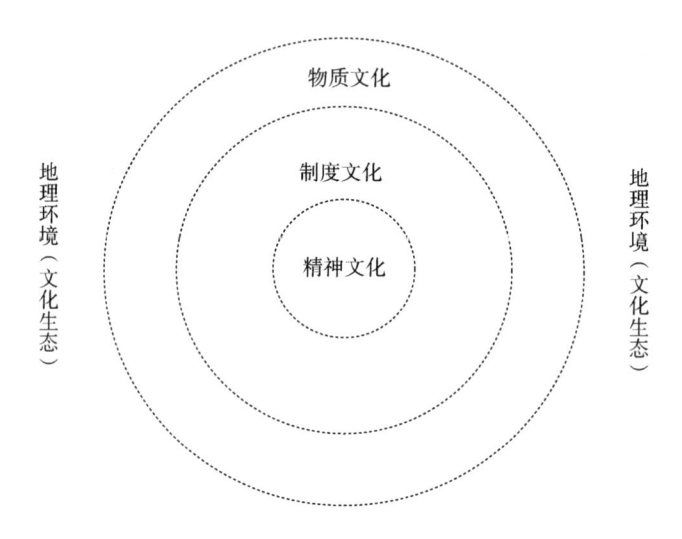

图1　城市文化的结构层次（来源：自绘）

2. 文化场景理论

历史文化街区是市民文化生活、文化传承的重要载体，文化场景由社区、建筑、人群、文化活动、公共空间五要素构成。文化是城市发展的动力，文化场景的构建有助于提升城市品位，文化创意产业也是城市发展的内生动力之一[2]。

文化场景理论的核心观点是生活场景中所蕴含的文化价值愈来愈浓郁。在由工业主导的经济发展模式向服务型为主导的发展模式深刻转型期，打造独具魅力的城市文化，注重独特历史的挖掘与表达是当代城市

---

[1] 参见［美］凯文·林奇《城市意象》，方益萍等译，华夏出版社2001年版。
[2] 参见范玉刚《雄安新区的文化空间建构和价值传达》，《北京大学学报》（哲学社会科学版）2017年第4期。

文化空间建设的核心①。如中关村创业大街将创新创业文化融入传统城市元素中，构建了体现创新文化的城市风景。杭州将良渚古城遗址代表性文物玉琮运用到城市建筑、路灯标志上，将来自远古的文化印记应用到市民生活的各个场景中。

3. 生活街区理念与实践

生活街区的概念是1999年由英国政府提出的，在此之前有荷兰生活街道、美国完全街道等城市更新理念与实践活动②。生活街区理念提倡将城市道路提供给车辆、行人和自行车共同使用，以促进街区商业和文化活动的进行，从而提升城市商业生活品质和功能；强调由多样化的街道而非单一街道形成街区网络来满足街区居民生活需求，打造以人为主体而不是以交通为主体的街道空间，并通过调整和更新街区经济结构以促进街区活力的持续性。

英国布莱顿北莱恩历史保护区在19世纪以前是店铺云集的工匠区，在"二战"之后则是二手商品交易集市，但在电子商务时代受到非常大的影响，顾客稀少，街区逐渐失去活力。布莱顿市政府以打造生活街区为理念，采取修复低矮建筑，鼓励特色店铺，实现人车共享的方式来恢复和提升街区经济活力；同时，重新打造一条连接城市文化场馆的核心区和充满维多利亚风情的巷子区"新路"，通过新路缝合城市不同空间，将北莱恩历史街区与其他街区联动起来，形成新旧融合的城市生活中心。新路内摆放座椅，开辟休憩空间，开设路边摊为街区增添烟火气息，构建新的商业形态，并通过定期举办灯光活动吸引居民、行人和游客驻足。法国维吉尼小镇结合生活街区理念，对印象派绘画大师莫奈的生活文化进行充分挖掘，打造充满历史文化气息的生活街区，实现莫奈主题全域化延展，推出"维吉尼小火车""睡莲餐厅""莫奈花园"等莫奈生活场景项目，使得维吉尼小镇处处充满着原汁

---

① 参见陈波、林馨雨《中国城市文化场景的模式与特征分析——基于31个城市文化舒适物的实证研究》，《中国软科学》2020年第11期。

② Collarte, Natalia, "The Woonerf Concept Rethinking a Residential Street in Somerville", *Tufts University*, 2012.

原味的莫奈生活气息，从而成为全世界莫奈艺术爱好者的"朝圣地"。

4. 全民参与更新机制

全民参与更新机制是指融合政府、企业、居民和社会等多方力量，有效整合各种资源，共同推动历史文化街区的保护和发展工作①。其中，政府负责政策出台、项目规划与设计、项目招标、权益保障，在街道街区更新中处于主导地位；企业则是在政府招标之下承办街道更新的建设和运营等工作；居民则充分参与全部更新过程，表达自己的意愿，有产权居民还可以享受街道改造带来的住房增值和经济红利，自主选择将私有财产出租给政府或企业改造经营或者自己经营。

成都猛追湾项目是全民参与机制的典型案例。该项目采用"市区联动、政企联手"的合作机制，通过政府主导和企业承办，对成都的"工业记忆"和猛追湾的"城市乡愁"元素进行挖掘和传承，同时吸纳优质产业资源，充分考虑当地居民的诉求，实现生活场景与社交场景融合，使猛追湾街区不仅重新焕发活力，更成为成都新的城市地标和文化经济旅游空间②。北京大栅栏更新项目的参与主体包括西城区政府、承办企业、建筑规划师、艺术家以及社区商家和居民，多方主体共同参与街区更新规划与设计，使得街区更新工作由被动变主动、无序变有序，并形成了可持续的长期性街道更新模式。在项目开始阶段，由政府和企业负责项目策划、招商引资，在完成街道初步更新之后政府和企业逐步转向对环境监管、公共设施维护工作，街区居民和其他社会成员从最初的参与转向对整个过程的深度参与并发挥主要作用。

（二）"微改造"价值分析

1. 延伸城市文化的示范价值

保定自古以来便是军事、文化重地，有着悠久的文化历史、深厚的

---

① 参见纪律、巩淼森《社会创新视角下社区营造的设计策略》，《包装工程》2019年第6期。
② 成都猛追湾，《EPC+O模式下的城市更新示范案例》，https://page.om.qq.com/page/OiCy6riuFLeJqG4gWWX2VKDg0 ［2021－10－28］。

文化底蕴、丰富的文化内涵，也留下了许多富有文化气息的著名街区。而西大街作为古城保定的历史文化名街典型代表，在经历了百余年的岁月侵蚀后，现今已受到了不同程度的损坏。如"贤良祠"破败，"货栈"荒凉，协生印书局这一共产党在北方的早期印刷据点现已被取代，未能表现其传统文化的教育意义。大量珍贵的历史文化建筑和古迹正在逐步消失。因此，从城市文化体系的角度对保定西大街进行全面调查研究，探索西大街在保定城市历史和文脉中的位置，为进一步保护和传承城市历史、延续城市文脉不仅必要，更具有示范意义。

2. 更新街道/社区经济结构的发展价值

从现代城市街区发展来看，街区是由地块组合而成的区域，地块间的过渡区是街道。如果街区内部出了问题，单凭整治一条街，寄希望于以线带面，很难获得预期效果。对于城市发展来说，可持续的街区才是根本，而让街区持续存在的基础是其经济结构。作为一个存在近百年的成熟社区，保定西大街的改造在降低对街区居民影响的同时，通过进行街区设计和规划，以"微改造"模式升级恢复老字号，引入新的商业形态，逐步有序改变街区经济结构，把西大街打造成保定人的城市"步行游览区"，以"网红"模式吸引全国的年轻人参观驻足，全面提升整个街区的商业价值、改变社区的经济结构，从而实现社区全面发展。

3. 建构城市新形象的展示价值

街道作为城市的骨架，在城市中扮演着重要作用。历史文化街区见证了城市的历史变迁，是城市记忆保存最完整和最丰富的地区，是一个地区、一座城市悠久历史和灿烂文化的最好见证，是城市形象延绵变迁的体现。因此，对西大街进行合理的改造和业态的升级，加速城市"新颜值"建设，对保定市的历史文化遗产进行保护，升华保定市的文化底蕴，为其打造新名片，树立新形象，提高保定的城市辨识度是应有之义，更是实现城市可持续发展的必由之路和必然选择。

（三）街区"微改造"的基本思路

历史文化街区，是最典型的城市文化空间，对其进行微改造，恢复街区的活力,对于推动城市复兴和文化传承具有重要的作用,基于城市文化体系、文化场景理论和生活街区理念,对历史文化街区微改造进行理论与实践分析,探索街区"微改造"基础条件,融合西大街城市文化和生活街区特征,构建"机制—空间—文化—经济"四维街区更新策略,即全民参与更新机制,提质街区空间,传承街区文化和活化街区经济,具体策略如图2所示。

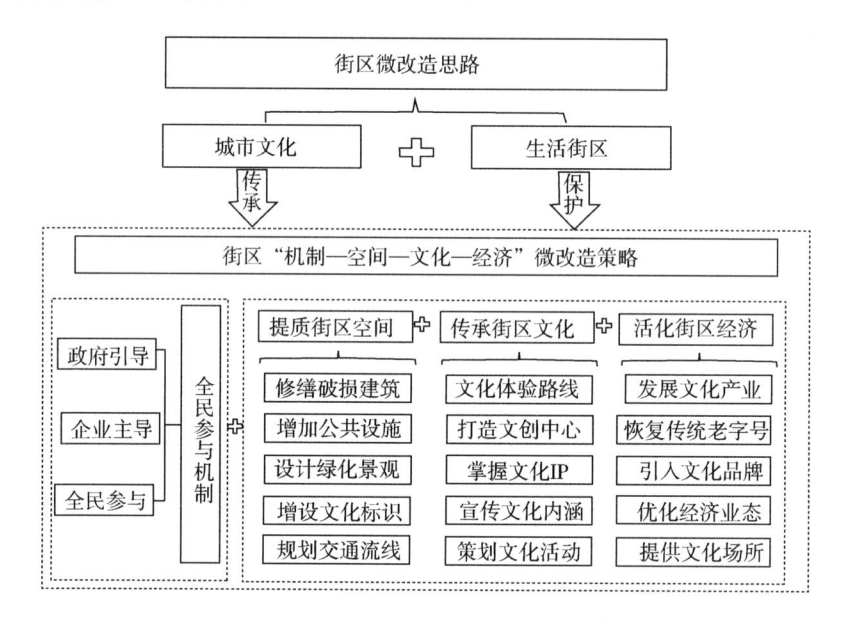

图2 街区"微改造"基本思路

三 城市文化体系和生活街区视域中的保定西大街

(一)保定西大街的城市文化表现

城市文化是在一定的社会时空中,人们在生产、生活中所创造的能体现城市特色的价值观和意义体系以及使其具体化的物质实体。物质形态的城市文化主要是指城市景观和城市意象,如城市建筑、雕塑、广场、文体设施等城市人文景观,还包括自然景观和城市品牌产品等。历史文化街区作为城市肌体的重要组成部分,发挥着城市的重要职能,不仅满足着城市居民的日常需求,也映射着他们的精神生活。"文化名城、山水保定、低碳城市"一直以来都是保定的文化名片，彰显着保定的城市文化特色。作为一个有着悠久历史的著名文化街区，保定市西大街有必要也有条件在"新颜值"保定的建设中先试先行，发挥示范作用。

保定西大街建于宋，成于元，兴于清，是保定古城的中轴线，是保定曾经最繁华的商业中心，见证了保定城市文化的变迁。西大街历经军政要地、商业中心、普通社区以及文化经济社区等不同阶段，积累了丰富的商业文化。（1）军政要地。自元代成为军政要地之后，到清一直官衙林立，如元代有顺天路总管府、明代有巡抚行台署、清代初期有直隶总督署。此外还有钱谷道署、参将署、藩库厅、城守署、前营游署、保定府清军同知署等。民国时期，西大街有范阳道观察使署、保定道尹公署。1949年以后有省公安厅、中共保定市委等。除军政部门之外，西大街还曾有许多教育机构，如宋代保州州学，明代二程书院、上谷书院，民国时期法政学堂、第二模范学校等。（2）商业中心。民国时，许多家银行和众多银号在此开业，如中国银行、交通银行、河北银行等。随着平汉路通车，西大街逐渐成为商业街区。其内的天下第一楼商场、天华市场成为影响保定商业形态的重要商业空间。众多有名老店如槐茂酱园、宴乐园饭庄、义春楼饭庄、稻香村食品店、四美斋、六味斋、万宝堂、中外制药局、乐仁堂药店、直隶书局、西德记茶庄、德昌茶庄、恒泰茶庄、中兴帽庄等诞生或兴起在此。同时，西大街也吸引了众多文化机构和公共机构，如保定晨报社、罡风杂志社、协生印书局，以及青年会救世军、杨公祠、贤良祠等。由此，到20世纪40年代，西大街、东大街与周边的城隍庙街、马号市场共同构成了保定繁华的商业街道。（3）普通社区。20世纪50年代，随着中华人民共和国后旧城改造活动的进行，大量的传统建筑被拆除，原本的老城风貌保留下来的比较少。20世纪90年代，城市的商业中心向南侧的裕华路转移，西大街的物质环境和历史风貌都不复往日，商业活力更是大幅度下降。（4）文化经济社区更新。西大街作为保定城市文化的重要组成部分，现在和未来非常有必要对其进行街区更新，恢复老字号，引入新的商业形态，通过"全息化"打造一个融合传统与现代的新文化经济社区。

表1　　　　　　　　　　　西大街部分老字号一览

序号	名称	地址	建设年代
1	槐茂酱园	西大街与永华路交叉口东南角	清（1671年）
2	万宝堂	西大街东段南侧	清（1876年）
3	义春楼	西大街西段路南槐茂酱园对面	清（1908年）
4	保定第一楼	西大街南侧城隍庙南口	民国（1912年）
5	稻香村	西大街中段路北195号	民国（1920年）
6	宴乐园	西大街东段路北万宝堂对面	民国（1923年）

（二）作为城市生活街区的保定西大街特点

西大街作为街道，呈东西走向，以税务角为起点，向西直至大西门，东与东大街相衔接，全长846米、宽4.6米。西大街位于原保定府的东西中轴线上，西侧毗邻府河，南侧相邻的裕华西路上有包括直隶总督署、古莲花池、鼓楼、天主教堂等重要历史遗留建筑和旅游资源，地理位置得天独厚。西大街建筑风貌独特，青石板铺满整条街道，处处可见清末民初、中西合璧的建筑风格，建筑以二层小楼为主，外观多为灰色青砖墙面，漆红色门窗以及带有西方建筑纹样装饰的门楣。这些中西合璧的建筑参差错落地排列在街道上，是承载保定历史记忆，反映当地居民生活习惯、风土人情和民风民俗的历史文化街区。据统计，目前西大街清初及以前的建筑有2座，民国期间的建筑有9座，新中国成立以后的建筑56座。

表2　　　　　　　　　　　西大街部分历史建筑一览

序号	名称	地址	建设年代	保护级别
1	杨公祠	西大街南侧金线胡同	明（1568年）	省级文物保护单位
2	贤良祠	西大街西段北侧117号	清（1732年）	市级文物保护单位
3	救世军	西大街中段南侧	1915年	历史建筑
4	第一客栈	西大街与唐家北胡同西北角	1918年	市级文物保护单位
5	协生印书局	西大街与永华路交叉口西北角	1926年	市级文物保护单位
6	稻香村	西大街中段路北	1920年	省级文物保护单位

表3　　　　　　　　　　保定代表性历史街巷

类型	数量	示例
路	11	环城东路、环城南路、环城西路、环城北路、兴华路、永华北路、永华中路、裕华东路、裕华西路、中华路、公园路
街	41	东大街、南大街、西大街、北大街、城隍庙街、穿行楼北街、穿行楼东街、穿行楼南街、东升街、东新街、多祥街、法院东街、法院西街、福兴里街、府学后街、辅誉街、高楼街、管驿街、国公街、和平里街、后卫街、厚福盈街、互助街、将军庙街、琅珊街、清真寺街、商场街、省府前街、石柱街、市府后街、市府前街、双彩街、体育场街、王家楼街、王字街、县学街、新北街、幸福街、延寿寺街、玉清观街、中新街
胡同	59	安祥胡同、敖山胡同、扁豆胡同、椿树胡同、大安市胡同、大纪家胡同、大金线胡同、大钟树胡同、大众胡同、单井胡同、东元宝胡同、杜家胡同、二条胡同、公德胡同、贵显胡同、郭家胡同、荷包营胡同、后平嘉胡同、解放胡同、菊园胡同、梁家胡同、辘轳把胡同、旅社胡同、茂跃胡同、前平嘉胡同、茄子胡同、清真寺北胡同、清真寺东胡同、清真寺南胡同、任家胡同、撒珠胡同、三条胡同、杀牛胡同、沙帽胡同、胜利胡同、帅府胡同、双井胡同、双谱胡同、唐家胡同、糖坊胡同、头条胡同、团结胡同、文武胡同、西域胡同、西元宝胡同、希寺胡同、县学胡同、相府胡同、小安市胡同、小纪家胡同、小金线胡同、小钟树胡同、秀水胡同、烟铺胡同、银丝胡同、枣儿胡同、振兴里胡同、中平嘉胡同
其他	28	半亩园、北河坡、北河沿、操场营坊、车营坊、达五道庙、东马道、法华庵、观音堂、后营坊、胡家井、淮军公所、九圣庙、南白衣庵、南大场、史家故址庵、四棵槐、松鹤园、泰山行宫、铁面将军庙、卫上坡、小察院、小梁山、玄坛庙、紫河套、东三友、西三友、小教场

数据来源：经实地调研后分类整理所得。

如今古色古香的座座小楼被各式各样的门面装饰遮蔽住了大半，建筑立面破损，广告牌匾凌乱，经营可谓形形色色，有自行车销售、车辆修理、摄影摄像、医美医院、劳保用品专卖店、骨灰寿衣店等，街区风貌与西大街建筑风格极其不协调。由于西大街街道空间的先天不足和独特的历史建筑风格，对西大街的街区改造必须既能够保护好历史街区内的居民生活和街区历史建筑，又能提升街区生活品质，激发城市活力。在这种情况下，生活街区的理念能够很好地缓解以上矛盾，对保定西大街进行合理的改造升级，把西大街打造成一个"路畅、颜美、安居、基固"等富含保定文化韵味的崭新街区。

四　西大街及其街区发展现状及存在问题

（一）沿街古建筑受到一定的损坏，街道颜值不够美

以贤良祠为例，其位于西大街西段北侧，始建于清雍正时期，是直隶地方官员的祠堂。贤良祠是研究清朝官吏文化、中国共产党北方早期组织及国共第一次合作的历史遗址。然而，目前只有入口大门处还保留着原有的样貌。由于街区居民保护意识不足以及随意拆改、破坏、临时搭建用房或棚子，贤良祠内的砖瓦、墙壁、整体风格和结构等均遭到了不同程度的破坏，再恢复原貌难度较大。其他部分建筑虽然已得到维修，但在进行外立面翻修时没有考虑到与原有建筑风格保持一致，削弱了整体文化氛围，历史文化价值尚有待进一步挖掘。

（二）街道街区缺乏统一意识和规划，街道空间不完善

由于长期缺乏统一的街区意识和规划，目前西大街街区交通存在一定的问题，人车不分流，行人、自行车、三轮车、汽车等皆可无障碍通行，整个街区内没有相连接的统一的或者规范化的停车点。街道内垃圾桶、垃圾箱以及其他垃圾存放或回收设施不足，排水设施亦不完善。重要的是，街道内部绿化较少，现存的一些树木由于岁月的侵蚀也近乎凋零枯萎，显得整条街缺乏生机与活力，街道色彩丰富度不足，使人不能够获得更加直观和强烈的视觉感受。

（三）街道街区缺乏文化标识和符号，街道形象不突出

西大街作为一个历史悠久的文化街区，目前入口处公交站牌、展示屏缺乏新意；更重要的是，作为保定历史街道，没有任何文化标识、空间符号以及辅助导航等文化地标。一般市民或游客在街道或街区行走，无法得到关于线路、历史建筑、商业特色等历史文化信息。街道内部较为空旷，缺乏供行人或游客驻足休息的长椅、饮品店、文化展示中心等公共场所。经济形态上，街道以自行车、电动车直销店居多，而缺少咖啡馆、博物馆、

文化馆等更能与西大街历史底蕴相得益彰的店面，显得单一。

（四）街道街区改造不同步，街道吸引力不够强

目前来看，保定西大街的街道和街区的改造优化并不是同步进行的，两者呈现分离的状态，导致区、片、街联动集中攻坚和协同作战较为困难，难以激发居民们的协商机制和家园意识，导致居民参与不积极，整个街道对一般市民的吸引力也不够强。

五 西大街街区更新及"新颜值"建设建议

（一）采用全民参与机制，建设完整生活街区网络

首先，西大街更新再造的主体不仅是单一的街道，而是以西大街为连接的相关街区网络。其次，这样的街区网络建设需要采取"政府引导、企业主导、全民参与"的合作发展模式，其中政府处于主体地位，负责街区网络规划、设计以及招标，只有政府有权配置不同的资源，有能力统筹协调多方利益主体之间的冲突和矛盾，在街道更新过程中保证城市和公众的利益，同时保护利用街区的历史文化资源。由企业承办投资运营，实施方案设计、房屋修缮、街巷改造、实施资产管理、项目招引、业态管控、运营管理等工作，激发街道商业活力。最后，鼓励全民参与到西大街的保护利用和更新，积极保留原来的生活方式和文化传统，实现全民对历史文化街共谋共建的目标。

（二）采取"微改造"方式，打造"全息化"古城街道

生活就是文化。西大街的特色在于融合了文物古迹、历史建筑、商业文化及民俗，承载着保定人的生活记忆，是保定城市发展的见证和历史文化的载体。通过微改造的方式打造一座"全息化"的古城街道，人们漫步在街巷中，处处有历史，步步有文化。挖掘西大街街巷文化，实现全域化延展，突出保定古城城市特色。

具体而言，通过"微改造"方式以修缮为主进行街区改造，营造人性

化、品质化的城市公共空间。西大街可将街区按功能分为公共活动、休闲娱乐和社区生活三种空间类型，从公共活动空间比例、公共基础设施配置、空间绿化覆盖、街边景观环境、空间敞开、人性化无障碍设施、植物小品配置、地面铺装、路径导航标志、灯光照明等方面，进行全面规划设计。

首先，规划和设计西大街街区文化符号和导向标志。文化符号和导向系统是街区文化的指引者，可以让人们在第一时间感受到街区独特的文化精神。西大街的文化符合和导向标志进行统一规划，通过招标等方式打造独特的西大街文化标识，包括入口空间的悬挂指示牌、广告牌、展示行进路径和一些配套设施等。

其次，建构西大街街道和街区绿化景观网络。目前整条大街略显枯燥、空旷，可以延展街道适当的街区范围，从整个扩展的街区空间建设绿化景观网络。而在西大街街道内，可以在较宽的位置增加绿化中心和座椅，在保留现有景观的基础上，为西大街增添植物配置，既美化环境，又提高空间和活力，给人以丰富的视觉感受。

再次，西大街还需与所在街区改造结合进行，在保障商铺经营的同时，注重行人和骑行者的感受，规定好商铺车辆行驰和停留时间；通过双向导引指示通向适当距离内停车场、公共卫生间等的路线，建设良好的人车分流交通体系，充分展示路径导航标识，明确道路类别，从而构建合理的街道空间网络。

最后，在街道内设置适当容量的垃圾桶等公共基础设施，改造和美化街道建筑风貌，为来往游客提供更多人性化设施。

（三）规划整体步行路线，打造城市文化体验街区

保定市西大街与东大街、直隶总督署、古莲花池、大慈阁等文化景点相连接，毗邻天元商城、劝业场小商品市场、明华电脑城以及保定商场等商业空间，适合通过整体街区规划来制定"1小时""2小时"步行线路，给这些线路贴上标识。其中，"1小时"步行线路以游客为对象，以西大街为中心，进行文化和商业休闲；"2小时"步行线路以市民为对

象,由"西大街—东大街—东风公园"构成,以城市文化—健康活动体验为目标。通过这样的线路,充分将西大街与周边文化旅游资源、商业资源结合起来,以点、线、面的形式连接商业空间和文化空间,加强街区文脉的传承与保护。同时,通过每条文化体验路线的行走时间,保证各景观节点、商圈与历史建筑的协调整合,实现文化旅游商业资源的深度融合,将保定市西大街打造成集购物、旅游、娱乐、休闲等多种功能于一体的历史文化名街。

(四) 建构西大街文创中心,有序引导网络宣传

欲打造历史文化名街,首先需要对西大街深厚的文化底蕴进行深入挖掘和新的构建。通过文化赋能加强文化公共空间的建设和文化创意产业的发展,培育具有保定地域特色的文化品牌。如保定"第一客栈"(1918)完全可以以此为中心,将其设置为西大街博物馆和文创中心,由政府按照博物馆建设模式进行管理运营,将西大街甚至保定历史文化创意产品集中在此,进行展示、宣传和流通。将现有老字号商业店铺如稻香村、万宝堂、人民照相馆等塑造成新的文化 IP,将槐茂酱菜、白肉罩火烧、白运章包子等拥有历史典故的传统美食进行适当整合,通过文化形式的展现,赋予美食以新生命。

在宣传和文化创意上,对西大街进行整体设计,打造自己的文化卡通形象和专业 Logo 文化标识。但是在宣传营销方面,政府适当控制力度,有序进行和规范管理。政府以博物馆形式运营的西大街博物馆/文创中心建设自己专属的社交媒体,进行微信、微博、短视频等宣传。在保定市民和游客的社交媒体发布方面,一方面,对于社交媒体用户展示西大街和保定文化的创意和行为给予鼓励,如可以进行每年微博评选、短视频评选等;另一方面,需要有上述专门的组织和人员适当把握文化 IP 的话语权,也要实现文化 IP 的流量变现,充分传播西大街商业文化。

(五) 引入新元素,优化街区经济结构

打造"全息化"的西大街生活街区,重塑街区经济,需要调整西大

街的经济业态。

对街区内小面积的公房可以采用招标方式引入吸引年轻人的"网红"餐馆、饮品店、服装店、宠物店等,使其成为人群停留驻足的节点,提升街道活力;大面积公房可以改建为街区博物馆、图书馆、展览馆等文化空间。

对于私人产权的店铺,政府可以出资对其建筑外貌进行微改造,对店铺周边的基础设施和环境进行改善,并引导其对业态进行调整,以重塑西大街经济形态。

除此之外,还需要修缮中西合璧的历史建筑,挖掘所在地历史文化资源,恢复传统老字号,吸纳老保定传统文化工艺,唤起古城记忆,完善基础设施建设,提升管理水平和服务质量,使西大街成为传承保定历史文化、再现古城时代风貌、感受直隶文化魅力、领略燕赵民俗风情、展示保定地方特色的历史文化知名街。西大街也可以通过特色鲜明、设计优美的路灯、垃圾桶、座椅长椅等公共基础设施来吸引人驻足停留,还可以设计文化墙、街景雕塑等,改造和美化街道建筑风貌,为来往游客提供更多人性化设施。

六 结语

每一个历史文化街区都是相应城市历史演变和社会变迁的集中承载地,带给我们的是属于这座城市的独特记忆。作为历史名城的保定,其历史街区演绎为城市风貌的精华,是城市历史文化传承的载体,反映着城市历史文化的发展和延续,是重要的历史文化资源。本文正是选择保定市西大街为例,以城市文化理论和生活街区理论等为指导,通过实地调研剖析现状及存在的问题,提出了包括机制—空间—文化—经济四个维度在内的街区更新及优化等微改造策略,避免了资源浪费,满足了集约型的发展要求,同时将文化建设深入融入街区,并置诸文化生活内容,实现了街道和街区的双改造,为活化街区功能、传承城市文化、彰显城市个性及城市的可持续发展提供了新的思考。

保定古莲花池文化资本研究与调查报告*

贺秀明　王梓洁　赵心仪　李卓伦　陈语玚**

摘　要：保定古莲花池作为"中国十大名园"之一，具有优美的园林风光与历史文化内涵，历来受到专家学者的关注。本文结合法国学者皮埃尔·布尔迪厄的文化资本理论对保定古莲花池文化资本的稀缺性、开发利用程度以及传播效能进行测度，并利用包含四级指标的文化资本分析模型、线上＋线下双模式调查问卷，结合实地考察、文献搜寻、访谈等研究方法，对保定古莲花池的整体文化资本现状做出较为系统、客观的调查和研究。调研结果表明，保定古莲花池文化资本具有较高的文化稀缺性，但由于多种内部与外部因素的制约，其开发利用程度和传播效能还有待提升。本报告在结合数据分析和调研结果的基础上，为保定古莲花池未来的文化资本进一步开发利用提出了可行性建议。

关键词：古莲花池；文化资本；稀缺性；开发利用；传播效能

古莲花池，原名雪香园，公元1227年始建，至今已有近八百年历史。这座位于历史文化名城保定市的古老园林，虽几经兴衰，但仍能以其独

---

*　［基金项目］2020年河北大学燕赵文化高等研究院建设重点项目"燕赵文化资本与国际传播"（项目批准号：2020D29）。

**　［作者简介］贺秀明（1986—　），女，江苏连云港人，博士，河北大学燕赵文化高等研究院、河北大学外国语学院副教授，硕士生导师，主要从事文化资本与美国文学文化研究；王梓洁、赵心仪、李卓伦、陈语玚为河北大学外国语学院研究生。

特的自然风光和文化底蕴吸引大量的游客。古莲花池整个园林以池为主体，池又以建在北塘中央的水心亭为中心，环池一组组玲珑别致的古典式建筑造型精英、掩映生辉，园林整体以荷花为主要景色，入夏，荷香满园，绿荫锁日，与园内乾隆十二景交相辉映，形成古莲花池独有的景色[1]。古莲花池是皇家园林，也是统治阶级的行宫，同时也是历史上莲池书院的所在地，历史内涵、文化底蕴丰富。园林内有大量碑刻、题诗、莲池书院展览，具有较高的文化价值。针对古莲花池文化的传承、开发与传播问题，国内现有研究方法多样，采用的理论视角也比较丰富，但尚未引入文化资本理论开展研究。本文结合皮埃尔·布尔迪厄的文化资本理论，从文化稀缺程度、价值开发程度以及品牌传播效力等方面对古莲花池的历史文化、景点艺术以及宣传开发进行综合性研讨探究，以期开拓古莲花池文化研究的新视角和新路径。

一　文献回顾

关于古莲花池的文献记录从1927年开始可查，1996年与2012年文献发布量较多，近年来总体趋势平稳。梳理文献发现，现有研究成果主要围绕如下三方面展开。

首先，挖掘古莲花池的历史文化渊源，围绕古莲花池中景点及文物遗存相关史料展开深入研究。在古莲花池景点文化背景研究方面，孟繁峰撰写了具有史料价值的《古莲花池》一书，对古莲花池进行详尽阐述[2]；彭阿凤等从古莲花池的历史沿革和艺术魅力出发，分析和探讨了园林和景观中荷花风景的丰富变化和深远意境[3]。薛木易和陈段芬通过实地调查和查阅相关文献等方法，重点对2009年修复后的古莲花池植物景观进行分析，同时对存在的问题进行归纳，深入解析植物文化元素在古莲

---

[1] 参见陈君慧《中国地理知识百科》（第3册），吉林出版集团有限责任公司2013年版。
[2] 参见孟繁峰等编著《古莲花池》，河北人民出版社1984年版。
[3] 参见彭阿凤、杜鸿云、刘桂林《古莲花池的历史沿革及景点的艺术特色》，《河北林果研究》2006年第2期。

花池园林景观营造中的特有含义[1]。盛然等通过中国古代道、儒、佛的哲学思想视角，深入探讨莲池精神空间的哲学基础[2]。古莲花池历史悠久，景观别致，其历史沿革、艺术特色都是研究的重点对象。在古莲花池文物遗存相关史料研究方面，柴汝新奉献颇丰，一方面他曾详尽考察如《保定名胜图咏》《莲池行宫十二景图》《古莲花池全景图》以及《慈禧行宫御苑全景图》等重点文物遗存[3]，另一方面也对莲池书院[4]与古莲花池内部碑刻[5]的相关史料进行深入研究考证。杜恩龙从书院环境和古代教育观相互呼应的角度对《古莲花池图》进行解读[6]。概览有关挖掘古莲花池文化遗存的相关研究，发现聚焦于界碑、莲池书院以及相关古画这三方面的文献较为普遍。

其次，研究古莲花池的开发利用现状，探索新时代背景下文化传承存在的问题以及发展思路。齐秀静等着重从规划布局、水管理技术和建筑管理体系等方面分析古莲花池的造园特色，并深入探讨古莲花池在重建和发展过程中出现的争议[7]。王帆与聂庆娟通过形态学理论分析了相关问题，从生态学的角度，针对古莲花池的形态现状提出了生态解决方案[8]。王克柱等介绍了环城游憩区的定义和类型，分析中小城市环城游憩区的发展原则，并以古莲花池为例进行了实证分析，提出保定环城游憩

---

[1] 参见薛木易、陈段芬《保定市古莲花池植物景观营造分析》，《林业科技开发》2015年第1期。
[2] 参见盛然等《古莲花池景观营造的文化渊源》，《西北林学院学报》2009年第2期。
[3] 参见柴汝新《清代保定古莲花池图概述》，《文物春秋》2010年第3期。
[4] 参见柴汝新、杨润西《莲池书院：科举教育史上的一朵奇葩》，《新阅读》2019年第3期；苏禄煊、柴汝新《有无"吴汝纶倡设莲池讲学院"之探讨》，《保定学院学报》2012年第5期。
[5] 参见柴汝新、柴一鸣《保定古莲花池清刻王阳明诗碑刻诗创作地点辨析》，《保定学院学报》2015年第6期；柴汝新、孙月《保定古莲花池的〈客座私祝〉帖刻石》，《文物春秋》2011年第4期；柴汝新、苏禄煊《〈大唐易州刺史田公德政之碑〉校勘》，《文物春秋》2011年第1期。
[6] 参见杜恩龙《古莲花池昔日的辉煌——解读〈古莲花池图〉》，《中国图书评论》2001年第5期。
[7] 参见齐秀静等《浅谈古莲花池的造园特点及其复建》，《中国农学通报》2010年第23期。
[8] 参见王帆、聂庆娟《保定市古莲花池现状问题及其生态化解决思路》，《林业与生态科学》2018年第2期。

区的发展模式①。通过分析虚拟现实技术的特点和古建筑文化产品的发展需求，李纪伟等总结了古建筑文化产品设计和开发的具体步骤，并以古莲花池为研究对象，进行了具体的产品开发②。古莲花池研究与数字化技术的结合作为研究新方向切合时代发展，富有很高的研究价值。

最后，探讨古莲花池的宣传路径，结合数字技术与现代理论提出创新传播范式。在数字工程方面，李纪伟等以古莲花池为研究对象，通过对三维建模技术的深入研究，引入了多背景音效、动态贴图、多层次贴图、触发动画等技术，构建了古莲花池虚拟漫游系统，再现了古莲花池的旧时风貌③。陈则谦等以公众对城市文化资源的认知为出发点，从城市文化品牌的内涵入手，从城市和消费者的角度调查分析保定市城市文化资源的现状，挖掘形成品牌的文化项目，并提出保护保定市城市文化资源的建议④。

以上研究充分挖掘了古莲花池的历史文化内涵，并且从开发和传播的角度为古莲花池文化的进一步发展提供了相应的建议。但是，上述研究之间对文化因素的考量彼此相对孤立，并不能够系统考量古莲花池文化作为区域特色文化资源包括哪些具体构成因素，各因素之间有何关联，研究的落脚点相对抽象，落实起来不具有针对性。因此，下文主要结合文化资本理论对文化资本存在状态进行相关论述，通过调研收集相关数据资料，对抽象的古莲花池文化进行具化分析。

二 文化资本理论概述

1986 年，法国社会学家皮埃尔·布尔迪厄（Pierre Bourdieu）在《资

---

① 参见王克柱等《中小城市环城游憩地开发原则与模式研究——以河北省保定市为例》，《安徽农业科学》2009 年第 34 期。
② 参见李纪伟等《VR 技术在古建类产品设计开发及建筑教学中的应用》，《安徽建筑》2019 年第 5 期。
③ 参见曹迎春、李纪伟《虚拟现实技术在古园林复原及数字化工程中的应用——以古莲花池虚拟漫游系统的建设为例》，《河北建筑工程学院学报》2012 年第 4 期。
④ 参见陈则谦等《保定文化资源公众认知度与保护现状实证分析》，《合作经济与科技》2015 年第 1 期。

本的形式》一文中，第一次完整地提出了文化资本的理论，并最先应用于教育领域，分析了不同的文化资本对学生学业成就的影响[1]。后来，布尔迪厄将文化资本理论应用到了社会学领域。随着世界经济、政治、文化的发展，文化资本概念已经突破了布尔迪厄原有概念的界限。澳大利亚经济学家大卫·斯洛斯比（David Throsby）认为，文化资本是以财富的形式具体表现出来的文化价值的积累，这种积累又可能引起物品和服务——同时具有文化和经济价值的商品——的流通[2]。斯洛斯比的文化资本理论是从经济学的角度展开分析的，他认为"文化资本"聚焦于文化本身，在与文化相关的经济贸易中深深影响着人类历史进程，可以广泛应用于其他领域[3]。布尔迪厄文化资本理论在现代研究中仍具有重要作用，朱伟钰曾指出，"布尔迪厄的文化资本论绝不是一种已经过时和僵硬的阶级批判理论，相反，它是一个有着深刻现实意义的理论性分析框架"[4]。从文化资本的含义和发展状况来看，布尔迪厄的文化资本理论在当今仍有其实用价值。

布尔迪厄将文化资本划分为三种存在的状态：人化状态、物化状态和体制状态。"人化状态"（Embodied State）的文化资本以精神和身体的持久性情的形式而存在。布尔迪厄认为人化状态的文化资本的积累和获取"必须由投资者来亲力亲为，衡量文化资本最为精确的途径，就是获取收益所需的时间的长度作为其衡量标准"[5]。按照布尔迪厄的观点，身体化文化资本的获得是一种既有文化在人们身上的内化过程，这种形态的文化资本的积累不仅要花费行动者本人大量的时间和精力，而且在一般情况下，还必须以家庭所拥有的雄厚的经济实力和文化实力为后盾。延伸到古

---

[1] Pierre Bourdieu, "The Forms of Capital", in J. G. Richardson, ed. *Handbook of Theory and Research for the Sociology of Education*, New York: Greenwood Press, 1986, pp. 241－258.

[2] David Throsby, "Cultural Capital", *Journal of Cultural Economics*, Vol. 23, 1999, p. 6.

[3] David Throsby, "Cultural Capital", *Journal of Cultural Economics*, Vol. 23, 1999, p. 7.

[4] 朱伟珏：《"资本"的一种非经济学解读——布尔迪厄"文化资本"概念》，《社会科学》2005年第6期。

[5] ［法］布尔迪厄：《文化资本与社会炼金术》，包亚明译，上海人民出版社1997年版，第200页。

莲花池的文化资本上，人化状态的文化资本具体体现在古莲花池的建筑文物与历史文化内涵在人，尤其是景区工作人员身上的内化。"物化状态"（Objectified State）的文化资本指的是经过物化，以文化产品形式呈现的资本。布尔迪厄认为，物化状态的文化资本是"在物质和信息中被客观化的文化资本，如文学、绘画、纪念碑、器械等，在物质性方面是可以传承的"，但这种传承也不是完全的，因为"可以传承的，只是合法的所有权"①。也就是说，传承的并不是对一幅绘画的鉴赏方式或者对一架机器的使用方法，而是一种物质化的"资本"。延伸到古莲花池的文化资本探究，"物化状态"的文化资本传承的是古莲花池的自然风光、书院文化、建筑与文物。"体制状态"（Institutionalized State）的文化资本体现在那些特定的制度安排上。这种文化资本是一种通过社会制度认可而形成的资本，如学历文凭、职称以及各种证书等，文化资本的制度化形式使文化资本的获得和承认具有了合法性和标准性②。延伸到古莲花池的"体制状态"的文化资本，可以表现为官方对于古莲花池的认可与政策资金支持等。

三 古莲花池文化资本分析模型

为了进一步探究古莲花池的文化资本现状，课题组借助布尔迪厄对文化资本存在状态的划分，通过建立分析模型，对古莲花池的文化资本进行具体化分析和研究。本节主要是对分析模型的建立方法、结构说明和模型体系的介绍。

（一）古莲花池文化资本分析模型的建立方法和结构说明

文化资本的高低与其文化资源的稀缺性、开发利用程度以及传播能力密切相关，文化资源的稀缺性、开发利用程度和传播能力越高，其文

---

① ［法］布尔迪厄：《文化资本与社会炼金术》，包亚明译，上海人民出版社1997年版，第198页。
② 参见［法］布尔迪厄《文化资本与社会炼金术》，包亚明译，上海人民出版社1997年版。

化资本也就越高。因此,如图 1 所示,我们将以贺秀明等在《作为城市文化资本的艺术社区:北京 798 艺术区文化资本初探》①中建立的指标为参考,在原来以文化资源的稀缺性、开发利用程度为横纵轴的二维坐标体系基础上,新添传播效力这一考量标准,将原本文化资本二维坐标考量体系拓展为三维立体模型,对古莲花池的文化资本现状进行分析与评估。

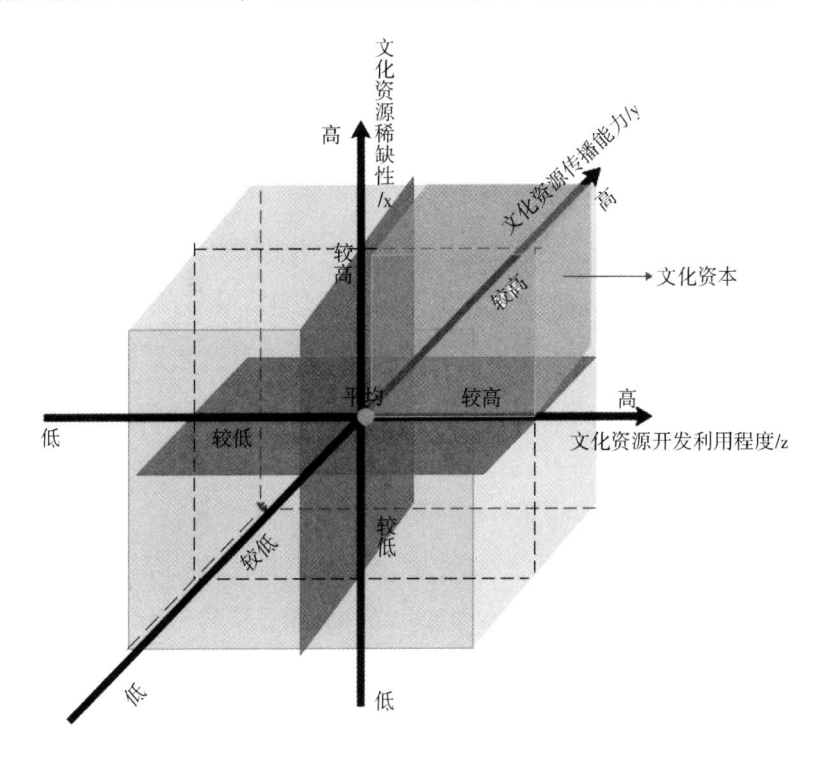

图 1 文化资本三维立体考量模型

X 轴为文化资源的稀缺性。文化产品的独特性和不可复制性在该横轴得以体现,稀缺性强的文化资源更独特,被复制的概率较小,更具备文化资本和研究价值。在此维度上,课题组将主要结合布尔迪厄的文化资本理论中物化状态的文化资本,来考量古莲花池文化资本的稀缺性及分

---

① 参见贺秀明等《作为城市文化资本的艺术社区:北京 798 艺术区文化资本初探》,载许德金等《后奥运时代:北京文化资本与城市形象》,中国商务出版社 2012 年版。

布状态。作为明清时期皇家行宫园林的古莲花池，具有深厚的历史底蕴和文化内涵，其建筑和文物体现了建筑师的卓越智慧和中国南北园林艺术的别致风韵，其文化资本是独特且难以复制的。

Y 轴代表文化资源的传播能力。课题组认为，随着文化资源传播能力的提升，其知名度、吸引力将相应增加，体现出的文化价值也更高。因此，我们将从文化资源的传播形式、传播范围和传播效果三个方面考察古莲花池的文化资源。通过分析古莲花池的宣传方式与策略、宣传力度及宣传效果，来衡量其文化资源的传播能力和研究价值。

Z 轴为文化资源的开发利用程度。文化资源的开发利用程度越高，其经济价值和社会效益就越高。接下来，课题组将从文化资源的开发形式、开发状态和开发后的反响三个角度探析古莲花池文化资源的利用与开发，从莲花池的非物质文化遗产、文创产品等方面对其文化资源的开发利用现状、产生的收益以及大众认可度进行调查。

（二）古莲花池文化资本分析模型的具体内容

为了使涵盖要素尽可能详细，接下来我们将在抽象三维模型的基础上，结合布尔迪厄的文化资本理论，细化其中各要素，从内部因素和外部因素两个方面，通过列举古莲花池文化资本的各项指标，建立古莲花池文化资本分析模型。具体如表 1 所示。

表 1　　　　　　　　　　古莲花池文化资本分析模型

一级指标 C1	二级指标 C2	三级指标 C3	四级指标 C4
C1（1）内部因素	C2（1）人化状态的文化资本	C3（1）高层主管	C4（1）专业素养和人文素养
		C3（2）工作人员	C4（2）园区解说系统
			C4（3）服务礼仪与工作能力
			C4（4）对古莲花池的了解程度
		C3（3）专家学者	C4（5）对古莲花池的学术聚焦
		C3（4）游客	C4（6）对古莲花池的了解程度
		C3（5）摄影书法爱好者	C4（7）艺术创作者的艺术水准、艺术鉴赏力

续表

一级指标 C1	二级指标 C2	三级指标 C3	四级指标 C4
C1（1）内部因素	C2（2）物化状态的文化资本	C3（6）建筑与文物	C4（8）历史文化资源与内涵
			C4（9）保存现状
		C3（7）非物质文化遗产	C4（10）陶埙
			C4（11）拓印
		C3（8）文创产品	C4（12）经济价值
			C4（13）文化价值
		C3（9）文艺展览	C4（14）古莲花池历史文化相关展览
			C4（15）保定历史事件相关展览
		C3（10）园区布局规划	C4（16）整体布局
			C4（17）开发利用程度
			C4（18）公共设施
	C2（3）体制状态的文化资本	C3（11）官方认可度	C4（19）官方认证
			C4（20）所获荣誉
		C3（12）社会认可度	C4（21）客流量
			C4（22）国外知名度
			C4（23）国内知名度
			C4（24）游客满意度
			C4（25）学术关注度
C1（2）外部因素	C2（4）区位因素	C3（13）城市区位	C4（26）区域历史价值
		C3（14）交通状况	C4（27）交通便利程度
	C2（5）政策因素	C3（15）政策支持	C4（28）国家级政策
			C4（29）省级政策
			C4（30）市级政策
		C3（16）经费支持	C4（31）国家级经费支持
			C4（32）省级经费支持
			C4（33）市级经费支持
		C3（17）前景规划	C4（34）未来发展前景规划
		C3（18）园区宣传	C4（35）宣传方式及宣传力度
	C2（6）环境因素	C3（19）风景园林发展环境	C4（36）对于风景园林景点的文化生态

（三）数据收集方法

根据上述古莲花池文化资本分析模型，课题组主要运用问卷调查、访谈以及实地走访等研究方法展开调查，收集相关数据资料。

首先，课题组采用线上线下问卷调查相结合的方式，针对文化资本三种状态设计相应的问题，以求增加数据的准确性。线上调查问卷共设计 8 个问题，均为选择题，问卷设计的主要理念是为了解古莲花池在不同人群、不同年龄层中的知名度与吸引力，根据收集到的数据对古莲花池物化状态的文化资本进行初步判断。线下问卷（即园内调查问卷）在古莲花池园内发放，共 8 个问题，针对游览古莲花池的普通游客，对古莲花池文化资本进行更加具体真实的数据收集。

其次，在进行古莲花池的文化资本探究调查工作时，为获得更加直接真实的数据，课题组进行了针对不同人群的访谈。访谈的对象有普通游客、陶埙非物质文化遗产传承人、媒体工作者等。针对普通游客，访谈的焦点放在人化状态与物化状态的文化资本，就古莲花池的园林风光、建筑文物、服务情况进行访谈交流，以期对这两种文化资本的形态状况进行了解；针对非物质文化遗产传承人，访谈焦点放在物化状态与体制状态的文化资本，就非物质文化遗产陶埙在古莲花池建馆、演出等相关事宜进行交流，还对非物质文化遗产陶埙依托古莲花池进行挖掘与开发及官方的政策支持进行交流；针对媒体工作者，访谈的焦点放在人化状态与体制状态的文化资本。

最后，为实现对古莲花池的全方位调查，本课题组共实地走访古莲花池 3 次。第一次实地走访以个人游客的身份，对古莲花池的园林风光、建筑文物等进行实地考察记录，并作为游客评价工作人员，主要聚集于人化状态与物化状态的文化资本，整体上把握古莲花池的实际情况；第二次实地走访以小组合作的形式，进行实地访谈；第三次实地走访古莲花池的主要目的为发放园内问卷。

四 基于模型的调查结果分析讨论

（一）内部因素

1. 人化状态的文化资本

高层主管：作为古莲花池的顶层管理者和莲池博物馆馆长，柴汝新先生具有丰富的管理经验和较高的专业素养，对古莲花池历史沿革以及内部文物遗存了解甚多，出版《莲池书院研究》《古莲花池碑文精选》《历代歌咏古莲花池诗文精选》等十余册著作[1]。

工作人员：通过实地走访，我们发现古莲花池内工作人员服务礼仪周到、态度良好，并且对古莲花池的历史文化具有一定的了解。此外，景区还开展线上、线下双解说模式，线上AR智能语音讲解还提供即时外语翻译功能，这为国内外游客了解古莲花池的历史文化提供便利条件。但在实地调研过程中，有部分游客反映园区内部分设施、景物缺乏及时维护更新，如某些景点二维码已经破损，导致游客无法通过扫码了解此景点；夏季园区内竹林有枯黄现象等，这些也从一定程度上反映了工作人员在园区景观维护方面的不足之处。

专家学者：古莲花池深厚的历史文化底蕴吸引了不少专家学者的关注，例如，北京交通大学张裕钊书法艺术研究所所长封俊虎先生、南京大学许结教授曾来莲池书院访问、讲学，同时，中国人民大学、河北大学等高校都与莲池书院博物馆有密切的交流合作。

游客：古莲花池的游客群体较分散，根据园内版调查问卷的统计结果，受访者的年龄区间为19岁至74岁，平均年龄为39岁。从园内版问卷第2题"您认为古莲花池让您印象最深刻的地方是什么"的统计结果显示，超过半数的受访者对深厚的历史文化和秀美的园内风光认可度较高，这也为传播古莲花池文化资本提供了重要依据。

摄影书法爱好者：通过我们的实地调查走访，我们发现古莲花池颇

---

[1] 参见《〈莲池书院课艺〉出版发行》，《古莲花池公众号》2021年1月6日，https://mp.weixin.qq.com/s/x-d7_unHccMwn6fenJW4ug，2021年7月8日。

受摄影爱好者们的青睐,有许多拍摄古风照、婚纱照等类型的摄影师们都喜欢选择古莲花池作为拍摄场地,另外,在园内也出现了多位书法爱好者的身影,创作形式集中为在地上写毛笔字,吸引许多游客驻足观看。但是通过访谈,我们得知绝大多数的摄影书法爱好者只是被园内风光所吸引,对古莲花池历史文化内涵了解较少。

2. 物化状态的文化资本

建筑与文物:古莲花池汇集中国南北园林艺术精髓于一体,园内楼台亭阁、林木池鱼组成的雅致景象,形象地反映了明清时期园林艺术的时代特色,其高超独特的造园艺术在中国园林史上是绝无仅有的,不仅如此,园内现存碑刻二百余通,时间跨度为一十二白余年,包括自唐代以来历代书法名家的诗文作品,具有较高的文化价值。2002 年至今,古莲花池共进行了两期修缮工程、多次翻新维护,力图重现清盛时期风貌,但依据园内版问卷第 8 题"您认为古莲花池开发过程中最大的弊病是什么",仍有三分之一的受访者认为现存古莲花池未完全保留明清时期古园林原貌,通过进一步的访问可知,园林面积变小是受访者们认为古莲花池未重现其古典风范的重要原因之一。

非物质文化遗产:古莲花池内目前主要包括陶埙和拓印两种非物质文化遗产,两者既依托古莲花池来促进自身传承传播效果,又赋予古莲花池不同的文化元素,进一步丰富其文化内涵。通过对陶埙非物质文化遗产传承人于连军先生的访谈可知,目前埙馆正通过每周在古莲花池举办公益演出、参加科教类电视节目以及组织小学师生、孔子学院师生、海外学生到埙馆参观等方式大力发展陶埙文化,效果甚佳。相比之下,拓印虽然在 2019 年也有组织保定学院师生参观,但目前拓印技艺并没有很好地借助古莲花池这一途径提升自身的传播效果。

文创产品:园内文创产品样式繁多,包括莲池行宫十二景织锦、莲花扇子、古莲花池特色书签等产品,具有合理可观的经济价值。此外,古莲花池深厚的历史文化底蕴也吸引设计师们的注意,2009 年芦苇画创始人杨丙军以芦苇画作品《古莲花池》参加全国工艺美术大师精品展,此作品成功收录于《天工开物》画集中①；在 2017 年保定市文创大赛中，中国匠人谷杯以《莲池十二景》青花单杯作为参赛作品，赢得好评阵阵②。但园内文创产品也存在特色不足、范式杂乱无章、与古莲花池园林特色直接关联性不强等诸多问题。

文艺展览：古莲花池时常推出内涵丰富的文艺展览，其内容大致可分为两类，包括古莲花池历史文化相关展览和保定历史事件相关展览。"几疑城市有蓬莱"——古莲花池今昔图片展、莲池书院专题展等文艺展览以多元媒介为载体，通过艺术作品的形式形象地展现莲池文化、书院文化。通过毛泽东在保定的足迹展、保定作家群展等文艺展览充分挖掘保定历史文化资源，为古莲花池物化状态的文化资本增添新动能。

园区布局规划：古莲花池内部布局规划本身就是园区特色之一，各景点有机组合，错落有致，完美打造了古莲花池的意境空间。通过访谈，也有不少游客认为古莲花池小巧玲珑又五脏俱全，游览体验极佳。另外，园区内公共设施相对健全，配有母婴室、母婴专用卫生间、中英日三语景区指示牌等人性化设施，但仍存在不合理之处，如园区喷洒系统射程较远，范围较广，给游客带来极大不便。此外，园区开发利用程度还有待提升，园区内存在部分可利用空间闲置、杂物堆砌的现象，暴露出园区尚且存在资源配置不合理问题。

3. 体制状态的文化资本

政府认可度：2001 年，古莲花池被国务院公布为第五批全国重点文物保护单位，2009 年，古莲花池荣获"中国十大名园之一"称号。同时，古莲花池还被评为国家三级博物馆，国家 AAA 级景区，这些认可为古莲花池体制状态的文化资本提供了坚实的支撑③。

---

① 参见杨丙军《杨丙军芦苇画艺术》，河北大学出版社 2017 年版。
② 参见《保定市文创大赛〈莲池十二景〉作品赏鉴》，《古莲花池公众号》2017 年 7 月 24 日，https：//mp.weixin.qq.com/s/Lq8Nv1bXNGSnaIYvNxcMYg，2021 年 7 月 8 日。
③ 参见《古莲花池简介》，《古莲花池公众号》2017 年 5 月 2 日，http：//ez.qwalipay.com/index.php?g=Wap&m=Index&a=content&id=9404&classid=12311&token=afrozh1492134356，2021 年 7 月 8 日。

社会认可度：古莲花池不仅得到政府部门的官方认可，也获得较高的社会认可，根据线上版问卷第5题"您是否听说过古莲花池"的统计结果，受访者中有98.08%的保定市民，68%的省内其他城市市民以及42.11%的省外市民听说过古莲花池，而受访者中的两位国外友人均没有听说过古莲花池，这些数据在一定程度上证明古莲花池对国内大众来说知名度较高，而对国外民众则知名度较低。同时，古莲花池的游客数量也非常可观。另外，关于大众对古莲花池文化资本的评价和反馈，我们可以参考园内版问卷第7题"您对古莲花池整体的满意程度如何"的统计结果，结果表明，有84.21%的游客认为对古莲花池的满意值达到7分以上。此外，古莲花池的文化资本也吸引了学术领域的关注，与"莲池学派文艺思想研究"相关的省级社科研究课题与市级社科规划课题已经取得阶段性成果[1]。

（二）外部因素

1. 区位因素

城市区位：古莲花池位于保定市区中心，与附近直隶总督署、钟楼等景点组合构成历史文化街区，这种历史景点的集群效应为古莲花池发展自身文化资本带来便利条件。2021年5月，保定市政府出台《关于促进夜间经济发展实施方案》，方案中提出要依托古莲花池、直隶总督署、钟楼等景点，打造历史文化商圈夜间经济示范区，这一举措将为古莲花池的文化资本发展增添新助力[2]。

交通状况：古莲花池位于保定市中心莲池区内，有1、4、8、12、26、35、39、66、204路学生专线、K1路等众多公交线路经过。由此可见，古莲花池的区域交通是比较便利的。

2. 政策因素

政策支持：首先，由国际古迹遗址理事会中国国家委员会制定的

---

[1] 参见于广杰《"莲池学派"及其文艺思想研究论述》，《保定学院学报》2017年第4期。

[2] 参见赵志敏《最是人间烟火气 保定夜经济建设点亮一城繁华》，《保定晚报》2021年5月6日，http://www.bdall.com/content/2021-05/06/content_41348.html，2021年7月10日。

《中国文物古迹保护准则》第二版于2004年正式发行,这一准则在文物古迹原已具备的历史价值、艺术价值、科学价值的基础上补充了社会价值和文化价值[1],凸显了发展文物古迹社会效益、深化其文化内涵的重要性。其次,在文物保护方面,在中共中央办公厅、国务院办公厅于2018年印发的《关于加强文物保护利用改革的若干意见》中,建立健全不可移动文物保护机制成为目前面临的主要任务之一[2]。在1993年发布的《河北省文物保护管理条例》中也已经健全本省区域内古建筑、古文化遗址、石刻等文物的保护机制[3]。此外,保定市的文物保护工作也在稳步推进中,保定市文广旅局于2020年已经先期启动关于古莲花池的文物保护规划编制工作[4]。从这些政策文件中可以看出,不论是从国家层面,还是从省级、市级层面都对文物保护工作极为重视。

经费支持:据中华人民共和国财政部网站,2021年国家文物保护资金预算合计为63.3亿元,其中河北省文物保护资金预算约计3亿元,数值位列第6位[5],可见,国家对于河北省内文物修缮工作非常重视。2019年,保定市委、市政府申请国家专项经费对古莲花池等多处文物古迹进行恢复修缮;2016年申请资金13481万元用于古莲花池等古迹内文物保护和维修工作[6];2002年古莲花池进行大规模的复原修缮一期工程,总投资1200万元,这些资金让一大批珍贵文化遗产得到了有效保护,取得显著成效[7]。

---

[1] 参见张司晗等《北京皇家园林社会价值识别及评价研究》,《中国园林》2021年第2期。
[2] 参见中共中央办公厅、国务院办公厅《关于加强文物保护利用改革的若干意见》,中国政府网,2018年10月9日,http://www.gov.cn/zhengce/2018-10/08/content_5328558.htm?trs=1,2021年10月3日。
[3] 参见《河北省文物保护管理条例》,《河北政报》1998年第3期。
[4] 参见《保定市5家国保单位保护有了初步蓝图》,河北新闻网,2020年12月25日,http://bd.hebnews.cn/2020-12/25/content_8276616.htm,2021年10月5日。
[5] 参见财政部《10.2亿元资金预算下达 加强文物保护工作》,人民网,2021年6月4日,http://finance.people.com.cn/n1/2021/0604/c1004-32122569.html,2021年11月2日。
[6] 参见《保定市2016年度文化事业工作亮点频出》,河北新闻网,2016年12月22日,http://bd.hebnews.cn/2016-12/22/content_6170715.htm,2021年12月4日。
[7] 参见《走进中国十大名园之一保定古莲花池》,凤凰网,2021年6月9日,http://hebei.ifeng.com/special/bdglhc/,2021年12月4日。

前景规划：古莲花池目前正在推动文化+旅游深度融合发展，促进园区内游览智能化、园区外文物活态化双线发展，同时，还将进一步挖掘文创产品开发活力，进一步增加文创产品的种类和品质。

园区宣传：古莲花池正在致力于构建全媒体传播体系，将传统媒体和新兴媒体融合发展，通过广播、电视节目等传统媒介对古莲花池历史文化进行创新式讲述。2021年6月23日，由中央电视台电影频道举办的"电影之歌·保定站"融媒体直播来到了古莲花池畔，对电影《野火春风斗古城》进行了经典重演，用陶埙文化润泽经典红歌《唱支山歌给党听》，此次直播全网观看总量达8000万次，将古莲花池的红色血液与壮丽景象展现给全国观众[1]。同时，古莲花池也尝试借助抖音短视频、公众号、VR虚拟等新兴媒介对园内历史文化进行融媒化诠释，收效明显。但是尚且存在如传播力度不够、传播平台过少、传播创新性较弱等诸多不足之处。

3. 环境因素

自人类聚居环境形成以来，风景园林对人居环境和城市发展都起着非常重要的作用。当前在中国社会主义进入新时代的重要历史时期，风景园林是我国生态与人居环境建设中的重要支撑，也是构建人与自然和谐共生的主要途径，这就对我国风景园林未来发展提出了更高要求，这也将推动古莲花池文化资本朝向纵深发展[2]。

五 古莲花池文化资本现状：分析与建议

（一）古莲花池文化资本SWOT分析

1. 优势（Strengths）分析

古莲花池文化资本的优势可以从内部和外部两个角度来分析。内部

---

[1] 参见《电影之歌唱响 保定站开启电影频道融媒体直播序幕》，1905电影网，2021年6月24日，https://www.1905.com/news/20210624/1527716.shtml，2021年12月20日。

[2] 参见李雄、张云路《新时代城市绿色发展的新命题——公园城市建设的战略与响应》，《中国园林》2018年第5期。

优势指古莲花池的园内特色，从古莲花池物化和人化的文化资本形式中得以体现。古莲花池存在着丰富独特的物化文化资本，其建筑及布局充分展现出明清行宫园林之特色，现存碑刻也具有较高的历史文化价值。园内非物质文化遗产与园林风光相互促进依托，丰富了古莲花池的文化元素。同时，古莲花池人化状态的文化资本也具有一定优势，在具备较高专业修养和丰富管理经验的高层管理者的领导下，工作人员们对古莲花池的了解较为深入，他们通力合作，尽其所能促进古莲花池文化资源的传播。外部优势指的是外界对古莲花池的认可与支持。一方面，古莲花池不仅被评为全国重点文物保护单位、国家3A级景区等，还荣获"中国十大名园之一""城市蓬莱"等称号，体现了国家对古莲花池的官方认可。另一方面，随着京雄保一体化发展新格局的构建及对文物保护工程的重视与推进，近年来保定市政府为古莲花池的修缮工作提供了充足的资金支持。

2. 劣势（Weaknesses）分析

古莲花池文化资本的劣势主要体现在宣传能力、基础设施建设及文创产品的开发上。首先，园内版古莲花池文化资本的调查问卷反映出，大多数游客对古莲花池所拥有的"城市蓬莱"和"全国十大名园之一"等荣誉称号并不知晓，由此可知古莲花池虽获得了政府的认可，但游客对该称号认知较低，这源于它宣传上的劣势。课题组在调查中发现，古莲花池的宣传存在范围小、力度弱的问题，更是忽视了新型媒介的宣传能力与效果。古莲花池的微信公众号更新较为频繁，但其内容主要涵盖有关古莲花池历史讲座、文艺展览及招聘工作等信息，不仅内容杂乱，同时还缺乏趣味性与创新性。而且，我们在抖音、快手等短视频平台对古莲花池进行搜索，均未搜到官方的运营账号，可见管理人员对互联网和自媒体宣传能力的忽视，这说明古莲花池文化资本的传播效能还有待加强。其次，古莲花池内的基础设施建设有待加强，其规划仍存在不合理之处。一方面，部分公共设施缺乏人性化设置，例如园内喷洒系统为经过的游客带来了极大不便。另一方面，园内还存在公共空间不合理利用的问题，其建筑布局的开发利用程度有待提升。最后，古莲花池内种类多样的文创产品虽具有一定经济价值，但也存在劣势：部分文创产品范式杂乱无章，对游客的吸引力弱，其特色与古莲花池园林的直接关联性不强，文化表现形式缺乏创新。

3. 机会（Opportunities）分析

古莲花池文化资本的发展存在着较多机会，主要体现在国家政策上。中国文化自古以来就具有雄阔博大的文化气象，建成文化强国是我国当今时代的文化发展目标，也是提升国家文化软实力的重大举措。我国正大力加强重大文化设施和文化项目建设，强化重要文化和自然遗产、非物质文化遗产系统性的保护①，注重传统文化的传承与创新，实施文化惠民工程，推进建设文化强国。同时，保定市正在全力推动构建京雄保一体化发展新格局，促进产业联动和协同创新②，这些举措都为古莲花池的文化资本带来了广阔的发展前景。此外，在课题组的调查与访谈中，我们发现依托古莲花池发展的非物质文化遗产陶埙对古莲花池文化资本的开发也具有积极作用，随着国家对非物质文化遗产开发与保护的重视，埙文化的影响力日益扩大，各界给予了埙文化越来越多的关注与支持，在一定程度上有利于古莲花池的文化资本传播。

4. 威胁（Threats）分析

在京津冀地区的园林景观中，古莲花池与北京的颐和园、圆明园同获"中国十大名园"的荣誉称号，但课题组经过对比分析后发现，此类京津冀地区内的风景园林对古莲花池的文化资本开发具有一定的威胁。首先，颐和园和圆明园比古莲花池更具区位上的优势。作为政治和文化中心的首都北京，经济繁荣，旅游业和服务业发达，五湖四海的人在此聚集。两园地区位于北京的西北郊和海淀区的中心地带，交通便利，与

---

① 参见《文化强国：文化软实力的中国目标》，新华网，2020年11月3日，http://www.xinhuanet.com/politics/2020-11/30/c_1126802333.htm，2021年12月8日。

② 参见《河北保定：构建京雄保一体化发展新格局》，搜狐网，2021年2月24日，https://www.sohu.com/a/452508690_120993625，2021年12月23日。

其他景点具有一定联系，来北京参观的游客自然不会错过历史悠久的皇家园林景观。其次，颐和园和圆明园规模较大，造园艺术独特，具有优美的山水格局与生态环境、完备且人性化的基础设施以及服务周到的工作人员，这些都能为游客带来较好的观赏体验。最后，两园地区的宣传能力使其获得了较高的知名度，慕名而来的游客较多，其新颖多样的宣传策略和广阔的宣传范围正是古莲花池宣传工作中所缺少的。相比之下，大多数游客自然更倾向于选择游览诸如颐和园或圆明园之类的园林景观，这对古莲花池文化资本的未来发展构成了威胁。

（二）古莲花池文化资本发展建议

1. 加强古莲花池的宣传力度

目前，构建全媒体传播体系，推动媒体融合向纵深发展已成为当前传播新形式，古莲花池应以此为出发点创新自身传播推广体系，突破仅以传统媒介作为唯一传播手段的方式，推进搭建如抖音、微博、快手等新媒体平台，利用互联网媒体来突出传播自身文化优势，提升公众对园林建筑以及文物遗存的认知程度。另外，国外民众对于古莲花池文化资本的了解较少，因此，古莲花池还应大力加强自身在海外的推广和宣传，可以通过译著、多语言古莲花池形象宣传片等方式让古莲花池内的优秀传统文化走出国门，面向世界。

2. 创新古莲花池文化表现形式

加快实现文物"活态化""智能化"体系，借助物联网、人工智能、云技术等新兴技术带给受众更加立体、丰富的感官体验，运用"全息化"媒体手段让受众能够"沉浸式"体验到古莲花池悠久的历史文化。另外，古莲花池应继续深入发掘园内文化资源，着力发展文化创意产业，打造优质文创产品。在这方面，有不少文化遗址都为我们做出了好的示范，例如三星堆博物馆推出的"川蜀小堆"盲盒、武汉黄鹤楼公园推出的"缩小版黄鹤楼"雪糕、故宫推出的美妆产品等，这些新型文创产品都为古莲花池创新文化表现形式提供新思路、新方向。

3. 强化古莲花池园区管理

由上文分析可得，古莲花池的园区管理仍存在弊端。对管理层而言，园内基础设施建设有待加强，比如对园区洒水装置进行更为人性化的改进，方便游客在园内游览和通行。同时应解决部分可用空间闲置、杂物堆砌等现象，促进资源配置合理化，进而促进园区空间的合理利用。另外，还需提升园区服务人员的工作质量，培养其及时维护更新园内设施的意识，为游客创造更好的游览体验。

六 总结

基于以上分析，我们可以发现保定古莲花池文化资本的稀缺性、开发利用程度和传播效能均较高。首先，古莲花池文化资源的稀缺性在其文化资本的三种存在状态中都有所表现，充分展现了古莲花池的文化价值赋能与独特文化品性。其次，通过挖掘古莲花池园林建筑特色与文物遗存价值，借助非物质文化遗产丰富自身文化元素和文艺展览、文创产品等方式，古莲花池的文化资本得到了一定程度的开发。最后，古莲花池管理者正在尝试应用新兴媒介对其历史文化进行融媒化诠释，具有一定的传播效能，得到大众的广泛好评。然而，基于前文对古莲花池文化资本分析模型的具体分析和讨论，古莲花池文化资本目前还有很大的提升空间，与国内外较为优秀的园林文化资本还存在一定差距。因此，古莲花池应该在扩大自身传播效力、创新文化发展模式、提升自身开发利用程度等方面继续努力。作为保定市特色文化资源之一，古莲花池如能更好地发展自身文化资本形态，将对提升保定市城市文化资本和文化形象具有十分重要的意义，也将对构建京雄保一体化发展新格局起到助推作用。